SALLE DES PROFESSEURS
SURVEILLANT
ABSENCES PROFESSEURS
8
-REFECTOIRE
-S. 50 MUSIQUE
-S. 52
PEROXYDE
D'HYDROGENE
47

Fanny

Collège Jean-Baptiste Corot

Le Raincy, Seine-Saint-Denis

Chloé

Collège Saint-Michel

Paris, XVIIe arrondissement

Élèves de 4e et de 3e

Collège François Clec'h

Bégard, Côtes-d'Armor

Remerciements

On a beaucoup bossé. Bien rigolé. Sans même nous **disputer** *!*
On a été inspirés et **merci***, plein de mercis, à tous ceux qui nous ont aidés,*
pour les idées, pour les photos, pour les infos, pour les trucs rigolos.
C'était une belle aventure*,* **des filles et leur mère***, un fils et sa mère, pas banal mais* **génial !**

Alors pour le Dico Génération Ado, on tient vraiment à remercier…
Alain et Brice *(les papas) pour leur soutien mental,*
Nathalie *(Éditions Bayard) pour son soutien moral,*
Noémie, Pierre, Axelle, Julien, Antoine *et* **Édouard** *pour leur soutien amical,*
Mme Ramon *(collège Le Raincy),* **Mmes Féron** *et* **Bouget** *(collège Bégard)*
et **M. Iaconelli** *(Paris, XVIIe) pour leur soutien logistique,*
et les illustrateurs, pour leur soutien humoristique !

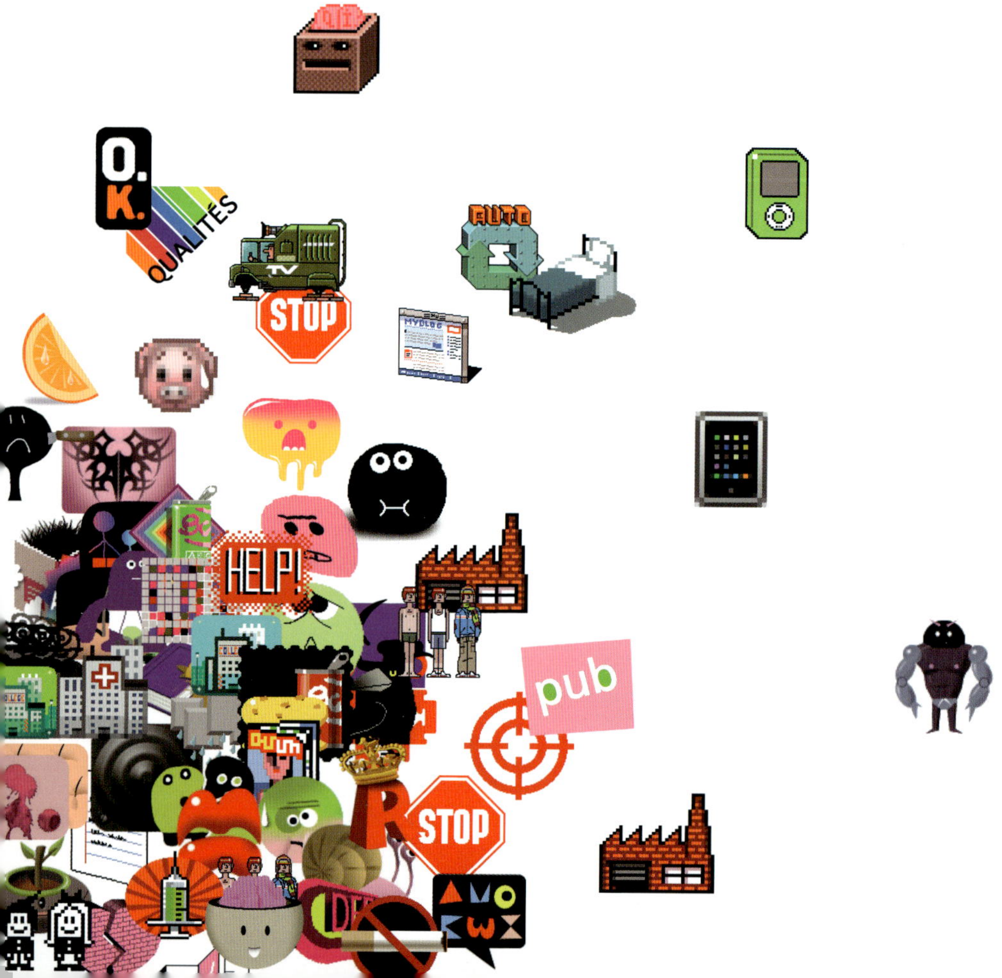

GÉNÉRATION ADO
LE DICO

Textes :
Jeanne Siaud-Facchin
Nathalie Szapiro-Manoukian
Charlotte et Fanny Manoukian
Hugo Facchin

Illustrations :
El don Guillermo – Régis Faller

bayard jeunesse

Tu TROUVERAS DANS CE DICO...

Ma vie mes amis mon look mon univers

amitié
amour
animal domestique
argent de poche
autonomie
beauté
bisous
blog
cadeaux
chambre
consommation
culture
déménagement
dispute
divorce
écocitoyen
famille
fête
fratrie
groupe
homosexualité
jeux vidéo
lecture
look
magazines
mails
mode
musique
parents
portable
publicité
religion
respect
scooter
secret
sexualité
sorties
stars
télévision
week-ends, vacances

Mon collège

apprendre **brevet des collèges**
classe ***classe adaptée*** ***classement*** colle
collège concentration contrôles
cours particuliers **délégué(e) de classe** ***difficultés scolaires***
échec scolaire écrit **ennui en classe** exposé
infirmerie **internat** **internet** langage
langue étrangère matières ***mémoire***
méthodes de travail **motivation** **notes** ***options*** **oral** ordinateur
organisation **orientation** **présentation du travail**
professeur redoublement sac à dos ***sport***
stage en entreprise **travail collectif**
travail personnel
voyage de classe

Mon caractère mes galères

agressivité attouchements cauchemar colère crise d'ado dangers défauts défis dénonciation dépression fugue humeur humiliation humour hypersensibilité injustice jalousie lenteur loi mensonge mort paranoïa paresse pornographie qualités racisme racket ragots rejet rêvasser rompre sanction secte solitude stress suicide timidité urgence victime violence

Bien ou mal dans sa peau

alcool
alimentation équilibrée
anorexie
bien-être
boissons
boulimie
cannabis
cheveux
cigarette
drogue
forme
gaucher
haleine
hygiène
kilos
lunettes
muscles
numéros utiles
ongles
passions
peau
pieds
piercing
poils
positiver
puberté des filles
puberté des garçons
régimes minceur
réussite
rythme
scarification
sommeil
surmenage
taches
taille
tatouage
trousse de secours
ultraviolets
vitamines
voix

Ma santé

acné
allergie
appareil dentaire
asthme
bilan psychologique
boutons
bruit
cancers du jeune
contraception
dents
«dys»
énurésie
fatigue
handicap
hérédité
hospitalisation
hyperactivité
incidents de sport
infections de l'hiver
infections sexuellement transmissibles
infection urinaire
mal de dos
mal de tête
mal de ventre
maladie chronique
médecin
médicaments
méningite
peurs
phobie scolaire
psychologue
Q.I.
règles
saignement de nez
surdoué
tics et TOC
troubles du comportement
vaccins
vue
Wi-Fi

LA PAROLE AUX COLLÉGIENS

ÉCRIT PAR...

FANNY

Nom **FANNY MANOUKIAN**

Mes animaux : Deux chiens, un chat, des poissons... et une sœur !

Mon plus gros mensonge : Censuré
(Hé ! Mes parents vont lire le livre eux aussi !!!).

Âge auquel j'ai commencé le Dico : 11 ans.

Âge auquel j'ai fini le Dico : 13 ans.

Le plus dur dans le Dico : Quand t'en es au mot ACNÉ et qu'il en reste 199 à faire derrière !

Le plus sympa : Prendre des photos de la salle des profs.

J'AIME...
- *Le noir*
- *Le chocolat*
- *La Bretagne et Londres*
- *Les motos*
- *La lecture*

J'AIME PAS...
- *Me lever tôt*
- *Chanter*
- *Ranger ma chambre*

CHARLOTTE

Nom **CHARLOTTE MANOUKIAN**

Mes animaux : Chat et loup.

Mon plus gros mensonge : J'ai oublié (Encore un !!!).

Âge auquel j'ai commencé le Dico : 13 ans.

Âge auquel j'ai fini le Dico : 15 ans.

Le plus dur dans le Dico : Avoir les bonnes idées au bon moment !

Le plus sympa : Relire le travail terminé avec les illustrations.

J'AIME ...
- *Faire du scooter*
- *Les soirées « barbecue »*
- *Le shopping*
- *La déco*
- *La Bretagne et le Canada*

J'AIME PAS ...
- *Aller au tableau*
- *Les asticots et les araignées*
- *Le jardinage*

Nom **HUGO FACCHIN**

Mes animaux : Bof...

Mon plus gros mensonge : Ils ne sont pas tous « gros » les mensonges ?

Âge auquel j'ai commencé le Dico : 14 ans.

Âge auquel j'ai fini le Dico : 16 ans.

Le plus dur dans le Dico : Décider de ce que l'on va dire et comment le dire.

Le plus sympa : Avoir l'impression que ça pourra en aider d'autres.

HUGO

Mon train-train de collégien

Matières préférées : Maths (quitte à passer pour une intello !), français, anglais, sport.

Matières dont je me passerais bien : Tout le reste !

Mes devoirs : ☹

Mes vacances : +++++++++++++++

Mon collège : 😐

Sport préféré : Tennis (pour le plus grand malheur de mon prof !).

Métier envisagé : RAS (rien à suggérer).

MON CÔTÉ ARTISTIQUE

Style de musique : Rn'b, hard rock.

Style de film/livre : Un peu tout ... (sauf policier).

En dessin : Sans commentaire !

En musique : J'apprends la batterie et mes voisins ne se sont pas encore plaints !

Mon train-train de collégien

Matières préférées : Maths et chimie (non, je n'ai pas été payée par les profs pour écrire ça !).

Matières dont je me passerais bien : Français (ce n'est pas parce que je viens d'avoir une mauvaise note dans cette matière !).

Mes devoirs : Quels devoirs ?

Mes vacances : Toujours trop courtes !

Mon collège : Je ne parlerai qu'en présence de mon avocat !

Sports préférés : Tennis et sports nautiques comme la planche à voile, le surf et le ski nautique (inconvénient majeur : difficiles à pratiquer dans la banlieue parisienne...).

Métier envisagé : Vétérinaire comportementaliste.

MON CÔTÉ ARTISTIQUE

Style de musique : Rock et emo-rn'b.

Style de film/livre : Fantasy.

En dessin : Inexistant (malheureusement).

En musique : Je fais de la guitare électro-acoustique et de la batterie.

Mon train-train de collégien

Matières préférées : Selon les années, en fonction des profs, ceux que j'ai aimés, ceux qui m'ont agacé.

Matières dont je me passerais bien : C'est plutôt de certains profs que je me serais bien passé !

Mes devoirs : Quel plaisir de savoir qu'on n'en a pas !

Mes vacances : Avec mes copains, plein de copains. Et au soleil de préférence, en Corse par exemple, j'adore.

Mon collège : J'en garde un bon souvenir mais... après coup !

Sports préférés : Le foot (Allez l'OM !), le tennis, le golf, la natation (vive Marseille !). En fait j'aime un peu tous les sports ! Et même le sport cérébral comme les échecs.

Métier envisagé : Il est si difficile de choisir ! Tellement de possibilités et d'envies... alors, je verrai, mais des études de commerce, sûrement.

J'AIME...

Voyager et découvrir d'autres pays
Faire la fête avec mes amis
Jouer au foot entre copains
Manger
Faire de la musique
La mode en général
L'art contemporain
Les filles !
Et Marseille bien sûr !

J'AIME PAS...

Qu'on me pose des questions sur ce que j'aime pas...

ÉCRIT PAR...

Jeanne Siaud-Facchin

LA PAROLE AUX PROS

Ma formation principale

Psychologue praticienne.

Mon parcours

Côté ados : après plusieurs années passées à l'hôpital, en particulier dans l'unité de psychiatrie de l'adolescent à l'hôpital La Timone à Marseille, j'ai créé en 2003 le centre Cogito'Z, premier centre en France de diagnostic et de prise en charge des troubles des apprentissages scolaires, afin d'optimiser le potentiel et les compétences de chacun. En décembre 2006, Cogito'Z ouvrait un centre en Avignon et, en septembre 2007, est né Cogito'Z Paris (www.cogitoz.com). Depuis leur création, ces centres ont aidé plus de 10 000 enfants à sortir de la spirale de l'échec !

Mes autres livres

L'enfant surdoué (éd. Odile Jacob, 2002), *Aider l'enfant en difficulté scolaire* (2006), *Trop intelligent pour être heureux ? L'adulte surdoué* (2008). Un chapitre dans « Psychologie de la vie quotidienne » (2008), dans le *Dictionnaire de l'adolescent* aux éd. PUF et un autre dans *Comment je suis devenu psy* (2010).

Le plus dur dans le Dico

Être synthétique quand je voudrais partager tant de choses !

Le plus sympa

Trouver les mots pour bien se faire comprendre et des idées qui vont vraiment aider.

J'AIME...
Croire dans les possibilités de chacun, tout le temps...
Avoir mille et un projets et les voir se concrétiser.

J'AIME PAS...
L'immobilisme
Le prévisible
Penser que c'est impossible !

ILLUSTRÉ PAR...

El don Guillermo

spécialiste en gags à boutons d'acné

Nathalie Szapiro-Manoukian

Ma formation principale

Médecin… mais mon métier depuis plus de quinze ans, c'est journaliste santé, animaux et environnement. Comme quoi rien n'est jamais figé !

Mon parcours

Côté ados : j'ai longtemps répondu aux questions santé du site www.tasante.com dédié aux ados (avec deux autres médecins).

J'écris pour des journaux très différents, visant un public de 7 à 107 ans : *Rebelle-Santé*, *Le Figaro*, *Le Quotidien du médecin*, *Notre Temps*, *Trente millions d'amis*, etc.

Enfin, j'ai deux ex ados à la maison (voire cinq si on compte nos deux chiens et le chat !).

Mes autres livres

Guérir du cancer, ça n'arrive pas qu'aux autres (Albin Michel, 1997), *Manger sans danger* (éd. Prat, 2001), *Dico Miaou* (éd. Leduc's, 2006) et *Docteur, on m'a dit que…* (Flammarion, 2006, avec un autre auteur médecin), *Questions Ado* (Bayard, 2016).

Le plus dur dans le Dico

Passer les messages les plus importants sans déborder de la page !

Le plus sympa

Partir d'une discussion en famille (entre filles) et en voir sortir un livre !

J'AIME…

Les Côtes-d'Armor (Bretagne)

Les animaux et la nature en général

Les photos en 3D (stéréoscopie)

La moto.

J'AIME PAS…

Faire, dire et croire comme tout le monde juste parce que c'est « politiquement correct »…

Les gens injustes et/ou violents

Les rumeurs… (à commencer par celle concernant la météo bretonne !)

Régis Faller

le pro du picto

- marié à Photoshop
- équipé d'un trinitron8x pentium128GoForceVidia254 Xtra88DDVProcessorSinch2b XB77tools3DMegaSwitch
- Phrase préférée : « je suis le périphérique préféré de mon ordinateur ! »

ACNÉ

« L'acné chez les autres... ça va... mais quand c'est chez nous, c'est la cata ! »

Charlotte et Fanny ont enquêté pour vous.

C'est quoi ? Pour la faire simple, c'est une histoire de boutons. Pour la faire scientifique, c'est une histoire de peau grasse. La faute aux hormones de la puberté qui commandent une fabrication excessive de sébum, sorte de lubrifiant (pour les ignares, le sébum est sécrété par la peau histoire de l'assouplir). Or, quand il y a trop de sébum, c'est la galère : les petits trous par lesquels la peau respire et qu'on appelle des pores (mais non, pas des porcs, les cochons n'ont rien à voir là-dedans !) se bouchent et, à l'intérieur, une bactérie se multiplie. Cela se traduit par des points noirs et par des boutons rouges ou blancs.

Le bon plan Si on est une fille, pour camoufler un bouton rouge, on prend un correcteur de teint vert acheté en pharmacie, on en met juste un peu, puis on applique un fond de teint non comédogène de la couleur de sa peau. Surtout, on n'en met pas un paquet, il faut que ça fasse naturel ! Sinon, pour faire diversion, on se trouve un accessoire voyant, comme une écharpe ou un foulard coloré. Si on a un T-shirt neuf, c'est le moment de le sortir : pendant que les autres verront notre nouvelle tenue, ils oublieront le reste !

Le plan galère Il ne faut pas écouter ceux qui nous disent d'aller nous dorer la figure au soleil. C'est vrai, sur le coup, les boutons vont disparaître, du moins en apparence, car la peau s'épaissit sous l'action des ultraviolets. Mais environ un mois après l'exposition, tous les boutons qui « dormaient » se réveillent en même temps et alors, bonjour l'explosion sur le visage !

Quelques réponses toutes prêtes...

Si quelqu'un se moque, on peut toujours lui dire :

Version polie
« 80 % des ados ayant de l'acné, c'est toi qui es en minorité ! »

Version hypocrite
« Merci de t'inquiéter de ma santé, je savais que je pouvais compter sur toi ! »

Version ironique
« Sans blague, je n'avais pas remarqué. »

Version dédaigneuse
« Tu peux pas comprendre, c'est pas de ton âge ! »

Version agressive
« Mieux vaut un bouton, qu'une tête de co... chon. »

Ça se soigne ?

Si tu n'as que quelques boutons, des soins locaux suffisent (parles-en au pharmacien). Certains éliminent les points noirs. D'autres empêchent la prolifération de la bactérie responsable (*Propionibacterium acnes*, de son nom scientifique). Si cela ne suffit pas, le généraliste ou le dermatologue peut encore te prescrire un traitement par voie orale à base d'antibiotiques, de zinc ou d'autres médicaments plus actifs, mais aussi moins bien tolérés, ce qui suppose une surveillance médicale. L'un d'eux (isotrétinoïne) nécessite, chez les jeunes filles, la prise d'une pilule contraceptive car il est interdit d'être enceinte en même temps (risque de malformations du bébé). Attention, n'essaie jamais les médicaments d'un ami car ce qui est bon pour sa peau ne l'est pas forcément pour toi.

Vrai ou Faux ?

L'acné est due à un manque d'hygiène.

Faux : c'est le contraire ! Avec des savons classiques (trop détergents), plus tu te laves et plus ta peau est irritée. Elle augmente alors sa production de sébum, ce qui ne fait qu'aggraver ton acné. Pour bien faire, utilise plutôt un gel moussant sans savon, spécial « peau à tendance acnéique ».

La bonne nouvelle

Les petites cicatrices rouges laissées par un bouton d'acné finissent presque toujours par disparaître (c'est l'affaire de quelques semaines). Seules les cicatrices « en creux » persistent parfois, mais en médecine esthétique, on peut les effacer (plus tard) avec certains lasers.

Pour ta culture perso

80 % des ados ont de l'acné, tu n'es donc pas seul au monde. Ce mot appartient à plusieurs langues : acné se dit aussi *acne* en anglais, en espagnol et en italien. Plus facile à retenir, on ne peut pas !

AGRESSIVITÉ

> **« On peut nous dire un truc qui va nous énerver, on peut assister à quelque chose qui nous révolte ou que l'on trouve injuste, et d'un coup, on bouillonne, on devient incontrôlable ! »**

Hugo a enquêté pour vous.

Une réponse toute prête...

Si quelqu'un nous agresse, la seule chose à répondre est :

Version « on se calme »
« Demandé aussi gentiment, je dis oui tout de suite ! »

C'est quoi ? C'est un sentiment de rage profond, instantané, qui nous tombe dessus. On perd le contrôle !

Le bon plan Quand ça va mal, qu'on est énervé, fatigué, qu'on a envie de tout casser, il faut essayer d'en parler à quelqu'un sur qui on peut compter comme un ami, un frère, une sœur, un professeur, ou encore un autre membre de notre famille. Il peut nous aider à savoir quoi faire et nous donner des conseils. Même si c'est difficile, on doit vraiment essayer de ne pas garder ce qu'on a sur le cœur, pour que ça n'explose pas d'un coup.
On peut aussi tenter de s'évader en écoutant nos musiques préférées, en regardant un film que l'on aime, en faisant une activité qui nous plaît. Ainsi, on arrive à évacuer petit à petit notre agressivité.
On a le droit de dire à quelqu'un que ce qu'il fait nous énerve. Mais on n'a pas le droit de taper dessus ! D'ailleurs, le simple fait de mettre des mots sur ce qu'on ressent et d'expliquer pourquoi ça nous met en rage suffit à nous calmer !

Le plan galère Attention ! Si c'est un autre qui nous agresse, on a peut-être intérêt à attendre un meilleur moment pour lui répondre ! Sinon, l'autre risque de s'énerver davantage ! D'ailleurs, quand on réplique, on doit éviter d'attaquer à son tour, car ça risque de faire monter le conflit d'un cran.

De quoi s'agit-il ?

L'agressivité, c'est ce qui se produit quand tu es en colère contre quelque chose ou quelqu'un. La colère est une émotion. L'agressivité est un comportement.
Tu deviens agressif quand ta colère déborde et que tu n'arrives plus à te contrôler.
L'agressivité peut être verbale – tu vas insulter l'autre, le « traiter », tu vas dire des mots blessants pour faire mal – ou physique : coups, empoignades, griffures, morsures...

Souvent, tu dis « ça m'énerve » et, quand tu réfléchis, tu comprends que, sous ce mot, se cache souvent de la colère.
Se sentir toujours énervé, c'est le signe d'une colère cachée. Il faut la déterrer et comprendre pourquoi elle empoisonne ta vie.

Pourquoi ça t'arrive ?

L'agressivité est un échec dans le sens où elle traduit ton « incapacité » à gérer efficacement ta colère.
Tu as le droit d'être en colère et de le dire, mais l'agressivité est une violence inexcusable.
L'agressivité peut aussi être retournée contre toi : tu vas te faire mal pour te punir de quelque chose dont tu as honte, dont tu te sens coupable.

Pour ta culture perso

Étymologiquement, le mot « agressivité » vient de l'expression latine *ad-gressere*, qui signifie « aller vers »... Autrement dit, chercher le contact ! À croire que les Romains avaient une drôle de façon de communiquer !

Ça se soigne ?

Oui, avec l'aide du psychologue. Gérer ta colère, c'est mettre des mots sur ce que tu ressens et savoir l'exprimer à l'autre. C'est adapter ton comportement, tes attitudes face à la situation qui t'a mis dans cet état.

Vrai ou Faux ?

La colère décuple tes forces.

C'est vrai, car ton corps et ton cerveau produisent des substances chimiques (hormones) qui ont ce pouvoir : elles te rendent insensible à la douleur, de sorte que tu as moins de limites. Il faut être prudent car, sous le coup de la colère, tu peux réaliser des actes qui dépassent tes intentions et qui peuvent ensuite te créer de graves problèmes.
Un truc : quand tu sens la colère monter, inspire amplement et profondément pour ralentir ton débit sanguin et donc éviter que ces substances chimiques arrivent trop vite à ton cerveau !

ALCOOL

« Un jour, j'ai vu un copain qui s'est saoulé, il s'est mis à vomir et cela m'a vraiment écœuré ! Où est l'intérêt ? »

Hugo a enquêté pour vous.

C'est quoi ? Inutile de se la raconter, c'est une forme de drogue. Et pas des plus douces ! Quand on ne peut plus s'en passer, ne serait-ce que lors des soirées entre amis, c'est déjà un signe…

Le bon plan Il y a d'autres moyens pour s'amuser que de boire. S'enivrer ne procure pas de réel plaisir. Et quand on est saoul, on ne profite pas non plus de sa soirée. Pour éviter les problèmes, quand on organise une fête, il faut prévenir que chez soi, c'est « zéro alcool ». Du coup, nos parents nous font confiance (on peut donc en faire d'autres !). Et ceux qui veulent boire ne viennent pas : ils vont vomir ailleurs !

Le plan galère On voit de plus en plus de jeunes boire de façon exagérée, juste pour le goût de l'ivresse ou pour se rendre intéressants. Et c'est un danger. Il ne faut pas se laisser tenter, même si certains nous demandent de montrer que, nous aussi, on peut le faire. Ça nous rendrait malade…

Quelques réponses toutes prêtes…

Si quelqu'un veut te pousser à boire, tu peux toujours lui dire :

Version agressive

« Pour te ressembler ? Non merci ! »

Version ironique

« J'ai déjà prévu autre chose que de vomir, pour demain ! »

Version polie

« Je n'ai pas besoin de ça pour m'éclater à une fête. »

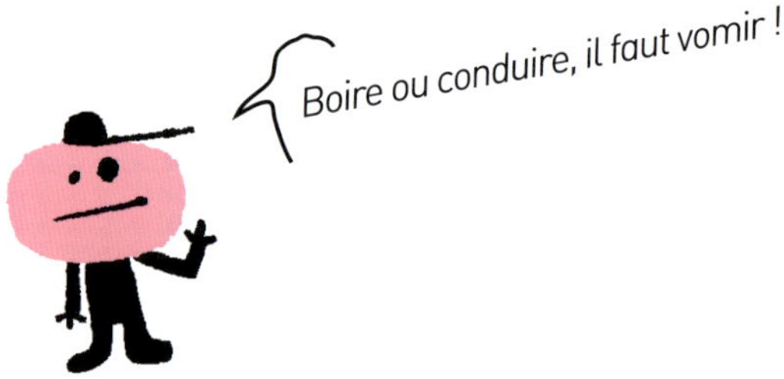

LA PAROLE AUX PROS

De quoi s'agit-il ?

Selon que tu bois un peu, beaucoup, ou énormément, tu passes par différents stades. Au premier verre, soit tu es déjà malade, soit tu te prends pour un caïd. En effet, l'alcool bloque certaines connexions dans ton cerveau, en particulier, celles qui t'empêchent de passer à l'acte. Comme tu n'es plus inhibé, tu éprouves soudain un sentiment de toute-puissance !

Mais si tu bois à nouveau, ça se gâte très vite. Ton cerveau « s'endort ». De gai, tu deviens confus, avec des difficultés pour trouver ton équilibre.
Au mieux, tu somnoles. Au pire, tu te fais remarquer par une bonne chute au premier pied de chaise rencontré, avec parfois, un traumatisme en prime !

Chez certaines personnes psychologiquement vulnérables, la consommation d'alcool entraîne des troubles du comportement, notamment une forte tendance à l'agressivité. Ainsi, tu peux te mettre à tout casser avant de sombrer dans un profond sommeil ! Parfois, ce n'est pas l'agressivité qui prime, mais la dépression, avec un vrai risque suicidaire.

Enfin, si tu as réussi à éviter le coin de table et l'hôpital, mais que tu continues à boire, te voilà comme « anesthésié ». Si tu oses conduire ton vélo ou ton scooter dans cet état, tu ne vas pas dépasser le carrefour. C'est l'accident assuré ! Si tu ne pars pas, mais que tu restes encore à ta soirée pour boire, un seul verre de plus peut te plonger dans le coma éthylique (encore appelé « encéphalopathie alcoolique aiguë ») qui est une perte de conscience profonde, due à l'alcool. C'est une véritable urgence médicale car si tu échappes aux crises d'épilepsie, fréquentes à ce stade, de grosses difficultés pour respirer t'attendent. Ainsi, la mode du « *binge drinking* », qui consiste à boire le plus possible et le plus vite possible au cours d'une soirée, n'a rien d'anodin. C'est même mortel...

Pourquoi ça t'arrive ?

Beaucoup de jeunes boivent de l'alcool pour affirmer leur autonomie et leur appartenance à un groupe. Mais, pour les psychologues, c'est un signe de vulnérabilité et de mauvaise image de soi : cela montre que tu es tellement peu sûr de toi que tu penses que les autres ne t'accepteraient pas si tu ne buvais pas comme eux (ou plus qu'eux).

Vrai ou Faux ?

L'alcool chez les jeunes progresse.

Selon l'Observatoire des Drogues et Toxicomanies (2019), 44 % des collégiens ont déjà bu de l'alcool lors de leur entrée en 6ème et ils sont 75,3 % à la fin du collège. Un sur dix a même déjà été ivre.

Pour ta culture perso

Le mot *alcool* vient d'un terme arabe signifiant « le magicien » et c'est vrai qu'il peut te jouer de sales tours !

ALIMENTATION

« Si on aime les fruits et les légumes, ça va, mais si on est surtout branché frites, glaces et chocolat, ça risque d'être dur ! »

Charlotte et Fanny ont enquêté pour vous.

C'est quoi ? C'est ce qui joue le plus sur la forme et les formes, alors on ne se trompe pas !

Le bon plan Si on a une soudaine envie de frites, on mange aussi des feuilles de salade avec. Leurs fibres piègent la graisse des frites. C'est donc un peu comme si on mangeait moins gras !

Le plan galère Ceux qui croient qu'ils peuvent se goinfrer davantage en hiver ont tout faux ! C'était vrai pour nos ancêtres préhistoriques qui chassaient par -15 °C. Mais nous, on n'a pas d'autre effort à faire que de tendre la main vers le frigo. Pour ce qui est des dépenses caloriques, c'est donc « zéro ». Or si on mange plus, on va grossir, c'est mathématique !

Quelques réponses toutes prêtes...

Si nos parents nous surprennent en train de grignoter des sucreries, on peut toujours dire :

Version hypocrite

« Vous tombez bien, je faisais la liste de tout ce qui est mauvais pour la santé dans vos placards ! »

Version du condamné

« Demain, j'arrête ! »

De quoi s'agit-il ?

Pour manger équilibré, tu dois manger de tout, mais pas dans les mêmes proportions. On distingue sept familles d'aliments. La famille grise est celle des boissons, sources de minéraux. Seule l'eau est indispensable à ta vie. Elle doit donc rester ta boisson principale ! Tu peux aussi te lâcher sur la famille verte, qui comprend les fruits et les légumes (riches en vitamines) : il t'en faut au moins cinq portions par jour. Autre famille importante : la famille marron, qui inclut le pain, les céréales, les légumineuses et les féculents. Il t'en faut une portion à chaque repas (pour l'énergie). Privilégie les aliments qui ont un index glycémique (IG) bas, l'index glycémique correspondant à la mesure du taux de sucre dans le sang, une demi-heure après son ingestion (regarde sur l'étiquette pour connaître l'IG d'un aliment). Les légumineuses (lentilles,

Notre conseil

Attention, quand tu prends des céréales complètes, choisis-les bio, sinon, comme les pesticides se concentrent dans leur écorce, tu risques d'en avaler à ton insu et c'est mauvais pour ta santé.

Vrai ou Faux ?

La nourriture dans les « fast foods » est toxique.

Faux : tu ne ressors quand même pas empoisonné après un repas ! Mais lorsque tu y manges, préfère les salades aux frites et les pizzas aux hamburgers, car elles respectent mieux l'équilibre alimentaire et ont un IG moins élevé.

Pour ta culture perso

Nos ancêtres se nourrissaient surtout de fruits, de céréales complètes et parfois de produits de la chasse ou de la pêche. Or l'obésité n'existait pas ! Des études ont même montré que les Papous qui mangent encore ainsi ne connaissent pas l'acné !

haricots secs) et tout ce qui est à base de céréales complètes (pain, riz et pâtes complètes) ont les IG les plus bas (évite donc les pommes de terre et les céréales raffinées du matin qui ont un IG haut).

Les deux familles intéressantes, mais sur lesquelles tu dois te modérer, sont la famille bleue qui comprend les laitages (riches en calcium) – une seule portion par repas suffit (c'est donc fromage ou yaourt) – et la famille rouge, riche en protéines, qui comprend la viande, la volaille, l'œuf et le poisson. Une portion par jour, c'est le maximum (mais pense au poisson 2 ou 3 fois par semaine), limite aussi la charcuterie et les viandes grillées et/ou transformées, réputées cancérigènes.

Vas-y doucement avec la famille jaune (beurre, margarine, huiles végétales), très calorique. Ces dernières, notamment l'huile d'olive et celle de colza, sont les plus intéressantes car elles t'apportent des acides gras essentiels. Sers-t'en pour assaisonner ta salade ! Tu peux aussi saupoudrer de la levure de bière dans ta salade pour donner un coup de fouet à tes cheveux ! Fais encore plus attention avec la famille rose (bonbons, gâteaux, confiture…) qui est juste une source de sucres peu intéressants (IG très élevé). Si tu craques sur une douceur, fais-le plutôt en fin de repas car ton IG grimpe moins haut que si tu grignotes en pleine journée.

ALLERGIE

« Si comme moi, tu es allergique au nickel, tu peux dire adieu aux bijoux fantaisie. Je ne supporte que les bijoux en or… parce que je le vaux bien ! »

Fanny a enquête pour vous.

C'est quoi ? Quand on dit « je suis allergique à untel », c'est au sens figuré. Cela veut dire qu'on le déteste tellement que le simple fait de le croiser nous donnerait presque des boutons. Être allergique à quelqu'un pour de bon, c'est exceptionnel ! Exemple : une personne allergique à l'arachide (il y en a dans les cacahuètes) peut mourir si son petit ami l'embrasse juste après en avoir mangé. C'est ce qu'on pourrait appeler « le baiser qui tue » ! Une chance que cette forme d'allergie soit rare !

Le bon plan Les allergiques doivent éviter ce qui leur cause des réactions, mais pas seulement. Ils doivent aussi fuir ce qui est très allergisant comme les poussières et le pollen, sous peine de devenir allergiques à ça aussi. Voilà une super excuse médicale pour ne pas faire le ménage et tondre la pelouse ! Et quand on nous file à manger un truc qu'on n'aime pas, il suffit de dire qu'on aurait adoré y goûter, mais qu'on est obligé d'y renoncer à cause de son allergie !

Le plan galère Quand on a une allergie, certaines choses nous sont interdites comme manger des crêpes si on est allergique à l'œuf, faire du cheval si on est allergique aux poils d'animaux, etc. C'est injuste, mais si on passe notre temps à regretter ce qu'on ne peut pas faire à cause de cette allergie, ça ne va pas nous avancer. Il vaut mieux se trouver une autre occupation…

Quelques réponses toutes prêtes…

Si quelqu'un se moque, on peut toujours répondre :

Version intello

« En 2020, on sera 33 millions d'allergiques. Tu as quelque chose à nous dire ? »

Version ironique

« C'est toi qui me fais de l'effet ! »

Pourquoi ça t'arrive ?

Depuis ta naissance, tes globules blancs te protègent des microbes qui t'entourent. Ils font partie de ton système immunitaire. Mais parfois, ces globules sont tellement suspicieux qu'ils sombrent dans la paranoïa. Ils prennent des substances complètement anodines (comme les poils de ton chat) pour les pires envahisseurs de la planète ! Rassure-toi, ton chat ne s'en rend même pas compte. Mais pour toi, c'est le début des ennuis. Comme tes globules blancs ne sont pas du genre à se laisser faire, ils leur déclarent la troisième guerre mondiale en sécrétant des substances (notamment l'histamine) qui provoquent toutes sortes de réactions allergiques : plaques rouges, asthme, conjonctivite, rhume, œdème...

Avec quoi ça arrive ?

Ces substances inoffensives (appelées « allergènes ») contre lesquelles les globules blancs se déchaînent sont partout. On en trouve surtout dans l'air (poussières de maison, moisissures, poils d'animaux, pollens...) et dans les aliments (lait, œuf, poisson, moutarde, arachide, végétaux exotiques...).

Ça se soigne ?

On peut contrôler les manifestations de l'allergie. Encore faut-il savoir à quoi tu es allergique et, pour cela, un bilan chez l'allergologue est indispensable. Une fois que l'on connaît le coupable, tu dois essayer de l'éviter au maximum, mais ce n'est pas toujours possible : en cas d'allergie aux pollens, tu ne vas pas bitumer la terre entière pour empêcher les végétaux de pousser ! Il te faut aussi prendre des traitements pour empêcher les manifestations de l'allergie.

Vrai ou Faux ?

Tu peux t'habituer à ce qui déclenche l'allergie.

C'est le but de la désensibilisation. Elle consiste à te donner des doses très diluées de ce qui provoque ton allergie, en augmentant très doucement les concentrations, jusqu'à y habituer ton corps et à calmer les ardeurs de tes globules blancs.

Pour ta culture perso

Pour faire une vraie allergie, il faut avoir hérité d'un terrain allergique, c'est de famille ! En revanche, n'importe qui peut faire une fausse allergie. Pour cela, il suffit de consommer une grosse quantité d'aliments riches en histamine, ce qui est le cas des fraises ou des crustacés. Pour autant, si cela t'arrive, ne fais pas comme Richard II, roi d'Angleterre (1367-1400), qui après s'être empiffré de fraises, s'est retrouvé couvert de boutons (urticaire) et a accusé un proche d'avoir voulu l'empoisonner. Il l'a d'ailleurs fait exécuter ! Un comble...

AMITIÉ

« Heureusement qu'il y a les amis ! C'est quelquefois la seule chose qui me donne le moral le matin avant d'aller en cours ! »

Hugo a enquêté pour vous.

Une réponse toute prête…

Si nos parents nous demandent si on a beaucoup d'amis, on peut toujours répondre :

Version réaliste

« Ça dépend si j'arrive avec un paquet de becks ou pas ! »

C'est quoi ? Les amis sont des copains auxquels on tient un max, sur lesquels on peut compter et s'appuyer lorsque ça va mal, lorsqu'on a des problèmes. On les apprécie, on les adore, mais pas de la même façon qu'un(e) petit(e) ami(e). On a tous un(e) meilleur(e) ami(e) : avec qui on s'entend le mieux, avec qui on partage tout et on se dit tout, tous nos plus grands secrets… Et c'est souvent une amitié qui dure.

Le bon plan Pour se faire des amis, le mieux c'est de leur parler de ce qui les intéresse, eux ! Alors du coup ils nous trouveront sympas, nous !

Bon à savoir Il faut prendre soin de ses amis. S'ils ont été présents pour nous quand on avait des problèmes avec notre famille, à l'école, etc., on a le devoir d'être présent aussi pour eux. L'amitié doit être réciproque pour fonctionner et pour durer.

De quoi s'agit-il ?

Un humoriste (Pierre Desproges) disait que « la caractéristique principale d'un ami est sa capacité à vous décevoir » ! À bien y réfléchir, il y a un peu de vrai : tu te sens tellement proche de ton meilleur ami que s'il te fait un mauvais coup (le pire étant de piquer ta petite amie), tu te sens terriblement trahi. Cela ne peut pas arriver avec quelqu'un que tu considères juste comme une vague connaissance, car dans ce cas tu n'en attends rien ! D'ailleurs, qu'attends-tu d'un meilleur ami ou même d'un ami ? Beaucoup, à bien y réfléchir et un peu plus encore de ton meilleur ami ! Tu attends qu'il te comprenne sans que tu aies besoin de parler. Qu'il ne mette pas tes propos en doute. Qu'il garde tes secrets et te confie les siens. Qu'il te défende quand d'autres se moquent. Qu'il ne te juge pas. Et qu'il te pardonne. Tu dois juste penser qu'il en attend autant de toi, c'est donc un vrai équilibre à trouver.

Notre conseil

Comme la sincérité compte en amitié, il ne faut pas avoir peur de dire à ton ami quand tu n'es pas du tout d'accord avec lui. Cela ne t'empêche pas de faire ensuite le premier pas, s'il fait semblant de bouder.

Vrai ou Faux ?

Tu peux être ami avec un ado de sexe opposé.

C'est possible, mais cela ajoute une difficulté supplémentaire ! À un âge où tes sentiments sont parfois confus, tomber amoureux de ta meilleure amie complique forcément les rapports, surtout si cette amie te confie en secret être amoureuse d'un autre ! Pour autant, tu ne fais pas exprès d'être amoureux d'elle. Au lieu de chercher à lui prouver que celui qu'elle aime est plein de défauts, ce qui n'est pas forcément très objectif de ta part, mets un peu de distance entre vous le temps d'y voir plus clair. De toute façon, si ton (ta) meilleur(e) ami(e) est amoureux(euse), il (elle) risque d'avoir un peu moins de temps pour toi, ce qui ne veut pas dire que tu comptes moins, loin de là. C'est juste qu'il (elle) a l'esprit bien occupé pour l'instant.

Pour ta culture perso

« Amitié » vient du latin *amicitia* qui veut dire aussi « alliance entre peuples ». Un vrai symbole !

A b c d e f g h i j k l m n o p q r s t u v w x y z

« On aimerait tous tomber amoureux, avoir un(e) petit(e) ami(e) à qui on pourrait faire des câlins, des bisous et qui nous aimerait ! »

Hugo a enquêté pour vous.

Quelques réponses toutes prêtes…

Si nos parents veulent savoir si on est amoureux, on peut toujours répondre :

Version no comment
« Ah ! ah ! tu aimerais bien savoir… »

Version retour à l'envoyeur
« Et toi, c'était quand la première fois ? »

Version rebelle
« Tu rêves si tu crois que je vais te le dire… »

Version cash
« Tu veux savoir si j'ai pécho mon crush ? »

C'est quoi ? L'amour est un sentiment incontrôlable, indescriptible dont la plupart des ados rêvent.

Le bon plan Si on est amoureux d'un garçon ou d'une fille, on peut essayer de se faire remarquer pour pouvoir peut-être lui taper dans l'œil et sortir avec. On doit soigner son look (se parfumer, se coiffer, se brosser les dents, histoire de ne pas avoir une mauvaise haleine !). Mais attention, il n'y a pas que le physique qui compte : avoir de l'humour, être gentil, gai, attentionné, c'est aussi important. Ainsi, celui (celle) qu'on aime nous remarquera peut-être ! On peut aussi lui dire franchement ce qu'on pense, par texto, mail, MSN ou lettre, mais il faut éviter de le faire par personne interposée si on ne veut pas que tout le collège soit au courant !

Le plan galère On ne peut pas forcer quelqu'un à nous aimer. Si ça ne marche pas, il faut essayer de passer à autre chose. Même si c'est difficile sur le moment ! On ne doit pas faire l'erreur de vouloir aimer absolument quelqu'un qui ne veut pas de nous. C'est aussi avec les « coups durs », les déceptions, qu'on avance…

Amourrrr amourrrr, toujourrrrs !

De quoi s'agit-il ?

Tomber amoureux est une des grandes attentes des adolescents. On pourrait penser qu'à notre époque c'est devenu moins important, mais pas du tout et au contraire. Les adolescents d'aujourd'hui ne s'engagent pas dans une relation à la légère. Ils ont une vraie conscience de l'importance des sentiments. C'est pour cela que certains attendent assez longtemps avant de « sortir » avec leur premier(ère) petit(e) ami(e). Et puis l'amour fait toujours un peu peur, car l'ado se demande si l'autre l'aime pareil, autant, plus... Il sait qu'il peut souffrir, alors il reste prudent !

Notre conseil

Ne pense pas que jamais personne ne tombe amoureux de toi, que tu n'en vaux pas la peine, sous prétexte que tu n'as pas de petit(e) ami(e). Cela veut juste dire que personne n'a osé te dire qu'il était amoureux, nuance ! Ainsi, peut-être qu'autour de toi il y a plein de grands timides qui t'aiment en secret et qui attendent que tu fasses le premier pas. Alors, ouvre tes yeux et tes oreilles !

Vrai ou Faux ?

L'amour rend « aveugle ».

Bien sûr, c'est une image, mais il y a un peu de vérité là-dedans. En effet, quand tu es amoureux, le cerveau sécrète des endorphines (l'hormone du plaisir) et des ocytocines (l'hormone du lien social), et alors tu te sens « transporté », un peu euphorique et tu vois « la vie en rose », car ces hormones ont tendance à ne te faire voir que les bons côtés et à gommer les mauvais. C'est pour cela qu'au début tu trouves toujours plein de qualités à ton amoureux(se) et que, petit à petit, tu te rends mieux compte de ce qu'il (elle) est vraiment. C'est normal, l'amour fonctionne de cette façon ! Il faut le savoir pour comprendre qu'au début c'est toujours génial, mais qu'après il faut créer une vraie relation amoureuse avec des idées, des activités, des objectifs communs à partager si tu as envie que ça dure...

Pour ta culture perso

Aujourd'hui, quand on dit « avoir le coup de foudre », cela signifie que l'on est tombé amoureux au premier regard. Au XVIIe siècle, cela voulait dire qu'il t'arrivait un évènement inattendu et désagréable : la « guigne », quoi !

ANIMAL DOMESTIQUE

« Un animal, ce n'est pas un phénomène de mode, c'est un ami et on n'a pas un ami juste pour faire bien ou alors, c'est qu'on ne mérite pas la moitié de son amitié ! »

Fanny a enquêté pour vous.

Devinette

Question

Que disent deux chats quand ils sont amoureux ?

Réponse

Nous sommes « félins » pour l'autre !

C'est quoi ? C'est une petite boule de tendresse qui ne nous harcèle pas pour faire nos devoirs, montrer nos notes ou ranger notre chambre !

Le bon plan Tes parents ne veulent pas d'animaux ? Demande-leur un chien le plus gros possible, comme un saint-bernard. Colle des photos de ce chien partout dans la maison. Regarde le film *Beethoven* en boucle. Bref, quand ils en auront plus qu'assez de ta « Saint Bernard mania », émets l'idée qu'un petit animal pourrait aussi te faire plaisir* . Ils seront trop contents de t'offrir un chihuahua ou un NAC (nouvel animal de compagnie, désignation incluant les lapins, les cochons d'Inde, les oiseaux et les poissons). Comme tu n'en attendais pas autant, te voilà super content !

** Les auteurs déclinent toute responsabilité en cas d'échec du bon plan !*

Le plan galère On ferait mieux de réfléchir avant de promettre à nos parents que, s'ils nous offrent un animal, on s'occupera de tout. Tout, ça veut dire que notre argent de poche va servir à acheter des croquettes plutôt que des gadgets. Que l'on est prêt à se lever à 6 heures, parce que le chien doit faire ses besoins. À ramasser ses crottes dans la rue, pour éviter qu'une personne ne glisse dessus. À passer l'aspirateur pour enlever les poils sur le tapis… Au lieu de leur faire de fausses promesses (qu'ils n'oublieront pas), il vaut mieux leur dire qu'on se sentira moins seul quand ils rentreront tard du travail !

LA PAROLE AUX PROS

De quoi s'agit-il ?

Plus drôle qu'une peluche, plus gentil qu'un copain (il ne juge pas et est toujours content de nous voir), l'animal de compagnie est souvent perçu comme le « meilleur ami » par excellence.

On ne compte plus les études attestant que la présence d'un animal développe le sens de l'observation et de la communication. Apporte une plus grande sensibilité émotionnelle. Aide à prendre confiance en soi et fait partie des meilleurs antistress ! À rappeler à tes parents s'ils hésitent encore à en prendre un...

Notre conseil

Il n'y a pas que ton désir qui compte. Tu dois aussi t'assurer que le mode de vie de ta famille est compatible avec celui d'un animal, faute de quoi, il sera malheureux et risque d'être atteint de troubles du comportement. Il faut donc bien réfléchir avant de craquer. Avec un chiot ou un chaton, ta famille en « prend » pour dix ou quinze ans (sept ans pour un lapin, cinq ans pour un cochon d'Inde, trois ans pour une souris, etc.) ! Il faut aussi du temps pour bien s'occuper d'un animal, sans oublier un budget annuel de 400 à 600 € par an pour un chat et de 750 à 1 500 € pour un chien (selon sa taille). Enfin se pose la question de savoir quoi faire de lui en cas d'absence...

Vrai ou Faux ?

On peut faire cloner son animal.

Vrai ! Une riche Américaine l'a déjà fait dans l'espoir de faire « revivre » son ex-chien qu'elle aimait tant ! Elle a payé 150 000 dollars et, pour ce prix-là, son clone n'a même pas le même caractère que son chien d'origine. Forcément ! Un clone, c'est juste une sorte de vrai jumeau, mais pas né le même jour ni à la même heure. Ça fait cher le jumeau, non ? Et dire qu'à côté il y a des milliers de chiens qui attendent un nouveau maître dans un refuge...

Pour ta culture perso

Notre pays compte environ 63 millions d'animaux de compagnie, dont quelque 35 millions de poissons, 12,5 millions de chats et 7,5 millions de chiens. Et parmi les possesseurs d'animaux, plus de la moitié y est attachée presque comme à un enfant !

ANOREXIE

« Au collège, on te traite d'anorexique si tu es mince, de grosse si tu as un peu de fesses, mais ceux qui le disent oublient à quel point ça peut faire du mal. J'ai connu une fille un peu forte qui en a tellement souffert qu'elle a voulu maigrir pour de bon. Le problème est qu'elle n'a jamais arrêté de maigrir. Et qu'elle a failli en mourir… »

Charlotte et Fanny ont enquêté pour vous.

C'est quoi ? C'est quand on est obsédé par son poids et par ce que l'on mange.

Le plan galère Si l'on pense que son amie a un problème d'anorexie, il ne faut pas se dire que c'est son secret et qu'on ne doit pas agir. Elle n'est plus en état de savoir ce qu'elle fait car c'est une vraie maladie. On doit donc en parler à un adulte en qui on a confiance ou à l'infirmière de son établissement. Ne rien dire, c'est laisser cette personne « jouer » avec sa vie.

Bon à savoir On ne doit pas penser que l'on se fait des idées parce que les propres parents de son amie ne voient rien. Si elle est vraiment anorexique, elle va mettre des vêtements deux ou trois tailles au-dessus de sa taille réelle et des tenues qui la grossissent. Mais si on la surprend à vomir, si on voit qu'elle ne mange rien à la cantine (genre un demi-yaourt) et qu'elle maigrit à vue d'œil, c'est un signe !

De quoi s'agit-il ?

L'anorexie est une maladie psychologique. Être anorexique, c'est souffrir d'un trouble alimentaire sérieux et selon de récentes recherches, d'une addiction au plaisir de maigrir. Celle qui est anorexique se prive volontairement de nourriture pour atteindre une maigreur absolue qui est devenue l'idéal du corps. Pour autant, une anorexique ne se voit pas maigre. Quand elle se regarde dans la glace, c'est comme si elle ne se voyait pas vraiment et elle se trouve toujours « trop grosse ». C'est pour cette raison que les psys parlent d'une déformation grave de l'image du corps.

Le problème est que, petit à petit, l'anorexique ne peut plus rien avaler : son système digestif est bloqué et, parfois, la seule vue de la nourriture la dégoûte. Il faut comprendre que l'anorexie est une forme de dépression qui va se traduire au niveau du corps. C'est l'expression d'une grande souffrance psychologique.

Là où la société a une grosse part de responsabilité, c'est en montrant partout des mannequins trop minces, souvent anorexiques et malades. Ces filles sont citées comme des modèles de beauté, mais ce sont des exemples à ne surtout pas suivre !

Vrai ou Faux ?

L'anorexique est à bout de force.

Faux ! Au contraire, l'anorexique garde souvent des activités physiques importantes, ce qui est surprenant vu l'état de son corps. Toutefois, chez les filles, il y a toujours une aménorrhée (les règles s'arrêtent complètement). *Idem* pour l'intellect : l'anorexique travaille souvent beaucoup. Du coup, les parents ne s'en rendent pas vraiment compte, jusqu'au jour où la limite est dépassée et que l'ado fait un malaise sérieux.

Pour ta culture perso

L'anorexie touche en grande majorité les filles (à plus de 85 %) et le pic d'apparition de la maladie est entre 15 et 19 ans, mais cela peut débuter avant. Ce n'est pas à prendre à la légère car une sur cinq souffre de troubles chroniques et 5 % décèdent.

APPAREIL DENTAIRE

« Mieux vaut le porter au collège qu'au lycée. Alors plus on attend, pire c'est! »

Charlotte et Fanny ont enquêté pour vous.

C'est quoi ? L'appareil orthodontique, c'est ce que certains ont trouvé de mieux pour obliger nos dents à pousser dans le droit chemin !

Le bon plan À part se dire qu'on aura un super sourire plus tard, porter un appareil dentaire, ce n'est pas le pied ! Néanmoins, on peut toujours en jouer pour se faire plaindre par ses (arrière-)grands-parents et se faire offrir un petit cadeau. Pourquoi eux ? Parce que vu leur âge, s'ils portent un dentier (ou s'ils risquent d'en avoir un bientôt), on a plus de chances qu'ils compatissent !

Le plan galère On n'a plus trop le droit de manger des aliments collants, une fois que l'on a ses bagues. Adieu chewing-gums, caramels et carambars ! On ne peut pas non plus croquer à pleines dents dans un aliment ou un objet dur comme une pomme, un croûton de pain ou un capuchon de stylo. C'est vraiment galère !

Quelques réponses toutes prêtes...

Si on nous fait remarquer qu'on a un nouvel appareil, on peut toujours répondre :

Version ironique

« Sans blague, je n'avais pas remarqué ! On a dû me le poser pendant que je dormais ! »

Version tac au tac

« S'il te plaît tant que ça, je peux te donner l'adresse de mon orthodontiste ! »

Comment ça marche ?

Chez les plus jeunes (en primaire), l'orthodontiste propose volontiers un appareil amovible. À ton âge, l'appareil orthodontique le plus couramment utilisé est fixe. Il se compose de bagues à l'arrière et de multi-attaches collées à l'avant, directement sur tes dents. Elles peuvent être en métal (et donc visibles) ou en céramique. Avantage et inconvénient de ces dernières : elles sont beaucoup plus discrètes, mais aussi plus fragiles. Il faut compter au maximum six semestres (trois ans) pour retrouver une bouche quasi parfaite, mais cela peut aller beaucoup plus vite s'il y a peu de défauts à corriger. Ensuite, pour tout consolider, il faut tabler sur une phase de contention de douze à dix-huit mois : cela consiste entre autres à porter un appareil de nuit.

Une fois que tu as passé ces étapes, il te faut encore penser à revoir ton orthodontiste une ou deux fois par an pour vérifier que tes dents et tes mâchoires gardent bien leur position. Et bien sûr, revoir ton dentiste à vie pour garder des dents saines et ton joli sourire !

Notre conseil

Le bon âge pour consulter aurait été autour de 9 ans, quand la denture est mixte, avec des dents de lait et des dents définitives. Voire plus tôt, si des dents se chevauchent, si les mâchoires supérieure et inférieure sont décalées ou si certaines dents ne poussent pas au bon endroit. Toutefois, il n'est jamais trop tard pour bien faire. Même si tu n'as jamais vu l'orthodontiste, il est encore largement temps d'agir à l'âge du collège. D'ailleurs, les soins sont partiellement remboursés par la Sécurité sociale si tu as moins de 16 ans au moment de la première demande d'entente préalable par ton orthodontiste. De fait, les trois quarts des 7-15 ans sont suivis par ce spécialiste.

Vrai ou Faux ?

L'orthodontie est avant tout esthétique.

Il est vrai qu'un appareil orthodontique permet de retrouver un beau sourire. Mais sa vocation première est de corriger les décalages entre les mâchoires supérieure et inférieure, ainsi que les malpositions dentaires.

L'objectif : te permettre de bien mastiquer, de parler correctement et t'éviter des problèmes de mal de tête ou de mal de dos (cela peut arriver quand les mâchoires ferment mal). En plus, lorsque les dents sont bien positionnées, il y a moins de risques qu'elles s'abîment et que tu aies, un jour, besoin d'un dentier !

Pour ta culture perso

Chaque année, une dizaine de chiens suffisamment beaux pour espérer rafler tous les prix de beauté dans les concours suivent un traitement orthodontique et portent des bagues pour redresser leurs quenottes ! Tes parents ne pourront plus dire « Les appareils d'orthodontie, ce n'est pas fait pour les chiens ! »

APPRENDRE

« À l'âge ado, l'apprentissage tient une grande place : les choses que l'on apprend, que l'on sait nous permettent d'avoir nos propres idées et donc notre propre personnalité. »

Hugo a enquêté pour vous.

La bonne blague

Un prof de chimie inscrit la formule HNO_3 sur le tableau. Il interroge ensuite un élève qui n'a pas vraiment appris sa leçon.
« Que signifie cette formule ?
– Heu, je l'ai sur le bout de la langue, m'sieur !
– Crache-la tout de suite, répond le prof, c'est de l'acide nitrique et c'est toxique ! »

C'est quoi ? Apprendre, c'est ce qu'on attend de nous tous les jours au collège. Mais c'est aussi ce que les profs doivent faire : nous apprendre des choses et nous aider à savoir apprendre !

Le bon plan On relie souvent l'apprentissage à l'école. Or, apprendre est dissociable du collège. On peut apprendre en se divertissant, en allant au cinéma, en lisant des revues, des livres, en regardant des reportages, etc. Ainsi, si l'on considère l'apprentissage comme un devoir fastidieux, il faut essayer de le sortir du contexte scolaire et le faire en s'amusant !

Bon à savoir Même si certaines matières ne nous passionnent pas, ce que l'on apprend possède toujours une place. En effet, nos connaissances font partie de notre culture générale et nous permettent de mieux analyser le monde qui nous entoure. Cela pourra nous servir un jour !

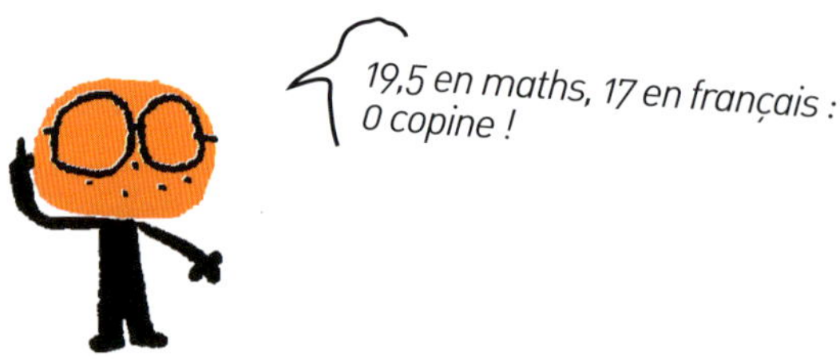

Vocabulaire à retenir
= la femme
(≠ homme)
= maîtresse
de maison
= la femme
On voit que
* Elles n'ont

APPRENDRE

De quoi s'agit-il ?

Apprendre, cela veut dire littéralement « prendre en soi », ce qui signifie que tu dois mettre en place un processus, pour que ce que tu ne sais pas encore entre dans le stock de tes connaissances déjà apprises. C'est un mouvement ! C'est pour cela qu'on parle de « processus d'apprentissage », car tu vas utiliser tes capacités cognitives (celles qui te servent pour acquérir des connaissances) de façon active, pour comprendre, raisonner et mémoriser. Ainsi apprendre ce n'est pas seulement écouter ou lire un cours. C'est vraiment produire une action pour intégrer les connaissances. Ce qui veut dire que tu dois te mobiliser pour que ce soit efficace. Et le décider ! C'est pour cela qu'il est essentiel d'être attentif et concentré. Et plus tu es intéressé par ce que tu apprends, mieux et plus vite tu l'apprendras.

Vrai ou Faux ?

Ça ne sert à rien d'apprendre par cœur.

Faux, car apprendre par cœur permet d'avoir des « automatismes » dans le cerveau. Tu as besoin d'une date d'histoire, d'une règle de grammaire ou du résultat d'une multiplication ? Hop, l'info arrive tout de suite et tu as plus de temps pour réfléchir sur ce que tu es en train de faire. Apprendre par cœur, c'est économique pour le cerveau, ça crée des « autoroutes » où l'information circule à toute vitesse !

L'apprentissage, ça se travaille ?

Oui, mais encore faut-il te connaître. Chacun a sa façon d'apprendre. Pour certains, il faut lire plusieurs fois le cours, pour d'autres, c'est important de le recopier, ou encore de se le faire lire à haute voix. Tout dépend si tu es plutôt auditif (tu apprends mieux par l'oreille) ou visuel (tu apprends mieux en voyant) ou kinesthésique (en écrivant, tu fais un geste qui te permet de mémoriser).

Autre idée : quelquefois, tu es obligé d'apprendre des choses qui vraiment ne t'intéressent pas. Dans ce cas (chut !), il vaut mieux l'apprendre au dernier moment. Au moins tu le sauras pendant le contrôle (tu feras marcher ta mémoire à court terme), et après, si tu l'oublies, tant pis !

Notre conseil

Pour bien apprendre, il faut d'abord bien comprendre. Cela vaut donc la peine de passer du temps à comprendre, avant d'essayer de retenir.

Pour ta culture perso

Scientifiquement, on sait qu'il faut revoir ce que l'on doit apprendre une première fois dans les heures qui suivent (le soir à la maison), puis deux ou trois jours après, puis de temps en temps. Plus c'est revu, plus c'est stocké solidement dans la mémoire à long terme.

« Je connais une fille qui reçoit près de 1 000 € par mois. Impressionnant, non ? À l'opposé, j'en connais une autre qui n'a que 4 € et encore, seulement si elle a de bonnes notes ! Tu vois, si tu as entre les deux, tu n'es pas si malheureux ! »

Quelques réponses toutes prêtes…

Quand nos parents nous donnent peu, on peut toujours leur dire :

Version ironique
« C'est mon argent de poche de la journée ? »

Version directe
« On est ruinés, c'est ça ? »

Version polie
« Ce n'est pas avec ça que je vais vous acheter un beau cadeau d'anniversaire ! »

Version sarcastique
« Chouette, encore trois ans d'économies et je pourrai m'acheter un jean ! »

Charlotte a enquêté pour vous.

C'est quoi ? C'est l'argent que nos parents nous donnent pour certaines de nos dépenses. Lesquelles ? Là est la question. Du coup, on a intérêt à être bon en négociation !

Le bon plan À notre âge, on n'a pas le droit de travailler. Mais si on promène le chien de la voisine ou si on aide la mamie d'à côté à désherber son jardin ou faire ses courses, on peut être récompensé. Dans les cas désespérés et si on joue bien d'un instrument, on peut faire partie de l'orchestre amateur de sa ville (ça rapporte parfois jusqu'à 2 € la représentation : une fortune !!!).

Le plan galère Il vaut mieux éviter de demander plus d'argent de poche quand nos parents ne parlent que de leurs factures à payer. Pour peu qu'ils viennent de faire de grosses dépenses, on n'a aucune chance ! Il vaut mieux essayer quand ils sont à la fois de bonne humeur, que leurs affaires marchent fort et que l'on cartonne en classe !

LA PAROLE AUX PROS

Comment ça marche ?

L'argent de poche, c'est un pas de plus vers l'autonomie. Mais pour te permettre de t'initier à la bonne gestion de ton portefeuille, il y a des règles à respecter.

D'abord, la somme que tes parents vont te donner doit être convenue d'avance (c'est tant par mois, pas un euro de plus), ainsi que la liste des achats qu'elle doit servir à couvrir. En effet, cette somme n'est pas la même selon que tes parents te demandent d'acheter tes tickets de transport, tes vêtements et tes repas, ou si cette somme sert uniquement à couvrir tes achats « plaisir ».

Une fois que la liste est établie, ne t'avise pas de leur demander une avance sous prétexte que tu risques de rater l'affaire du siècle. Devenir autonome, c'est aussi être capable d'anticiper ce type de situation en mettant suffisamment d'argent de côté. Enfin, lorsque tu as un doute sur un gros achat, parles-en d'abord à un adulte en qui tu as confiance. Même si c'est de ton argent de poche qu'il s'agit, il a quand même plus l'habitude que toi de déjouer certains pièges de la consommation.

Notre conseil

Il est difficile de comparer avec ce que reçoivent tes amis, car toutes les familles n'ont pas les mêmes moyens. L'important est que tes parents te donnent ce qui est convenu, afin que tu saches sur quoi tu peux compter. Cette somme n'a pas à être liée à tes notes de classe (sauf cas extrême ou si tu dépasses certaines limites).

Et si tes parents traversent une mauvaise passe (chômage, maladie, séparation, etc.), tu dois aussi comprendre qu'ils ne peuvent plus te donner autant qu'avant.

Vrai ou Faux ?

On peut t'ouvrir un compte en banque.

Des parents peuvent ouvrir un compte à un nouveau-né. Mais pour avoir une carte bancaire te permettant de faire des retraits en France et à l'étranger, il te faut avoir soufflé tes 12 bougies !

Pour ta culture perso

En France, les moins de 15 ans reçoivent en moyenne une trentaine d'euros par mois (source Axa Investment Managers, 2019) voire davantage, surtout si les deux parents travaillent : 47 € par mois (source Fortunéo, 2017). Leurs achats sont influencés, non par la pub ou les parents, mais de très loin (à plus de 80 %) par ce que possèdent leurs amis !

ASTHME

« On a déjà eu des élèves asthmatiques dans nos classes et certains étaient des "bêtes de sport" ! S'ils n'avaient pas dit qu'ils avaient cette maladie, on ne l'aurait jamais su… »

Charlotte et Fanny ont enquêté pour vous.

C'est quoi ? Pour schématiser, c'est une histoire de tuyauterie. En gros, l'air que l'on respire a du mal à arriver jusqu'aux poumons et on est gêné pour respirer, quand on fait de l'asthme.

Le bon plan En sport, les exercices d'endurance sont interdits par temps froid et sec, ainsi qu'en cas de pic de pollution. Pendant que les autres s'escriment à courir, on peut donc se la couler douce !
En ce qui concerne les vacances, si nos parents insistent pour nous envoyer dans un trou paumé, on peut toujours leur rappeler que partir à la campagne, c'est nous exposer à la fois aux poussières, aux pollens et aux poils d'animaux, bref à tout ce qui risque d'aggraver notre asthme !
En revanche, à la montagne – de 1 500 à 2 000 mètres d'altitude – on a de bonnes chances d'aller mieux si on est allergique aux araignées microscopiques des poussières de maison, car ces acariens ne survivent pas à pareille altitude. À nous les joies de la glisse !

Le plan galère Si l'air que l'on respire est sain, ça va. Mais si autour de nous, ça fume, bonjour les dégâts…

De quoi s'agit-il ?

C'est une maladie inflammatoire chronique des bronches qui se contractent de façon exagérée, rendant difficile le passage de l'air entre les poumons et la bouche. Cela se traduit par des troubles respiratoires à répétition : toux sèche chronique, respiration sifflante, essoufflements variables dans le temps, sensation d'oppression thoracique, etc.

Notre conseil

Si tu présentes un ou plusieurs de ces signes, tu dois impérativement faire un bilan. Il repose sur la recherche d'une allergie (car elle peut entraîner ou aggraver un asthme) et sur les épreuves fonctionnelles respiratoires : il s'agit de tests indolores destinés à mesurer la vitesse à laquelle circule l'air à l'intérieur de tes bronches (examen remboursé par la Sécurité sociale).

Il est très important de faire le bilan au moindre doute car l'asthme est la maladie chronique la plus courante chez l'enfant. Le problème est que beaucoup d'entre eux ne se savent pas asthmatiques ! Ils ne prennent donc pas de traitement. Et encourent un vrai danger : faute de prise en charge adéquate, la maladie asthmatique continue d'évoluer. La gêne respiratoire est plus fréquente et chaque fois un peu plus grave. Elle peut aller jusqu'à la crise aiguë, avec impression d'étouffer et malaise, nécessitant l'appel des secours d'urgence au 112.

Ça se soigne ?

Il existe des traitements de fond pour empêcher la survenue des crises d'asthme – à prendre même en l'absence de symptômes respiratoires et sans oubli – et des traitements de la crise, à prendre de façon ponctuelle. Le choix de traitements est suffisamment large pour en trouver des efficaces, bien tolérés et qui ne retentissent pas sur ta croissance. Lorsque ton asthme est correctement traité, tu peux vivre tout à fait normalement. Seule la plongée sous-marine avec bouteille est contre-indiquée !

Vrai ou Faux ?

Tu peux faire du sport quand tu as de l'asthme.

Tu ne peux pas, tu dois ! Il y a d'ailleurs 10 % d'asthmatiques parmi les médaillés olympiques. Il faut juste prendre quelques précautions, comme t'échauffer progressivement, ne jamais forcer si tu te sens essoufflé et parfois prendre un médicament juste avant le sport et/ou après la séance. Les médicaments sont autorisés à l'école, mais uniquement dans le cadre d'un projet d'accueil individualisé (PAI) qui doit être rempli par le médecin et remis au directeur.

Pour ta culture perso

En France, un futur enfant asthmatique naît toutes les dix minutes !

LA PAROLE AUX COLLÉGIENS

« Dans les films, les méchants sont faciles à reconnaître car ils ont toujours une sale tête. Dans la vie, ils peuvent être n'importe qui. »

Charlotte, Fanny et Hugo ont enquêté pour vous.

C'est quoi ? C'est quelqu'un qui oblige un autre à le toucher, notamment au niveau des parties intimes, ou à se laisser toucher, alors qu'il (elle) ne veut pas. Pour faire pression, il peut recourir au chantage affectif ou à la force.

Le plan galère La plupart des agresseurs sont connus de leur victime. Malgré tout, les pédophiles (adultes s'attaquant aux mineurs, parfois à de très jeunes enfants) ne sont pas tous enfermés en prison. C'est pourquoi il est conseillé de se rendre au collège à plusieurs et d'emprunter les rues les plus commerçantes. D'éviter de boire de l'alcool dans les fêtes (pour garder le contrôle de soi). Et d'en parler immédiatement à un adulte si un(e) ami(e) nous confie avoir été victime d'une agression sexuelle, même si on nous demande de ne pas révéler le secret. Il y a des secrets qu'il n'est pas possible de garder.

Bon à savoir C'est très difficile d'en parler la première fois, mais c'est un peu moins difficile de le faire de façon anonyme. Le numéro à connaître, **Enfants en danger, 119**, appel gratuit 24 h sur 24 (www.allo119.gouv.fr/).

LA PAROLE AUX PROS

De quoi s'agit-il ?

Attouchements et viols sont interdits, qu'ils soient commis par un adulte sur un mineur ou par des mineurs sur un autre mineur. Personne n'a le droit de toucher ton corps sans ton consentement et tu n'as aucunement le droit de toucher le corps d'un autre, s'il (elle) n'est pas d'accord. Donc «non», c'est «non». Ce n'est jamais de la faute du mineur agressé. Le seul et unique coupable, c'est l'agresseur. C'est encore plus dur à vivre s'il s'agit d'une personne ou d'un parent pour qui l'adolescent(e) a de l'affection, car s'ajoute alors la culpabilité de le faire souffrir en cas de dénonciation. C'est pourtant la seule solution : il faut en parler à ses parents si le coupable est extérieur à la famille. Mais s'il s'agit d'un parent, c'est plus compliqué : il existe un risque que les autres membres de la famille le couvrent. En effet, l'adolescent(e) n'est pas toujours cru(e) dans un premier temps, tant ce qu'il (elle) raconte paraît insensé. Dans ce cas, il vaut mieux en parler à un autre adulte de confiance (comme l'infirmière de l'établissement ou son médecin par exemple).

Dénoncer de tels agissements, quelles qu'en soient les conséquences pour l'agresseur, est le seul moyen pour qu'il arrête, car la pédophilie est classée parmi les troubles psychiatriques, par l'Organisation mondiale de la santé (OMS). Or on ne peut pas attendre d'un malade psychiatrique qu'il se rende compte de la gravité de ses actes.

Notre conseil

Un (une) mineur(e) a le droit de se rendre seul(e) à la police ou à la gendarmerie pour dénoncer un parent maltraitant. Et s'il ne le fait pas tout de suite, il a jusqu'à dix ans après sa majorité pour dénoncer un viol par une personne ayant autorité sur lui, quand il était mineur.

Vrai ou Faux ?

Les rapports sexuels sont interdits entre un majeur et un mineur de moins de 15 ans.

Vrai. Les relations sexuelles sont interdites, même si le mineur dit être consentant. Le majeur peut être condamné à de la prison ferme pour cela.

Pour ta culture perso

En France, le viol est puni de 15 ans de réclusion criminelle, mais le fait qu'il soit commis par un ascendant (parent) légitime ou par toute autre personne ayant autorité sur la victime est considéré comme circonstances aggravantes.

AUTONOMIE

LA PAROLE AUX COLLÉGIENS

« C'est curieux comme le mot "autonomie" n'a pas le même sens, selon que l'on est ado ou parent! »

Charlotte, Fanny et Hugo ont enquêté pour vous.

C'est quoi ? C'est d'abord gagner la confiance de ses parents, pour qu'ensuite ils acceptent de nous laisser faire seuls ce qu'ils ont toujours fait jusqu'ici avec nous, ou ce qui nous était interdit !

Le bon plan Sur les deux parents, il y en a bien un plus facile à persuader. C'est à lui qu'il faut demander en premier l'autorisation de faire quelque chose seul ! Il est alors plus simple de convaincre l'autre. Il faut commencer par demander à nos parents quelque chose qui, indirectement, peut les arranger. Par exemple, s'ils doivent nous emmener à une séance de sport durant leur jour de congé, on leur propose d'y aller à pied ou à vélo. S'ils acceptent pour cette fois parce qu'ils étaient en plein bricolage, ce sera plus facile, quand on leur demandera d'aller seul quelque part, un autre jour !

Le plan galère Rien ne sert de dire à ses parents que « tout le monde dans la classe a le droit, sauf nous ». Ils répondront que les autres parents font ce qu'ils veulent. Il ne faut pas les braquer, sinon, quelle que soit la demande, ça risque d'être « non ! » d'office.

Quelques réponses toutes prêtes...

Si nos parents ne veulent jamais nous laisser faire quoi que ce soit, on peut toujours leur dire :

Version éducative

« Faites-moi plaisir, prenez un dictionnaire et ouvrez-le à autonomie ! »

Version moqueuse

« La majorité était peut-être à 21 ans pour papy, mais les temps ont changé ! »

LA PAROLE AUX PROS

De quoi s'agit-il ?

L'autonomie est le grand enjeu de l'adolescence. Tu as envie de devenir de plus en plus indépendant et de faire des tas d'activités, seul. Mais, en même temps, tes parents ont peur et c'est un combat presque de tous les jours.

Aussi l'autonomie se gagne petit à petit ! La base, c'est la confiance. Tes parents ont besoin d'être certains que, s'ils donnent leur accord, cela se passera exactement comme prévu. Si, par exemple, ils te permettent d'aller chez un copain à la sortie des cours, jusqu'à 18 heures, il est essentiel que l'horaire soit respecté. C'est la condition pour qu'ils t'autorisent de nouveau à sortir.

Les parents ne sont pas les seuls à être inquiets. L'autonomie peut faire peur aussi aux jeunes, car ils ont envie que leurs parents « les lâchent », mais en même temps, ils ne se sentent pas très sûrs d'eux. L'autonomie est donc un équilibre progressif à trouver, en comprenant que les ados et les parents ont peur ; pour des raisons différentes, certes, mais cela reste toujours de la peur !

Notre conseil

Les peurs ne sont pas les mêmes selon les parents. Par exemple, certains sont terrifiés à l'idée que tu roules en scooter, alors que d'autres n'aiment pas que tu rentres seul du collège. D'autres encore ont beaucoup de mal avec l'idée que tu puisses aller dormir chez un copain, etc.

Ce qu'il faut, c'est discuter avec tes parents et bien savoir ce qui leur pose problème. Essaie de trouver ce qui les effraie le moins, car c'est le plus facile à obtenir. Petit à petit, ils finiront par avoir moins peur et ce qui les effrayait tant au départ finira par devenir possible. Un parent, ça s'éduque !

Vrai ou Faux ?

Devenir autonome, c'est perdre quelque chose.

Vrai, et c'est pourquoi ce n'est pas si simple ! L'adolescent a envie de devenir indépendant et ses parents ont envie qu'il soit mature. Mais les uns et les autres savent qu'ils y perdront un peu : les ados devront renoncer à la possibilité de laisser leurs parents résoudre tous leurs problèmes (même s'ils restent là pour les plus gros) et les parents doivent faire le deuil de leur « bébé » et de leur place de protecteur. L'acquisition de l'autonomie, c'est une étape obligatoire pour tous : il faut grandir et s'assumer petit à petit !

Pour ta culture perso

Tu te bats aujourd'hui pour avoir le droit d'aller chez des copains, mais sais-tu que, jusqu'en 1965, la femme était considérée comme une enfant durant toute sa vie ! Elle ne pouvait gérer ses propres biens ni même exercer une profession sans l'autorisation de son époux. Et cela se passait en France, il y a moins d'un siècle !

BEAUTÉ, BEAUTÉ

« La beauté, ça marche avec la bonne humeur : plus on se sent belle plus on est à l'aise dans ses baskets ! »

Charlotte et Fanny ont enquêté pour vous.

C'est quoi ? Il n'y a pas que les top models qui sont belles ! Et la beauté, c'est plutôt subjectif. Il suffit d'interroger autour de soi pour s'apercevoir que l'on n'a pas tous les mêmes goûts. Heureusement d'ailleurs, sinon on serait tous amoureux des mêmes filles et des mêmes garçons !

Le bon plan Parmi les gens célèbres, comme les acteurs et les humoristes, tous ne sont pas franchement beaux. Plus que leur physique, c'est leur personnalité qui compte. À notre âge, on peut aussi briller par notre humour, notre gentillesse, par un don ou par notre culture si on est du genre « intello ». Ce sont tous ces petits « plus » qui font que quelqu'un va nous trouver à son goût et qu'à ses yeux on apparaîtra comme le plus beau ! Quant à nos petits défauts, on peut soit en jouer en s'en moquant soi-même, soit les camoufler : par exemple, pour une rougeur, un petit coup de correcteur de teint en stick et ni vu ni connu ! Le plus important, c'est de soigner sa peau. Car si on a la peau lisse (mais non, pas la police !), notre visage paraît lumineux, naturel, sans qu'on ait besoin d'artifice. Pour cela, il est conseillé de faire un gommage léger une fois par semaine, pour évacuer les cellules mortes, et d'appliquer tous les jours une crème hydratante. Résultat garanti !

Le plan galère Attention aux transformations excessives ! Changer sa couleur de cheveux, se maquiller à outrance, ça peut vraiment nous enlaidir parce que notre visage fait alors plus vieux que notre âge ! Et c'est ce décalage qui dérange : ça modifie trop notre apparence ! Mais, de temps en temps, pourquoi pas un petit coup de « blush » pour camoufler un bouton ou se donner bonne mine ! Il vaut mieux y aller par petites touches invisibles, par exemple, avec un peu de correcteur de teint pour masquer une rougeur ou un léger coup de gloss sur les lèvres. De même, si on a le teint trop « visage pâle » on peut faire appel à la crème autobronzante. Mais attention : si on l'étale mal ou pas partout, le résultat ne fera pas très naturel !

Une vengeance toute prête...

Tes frères et sœurs te prennent la tête : l'heure de la vengeance a enfin sonné !

Chaque nuit, lorsqu'ils dorment profondément, applique-leur, sur le bout du nez, de la crème autobronzante ! Ainsi, dans les jours qui suivront, ils auront le nez marron !

INTÉRIEURE

De quoi s'agit-il ?

Les canons de la beauté changent du tout au tout, selon les époques et les cultures. Ce que tu considères aujourd'hui comme le top (une grande blonde très maigre) aurait été considéré comme le comble de l'horreur il y a deux siècles ! Par ailleurs, tu as sûrement remarqué que certaines personnes, qui n'ont pourtant rien d'extraordinaire sur le plan physique, rayonnent malgré tout. Lorsqu'elles entrent quelque part, tout le monde se retourne ! Pourquoi ? Parce qu'elles ont une grande confiance en elles et sont suffisamment à l'aise pour en jeter plein les yeux !
À l'inverse, d'autres personnes que tu trouves belles sont « mal dans leur peau » et complexées. Et il n'y a pas grand monde pour les regarder ! C'est bien la preuve que les critères physiques et la mode ne sont pas les seuls qui comptent. Ce que certains appellent la « beauté intérieure » – et qui dépend de l'estime de soi – est bien plus important. Or tu peux arriver à la faire grimper en flèche, si tu trouves le moyen d'être attirant pour les autres.

Le truc d'un conseiller en image

Pour trouver les couleurs de vêtements qui sauront le mieux te mettre en valeur, il faut savoir si tu appartiens à la gamme « argent » (base de bleu) ou à la gamme « or » (base de jaune). Pour être bien sûre, mets-toi devant une glace sous un éclairage naturel et entoure ton visage d'un tissu « argent », puis d'un tissu « or ».

Si le premier te donne un joli teint alors que tu sembles avoir la jaunisse avec le second, c'est que tu es « argent ». Tu peux porter des bijoux en argent ou en or blanc. T'habiller dans les tons roses, violets, bleus, verts, gris. Et si tu te maquilles un peu, choisis un fond de teint rosé ou transparent, un fard à joues rose et du rose à lèvres.

Si c'est le tissu « or » qui te donne bonne mine alors que « l'argent » te rend grisâtre, tu appartiens à la gamme « or ». À toi les bijoux en or, les vêtements dans les tons orange, rouges, jaunes, marron, beiges et les fonds de teint beiges, les fards à joues ou à paupières saumon, caramel ou sable. Si tu te maquilles, garde la main très légère et fais-le uniquement sur ce que tu veux mettre en valeur.

Notre conseil

Une fois trouvé ce qui te redonne confiance et assurance, à toi de jouer en misant à fond sur la carte de l'humour ou de la gentillesse !

Avoir une bonne hygiène (cheveux propres, dents soignées, ongles impeccables), être sportif, assumer ses quelques défauts physiques... c'est aussi important. La beauté, ce n'est pas qu'une affaire de look !

INTÉRIEURE

Être drôle, par exemple, peut te rendre beau aux yeux de tes amis, car tu les fais rire et tu leur apportes du bonheur ! Mais c'est peut-être tout simplement le fait d'être gentil, chaleureux, généreux, attentionné, qui réconforte. La chaleur humaine, ça paie : regarde dans les films, les gentils sont souvent représentés par de beaux acteurs, alors que les méchants sont enlaidis.

Comment ça marche ?

Assumer ses défauts, c'est bien en théorie, mais dans la pratique, ce n'est pas toujours aussi facile ! Alors demande-toi ce que dirait ton meilleur ami si tu lui parlais de tes complexes. Il te trouverait certainement des tas de qualités à mettre en valeur ! Essaie et tu verras que tu te trouveras plein d'atouts que tu ne voyais plus à force de te considérer négativement. Et puis, tu peux aussi trouver des trucs comme changer de coiffure ou de style vestimentaire pour te donner une nouvelle apparence. « L'habit ne fait pas le moine », mais quelquefois un vêtement change l'image qu'on a de nous-mêmes et, du coup, nous change aux yeux des autres. Or il suffit parfois de bien peu pour se sentir mieux !

Vrai ou Faux ?

Ceux qui se moquent du physique des autres sont des complexés.

Vrai ! Les psychologues ont remarqué que s'ils étaient aussi agressifs, c'est parce qu'ils misaient tout sur leur physique. Comme ils n'ont pas d'autre qualité à mettre en avant, ils ne supportent pas l'idée qu'un autre puisse être apprécié pour son humour ou sa gentillesse. Du coup, ils l'agressent pour garder l'avantage. Maintenant que tu le sais, tu ne seras plus dupe de ce petit manège !

BIEN-ÊTRE

« Il suffit de peu pour se sentir bien : un mot gentil, une bonne note, un sourire. Le problème, c'est qu'il en faut aussi très peu pour gâcher une journée : une moquerie, un bouton, la pluie… »

Charlotte et Fanny ont enquêté pour vous.

Quelques réponses toutes prêtes…

Si on nous dit : « T'as l'air bien dans tes baskets ! », on peut répondre :

Version amicale
« C'est parce que j'ai la chance d'avoir des amis comme toi ! »

Version star
« C'est ça, la classe ! »

C'est quoi ? C'est quand on a l'impression que tout nous sourit, qu'on est « cool » ! Hélas, ce n'est pas si facile de se sentir bien et, surtout, de le rester toute la journée !

Le bon plan On a tous une tenue préférée, dans laquelle on est super à l'aise. C'est celle-là qu'il faut mettre quand on se réveille du pied gauche… Plus on sait que la journée qui nous attend va être galère, plus on doit se préparer à une petite soirée sympa (gâteau au chocolat, soirée entre filles, bain relaxant, ciné…). Comme ça, le seul fait d'y penser suffit à rendre la journée moins pénible !

Bon à savoir On n'a pas envie d'aller vers quelqu'un qui fait tout le temps la tête ou qui passe sa vie à râler. Alors, si on n'a pas souri au moins une fois dans la journée, c'est ce qui risque de nous arriver !

De quoi s'agit-il ?

Le bien-être est un sentiment global et très subjectif. Ainsi, tu peux être sur les nerfs alors que tout le monde te trouve mignon(ne), que tu as plein d'amis, un cadre de vie agréable, des parents compréhensifs et des bonnes notes au collège.

À l'inverse, tu peux te sentir vraiment bien, alors que tu n'es pas autant gâté(e) dans tous ces domaines. En fait, tout dépend des objectifs que tu t'es fixés, parfois inconsciemment : si tu mets partout la barre trop haut, tu as plus de risques de te sentir frustré(e) que si tu te fixes des objectifs réalistes !

C'est aussi une question de caractère : certains sont optimistes, ils ont toujours tendance à voir le bon côté des choses, là où d'autres voient tout en noir. Bien sûr, tu ne choisis pas d'être pessimiste, mais tu peux (tu dois) quand même apprendre à relativiser. Pour cela, il y a un truc ! Quand ça ne va pas comme tu veux, pose-toi juste cette question : « Quelles sont les vraies conséquences de mon problème ? » Et va jusqu'au bout de ton raisonnement. Bien souvent tu verras que ce qui vient de te saper le moral n'est pas si grave une fois replacé dans son contexte. Exemple : tu viens d'avoir une mauvaise note. Pour autant, est-ce que ça va t'empêcher de poursuivre ta scolarité normalement ? Non ! Dis-toi bien que personne n'est jamais au sommet de sa forme, tout le temps. Le seul fait d'accepter d'avoir des bas permet de moins stresser. Et le stress, c'est le pire ennemi du bien-être !

Notre conseil

À la puberté, tes hormones n'ont pas leur pareil pour te mettre les nerfs en pelote. Tu dois donc te trouver des dérivatifs pour te calmer. Il y en a trois qui ont prouvé leur efficacité : le sport, le rire et les pauses « plaisir », qui favorisent ta sécrétion d'endorphines (molécules du bien-être) dans ton cerveau. Pour te sentir mieux, bouge-toi un peu tous les jours, achète-toi un livre de bonnes blagues que tu pourras ressortir à l'école et accorde-toi souvent des petites pauses, rien que pour toi. Profites-en pour écouter ta musique préférée, plonger dans un bain moussant, voir un ami, etc. En résumé, fais-toi plaisir !

Vrai ou Faux ?

Bien dormir, c'est le début du bonheur.

Vrai ! car durant ton sommeil, ton cerveau sécrète une hormone chargée de donner le rythme à tout ton organisme (quelle fonction il doit assumer, à quelle heure) : c'est la mélatonine.
Tu ne peux pas te sentir en forme si sa sécrétion est perturbée. Or elle l'est forcément un peu si tu te couches après minuit ou si tu ne dors pas dans l'obscurité la plus complète. C'est encore pire si tu bois de l'alcool ou si tu fumes.

Pour ta culture perso

Au Bhoutan, un petit pays asiatique pas plus grand que la Suisse, l'important n'est pas d'être riche, mais d'être heureux. Et 68 % des habitants disent nager dans le bonheur !

a B c d e f g h i j k l m n o p q r s t u v w x y z

BILAN PSYCHOLOGIQUE

« Passer un bilan peut apparaître comme un échec mais, au final, c'est plutôt une chance ! »

Hugo a enquêté pour vous.

C'est quoi ? C'est un ensemble de tests que l'on passe chez un psychologue pour comprendre pourquoi on a des difficultés personnelles. Mais ce ne sont pas des contrôles ou des interrogations notées, comme on peut en avoir au collège dans les différentes matières ! Ce sont des questions, des images à observer, des cubes à remettre en place, des jeux de mémoire et d'observation, plutôt ludiques et divertissants. L'objectif : trouver des solutions à nos difficultés, ce qui peut nous permettre de mieux réussir à l'école, mais aussi de nous épanouir dans la vie.

Le bon plan On ne doit pas hésiter à demander à faire des tests quand ça ne va pas, car cela permettra toujours de trouver des solutions ! Et pouvoir parler à quelqu'un de nos problèmes en toute confiance, c'est déjà une grande aide !

Bon à savoir Quand on passe un bilan psychologique, on est souvent stressé car on a peur des résultats. Mais ce n'est pas une évaluation, il n'y a pas de bons ou de mauvais résultats. Un bilan, c'est fait pour comprendre les problèmes et pas pour nous juger.

Quelques réponses toutes prêtes…

Si quelqu'un veut savoir pourquoi on voit le psy, on peut toujours répondre :

Version authentique
« Parce que, parfois, on a besoin d'être aidé, c'est pas une honte. »

Version polie
« Secret professionnel ! »

Version ironique
« Tu aurais besoin de son adresse ? »

De quoi s'agit-il ?

Un bilan psychologique est un moment important, car il permet de faire le point quand tu as une difficulté, en particulier une difficulté scolaire. Un bilan est un ensemble de tests pour comprendre ce qui se passe, d'où vient la difficulté et surtout, trouver l'aide qui sera la mieux adaptée. Un bilan doit toujours comporter des tests intellectuels (pour comprendre comment fonctionne ton intelligence), des tests cognitifs (pour savoir comment tu fais pour apprendre, pour raisonner, pour mémoriser) et des tests affectifs pour mieux connaître ta personnalité et ta façon de gérer les émotions. L'analyse de tous ces tests va permettre de faire « une carte du territoire », c'est-à-dire de savoir exactement quelles sont tes difficultés, d'où elles proviennent et comment t'aider. On pourrait dire qu'un bilan, ça donne un plan d'action !

Seuls les psychologues (diplômés de l'Université) sont habilités à faire passer les tests psychologiques. On les trouve soit en cabinet libéral, soit dans les CMPP (centre-médico-psycho-pédagogiques). Les CMPP sont des organismes publics, dépendant de l'hôpital ou de la région.

Notre conseil

Il est intéressant de faire un bilan quand tu as des difficultés et que tu ne comprends pas ce qui se passe. Quand tu fais des efforts pour travailler et que ça ne marche pas. Quand tu voudrais réussir et que tu n'y arrives pas. Quand tu as toujours le même problème qui revient et que, même si tu t'appliques, c'est toujours difficile (par exemple, la lenteur en écriture, la difficulté en maths, le travail personnel, apprendre ses leçons, etc.). Quand tu n'arrives pas à te concentrer et à être attentif. Tu peux enfin faire un bilan quand tu as l'impression que l'école, c'est vraiment trop difficile ou alors que tu t'ennuies en classe.

Vrai ou Faux ?

Un bilan psychologique n'est jamais mauvais.

Vrai ! il n'y a pas de bons ou de mauvais bilans. Ce n'est pas un contrôle noté ! Un bilan sert juste à comprendre comment tu fonctionnes et, donc, à mieux te connaître.

Pour ta culture perso

Pour les tests de personnalité, le psychologue peut utiliser le test de Rorschach. Il te montre des taches d'encre et tu dois dire ce que tu vois, afin de lui permettre de comprendre ton affectivité, ta relation aux autres, tes peurs, mais aussi tes forces et tes qualités. Ce test étant parfois utilisé lors des entretiens d'embauche, tu ne seras pas surpris si on t'y soumet plus tard !

BISOUS, BAISERS

« Quand on aime quelqu'un, on a tout le temps envie de l'embrasser. Alors si notre petit(e) ami(e) nous embrasse beaucoup, c'est une bonne nouvelle ! »

Hugo a enquêté pour vous.

Quelques réponses toutes prêtes…

Si on nous demande si on a déjà embrassé, on peut toujours répondre :

Version futée
« Et toi ? »

Version agressive
« Pourquoi, t'es de la police ? »

Version méfiante
« Ce sont mes parents qui t'ont payé pour le savoir ? »

C'est quoi ? Il y a les petits bisous et le *french kiss* qui est LE big baiser ! On s'embrasse sur la bouche et avec la langue… Et on ne le fait que lorsque l'on « sort » avec quelqu'un. C'est le baiser qui veut dire qu'on est « ensemble » et qu'on s'aime. C'est vraiment différent d'un bisou sur la joue, ça donne plein de sensations bizarres dans le corps et on a l'impression qu'on s'envole !

Bon à savoir Quand on ne l'a jamais fait, on se demande toujours si on va savoir comment s'y prendre et ça met la pression. Pourtant, il suffit juste de poser nos lèvres sur ses lèvres, de les entrouvrir un peu et de laisser faire ! De toute façon, quand on s'aime, on n'est pas là pour juger l'autre…

Le plan galère Le plus dur, c'est la première fois. On a peur de ne pas savoir faire, mais c'est pareil pour l'autre. C'est un des trucs qui donnent le plus le trac ! Surtout que ça veut vraiment dire quelque chose ! C'est du sérieux. Alors, pour bien s'en sortir, il faut le faire le plus spontanément possible. Au final, on se retrouve dans les bras de l'autre, on est transporté et on oublie tout !!! Et ce baiser-là n'est pas aussi difficile qu'on croit…

Une bonne pelle avant chaque râteau !

De quoi s'agit-il ?

Il ne faut pas confondre le bisou que tu as déjà donné à ton « amoureux » quand tu avais 3 ans et le premier baiser que tu donnes adolescent ! Ce baiser-là, c'est celui qui te fait basculer dans le monde des « grands », c'est le trait d'union entre deux mondes et c'est pour ça que c'est important. C'est aussi une source d'inquiétude parce que, inconsciemment, tu sais bien que ça compte énormément ! Après ce premier baiser, tu ne seras plus jamais comme avant. Et il va falloir assumer car, après cela, il peut y en avoir un deuxième, puis d'autres… et une première relation amoureuse qui s'installe.

Notre conseil

Souvent à cette époque de leur vie, les adolescents ne veulent plus faire de bisous à leurs parents. C'est normal. C'est un peu comme si, soudain, cette proximité physique les dérangeait car elle interfère avec ce qu'ils sont en train de vivre dans leur mutation adolescente et dans leurs émotions. C'est important de le dire à ses parents. Ils doivent le comprendre et ne pas te forcer. Les bisous reviendront plus tard…

Vrai ou Faux ?

Il existe une infection appelée « maladie du baiser ».

Vrai ! C'est la mononucléose infectieuse, ainsi surnommée parce qu'elle se transmet par la salive et que les ados sont les premiers touchés. Elle est due à la transmission d'un virus (Epstein Barr de son nom scientifique). Pour autant, rassure-toi, le risque de l'attraper est très faible et, quand bien même cela se produit, la maladie passe souvent inaperçue. Sinon, elle provoque une petite fièvre et une fatigue qui, pour les plus malchanceux, durent quelques semaines. Mais elle guérit sans séquelles.

Pour ta culture perso

Le *french kiss* est le nom que le monde entier donne au baiser « avec la langue », le baiser des amoureux, quoi ! Pourquoi ? Parce que les Français ont toujours eu une réputation de *big lovers* (grands amoureux) ! D'ailleurs, venir se marier à Paris est considéré comme le top du romantisme par des couples chinois et ils sont prêts à payer très cher pour cela !

BLOG ET

« Ce sont surtout les filles qui font des blogs… et les garçons qui se moquent en les lisant ! »

Hugo a enquêté pour vous.

C'est quoi ? C'est un journal de bord sur internet qu'on peut compléter comme on veut, quand on veut…

Le bon plan Si on ne parle que de soi dans le blog et sur sa page, ça va vite être lassant pour les autres ! C'est plus malin d'écrire sur nos passions : animaux de compagnie, voyages, coups de cœur, etc., afin de donner aux autres l'envie de réagir. Ça nous fera autant de copains « virtuels » en plus !

Le plan galère On doit toujours avoir à l'idée qu'il y a des amis qui vont le lire, mais aussi des personnes qu'on n'apprécie pas spécialement. Or celles-là n'ont pas besoin de connaître nos pensées. Attention également à ne pas critiquer ouvertement un prof car il pourrait finir par en entendre parler !

Quelques réponses toutes prêtes…

Pour éviter les commentaires désagréables, on peut toujours écrire :

Version polie
« On ne peut pas plaire à tout le monde… »

Version directe
« Si ce blog ne te plaît pas, va cliquer plus loin ! »

Version agressive
« Idiots, méchants et jaloux… s'abstenir ! »

De quoi s'agit-il ?

Quand tu parles de toi sur le net, il faut bien avoir en tête que d'autres vont le voir. Tes amis ... mais pas que ! Tu peux t'en servir pour véhiculer une idée ou une action commune : par exemple, prendre la défense d'une espèce menacée. Certains s'en servent pour extérioriser des angoisses ou des pensées noires (comme les pensées suicidaires) et à les rendre plus supportables, ne serait-ce qu'en s'apercevant que d'autres rencontrent les mêmes problèmes. Certains encore - et ce sont les plus nombreux - s'en servent pour partager avec des amis ou d'autres membres de la famille, ce qu'ils aiment, ce qu'ils pensent, ce qu'ils font, etc. Comme tu sélectionnes les infos, les images, les vidéos que tu postes, il y a forcément un petit côté exhibitionniste et manipulateur : tu vas donner une image de toi, mais qui n'est pas forcément la copie conforme de la réalité. Et c'est pareil pour tes amis...

Notre conseil

Attention aux photos que tu postes sur des pages accessibles à tous et aux indications que tu donnes, qui pourraient permettre de te retrouver. Tu ne sais pas qui est derrière l'écran, ni pourquoi cette personne s'intéresse à toi. Et ce n'est pas parce qu'elle cherche à entrer en contact avec toi en te disant s'appeler X et avoir 14 ans que c'est la vérité. Elle peut s'appeler Y, avoir 40 ans de plus et être un pédophile notoire.

Vrai ou Faux ?

On peut mettre tout ce qu'on veut.

Bien sûr que non ! et heureusement que tu ne peux pas tenir des propos haineux envers quelqu'un ou une population, pousser au crime ou donner des informations portant atteinte à la vie privée d'autrui ! Il faut faire attention car tout ce qui est mis sur internet laisse une trace indélébile permettant de retrouver celui ou celle qui l'a écrit. De plus, l'auteur est également responsable des commentaires laissés par ses visiteurs : à lui de les effacer, s'ils ne sont pas conformes à la législation ! Enfin, quand tu mets une photo de toi ou d'un proche, elle peut être interceptée. Même si tu la retires quelques jours après, elle a pu être reprise ailleurs sur un site.

Exemple : cela fait des années que la photo d'une jeune Américaine se promène sur le Net, parce que sa copine a envoyé son portrait en disant qu'elle avait disparu (pour « rire »). Penses-y avant de faire une mauvaise blague !

Le droit à l'oubli numérique existe !

Vrai ! En décembre 2019, le Conseil d'Etat a fixé les conditions du « droit au déréférencement sur internet » : en gros, c'est une sorte de mode d'emploi du droit à l'oubli. Pour autant, ne pense pas que tu ne risques plus rien grâce à ce nouveau droit. Il n'est pas absolu et les démarches ne sont pas si simples alors que c'est très facile de ne pas « poster » quelque chose que tu pourrais regretter par la suite.

BOISSONS SUCRÉES,

« Les boissons sucrées, il y en a qui adorent. Mais c'est plus cher que l'eau ! Et pour ce prix-là, qu'est-ce qu'ils gagnent ? Des kilos et des dents cariées, super ! »

Charlotte et Fanny ont enquêté pour vous.

C'est quoi ? Il faudrait être un extraterrestre pour ne jamais avoir goûté à un jus de fruits ou un soda à notre âge ! C'est le petit plaisir des ados, mais il a un prix : ses calories !

Le bon plan Pour se passer petit à petit de ces boissons sucrées, on peut commencer par les boire coupées avec un peu d'eau. Puis, on passe à l'eau, d'abord un verre sur deux. Et ensuite, deux verres sur trois. Enfin, à tous les repas. Très important pour le moral : avec l'argent ainsi économisé, on se fait un petit cadeau. Eh oui, toute peine mérite une récompense ! Enfin, bien évidemment, on peut encore en boire à une fête : une fois de temps en temps, il faut se faire plaisir !

Le plan galère On oublie trop souvent qu'à cause de ces boissons, des millions de bouteilles et de cannettes se retrouvent dans la nature. Alors pour le côté écolo, le moins qu'on puisse faire, c'est de les recycler !

Devinette

Mon premier est une boisson, mon second est une boisson, mon troisième est une boisson, et mon tout est une boisson. Qui suis-je ?

Réponse

Café au lait (café, eau, lait).

LIGHT, ÉNERGISANTES

De quoi s'agit-il ?

L'organisme a besoin de 2,5 litres d'eau par jour environ, la moitié sous forme de liquides et la moitié sous forme d'aliments. Il en faut même davantage en cas de canicule, de fièvre ou d'exercice physique.

Les boissons sucrées t'apportent bien l'eau dont tu as besoin, mais aussi du sucre : dans une cannette de soda par exemple, il y a l'équivalent de 6 morceaux de sucre, ce qui est beaucoup trop ! Les boissons « light » n'ont pas ce défaut, mais elles ne t'aident pas à te passer du goût sucré. Or plus tu as envie de sucre et plus tu risques de craquer sur une gourmandise ! C'est pourquoi l'eau est la seule boisson indispensable.

Toutefois, à choisir entre un soda et un jus de fruits (100 % pur jus, sans sucre ajouté), il vaut mieux ce dernier, surtout si c'est juste avant une séance de sport car le jus de fruits pressés contient du fructose, intéressant pour tes muscles en cas d'effort.

Quant aux boissons à base de caféine, comme le café, les boissons au cola ou le Red Bull, elles ne peuvent pas, non plus, remplacer l'eau à table. Mais une fois de temps en temps, pourquoi pas ! La caféine a quelques avantages : par exemple, elle améliore ponctuellement la concentration et la digestion. Mais en cas d'abus, elle rend nerveux et gêne l'endormissement. Le *Red Bull*, qui apporte à la fois de la caféine et de la taurine – un autre stimulant psychique – n'est pas dangereux si tu prends juste une cannette de temps en temps (pas plus de deux par semaine avant 14-15 ans). En revanche, ça devient un très gros problème si, comme certains ados, tu t'en sers pour « mieux tenir l'alcool ».

Notre conseil

Il faut toujours boire (de l'eau) avant d'avoir soif, sinon, c'est déjà un signe de déshydratation (manque d'eau). Toutefois, si tu as tendance à te sentir lourd après les repas, évite de boire à table sous peine de diluer tes enzymes digestives – celles qui transforment tes aliments – et donc de retarder ta digestion.

Vrai ou Faux ?

C'est dangereux de toujours boire la même eau.

Faux. Cela n'a pas d'incidence sur ta santé, mais si tu varies tes eaux de boisson, cela te permet de recevoir différents sels minéraux. Par exemple, les eaux riches en bicarbonates (comme Vichy, Badoit, etc.) facilitent ta digestion et aident tes muscles à vite récupérer après un effort (en neutralisant l'acide lactique qu'ils ont produit). Il est donc intéressant d'en boire lors d'un repas de fête ou après une séance de sport.

Pour ta culture perso

La caféine est la substance active la plus consommée au monde. Les Français (adultes) y sont « accros » : pour la première fois, en 2016, il s'est vendu plus de dosettes que de café moulu en paquet. Or la teneur en caféine est plus élevée dans un expresso ainsi obtenu que dans un café filtré. À ton âge, la dose à ne pas dépasser pour ne pas subir les effets néfastes de la caféine est de 2,5 mg par kilo de poids et par jour (soit 100 mg de caféine si tu pèses 40 kg). Sachant qu'une canette de 250 ml d'une boisson énergisante t'en apporte 85 mg en moyenne, cela peut aller très vite !

BOULIMIE

« Un jour, une copine m'a dit qu'elle était boulimique. Ça m'a super étonné, car elle n'était pas grosse ! »

Hugo a enquête pour vous.

C'est quoi ? C'est manger très vite un maximum d'aliments, toujours en cachette, puis le regretter et se faire vomir ensuite.

Le bon plan C'est très difficile de savoir si une copine est boulimique parce que souvent elle le cache. Mais si on a un doute et qu'on est inquiet pour elle, on peut lui dire qu'on connaît quelqu'un qui va beaucoup mieux depuis qu'il a vu un médecin. Ça peut l'aider à se confier à nous si elle sait qu'on ne va pas la juger. Ça peut aussi l'encourager à consulter, alors qu'elle n'osait pas le faire avant.

Le plan galère Il y a des filles qui pensent que, puisque les vraies boulimiques mangent comme quatre sans grossir, elles-mêmes pourraient essayer de vomir de temps en temps – après un excès – pour garder la ligne. Elles oublient que se faire vomir, ça peut rendre malade (ça « brûle » depuis l'estomac jusqu'à la gorge) et que le meilleur moyen de ne pas grossir, c'est de manger équilibré et de dépenser des calories en faisant du sport.

De quoi s'agit-il ?

Il ne faut pas confondre le sens courant et le sens pathologique. Si tu dis que tu es boulimique, c'est souvent parce que tu as du mal à te restreindre à table. C'est quelque peu embêtant pour ta ligne et pour ton moral (surtout quand tu montes sur ta balance), mais ce n'est pas maladif.

La boulimie pathologique, elle, est une maladie psychologique, qui va souvent de pair avec l'anorexie. Quand une personne souffre de vraie boulimie, elle a des crises, c'est-à-dire qu'elle se retrouve dans l'obligation compulsive de manger, tout et n'importe quoi. Ainsi, un(e) vrai(e) boulimique va se mettre à ouvrir tous les placards de la maison et à manger aussi bien une boîte de haricots verts qu'une boîte de raviolis (froids !), des biscuits, du sucre en morceaux, le contenu du pot de mayonnaise avec le doigt, bref, tout ce qui se présente ! Car au moment de sa crise, la seule chose qui compte, c'est de manger. La boulimie correspond à une crise d'angoisse aiguë et le (la) « malade » a l'impression que c'est le seul moyen de calmer sa souffrance. Il ne peut pas s'arrêter tant qu'il n'a pas épuisé les stocks de nourriture à sa portée. Et, juste après, il va se faire vomir pour en faire ressortir le maximum. Il se cache toujours pour cela, car il a honte de son comportement. Dans l'espoir de ne pas grossir, il va même jusqu'à avaler des diurétiques (qui font perdre de l'eau) et des laxatifs (qui font aller à la selle), ce qui est dangereux pour sa santé. Du coup, très souvent, son entourage ne se doute de rien ou le pense anorexique s'il ne mange pas pendant les repas. Il y a pourtant un signe qui aurait pu les alerter : en effet, un « vrai boulimique » a souvent les doigts blancs – généralement l'index et le majeur – à force de se les enfoncer profondément dans la bouche pour se faire vomir.

Notre conseil

Il ne faut jamais faire la morale à un(e) boulimique pathologique car ça ne va pas calmer son angoisse, bien au contraire.

Vrai ou Faux ?

La famille, les amis, ne peuvent pas aider un(e) vrai(e) boulimique.

Aussi gentils et compréhensifs soient-ils, ils ne peuvent pas guérir cette forme particulière d'anxiété ou de dépression. C'est pourquoi le meilleur service à rendre à quelqu'un qui a ce problème est de le pousser à consulter ou, s'il refuse, d'en parler à un adulte de confiance – infirmière scolaire, parents – qui prendra cette décision pour lui. Sa boulimie étant le signe d'une angoisse extrême, seul un suivi psychologique et, souvent, des médicaments contre l'anxiété (anxiolytiques) ou contre la dépression (antidépresseurs) peuvent l'aider à s'en sortir.

Pour ta culture perso

Comme pour l'anorexie, ce sont principalement les filles qui sont touchées. Il y aurait jusqu'à 8 % d'adolescents boulimiques… soit près de 2 par classe !

BOUTONS DU VISAGE

« Un bouton sur la lèvre ou sur l'œil, ça se voit comme le nez au milieu de la figure. Tu ne peux pas le cacher. Tu peux juste en rire… jaune ! »

Charlotte et Fanny ont enquêté pour vous.

Quelques réponses toutes prêtes…

Si quelqu'un se moque, on peut toujours rétorquer :

Version ironique

« T'es trop mignon, viens là que je t'embrasse ! »

Version intello

« Tout le monde a le droit de s'exprimer… même les virus ! »

Version expéditive

« Mon bouton va disparaître aussi vite qu'il est venu et j'aimerais bien que tu en fasses autant ! »

C'est quoi ? Une petite infection à l'origine d'un bouton qui nous attend un beau matin. Pour peu que ce soit une journée importante pour nous, ça commence très mal…

Le bon plan Des microbes, il y en a partout autour de nous et il est souvent bien difficile de les éviter. Cependant, on multiplie les risques si on se frotte les yeux sans s'être lavé les mains auparavant, ou lorsqu'on fait la bise à quelqu'un qui a un bouton d'herpès. L'idéal, ce serait de saluer tout le monde à l'américaine (d'un signe de la main), mais ça ne se fait pas trop en France. On peut toujours essayer de lancer la mode autour de nous !

Le plan galère Il ne faut pas essayer de cacher ce bouton avec n'importe quel maquillage sous peine d'aggraver notre cas. On ne doit pas non plus écouter ceux qui nous disent d'appliquer de l'alcool dessus, sinon ça va nous brûler. Et notre bouton se verra toujours autant !

HERPÈS, CHALAZION, ORGELET

De quoi s'agit-il ?

Les boutons d'acné ne sont pas les seuls à t'embêter au collège. Tu n'es pas non plus à l'abri d'une poussée d'herpès, le plus souvent sur la lèvre (herpès labial). On l'appelle parfois à tort un « bouton de fièvre », mais ta température n'y est pour rien ! Le coupable est un virus (*Herpes simplex* de son nom scientifique) qui se cache dans ton organisme et réapparaît de temps en temps, notamment lorsque tu es stressé, fatigué, que tu t'es exposé au soleil ou que tu as tes règles (pour une fille). La veille au soir, ça te picote les lèvres. Le lendemain, tu sens une grosseur et, si tu te regardes dans la glace, tu ne peux pas la rater.

Parfois encore, ce n'est pas ta lèvre qui est infectée, mais ton œil ou plus exactement ta paupière. Le « chalazion » est une inflammation d'une petite glande située à l'intérieur de la paupière. Comme cette dernière grossit, jusqu'à atteindre la taille d'un petit pois, elle entraîne une gêne sensible. Plus douloureux, « l'orgelet » est un furoncle (et donc une infection bactérienne) d'un cil de la paupière. Il est donc localisé sur le bord de la paupière.

Ça se soigne ?

Oui, mais pas avec les mêmes traitements ! Concernant l'herpès labial, si tu réagis dès les picotements, en appliquant une crème à base d'aciclovir (un antiviral, obtenu sans ordonnance chez le pharmacien), tu as de bonnes chances d'accélérer la guérison. Sinon ça dure au moins 8 jours. Pense à demander à tes parents d'avoir cette pommade dans leur armoire à pharmacie. À défaut, une goutte d'huile essentielle d'arbre à thé diluée dans l'huile végétale de calophylle et appliquée deux fois par jour avec un coton tige sur le bouton, ça aide ! Une fois le bouton complètement disparu, te voilà tranquille, il n'est plus contagieux !

Pour un chalazion ou un orgelet, tu n'as pas le choix, il te faut consulter. Le médecin peut prescrire une pommade antibiotique et aussi parfois, une pommade à base de corticoïde. Il retire le ou les cils infectés. Attention, il est interdit de réutiliser ces produits sans avis médical.

Vrai ou Faux ?

On peut attraper un bouton d'herpès au ski.

Vrai ! À la neige, nos lèvres ont tendance à gercer. Pour peu qu'il fasse un grand soleil et que tu sois un peu fatigué, toutes les conditions sont réunies pour que ton virus de l'herpès se réveille. Cela ne veut pas dire pour autant que tu as été contaminé sur place, mais plutôt que tout cela a donné à ton virus l'envie de se manifester !

Pour ta culture perso

Le virus de l'herpès labial ne connaît pas les frontières. Au moins 8 adultes sur 10 dans le monde sont infectés !

a B c d e f g h i j k l m n o p q r s t u v w x y z

BREVET DES

« Ça fait un drôle d'effet de passer un examen national ! On a vraiment l'impression que, cette fois, c'est du sérieux et ça nous met la pression ! »

Hugo a enquêté pour vous.

La bonne blague

Lors de l'examen du brevet des collèges, le surveillant précise qu'il reste 10 minutes et que tout élève qui continuerait à écrire après la fin de l'épreuve verrait sa copie refusée.
Les 10 minutes sont écoulées et tous les candidats ont rendu leur copie, sauf un qui continue à écrire.
Le surveillant le somme de rendre immédiatement sa copie sous peine d'élimination.
L'élève continue tranquillement son travail en répondant :
« Vous savez qui je suis pour me demander ça ?
– Non, et ça m'est bien égal ! Votre copie ne sera pas ramassée ! »
Tandis que le surveillant commence à s'éloigner, l'élève attrape sa pile de copies au vol, glisse la sienne au milieu et quitte la salle d'examen en criant : « Eh bien, je ne vous le dirai pas ! »

C'est quoi ? Le brevet des collèges est le premier vrai examen qu'on passe, en fin de troisième. Avec la réforme 2017, il compte cinq épreuves dont une orale contre quatre écrites. De plus, l'épreuve écrite de mathématiques comporte un exercice d'informatique. Pour obtenir le brevet, il faut 400 points sur 800. Avec plus de 480 points, c'est mention assez bien. Plus de 560 points, mention bien et plus de 640 points, mention très bien.

Le bon plan Comme le brevet est un examen qui prend aussi en compte nos notes obtenues en classe de troisième, si on a des super-notes dans l'année, ça peut nous donner des points d'avance pour décrocher une mention bien ou très bien. Avoir suivi un enseignement facultatif - latin, grec, langue régionale - rapporte aussi 20 points !

Le plan galère Notre passage de la troisième en seconde ne dépend pas des résultats au brevet. Quand on a des notes faibles toute l'année et que les professeurs refusent le passage en seconde, l'acquisition du brevet n'y change rien. On peut néanmoins essayer de faire appel, surtout si on a eu une bonne mention, car ça plaide un peu en notre faveur !

De quoi s'agit-il ?

C'est un examen permettant de vérifier que tu as bien acquis les bases de tes années collège. Cela demande donc une préparation un peu plus poussée que pour un simple contrôle. Sache que rien ne remplace un travail régulier tout au long de l'année. Malgré tout, certaines petites astuces peuvent t'aider à te sentir en meilleure forme le jour des examens. En l'occurrence, avant ton brevet, tu ne dois surtout pas bachoter tard le soir, mais te coucher avant 23 heures. En effet, le manque de sommeil augmente ta vulnérabilité face au stress (au risque de te faire perdre tes moyens) et perturbe ta mémoire.

Autre point important à surveiller : ton alimentation. Ton cerveau dépensant beaucoup d'énergie quand il travaille, prévois suffisamment de « carburant ». Tu en auras si tu manges des légumineuses (lentilles, haricots secs, etc.) ou des céréales complètes bio (riz, blé, pâtes, pain) à tous les repas. Ces dernières sont particulièrement intéressantes car elles t'apportent de la vitamine B1 en plus, indispensable au bon fonctionnement de ton cerveau. Pour booster ta mémoire, il te faut encore de la vitamine B12 (dans les poissons, œufs et laitages) et de la vitamine B9, à puiser dans les fruits et les légumes frais. Avec cinq portions de fruits ou légumes par jour, tu vas également faire le plein de vitamine C, indispensable à ta concentration. Surtout, bois suffisamment d'eau et emporte une bouteille avec toi lors des examens, car une déshydratation peut diminuer tes performances intellectuelles. Pense enfin à emmener une barre de céréales complètes ou un fruit, pour le cas où tu aurais un coup de fatigue.

Notre conseil

C'est normal d'être un peu contracté au moment d'entrer dans la salle d'examen, car ce qui t'arrive est nouveau. Pour diminuer ton niveau de stress, respire profondément et amplement, avec le ventre, jusqu'à ce que tu te sentes mieux. Et si vraiment tu es du genre à avoir un trac d'enfer, voici un truc d'homéopathe (sans risque) : prends une dose de Gelsemium 15 CH la veille et le matin de l'examen.

Vrai ou Faux ?

Il vaut mieux partir gagnant.

Vrai ! car aussi étonnant que cela puisse paraître, statistiquement, les personnes intimement convaincues qu'elles peuvent décrocher leur diplôme sont celles qui réussissent le mieux !

Pour ta culture perso

Autrefois, le brevet était un acte par lequel le roi accordait un don, une pension, une grâce ou un titre. Il ne récompensait donc pas un savoir comme ton diplôme aujourd'hui !

« Le bruit que je déteste le plus… c'est le grand silence ! »

Charlotte a enquêté pour vous.

C'est quoi ? Le bruit, c'est la vie, c'est notre vie ! C'est aussi une source de conflits entre nous et les adultes. Nos parents nous reprochent d'écouter trop fort notre musique ou de parler trop fort entre nous alors qu'on a plein de trucs importants à se dire ! Du coup, si on veut qu'ils nous laissent tranquilles, on peut toujours communiquer par SMS : en plus, ça évite qu'ils entendent des bouts de conversations !

Le bon plan Quand on organise une fête, il faut penser à prévenir nos voisins à l'avance, c'est le meilleur moyen pour qu'ils restent cool. C'est même dans la poche si on invite leurs ados ou si on propose de garder leur chat en leur absence !

Le plan galère Si on met à fond notre musique, qu'on l'écoute plus d'une heure par jour (avec les oreillettes) ou qu'on se colle près des enceintes en concert ou dans une fête, on est bon pour l'appareil auditif à 30 ans !

Devinette

Je ne fais pas de bruit quand je me réveille, mais je réveille tout le monde. Qui suis-je ?

Réponse

Le soleil !

Comment ça marche ?

L'audition est très complexe ! Les sons se propagent dans l'air sous forme d'ondes. Elles pénètrent dans le pavillon de ton oreille et se heurtent, au fond, contre ton tympan. Comme il est tendu comme la peau d'un tambour, il se met à vibrer. Ces vibrations se transmettent à trois petits os (osselets), situés juste derrière. Le dernier d'entre eux vient taper ce qu'on appelle « la fenêtre ovale » et qui constitue l'entrée de ton oreille interne. Cette dernière est remplie d'un liquide. Or dans ce liquide, on trouve des milliers de cellules, placées les unes à côté des autres et recouvertes de minuscules cils à leur surface. Si le liquide s'agite, les cils le ressentent et des impulsions sont envoyées au cerveau par l'intermédiaire du nerf auditif. En fonction de la situation et du nombre de cellules qui ont envoyé un message, ton cerveau est capable de décoder s'il s'agit d'un son grave ou aigu, d'un son fort ou faible. Il est aussi capable de faire le tri entre un son familier et un son dont tu n'as que faire (une voiture qui passe). Devant une telle performance, on dit « respect » !

Notre conseil

Au cours d'un rhume, ton audition baisse. En classe, essaie alors de te mettre le plus près possible du professeur. Non pas pour lui passer tes microbes, mais parce que c'est le seul moyen de compenser ta baisse d'audition ponctuelle et de bien comprendre le cours. Attention, si tu es très souvent obligé de faire répéter quand on te parle avec du bruit autour, ne mets pas ça sur le dos d'un rhume prolongé. Ce peut être le premier signe d'une baisse auditive et ça mérite un bilan.

Vrai ou Faux ?

Le bruit peut rendre fou ?

Vrai ! Un bruit chronique – perçu plusieurs heures par jour, tous les jours – contre lequel on ne peut rien faire, ça tape carrément sur les nerfs. Si on n'a aucun moyen de l'arrêter, il peut même rendre dépressif.

Ce qu'en dit la loi

Que ce soit dans la journée ou une nuit de temps en temps, rien ne t'autorise à faire du bruit et, si un voisin se plaint, c'est cuit ! Outre l'amende encourue, ce n'est pas terrible pour les relations de voisinage. Or ne crois pas que cela n'a aucune importance : le bruit, lorsqu'il n'est plus supporté, peut rendre très agressif. Ce n'est bien sûr pas une excuse, mais certains ont déjà été jusqu'à tuer à cause du bruit. L'horreur...

Pour ta culture perso

Une longueur, ça se mesure en mètres. Un son, ça se mesure en décibels (dB). Quand tu parles normalement, tu émets 60 dB. Si tu cries, c'est plutôt 95 dB. Il est recommandé de ne pas dépasser 60 % du volume maximum d'un appareil (portable, etc.) à raison de 30 minutes d'écoute par jour. En concert ou en discothèque, où tes oreilles peuvent en prendre pour 110 dB, le risque de perte auditive est important, à moins d'avoir le bon réflexe de porter des protections auditives. Selon une enquête Ifop pour la Journée Nationale de l'audition (2019), 80 % des 15-17 ans ont des difficultés à suivre une conversation en raison du bruit ambiant et 65 % ressentent des bourdonnements d'oreilles annonçant que les cellules auditives ont souffert.

CADEAUX

« Les cadeaux, c'est aussi cool d'en offrir que d'en recevoir. C'est de n'avoir personne à qui en faire qui est triste... »

Charlotte a enquêté pour vous.

C'est quoi ? Ce n'est pas un moyen pour se faire des amis : l'amitié, ça ne s'achète pas ! Mais quand on fait des petits cadeaux à ses copains, c'est une façon de leur montrer qu'on pense à eux. Et ça fait toujours plaisir !

Le bon plan Quand on était petit, on faisait une liste au Père Noël et ça permettait à nos parents de savoir ce qu'on voulait. Maintenant qu'on ne croit plus au Père Noël, il va falloir ruser pour leur faire comprendre ce qui nous ferait plaisir ! Un magazine ouvert à la page d'un objet qui nous fait craquer et qu'on laisse traîner dans le salon, ça aide*. Mais il y a encore bien d'autres moyens, comme raconter qu'une copine a eu ça pour son anniversaire et qu'elle a bien de la chance. Ou dire, l'air de rien, que, lorsqu'on aura assez de sous, on s'achètera tel objet et rien d'autre. Ou ce qui est encore plus pratique, si on a la chance d'avoir une petite sœur qui répète tout : de lui expliquer ce qu'on voudrait en lui disant bien que c'est un secret, histoire qu'elle se dépêche de « lâcher le morceau » à nos parents !

(Attention quand même au petit frère qui pourrait tourner la page jusqu'aux pubs de jouets !)*

Le plan galère Si, comme ma petite sœur, fête, anniversaire et Noël tombent le même mois (Fanny est née un 2 décembre et sa fête est le 6), on s'entend parfois dire que « ce cadeau unique compte pour tout à la fois ! ». À part essayer de convaincre les parents de souhaiter notre anniversaire 6 mois plus tard, ou de fêter notre second prénom si on en a un, il n'y a, hélas, pas grand-chose à faire !

Quelques réponses toutes prêtes...

Si on nous offre un cadeau qui ne nous plaît pas, voici comment réagir :

Version polie
« Je n'y aurais pas pensé, c'est super original ! »

Version humoristique
« Pour une surprise, c'est une surprise ! »

Version directe
« Tu m'as bien eu, je ne m'y attendais pas du tout ! »

De quoi s'agit-il ?

Faire un cadeau à quelqu'un, c'est une façon concrète de lui dire que l'on tient à lui. Soit à l'occasion d'une fête, soit pour une date souvenir, soit sans raison particulière (juste pour le plaisir). Plus tu es intime avec cette personne et plus l'autre attend de toi que tu connaisses ses goûts, que tu saches d'office ce dont il a vraiment envie. Quand l'autre s'attend à quelque chose, mais qu'il n'a pas clairement formulé son vœu, tu risques fort de passer à côté et donc de le décevoir. Pour peu que cela se voie comme le nez au milieu de la figure, te voilà à ton tour contrarié de sa réaction. Et ce qui devait être un moment de pur bonheur vire rapidement à l'orage !

Pour éviter ces quiproquos, il faut replacer le cadeau dans son contexte. C'est le décalage entre les projections affectives des uns et des autres qui explique pourquoi les cadeaux sont parfois si mal perçus. Aussi, quand tu reçois un cadeau qui ne te plaît pas, dis-toi bien que cela ne signifie pas que l'autre ne t'aime pas. En effet, la personne qui l'a acheté l'a certainement trouvé à son goût. Elle peut avoir eu envie de te faire partager ce qu'elle aime. Ou encore, prise par le temps, peut-être a-t-elle choisi le premier cadeau qui se présentait à elle et qui entrait dans son budget. Mais après tout, même si elle n'y a pas consacré une folle énergie, elle a quand même fait la démarche de l'acheter pour ton seul plaisir et c'est bien là l'essentiel !

Notre conseil

Il n'y a pas que le cadeau qui compte. Son emballage, sa présentation, le moment choisi pour l'offrir, tout joue ! Alors si tu n'as pas beaucoup d'argent à y consacrer, mais que tu veux vraiment faire plaisir, compense avec une carte faite main, un mot super gentil ou une mise en scène originale !

Vrai ou Faux ?

Il n'y a pas si longtemps que les femmes font des cadeaux aux hommes.

Vrai ! C'est entré dans les mœurs à partir du XXe siècle. Au XVIIe siècle, le « cadeau » était une fête galante donnée en l'honneur d'une dame. C'était donc une affaire d'hommes, et il aurait été très mal vu qu'une femme se permette un geste aussi déplacé !

Pour ta culture perso

Si tu vas en Italie, ne t'amuse pas à crier « cadeau » dans la rue, sauf si tu veux qu'on se retourne sur ton passage. En effet, *cado*, en italien, veut dire « je tombe » !

« Les maladies graves, on n'y pense jamais. On a l'impression que ça ne peut pas nous arriver parce qu'on est jeunes et qu'on a toute la vie devant nous... »

Charlotte et Fanny ont enquêté pour vous.

C'est quoi ? Ce sont des maladies qui vous clouent à l'hôpital pendant un an ou presque. Ceux qui s'en sortent disent qu'ils ne seront plus jamais comme avant. Ils ont eu peur de mourir et, forcément, ça fait réfléchir...

Le bon plan Quand on a un ami qui est hospitalisé pour une maladie grave, c'est très important de ne pas le laisser tomber car il a besoin d'un maximum de soutien. Grâce à internet et à une webcam, on peut vraiment garder le contact. Mais il ne faut pas hésiter à lui rendre souvent visite, quand son état de santé le permet, histoire de lui remonter le moral. Et il ne faut pas éviter de parler du collège avec lui, au contraire ! Quand il ira mieux, le retour lui semblera moins difficile s'il est au courant de tout ce qui s'y est passé d'important, en son absence.

Le plan galère Certains ados ont peur d'avoir un truc grave, mais ils n'osent en parler à personne et ça leur pourrit la vie. Quand on est vraiment inquiet d'avoir une maladie, il vaut mieux se confier à un adulte (parents, grands-parents, infirmière scolaire...) et consulter. On s'aperçoit souvent qu'on s'est inquiété pour rien !

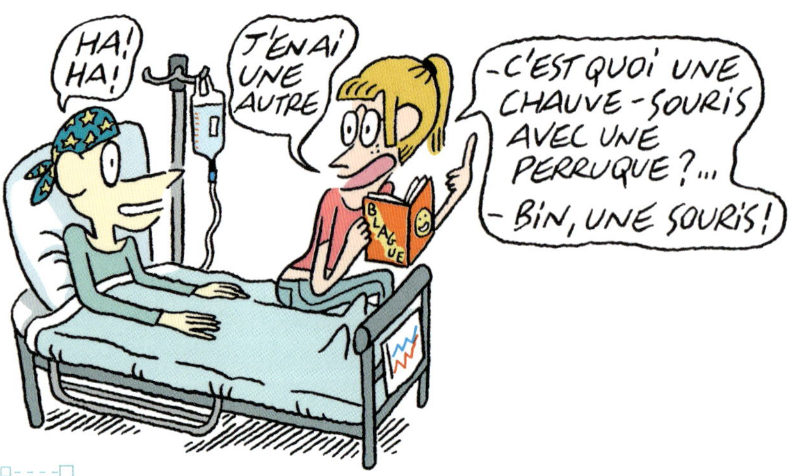

De quoi s'agit-il ?

Normalement, toutes nos cellules sont mortelles. Elles sont renouvelées en permanence. Mais parfois, ça ne se passe pas ainsi. Une famille (lignée) de cellules coupe la communication avec toutes les autres et se multiplie dans son coin, mais ne meurt pas. Cela finit par faire beaucoup de cellules anormales (déréglées) et c'est ainsi que le cancer apparaît.

Chez les jeunes, les cancers les plus fréquents sont ceux qui touchent les cellules du sang. Cela peut se traduire par une fatigue interminable, une fièvre prolongée ou/et des ganglions : à cette occasion, une prise de sang est demandée et le médecin découvre l'anomalie.

Grâce aux récents progrès de la médecine, la très grande majorité de ces cancers guérissent sans séquelles. Mais, pendant tout ce temps, l'adolescent malade ne peut aller au collège (il peut néanmoins suivre des cours à l'hôpital). Il ressent un vrai sentiment d'injustice : pourquoi lui et pas un autre ? Malheureusement, il n'y a pas de réponse à cette question. Si ses cellules sont devenues cancéreuses, c'est peut-être parce qu'elles y étaient prédisposées pour des raisons génétiques. Ou encore, parce qu'elles ont été agressées (par un virus, par exemple).

Bon à savoir

Si tu rends visite à ton ami(e), n'arrive pas à l'hôpital avec une tête d'enterrement, mais plutôt avec une série de bonnes blagues. En effet, le simple fait de rire participe à sa guérison. C'est vraiment prouvé !

Tu peux obtenir des renseignements sur les cancers, en appelant **Cancer Info** au **0 805 123 124** (service et appel gratuits) ou sur **www.e-cancer.fr**.

Notre conseil

Chez les jeunes, les causes de cancer ne sont pas bien identifiées. En revanche, chez les adultes, le tabac et l'alcool sont à l'origine d'au moins un tiers des cancers. Ceux-là sont évitables. Il « suffit » de ne jamais toucher à la première cigarette (ni à la deuxième), de ne pas abuser d'alcool dans sa vie, de manger très souvent des fruits, des légumes et de faire régulièrement du sport !

Vrai ou Faux ?

On peut avoir la phobie du cancer.

Vrai ! Certaines personnes passent leur vie à penser que le moindre petit souci médical qu'elles rencontrent chez elles ou chez leurs proches annonce cette maladie qu'elles redoutent tant. Comme toutes les phobies, cela se soigne, notamment grâce aux thérapies comportementales.

Pour ta culture perso

À Okinawa, une petite île japonaise, les habitants ont 80 % de cancers en moins que partout ailleurs sur la planète ! C'est également là qu'on trouve la plus forte concentration de centenaires, au monde ! Leur secret ? Une alimentation très saine à base de fruits, de crudités, de soja (2 fois par jour) et de légumes, le tout cultivé sans pesticides ! Ils sont aussi consommateurs de céréales complètes (jamais raffinées) et de légumes secs. Ils consomment du poisson (3 fois par semaine), mais très peu de viande et de laitages. Ils boivent beaucoup de thé vert ou de thé au jasmin. Et ils ne touchent à aucun plat industriel.

CANNABIS

« J'ai perdu de vue un ami parce qu'il s'est mis à fumer du cannabis régulièrement et que, depuis, il n'est plus du tout le même… »

Hugo a enquêté pour vous.

C'est quoi ? C'est une drogue à base d'herbe qui se consomme sous différentes formes, le plus souvent fumée, roulée comme une cigarette. C'est ce qu'on appelle un joint ou un pétard. Il peut provoquer chez certains une sensation de légèreté et une envie de rigoler, de s'amuser. Cependant, le cannabis a aussi de très mauvais côtés : il rend tout mou, fatigué et ne donne plus goût à rien.

Le plan galère Quand ça ne va pas, quand on est en colère ou triste, il faut éviter ce genre de choses. C'est parfois tentant car il y a souvent des types qui nous disent des trucs comme : « Essaie au moins une fois, tu verras… » ; « Si tu fumes un pétard de temps en temps, c'est pas un problème » ; « Moi, ça m'aide à déstresser »… En vérité, ils le disent pour plusieurs raisons : d'abord parce qu'ils culpabilisent de fumer et que ça les rassure que d'autres en fassent autant. Et puis aussi parce qu'ils veulent nous vendre du haschisch car ce sont des dealers. Le problème, c'est que si on cède une fois, dès qu'on ira mal, on aura envie d'en reprendre. Au début, ce sera un joint par mois, puis un par semaine, et enfin un par jour ou plus… Le piège !

Quelques réponses toutes prêtes…

Si quelqu'un nous propose un joint, on peut toujours répondre :

Version réaliste

« J'ai pas besoin de ça pour m'amuser. »

Version intello

« Pour louper mes études, non merci ! »

Version virile

« Pour l'avoir tout mou à 20 ans, très peu pour moi ! »

LA PAROLE AUX PROS

De quoi s'agit-il ?

Fumer un joint n'est pas anodin, tant pour la santé que l'intellect. Déjà, si le produit est impur – certains dealers ajoutent du cirage ou du henné ! –, cela peut entraîner des maux de tête et des nausées. Sinon, fumer un joint expose très souvent aux troubles de la mémoire à court terme (c'est mauvais pour tes notes) et aux troubles de la concentration. Pour ceux qui ont un scooter, conduire après avoir fumé du cannabis diminue les réflexes, tout comme l'alcool, d'où danger.

En cas de consommation régulière, des troubles de la coordination motrice et des accès de panique peuvent apparaître, parce qu'une consommation importante de marijuana diminue la taille, dans le cerveau, des régions qui contrôlent l'émotion, la mémoire, la peur et l'agressivité. Chez un fumeur pour mille, cela peut même aller jusqu'à la « psychose cannabique » avec des hallucinations et des bouffées délirantes aiguës.

Enfin, à long terme, le cannabis diminue la fertilité, provoque des troubles de l'érection et s'avère cancérigène pour la gorge et les poumons. Et après ça, il y en a encore qui osent parler de drogue douce !

Notre conseil

Si tu as déjà fumé un joint, ne t'attends pas à recevoir la « bénédiction » de tes parents. C'est leur rôle, en tant qu'adultes et parents responsables, de te signifier qu'ils ne sont absolument pas d'accord avec ta conduite et de t'interdire formellement de recommencer. Pourquoi ? Parce qu'il existe un vrai danger d'accoutumance au point de devenir « accro ». Or la consommation régulière de cannabis est au moins aussi dangereuse que celle de cigarettes. Le seul truc à faire, si tes parents te surprennent à fumer un joint, c'est d'essayer d'en discuter avec eux. Après tout, si tu traverses une passe difficile, ils sont aussi là pour te soutenir !

Vrai ou Faux ?

Si tu fumes du cannabis, il y a moyen de le savoir.

Vrai ! Il suffit de rechercher sa trace dans les urines ou le sang et, quand on cherche, on trouve !

Pour ta culture perso

On ne sait pas très bien qui a utilisé le cannabis le premier, mais des traces de son utilisation ont été retrouvées en Chine et datées de 8 000 ans avant J. C. !

« Il y a des fois où on aimerait bien pouvoir se réveiller en se disant que c'était juste un cauchemar ! »

Charlotte et Fanny ont enquêté pour vous.

La bonne blague

C'est l'histoire d'une dame qui est poursuivie par un type avec une mine effroyable. Elle court, elle court, jusqu'à se retrouver bloquée devant une porte fermée à clé. Au bord de la crise de nerfs, elle demande au type qui la poursuit ce qu'il lui veut à la fin. Et le type répond : « J'en sais rien, moi, c'est votre cauchemar, pas le mien ! »

C'est quoi ? C'est souvent un scénario catastrophe où on se retrouve poursuivi par un monstre ou un dingue, sans réussir à s'enfuir ; où on est accusé pour un truc qu'on n'a pas commis, sans pouvoir se défendre ; où on regarde un proche mourir sans réussir à le sauver… Comme on rêve de gens ou de lieux qu'on connaît, ça paraît bien réel, même si l'histoire, elle, est improbable. Et c'est ça qui fait vraiment peur ! Car on a beau se dire que « c'est pour de faux », on se demande quand même, au fond de nous, s'il n'y a pas un tout petit peu de vrai là-dedans !

Le bon plan Le meilleur moyen de « décompresser » après un cauchemar, c'est encore d'en rigoler en demandant à nos copains de raconter les leurs, quitte à faire le concours de celui qui a fait le pire cauchemar. Bien sûr, il y en a qui ne vont pas se gêner pour en rajouter… mais c'est aussi ça qui est marrant !

Le plan galère Autrefois, on croyait que les rêves et les cauchemars étaient des messages envoyés par les dieux pour prévenir les hommes des risques qu'ils encouraient. Évidemment, c'est faux ! On ne doit pas penser une seconde que, parce que dans notre cauchemar, tel copain nous faisait un sale coup, il est capable de le faire dans la vraie vie. Mélanger rêves et réalité, c'est la galère assurée !

De quoi s'agit-il ?

Un cauchemar est un rêve qui fait peur. Il met en scène des situations effrayantes, où le plus souvent, tu es impliqué. Il peut aussi s'agir de scènes où tu vois les autres mourir. Conséquence : bien souvent, le cauchemar te réveille en pleine nuit, tu es en sueur et tu as peur de te rendormir. Parfois aussi, le matin, tu te réveilles avec une sensation d'angoisse et les images du cauchemar te poursuivent toute la journée.

Pour autant, tu dois savoir que le processus du cauchemar est normal. Il sert à évacuer des peurs enfouies en toi ou des choses difficiles que tu as vécues dans la journée. C'est donc un peu comme si ton cerveau devait se vider de toutes ses tensions. Si tu ne faisais pas de cauchemars, il pourrait y avoir d'autres manifestations de tes inquiétudes, comme par exemple un stress chronique, une tristesse récurrente, un mal au ventre prolongé… Finalement, le cauchemar, c'est violent, mais ça évacue tout ce stress qui gêne le bon fonctionnement de ton cerveau, d'un seul coup, un peu comme un grand coup de vent qui, après la tempête, ramène le soleil !

Notre conseil

Quand tu as fait un horrible cauchemar, respire profondément en imaginant que ton cauchemar s'évapore et sort de ta tête à chaque expiration. Essaie, tu verras, ça marche !

Et méfie-toi des films violents ou des images dures que tu peux voir dans la journée. Elles s'impriment dans ton cerveau, à ton insu, et vont se « réveiller » la nuit en faisant des liens avec ce que tu as vécu. D'une certaine façon, ces images « nourrissent » ton cauchemar. Surtout avant de t'endormir, il vaut mieux regarder ou lire de « jolies » choses qui te feront faire de beaux rêves, car le cerveau enregistre tout, même si on ne s'en rend pas compte.

Vrai ou Faux ?

Certains cauchemars peuvent être « prémonitoires ».

Faux. Ce n'est pas parce que tu rêves qu'un proche va mourir qu'il est en réel danger, heureusement ! Cela peut signifier par exemple que tu aimes beaucoup cette personne et que tu as peur qu'elle t'abandonne, c'est-à-dire qu'elle ne t'aime plus. C'est tout ! Si tu ne t'étais pas rendu compte que tu tenais autant à elle, c'est peut-être le moment de le lui dire ou de la voir plus souvent.

Pour ta culture perso

Dire de quelqu'un que « c'est notre cauchemar » n'est pas vraiment un compliment ! Ça signifie que sa rencontre nous est particulièrement pénible !

« C'est notre premier "chez nous" et c'est pour ça que c'est si important que ce soit à notre goût ! »

Charlotte, Fanny et Hugo ont enquêté pour vous.

C'est quoi ? Notre chambre, c'est à la fois chez nous et chez nos parents. Cela signifie qu'on peut leur faire comprendre que c'est notre territoire – obligation de frapper avant d'entrer ! – mais aussi admettre qu'ils ont un droit de regard, au moins pour l'hygiène…

Le bon plan Si on fait soi-même le ménage, si on montre à nos parents qu'on « assure », ils n'auront pas à faire une inspection complète de notre chambre ! Même si notre déco ne leur plaît pas, ils auront moins tendance à critiquer si c'est propre et bien rangé. Un bon truc pour ceux et celles qui ne sont pas vraiment des fées du logis : c'est de prendre dix minutes tous les soirs avant de se coucher pour ranger ou nettoyer un peu sa chambre. Comme ça, quand on se lève le matin, on a moins l'impression qu'une tonne de rangement nous guette. Et le week-end, au lieu de passer trois heures à astiquer, on libère du temps pour faire ce qu'on aime !

Le plan galère On doit parfois partager notre chambre avec un frère ou une sœur. Pour peu qu'on n'ait pas les mêmes goûts, il y a de l'orage dans l'air ! C'est pourquoi on doit délimiter notre territoire – par un meuble ou un paravent – et respecter l'autre pour qu'il nous respecte. C'est valable pour les affaires, la déco, mais aussi pour le bruit, les invitations des amis, etc. Il n'y a pas que du négatif à être deux dans la même pièce : ça renforce la complicité. D'ailleurs, on a tous des copains qui, après avoir déménagé, continuent de dormir dans la même chambre que leur frère ou leur sœur, alors qu'ils pourraient, s'ils le voulaient, avoir chacun la leur ! Enfin, si un jour, on doit vivre en colocation comme beaucoup d'étudiants, on sera bien préparé !

Quelques réponses toutes prêtes…

Si nos parents s'énervent une fois de plus en voyant notre chambre en désordre, on peut répondre :

Version mauvaise foi
« Vu que vous n'avez pas l'intention d'y recevoir des invités, où est le problème ? »

Version très mauvaise foi
« Vous voulez toujours que je commence par mes devoirs. Ce n'est quand même pas de ma faute si, après, il ne me reste plus de temps pour ranger ! »

Version très très mauvaise foi
« Mais je viens de la ranger ! »

Version dépasse les bornes
« Si ça, c'est une chambre en désordre, qu'est-ce qu'on devrait dire de votre bureau ! »

W YOR
MINIONS
POWERED
BY
Bananas

De quoi s'agit-il ?

C'est ton espace personnel et c'est là que tu te réfugies, que tu te sens en sécurité. C'est aussi l'endroit où tu reçois tes amis sans le regard de tes parents, où tu peux faire des choses que tu aimes, comme lire, écouter de la musique ou téléphoner. Ta chambre joue un rôle très important dans la construction de ton identité. Souvent, son désordre traduit les turbulences que tu ressens dans ta tête et dans ce cas, le simple fait de remettre tes affaires à leur place t'aide à mettre également de l'ordre dans tes idées. C'est d'ailleurs pourquoi les psychologues conseillent souvent de trier, ranger, classer, quand ça ne va pas fort ! Mais attention, même si c'est ton territoire, t'enfermer à clé dedans n'est pas une bonne idée car, en cas de problème (ne serait-ce qu'une chute), tes parents ne pourront pas entrer sans casser la porte. Il vaut mieux instaurer un rituel, comme leur demander de frapper avant d'entrer. Et leur interdire de ranger à ta place (et donc de toucher à tes affaires), à condition que ce soit toi qui le fasses et qui te charges du ménage.

Comment ça marche ?

C'est bien que tu te sentes à l'aise dans ta chambre, mais ton désordre doit rester compatible avec une bonne hygiène. C'est vraiment une question de santé ! Tu passes plus d'un tiers de ta vie dans ta chambre aussi, le b.a.-ba, c'est de l'aérer tous les jours, pendant au moins 20 minutes. C'est le seul moyen de réduire la concentration en microbes, en acariens (araignées microscopiques des poussières de maison, à l'origine d'allergies) et en polluants. Passe également l'aspirateur une fois par semaine, enlève la poussière et fais le ménage à fond une fois par mois. Si tu as un animal, ne le laisse pas grimper sur ton lit (question d'hygiène). Place ton ordinateur le plus loin possible de ta tête de lit et recharge ton portable dans une autre pièce. De plus, ne le laisse jamais en veille sur ta table de nuit, car ton cerveau n'a pas besoin d'être traversé par des ondes durant des heures ! Si tu suis ces quelques consignes, ta chambre va être au top et tu verras que tu t'y sentiras bien !

Notre conseil

Côté budget, sache qu'avoir une chambre saine ne coûte pas obligatoirement plus cher. Les peintures les plus polluantes

ne reviennent pas moins cher que les peintures naturelles. Quant aux meubles en bois massif, il y en a plein les salles des ventes, à des prix défiant toute concurrence : si tu n'as jamais assisté à une vente aux enchères, ça peut être l'occasion d'une sortie en famille (il y en a dans toutes les grandes villes. Regarde sur **www.interencheres.com**)

On trouve aussi des meubles en bois dans les brocantes ou sur les sites d'occasion (**www.leboncoin.fr**), sans oublier les soldes, qui permettent de faire de bonnes affaires.
Et l'avantage, c'est que lorsque tu achètes un meuble à bas prix, tes parents acceptent plus facilement que tu le relookes entièrement à ta guise !

Vrai ou Faux ?

Ta chambre, c'est chez toi, tu peux faire tout ce que tu veux !

Faux ! C'est un espace que tes parents te dédient. Tu peux en choisir l'aménagement et la déco (avec leur accord pour faire des trous dans le mur ou repeindre), mais tu ne dois jamais oublier qu'ils sont d'abord chez eux !

CHEVEUX

« Quand on change de coiffure (donc, de tête), les autres ont souvent l'impression qu'on n'est plus tout à fait le même ! »

Charlotte et Fanny ont enquêté pour vous.

C'est quoi ? La propreté de nos cheveux et notre coiffure, c'est ce qu'on voit en premier sur notre visage ! C'est un peu le reflet de notre image : à ne pas négliger, donc...

Le bon plan Les produits de protection pour les cheveux, ce n'est pas pour les chiens ! Quand ils sont secs comme de la paille, on peut compter sur un masque nutritif spécial cheveux secs (à base de beurre de karité, propolis, etc.). Sinon, voici une vieille recette qui marche : prends un avocat bien mûr, écrase sa pulpe et ajoute un jaune d'œuf. Mélange, puis applique sur cheveux non lavés. Entoure ta tête d'un film plastique et laisse agir une demi-heure avant ton shampooing. Pas très glamour mais résultat garanti !

Quand au contraire ils sont trop gras, on peut utiliser des shampooings traitants à base d'argile, d'ortie blanche ou de sauge. Et suivre cette recette : presse 2 citrons dans 25 cl d'eau et frictionne tes cheveux avec comme un après-shampooing (sur cheveux rincés). Laisse sécher.
Les voilà brillants (mais pas gras) pour la journée !

Le plan galère Le soleil, la piscine, la mer et la pollution sont les pires ennemis de nos cheveux. Et ils ne savent même pas fabriquer du pigment (la mélanine) comme la peau, pour se défendre contre les ultraviolets du soleil ! Autrement dit, si on ne fait rien pour eux, ils vont souffrir, et plus ils en bavent, moins ils sont beaux. Si on ne veut pas les avoir raplapla, fourchus, secs et indémêlables, on va devoir être aux petits soins.
Très important : bien les rincer à l'eau douce après chaque bain en piscine ou en mer, parce que le chlore et le sel, ils n'aiment pas du tout !

La bonne blague

Un ado entre chez le coiffeur. Celui-ci demande poliment quelle coupe il désire.
« C'est simple répond l'ado. Rasé sur le côté gauche. Une banane de travers, au milieu. Des épis à droite. La brosse sur le dessus avec un trou au milieu. Et la nuque dégarnie excepté quelques touffes.
– Ce n'est pas possible, ce n'est pas une coupe, ça ! répond le coiffeur.
– Ah ouais ? rétorque l'ado. C'est pourtant ce que vous m'avez fait la dernière fois ! »

LA PAROLE AUX PROS

Comment ça marche ?

Si tu as des pellicules, comme 50 % des Français, rassure-toi, cela n'a rien à voir avec ton hygiène. Normalement, toutes les trois semaines, de nouvelles cellules du cuir chevelu remplacent les anciennes. Ces dernières sont alors éliminées par le shampooing et le brossage. Mais en présence d'un champignon microscopique (*Malassezia* de son nom scientifique), ces cellules se multiplient beaucoup trop vite et desquament. Apparaissent alors des pellicules sèches, voire grasses en cas de surproduction de sébum. Ce champignon est présent sur tous les cuirs chevelus. Toutefois, sous l'effet du stress ou de la pollution, il prolifère de façon excessive, créant des problèmes de pellicules : c'est pourquoi seul un shampooing antifongique, à base de kétoconazole, peut en venir à bout (disponible en pharmacie).

Notre conseil

Si tu trouves que tes cheveux manquent d'éclat, qu'ils ont tendance à chuter ou qu'ils se dédoublent, consomme plus de poisson (sélénium), de fruits et de légumes (vitamine C) pour les aider à se défendre contre les effets de la pollution. Si vraiment cela ne suffit pas, c'est peut-être un signe que ton alimentation n'est pas assez diversifiée. Mange plus varié et saupoudre tes salades avec de la levure de bière, riche en vitamines B utiles à tes cheveux.

Vrai ou Faux ?

Les cheveux ont tendance à chuter plus facilement au printemps et en automne.

Vrai ! Mais il peut y avoir bien d'autres raisons encore, comme un régime alimentaire mal équilibré, une maladie (glande thyroïde qui fonctionne mal, pelade, teigne, etc.), la prise de certains médicaments, un stress important ainsi que l'abus de soleil, de décolorations ou de défrisages.

Pour ta culture perso

Les visagistes te disent comment te coiffer en fonction de la forme de ton visage. La base, c'est de toujours chercher à rééquilibrer le haut et le bas du visage. Et, bien sûr, de mettre en valeur ce que tu as de plus joli et de cacher ce qui l'est moins. Exemple : sur un visage triangulaire, donne du volume à tes cheveux au niveau de la nuque. Pour cacher un grand front, fais une frange. Une coupe à la garçonne va très bien aux visages fins et aux filles menues, mais si ton visage est très allongé, essaie plutôt les cheveux longs bouclés. Sur un visage rond, rien ne vaut un carré destructuré pour une fille (chez un garçon, pas de cheveux relevés avec du gel, ça accentue les rondeurs). Et si tu ne sais pas : la coiffure qui va à toutes les formes de visage, c'est le carré flou, aérien !

CIGARETTE

« Les fumeurs pensent tous avoir le dessus sur la cigarette, jusqu'à ce qu'ils s'aperçoivent qu'ils sont déjà accros… Attention, danger ! »

Hugo a enquêté pour vous.

C'est quoi ? Si on nous donnait un truc qui abîme la peau, jaunit les dents, pourrit l'haleine et nous file le cancer, on n'en voudrait pas. Eh bien, la cigarette, c'est tout ça à la fois et, en plus, on dépense bêtement notre argent !

Le bon plan Si on a commencé à fumer et qu'on veut arrêter, il faut avoir en permanence une petite bouteille d'eau ou un bonbon sans sucre sur soi. Comme ça, si on a envie d'en « griller » une, on s'arrange pour boire un peu ou sucer un bonbon pour s'occuper l'esprit… et l'envie finit par passer.

Le plan galère On n'a déjà pas assez d'argent pour s'acheter tout ce qui nous fait envie, alors ce n'est pas pour le laisser partir en fumée ! D'autant que, si on commence, viendra un jour où on ne pourra plus s'en passer et alors, là, on pourra dire adieu à nos achats de fringues… Et dire que certains se traînent cette galère toute leur vie !

Quelques réponses toutes prêtes…

Pour refuser une « clope », tu n'as qu'à dire :

Version ironique
« Pour voir mon fric partir en fumée, non merci ! »

Version hypocrite
« Au prix où tu les achètes, je ne voudrais pas te priver ! »

Version polie
« Non, mais si tu as un chewing-gum, je suis preneur ! »

Comment ça marche ?

Tu ne verras jamais la liste complète des ingrédients qui entrent dans la composition des cigarettes et pour cause ! Dedans, on trouve de l'acide cyanhydrique, du mercure, de l'acétone, de l'ammoniac, sans compter quelque 4 000 substances aux effets inconnus ou toxiques ! Conséquence : le tabac abîme tes dents (coloration jaunâtre). Ta peau prend un teint terne et se ride plus facilement.

Pour les filles qui prennent la pilule, attention à l'association avec le tabac (c'est mauvais pour les vaisseaux). Chez l'adulte, le tabagisme est impliqué dans un quart des décès mettant en cause le cœur et les artères. Il augmente encore le risque de maladies chroniques et favorise les cancers du poumon, de la bouche, de l'œsophage, de la gorge, de l'estomac, de la vessie, du col de l'utérus et des reins. Pour les non-fumeurs qui sont soumis une bonne partie de leur vie à la fumée des autres (tabagisme passif), le risque d'infarctus et de cancer du poumon reste accru.

Notre conseil

Souvent, tu fumes pour faire comme les autres, pour t'intégrer dans un groupe, mais aujourd'hui ce sont plutôt les fumeurs qui sont exclus des lieux publics. Que ce soient dans les bars, les cybercafés, les centres commerciaux, etc., les non-fumeurs, eux, peuvent rester en bande !

C'est plus facile de ne pas commencer que d'arrêter de fumer. Malgré tout, si tu es fumeur, c'est plus facile de stopper maintenant que ça ne le sera demain. Pour te faire aider, tu peux en parler à ton infirmière scolaire, appeler **Tabac Info Service** au **39 89** ou te connecter sur **www.tabac-info-service.fr**.

Vrai ou Faux ?

La pipe ou le narguilé, c'est bien moins risqué.

Faux ! Un gramme de tabac reste dangereux, quelle que soit sa provenance : cigarette, pipe, pipe à eau ou narguilé, cigare et cigarettes aux arômes artificiels (chocolat, caramel, abricot, fraise, vanille, menthe, rose, etc.), la toxicité est presque pareille.

Pour ta culture perso

Quand un fumeur arrête la cigarette, il est toujours gagnant. Dans les 3 jours après l'arrêt du tabac, il respire mieux car il n'y a plus de composants de la cigarette pour diminuer le calibre des bronches. Il est moins fatigué car le monoxyde de carbone, un gaz qui perturbe l'oxygénation des tissus, disparaît lui aussi. Il reste cependant à évacuer tous les goudrons des voies respiratoires et, pour cela, il faut souvent patienter plusieurs mois. Peu à peu, le goût et l'odorat reviennent. Il y a enfin un vrai gain d'espérance de vie, puisque chaque cigarette fumée coûte 8 minutes de vie en moins !

CLASSE

« C'est une salle de travail, comme le disent souvent les profs !!! »

Fanny a enquêté pour vous.

C'est quoi ? Une classe, c'est une salle remplie d'élèves avec qui on va devoir partager une trentaine d'heures par semaine. Parmi eux, il y a forcément des élèves qu'on aime bien, d'autres qu'on aime moins et d'autres dont on n'a que faire. Pour éviter que la tension monte, on a parfois des « heures de vie de classe » avec le prof principal. Ça sert à discuter des problèmes rencontrés dans la classe. Par exemple, on peut se plaindre si un élève a vraiment un comportement impossible ou si ça se passe vraiment mal avec un prof qui passe son temps à mettre des punitions collectives alors qu'un ou deux élèves sont responsables…

Le bon plan Quand on ne connaît personne ou presque, le plus simple est de repérer un autre élève qui se trouve dans la même situation que nous. Il sera trop content d'établir le contact !

Le plan galère On ne choisit pas sa classe, on est obligé de faire avec ! Alors plutôt que de se lamenter pendant un an parce que notre meilleur ami est ailleurs, on a intérêt à vite se faire de nouveaux copains. Ça se joue souvent en début d'année. Après, des groupes se forment et c'est plus dur de s'intégrer.

Quelques réponses toutes prêtes…

Si, à la maison, on nous interroge sur notre classe, on peut toujours dire…

Version rime
« Ma classe, elle est vivace, perspicace et coriace ! »

Version frime
« Ma classe, elle est si efficace qu'elle casse la glace ! »

De quoi s'agit-il ?

La classe, c'est à la fois l'endroit où tu vas vivre pendant toute une année et un groupe de personnes que tu vas côtoyer. C'est un peu comme quand tu arrives chez toi ou dans ta chambre : il faut s'y sentir bien et à l'aise !

Quand tu te retrouves à la rentrée dans une nouvelle classe, tu as un peu d'appréhension, c'est normal. Tu ne maîtrises pas encore le lieu et souvent tu ne connais pas les élèves ni les professeurs, surtout en 6e.

Il ne faut pas se dire : « Si j'ai peur, c'est que je ne suis pas à la hauteur. » Même les adultes sont un peu anxieux lorsqu'ils doivent affronter une situation nouvelle ; s'ils te disent le contraire, c'est qu'ils bluffent !

Notre conseil

Si tu ne connais vraiment personne, essaie de repérer celui ou celle qui semble avoir aussi peur que toi et approche-toi de lui (d'elle). Même sans vous parler, vous vous sentirez tous les deux moins seuls et, petit à petit, vous arriverez à vous sourire puis à échanger quelques mots. Ou alors, si tu vois un élève qui a l'air vraiment perdu, essaie de l'aider comme tu peux. Après vous serez déjà un peu amis ! L'idée est de toujours essayer d'aller vers les autres et si tu es timide d'aller plutôt vers ceux qui sont comme toi.

Dis-toi enfin que même ceux qui ont l'air très sûrs d'eux ont aussi souvent très peur de rester seuls et c'est la raison pour laquelle ils font beaucoup de bruit ou cherchent à faire rire ou à s'imposer. C'est une « technique » pour ne pas montrer qu'ils sont mal à l'aise comme tout le monde !

Vrai ou Faux ?

On travaille mieux dans une bonne ambiance.

Vrai ! Car au lieu d'être chacun de son côté, les élèves sont tous ensemble… pour le meilleur et pour le pire. Comme les professeurs le ressentent, ils sont souvent plus sympas avec une « bonne » classe qu'avec une classe à histoires.

Pour ta culture perso

Quoi qu'en dise la chansonnette « Mais qui a eu cette idée folle, un jour d'inventer l'école ? C'est, ce sacré Charlemagne… », l'invention de l'école est bien plus ancienne ! Dans l'Égypte antique, les garçons de l'aristocratie bénéficiaient déjà de cours de hiéroglyphes. Charlemagne, quant à lui, s'est contenté d'encourager l'instruction des fils d'aristocrates, auprès des moines. Pour que l'école se démocratise enfin, il a fallu attendre la loi Guizot de 1833, obligeant toute commune d'au moins 500 habitants à entretenir une école primaire élémentaire pour les garçons. Ce brave M. Guizot souhaitait également rendre obligatoire l'école primaire pour les filles, mais il lui a fallu se battre 17 ans de plus pour obtenir enfin gain de cause !

CLASSE ADAPTÉE

LA PAROLE AUX COLLÉGIENS

« On connaît une fille qui n'arrivait pas à suivre dans une classe normale et qui en souffrait beaucoup. Depuis qu'elle est dans une classe adaptée, elle a retrouvé le sourire ! »

Hugo a enquêté pour vous.

Une réponse toute prête…

Si quelqu'un se moque d'un copain qui est passé dans une classe adaptée, tu peux toujours répondre :

Version ironique

« Dans ton cas, ce n'est même pas une classe adaptée qu'il te faudrait… mais une greffe de cerveau ! »

C'est quoi ? C'est une classe spéciale pour des élèves en difficulté : là, ce sont les profs qui s'adaptent à leurs élèves et pas le contraire. En gros, il s'agit d'une classe avec un enseignement « sur mesure », au lieu d'un enseignement « prêt-à-porter » !

Le bon plan C'est important de bien comprendre les problèmes d'apprentissage que certains élèves peuvent avoir. Souvent on a tendance à avoir des phrases blessantes par rapport à ceux qui sont en difficulté. On les traite vite de « débiles » et ça fait très mal à entendre. Si on connaît mieux la situation, on peut l'expliquer aux autres et éviter la méchanceté gratuite.

Le plan galère On manque souvent d'informations sur tout ce qui n'est pas considéré comme la norme. Mais si on pose la question au CPE (conseiller principal d'éducation), on peut en savoir plus sur ces classes aménagées, intégrées et celles pour enfants précoces. Si on pense avoir un problème, il ne faut surtout pas hésiter à en parler et constituer un dossier spécifique avec le collège pour y accéder.

De quoi s'agit-il ?

Une classe adaptée est une classe spéciale, prévue pour des élèves qui ont des difficultés scolaires importantes : par exemple, de grands dyslexiques, des élèves avec des déficiences ou avec des troubles psychologiques un peu sévères. Ces classes sont parfois intégrées dans les collèges normaux ou alors regroupées dans des établissements spécialisés. Les enseignants y ont reçu une formation spécifique.

Il existe deux grands dispositifs. Dans les UPI (unités pédagogiques d'intégration), l'élève en difficulté est suivi par une équipe pédagogique qui se concerte régulièrement et qui accorde une attention particulière à l'élève. Il fait partie d'une classe normale la plupart du temps, mais il est pris en charge individuellement à certains moments par des professeurs spécialisés.

Sinon, dans les SEGPA (section d'enseignement général et professionnel adapté), l'élève se retrouve dans des classes à petits effectifs (16 maximum). Cela permet la mise en place de parcours individualisés pour ceux qui sont en grande difficulté, qui seront orientés le plus souvent vers un parcours professionnel dès la classe de 4e. À la fin de la 3e, les élèves passent le certificat de formation générale et ils peuvent poursuivre leur scolarité en CAP dans un lycée professionnel ou avec un contrat d'apprentissage (ils travaillent dans une entreprise et ont des cours en même temps).

Notre conseil

Quand un élève a des difficultés, l'établissement réunit une équipe pédagogique pour décider quoi faire. L'équipe est en général constituée du directeur de l'établissement, du professeur principal, du médecin et/ou du psychologue scolaire, d'un représentant de parents, parfois des parents de l'enfant, de professionnels extérieurs qui connaissent le jeune (orthophoniste, psychologue, psychiatre, etc.). Ensuite, une demande est faite auprès des commissions spécialisées de l'Éducation nationale pour que le dossier soit accepté.

Vrai ou Faux ?

Il existe des classes « aménagées » pour les musiciens ou les sportifs.

Vrai ! Leurs horaires leur permettent à la fois de suivre les cours normaux du collège et d'avoir du temps pour l'entraînement sportif ou les cours de musique. Ces classes sont en général réservées aux très bons élèves !

Pour ta culture perso

Il existe aussi des classes pour enfants précoces, c'est-à-dire ceux qui ont une forme d'intelligence particulière et qui ont du mal à s'intégrer dans des classes normales, soit parce qu'ils s'ennuient, soit parce qu'ils n'arrivent pas à faire comme les autres élèves et qu'il leur faut un enseignement différent.

CLASSEMENT

« Pour nos parents, une bonne place au classement, c'est la classe ! »

Charlotte et Fanny ont enquêté pour vous.

C'est quoi ? C'est la comparaison des élèves en fonction de leur moyenne générale et, comme il ne peut y avoir qu'un premier de classe (deux *ex æquo* à la limite), ça fait au final beaucoup de déçus. Mais en même temps quand on est le premier, on passe pour « l'intello » de la classe et parfois ce n'est pas la place la plus sympa.

Le bon plan On ne peut pas tous être premiers, mais il y a forcément une matière où on est bien placé. C'est celle-là dont il faut parler en priorité à nos parents ! Pour eux, c'est plus agréable d'entendre « Je suis super content, je suis 3e en arts plastiques » que « Je suis le 20e de la classe »… surtout si on n'est que 21 !

Le plan galère Le classement, c'est dépassé ! Ce qui compte c'est notre évolution personnelle. Passer d'une mauvaise note à une note meilleure puis à une bonne note, là, on peut être fier de nous. Mais se comparer entre nous, ça n'a aucun sens si ce n'est entretenir une rivalité inutile. Meilleur ? Ça veut dire quoi ? Être le meilleur pour se faire des copains, ça c'est plutôt bien, non ?

Une réponse toute prête…

Si nos parents nous reprochent d'avoir baissé dans le classement, on peut toujours répondre :

Version peace and love

« L'esprit de compétition est contraire à mes convictions ! »

LA PAROLE AUX PROS

Comment ça marche ?

Même si ton professeur principal ne dévoile pas qui est en tête de classe et qui est en queue, c'est un secret de polichinelle. En effet, tes délégués, qui voient passer toutes les moyennes lors du conseil de classe, ont vite fait de faire circuler l'information.

Celui qui est premier peut être fier, mais cette situation peut aussi lui mettre la pression et provoquer des jalousies. Et s'il n'est plus 1er, mais 3e au trimestre suivant, il pourrait être déçu alors que ça reste une très bonne place ! Quant au dernier, il peut se sentir démotivé à un moment où il aurait plus que besoin de rebondir. C'est pourquoi il ne faut pas s'arrêter sur ce type de classement qui, en plus, ne veut rien dire. En effet, 1er dans une classe très moyenne, ce n'est pas forcément mieux que 5e dans une classe de super bons ! Et s'il n'y a que 0,05 point d'écart entre le 1er et le 2e, il n'y a vraiment pas de quoi en faire un plat !

Ce qui serait beaucoup plus intéressant, c'est un classement par rapport à toi-même, matière par matière, pour voir comment tu évolues au cours de l'année. Parce que si tu as augmenté ta moyenne de 2 points en maths, peu importe que tu sois 10e ou 6e dans cette matière. Ce qui compte, c'est ce progrès énorme qui montre que tu peux y arriver et qui doit t'apporter une grande satisfaction (la base de la motivation pour continuer dans cette voie).

Notre conseil

Dis-toi bien qu'il y aura toujours des meilleurs que toi dans certains domaines, et des moins bons dans d'autres. Ce qui compte, c'est ton travail : or si tu as l'impression de donner le meilleur de toi-même, d'avoir fait tout ce qu'il faut, tu n'as rien à te reprocher. Et tant pis si tes parents auraient préféré un « premier de la classe ». Tu n'es pas là pour accomplir leurs rêves et leurs fantasmes, mais pour faire ton propre chemin ! Et tu peux aussi leur dire que le stress des premiers de la classe a souvent des conséquences à l'âge adulte : cela fait des adultes anxieux !

Vrai ou Faux ?

Tu peux être dernier de la classe et passer dans la classe supérieure.

Vrai ! Au collège, il n'y a que des examens. Autrement dit, ce qu'il te faut pour changer de niveau, c'est la moyenne, un minimum de sérieux et de motivation. Or tu peux être dernier de ta classe avec 11 de moyenne générale et donc passer sans souci ! Un classement n'a d'intérêt que dans un concours : à part si tu fais du sport en compétition, tu n'y seras confronté qu'après le baccalauréat. Tu as donc le temps !

LA PAROLE AUX COLLÉGIENS

« Notre génération se rend compte que rien ne se fera sans sacrifice. »

Léa et Eugénie ont enquêté pour vous.

C'est quoi ? Le dérèglement climatique est un problème hérité des générations précédentes. C'est une menace acquise : on a toujours plus ou moins baigné dedans, on en entend parler depuis toujours. On sait très bien qu'on va devoir changer nos habitudes.

Le bon plan Il y a plein d'associations et d'initiatives, il suffit de se renseigner sur Internet (ou par le bouche-à-oreille) pour trouver les bonnes adresses : des épiceries solidaires, des magasins qui revendent les invendus des grandes surfaces...
On peut au moins essayer de réduire ses déchets ménagers, ou faire attention à ne pas gaspiller l'eau et ne pas envoyer trop de vidéos rigolotes, parce que leur stockage consomme beaucoup d'électricité.

Le plan galère Nos parents ont parfois du mal à passer à l'action. Même parmi ceux qui ont des idées écolos, il y en a beaucoup pour qui c'est inconcevable d'arrêter complètement de manger de la viande ou de prendre l'avion pour partir en week-end. Et même dans notre génération, beaucoup de jeunes ne se sentent pas encore concernés. On se sent donc parfois vraiment impuissants face à ces défis monumentaux...

Quelques réponses toutes prêtes...

Si tes parents te disent que tu es trop jeune pour t'occuper de ça, tu peux toujours leur répondre :

Version éducative

« C'est ma génération qui risque de souffrir le plus du changement climatique. Moi, je ne veux pas que mes enfants naissent sur une planète mourante. »

Version sarcastique

« OK. Du coup, j'arrête aussi de penser au bac ? »

Comment ça marche ?

Tu as forcément entendu parler de la jeune militante suédoise Greta Thunberg, née en 2003. Elle a lancé la « grève scolaire le vendredi pour le climat » afin de faire réagir les politiques. Elle s'appuie sur les constats de scientifiques : notre planète, la Terre, se réchauffe. Ne pense pas que tu vas y gagner quelques degrés qui te permettront d'avoir toujours beau temps, car c'est plus complexe. En effet, le réchauffement climatique ne touche pas toutes les régions du monde de façon égale. Selon le Groupe d'experts intergouvernemental sur l'évolution du climat (GIEC), quand la moyenne des températures bondit d'un seul degré, cela correspond à un bond géographique d'au moins 100 kilomètres au sud. Or, dans ses pires scénarios, le GIEC prévoit que la température moyenne sur Terre pourrait augmenter de 7 °C d'ici à 2100. De quoi favoriser les évènements climatiques violents (tempêtes et tornades, inondations, canicules et sécheresses, etc.), mais pas seulement. Par exemple, des maladies exotiques, propagées par des insectes qui jusqu'ici vivaient dans les pays chauds, pourraient faire leur apparition en Europe !

Notre conseil

Ne crois pas que tu aies zéro pouvoir ! Tu as le pouvoir de consommer ce qui pollue le moins, c'est-à-dire ce dont tu as vraiment besoin, qui a été fabriqué ou récolté si possible près de chez toi (moins gourmand en transport et en énergie). Tu as le pouvoir (avec tes parents) de partir en vacances plus près et sans prendre l'avion. Tu as le pouvoir d'éteindre en sortant d'une pièce et de ne pas laisser d'appareils en veille. Bref, tu as le pouvoir de ne pas gaspiller et, comme dit le dicton : « Les petits ruisseaux font les grandes rivières ».

Vrai ou Faux ?

La Terre a déjà fait face à une hausse des températures.

Vrai ! Entre les températures moyennes qui régnaient à la surface de la Terre lors de la dernière ère glaciaire (il y a vingt mille ans) et aujourd'hui, il y a environ 5 °C d'écart. La grosse différence, c'est que ce changement ne s'est pas fait en un siècle, mais sur une période beaucoup plus longue, laissant le temps à bon nombre d'espèces de s'adapter.

Pour ta culture perso

On appelle « climatosceptiques » ceux qui ne croient pas que l'activité humaine puisse jouer un rôle dans le dérèglement climatique : pour eux, le seul coupable serait le soleil. D'autres climatosceptiques vont plus loin et ne croient même pas au dérèglement climatique. Il n'y a pratiquement aucun scientifique parmi ces sceptiques.

« Quand on est en colère, c'est fou comme ça déteint vite sur notre entourage ! »

////////////// Charlotte et Fanny ont enquêté pour vous. /////////////

Quelques réponses toutes prêtes...

Si quelqu'un nous Énerve avec un « grand E », on peut toujours lui dire...

Version ironique

« Venant de toi, c'est un super-compliment ! »

Version médicale

« Tu nous fais une poussée de frustration aiguë, là, ou quoi ? »

C'est quoi ? C'est quand on a les nerfs en pelote ! Simplement, on ne réagit pas tous de la même manière face à la colère. Il y a ceux qui hurlent ou qui tapent. Ceux qui boudent pendant des heures ou des jours, ce qui finit par énerver tout le monde autour. Et ceux qui disent calmement qu'ils ne sont pas contents et pourquoi, mais ce ne sont pas les plus nombreux !

Le bon plan Quand on est super énervé, mieux vaut écrire plein de méchancetés, d'insultes et de trucs qui ne se disent jamais, sur un morceau de papier, avant de le déchirer en mille morceaux. Ça aide notre colère à sortir d'une autre façon et ça calme ! C'est un peu comme si on la jetait, elle aussi, dans la corbeille à papier.

Le plan galère Quelquefois, on veut bien faire en essayant de stopper deux copains en colère, mais ça se retourne contre nous ! En effet, c'est très dur de faire entendre raison à une personne en furie, car elle n'écoute pas, ne raisonne pas et prend tout mal ! Le mieux à faire, c'est de ne pas prendre parti. Il sera temps de calmer les esprits, quand l'orage sera passé !

LA PAROLE AUX PROS

De quoi s'agit-il ?

La colère est une émotion forte qui peut entraîner des comportements inadaptés. On dit souvent que la colère est mauvaise conseillère, car elle te pousse parfois à agir sans réfléchir. Cependant, la colère a aussi du bon, car elle te permet de savoir où se situent tes limites : elle te signale ce que tu ne peux pas accepter, voire ce que tu ne dois pas accepter.

C'est un indicateur ! La colère sert donc au maintien de ton équilibre psychique (grâce à elle, tu affirmes ce qui est essentiel pour toi). Les gens qui ne sont jamais en colère, ce n'est pas normal ! Ainsi, la colère, il faut l'écouter, tout en sachant te maîtriser. Il faut essayer de l'exprimer par des mots : c'est toujours plus efficace que les coups ou l'explosion d'insultes, d'autant que ta colère ne peut que déclencher ou faire grimper la colère de l'autre (c'est l'escalade). C'est aussi mieux que de faire la tête en signe de mépris car la bouderie empêche tout échange. Or si personne n'arrive à exprimer son point de vue, ça peut durer longtemps !

Notre conseil

Fais attention quand tu te sens vraiment très en colère, car tu risques d'adopter un comportement indésirable et de t'attirer des ennuis. Essaie plutôt de prendre un petit temps dans ta tête pour comprendre ce qui se passe, ce qui t'a mis dans cet état. Fais-le avant que ta colère devienne incontrôlable ou avant de te renfermer dans ta tour d'ivoire si tu es un boudeur invétéré !

Vrai ou Faux ?

Il vaut mieux exprimer « intelligemment » sa colère que la garder pour soi.

Vrai ! À force, cela peut créer des problèmes physiques, à commencer par un mal de ventre (colère vient du grec *kholè*, qui veut dire « bile » et la bile est produite par la vésicule biliaire, à côté du foie). Comme la colère va souvent de pair avec le stress, elle peut encore provoquer des maux de tête, une poussée d'herpès (bouton sur la lèvre), d'eczéma ou de psoriasis (affections de la peau) si tu y es sujet, etc.

Pour ta culture perso

Dans la tradition catholique, la colère fait partie des sept péchés capitaux, avec la paresse, la gourmandise, l'orgueil, la luxure, l'avarice et l'envie. Et chez les bouddhistes, la colère fait partie des trois poisons de l'esprit, avec l'avidité *trishna* et l'ignorance *avidy*.

COLLE

« Comme il y a les têtes à claques, il y a les têtes à colle ! Ce sont souvent les mêmes qui se font prendre ! »

Charlotte et Fanny ont enquêté pour vous.

C'est quoi ? C'est une heure de perdue pour nos loisirs et une heure de plus à passer dans le collège avec le prof « préféré » qui nous a collés !

Le bon plan Quand un prof nous demande ce qu'on est en train de faire d'un ton menaçant, il ne faut surtout pas répondre « Je n'ai rien fait ! », sinon, il rétorque que « C'est justement ça le problème », et il en profite pour nous coller ! Il vaut mieux lui dire : « Je n'ai rien fait de mal ! » Évidemment, c'est beaucoup mieux si c'est vrai !

Le plan galère Quand on se retrouve dans une classe qui chahute, on n'y est pour rien. Et même si on n'a rien fait, on peut avoir une colle collective. C'est injuste ! Si ça se répète, il faut aborder le problème en heure de vie de classe, avec le professeur principal.

Quelques réponses toutes prêtes…

Quoi dire à nos parents si on est collé :

Version angélique

« Je ne comprends pas, je bavardais tranquillement avec mon voisin quand, soudain, une colle inattendue m'est tombée dessus ! »

Version théâtrale

« Ô rage, ô désespoir, je me suis fait avoir ! »

Version ni vu ni connu

« Bla bla bla… Au fait, lundi, je sors à 16 heures au lieu de 15… Bla bla… bla bla… »

De quoi s'agit-il ?

Il faut appeler un chat un chat : quand tu écopes d'une ou plusieurs heures de colle, c'est que tu es puni !

S'il s'agit d'une colle individuelle, ton professeur peut marquer ainsi sa désapprobation par rapport à ton comportement. Ce n'est pas bien grave si ça reste ponctuel, comme, par exemple, un exercice oublié. Ça peut arriver à tout le monde !

Mais c'est plus ennuyeux si tu enchaînes les colles. Si plusieurs professeurs t'infligent souvent cette punition, c'est sans doute que ton comportement est à revoir. Es-tu trop bavard ? Insolent ? Refuses-tu de suivre les consignes ? Si oui, ça vaut le coup de te demander pourquoi tu agis de la sorte. Que ce soit parce que tu t'ennuies à l'école, parce que tu as l'impression d'être « largué » ou par esprit de rébellion, c'est toujours mieux d'analyser pourquoi ça t'arrive. Si vraiment tu ne te sens pas à ta place, un bilan psychologique peut t'être utile.

Enfin, si c'est toujours le même professeur qui te colle (alors que tu n'as aucun souci avec les autres), essaie de lui parler ou si tu n'oses pas, demande à tes parents de prendre un rendez-vous avec lui. Le simple fait de mettre des mots sur ce que chacun reproche à l'autre, ou ressent, peut suffire à désamorcer la situation et à repartir du bon pied.

Notre conseil

Quand tu es collé, le professeur te demande généralement de faire des exercices. Si tu refuses, tu risques de te retrouver avec l'étiquette de l'élève « qui ne veut rien faire ». Ne dis pas que tu t'en moques car, au fond de toi, tu sais bien que ce n'est pas vrai. Il n'est jamais facile d'avoir une telle réputation, ça peut finir par nuire à ton orientation.

Vrai ou Faux ?

On ne peut pas t'obliger à venir en colle.

Faux ! La plupart des règlements de collège stipulent que des absences non justifiées pour des heures de colle peuvent te mener à la sanction disciplinaire. Et comme tu as signé ce règlement en début d'année, tu ne peux pas dire que tu l'ignorais !

Pour ta culture perso

« Être collé », ça peut vouloir dire « avoir une heure de retenue », mais aussi « avoir raté son examen ». Et dans les classes supérieures préparatoires, quand on fait des « colles », ça signifie avoir un examen blanc. C'est proche de l'expression « s'y coller » qui signifie « s'y mettre ». Mais très différent de « être à la colle » qui veut dire « vivre ensemble, sans être mariés » !

« C'est quatre ans de notre vie… et beaucoup de joies et de galères en perspective ! »

////////////// Charlotte et Fanny ont enquêté pour vous. ////////////

C'est quoi ?

Selon les cas, c'est notre bahut, notre boîte ou notre prison… et plus sérieusement, c'est un lieu d'apprentissage. Celui de la culture. Et celui de la vie ! Par rapport à l'école primaire où on avait juste affaire à un prof et à un directeur, il y a d'énormes changements !

Le CPE (conseiller principal d'éducation) est notre interlocuteur administratif. C'est à lui que l'on doit présenter une excuse (mot des parents, certificat du médecin…) en cas de retard ou d'absence. Faute de quoi, il envoie un SMS ou une lettre avertissant nos parents d'une absence non justifiée !

Le conseiller d'orientation intervient surtout auprès des élèves de 3e, mais on peut le voir avant. Il nous présente les différentes options après le collège et nous aide à trouver quel type de formation nous conviendrait le mieux.

Le surveillant, comme son nom l'indique, gère les entrées et les sorties des collégiens, surveille la cour, les couloirs et les permanences, bref, veille à l'ordre !

Autres changements par rapport à l'école primaire : l'existence d'un CDI (centre de documentation et d'information) qui est une sorte de médiathèque où l'on peut trouver toutes sortes de documents utiles, en rapport avec notre programme. C'est plus intéressant qu'une salle de permanence, mais la règle d'or est la même : « Silence ! »

Quant à l'auditorium, c'est une grande salle de réunion, qui peut servir aux conseils de classe trimestriels.

Dernière nouveauté par rapport à l'école primaire : le carnet de correspondance, avec notre emploi du temps, qui nous permet de quitter le collège dès que nos cours de la journée sont finis. Ce carnet sert d'échange entre les profs et nos parents.

Le plan galère

En début d'année de 6e, on a tendance à se perdre. Un petit conseil, éviter de demander son chemin à un plus grand : il y a de gros risques pour qu'il nous envoie à l'autre bout du collège, plutôt que dans notre salle ! Alors si on s'est perdu, se renseigner de préférence auprès d'un prof ou d'un surveillant. Et on ne stresse pas* si on arrive un peu en retard : les profs sont plus indulgents avec les 6e.

Quelques réponses toutes prêtes…

Si nos parents nous demandent si on se plaît dans notre collège, on peut toujours répondre :

Version pessimiste
« C'est mieux que le bagne, ils nous laissent sortir le soir ! »

Version optimiste
« C'est comme au cirque, sauf que là, on n'a pas le droit d'applaudir les clowns ! »

* Avis à ceux qui en abuseraient : le coup de la salle trop difficile à trouver ne marche qu'un temps, souvent le premier mois, après il faut trouver autre chose !

LA PAROLE AUX PROS

De quoi s'agit-il ?

Le collège, c'est tout un symbole : celui de tous les changements ! Si, jusqu'à présent, tes parents te considéraient comme un enfant, te voilà maintenant avec le statut de préadolescent. Pour beaucoup, c'est durant les années « collège » que les parents « lâchent du lest ». Cette nouvelle autonomie est une vraie responsabilité : même si tes parents sont toujours là « au cas où », tu vas devoir faire preuve de plus d'initiatives. *Idem* pour le travail : tes professeurs apprécient aussi que tu prennes des initiatives, ne serait-ce qu'en rapportant des documents autour d'un thème développé en classe.

Notre conseil

Ce n'est pas parce que tu as plein de professeurs différents qu'en cas de soucis avec l'un d'eux tu ne dois pas t'en préoccuper. Tes parents peuvent demander à le rencontrer : une simple entrevue peut corriger l'image qu'il a de toi et te permettre de prendre un nouveau départ.

Vrai ou Faux ?

On ne peut plus réintégrer le public si on est passé par le privé.

Faux ! Le public a pour obligation de t'accueillir si tu as moins de 16 ans, la scolarité étant obligatoire jusqu'à cet âge. Toutefois, rien ne dit que tu seras accepté dans le collège de ton choix et, pour apprécier ton niveau, on peut te demander de passer des tests ou un examen.

Pour ta culture perso

On peut aussi parler d'un collège pour désigner un groupement de personnes partageant le même travail ou le même savoir.

CONCENTRATION

« Moins on a envie d'en faire à la maison, plus on a intérêt à se concentrer en classe pour se souvenir du cours au maximum ! »

////////////////// Hugo a enquêté pour vous. //////////////////

C'est quoi ? Se concentrer, c'est écouter en faisant l'effort d'enregistrer ce qu'on nous dit. Ne pas se concentrer, c'est commencer un devoir ou une leçon, puis penser à autre chose et « partir dans sa tête ». Ça arrive surtout quand on est préoccupé ou que ça ne nous intéresse pas.

Le bon plan Si on a du mal à se concentrer en classe comme à la maison, il faut se motiver. Par exemple, en se disant qu'on se fixe un défi comme apprendre le plus vite possible, ou encore en programmant un truc à faire avec le temps libre qu'il nous restera, ou, le mieux, en négociant avec nos parents. Si on travaille efficacement en moins de x minutes, on pourra utiliser l'ordinateur, regarder la télé, téléphoner ou obtenir quoi que ce soit dont on a envie. C'est à nous de décider de ce qui nous motive et non à nos parents, sinon ça ne marche pas !

Le plan galère Si on n'est pas concentré en classe, on aura besoin de plus de temps à la maison pour faire notre travail. Alors que si on est bien attentif, on gagne presque 75 % de temps ! Attention, quand on est dans une classe bruyante ou assis à côté d'un copain dissipé, il faut tenter de faire le vide et focaliser notre attention sur ce que dit le prof. Le cerveau arrive à « gommer » les bruits si on le décide.

Une réponse toute prête...

Si nos parents nous reprochent notre manque de concentration, on peut toujours leur dire :

Version cherche les ennuis

« Au contraire, je suis tellement concentré sur ce que me raconte mon voisin que je n'entends plus le prof parler ! »

Comment ça marche ?

La concentration est la possibilité de rester attentif, de façon soutenue, sur ce que tu dois faire. Cela suppose d'arriver à oublier tout ce qui se passe autour de toi pour ne pas te laisser distraire. Pour être attentif, il faut inhiber (bloquer) tout ce qui est provisoirement inutile. C'est bien ça le plus difficile : ne pas penser à autre chose ! Or souvent, à un mot du cours, tu associes une autre idée et, petit à petit, tu te retrouves très loin du travail à faire. Tu es « dans la lune » !

Notre conseil

Pour certains, écouter une chanson en anglais (parce que tu ne connais pas les paroles et que tu ne vas pas faire d'associations d'idées) ou, mieux, de la musique peut aider à la concentration. Pour d'autres, c'est d'aménager l'espace de travail un peu comme une cellule de moine, en enlevant tout ce qui pourrait les distraire pendant le temps du travail. Ça aide vraiment, c'est d'ailleurs le principe de l'étude. Pour d'autres, c'est de marcher en travaillant – évidemment pas en cours, mais à la maison. Bouger ton corps calme l'agitation dans ta tête et favorise la concentration.

Quelle que soit la méthode qui te convienne, essaie aussi d'être à l'écoute de ton cerveau. Selon que tu es du matin ou du soir, il y a des créneaux horaires pendant lesquels tu apprends plus facilement : sers-t'en si possible pour retenir des trucs compliqués !

Vrai ou Faux ?

Pour être attentif, il faut n'avoir ni faim, ni soif, ni chaud, ni froid, ni sommeil, ni être anxieux.

Vrai ! L'anxiété, une dette de sommeil et un repas sauté sont les pires ennemis de ta concentration ! C'est un peu comme la TNT sans décodeur : ça brouille l'image dans ta tête et tu n'y arrives pas ! En revanche, on dit que, pour être concentré, il faut être dans le calme, or ce n'est pas vrai pour tout le monde : les tempéraments « extravertis » ont besoin de stimulations extérieures !

Pour ta culture perso

Il existe une vraie pathologie qui s'appelle TDAH (trouble de l'attention avec ou sans hyperactivité). Dans ce cas, malgré tes efforts, tu n'arrives pas à te concentrer.
Il existe des tests pour savoir si tu es atteint de ce trouble. Si oui, des exercices réalisés avec le neuropsychologue vont peu à peu aider ton cerveau à ne pas se disperser (rééducation neuropsychologique). Dans certains cas, un médecin hospitalier peut aussi te prescrire des médicaments qui favorisent l'attention, mais ça n'empêche pas la rééducation, au contraire.

« Tout nous pousse à acheter : la mode, la pub, les autres ... Et on adore ça ! Évidemment, c'est plus dur si on est du genre "panier percé" que super radin ! »

Charlotte et Fanny ont enquêté pour vous.

Devinette

Qu'est-ce qui est vide quand tes mains sont pleines ?

Réponse

Ton porte-monnaie, quand tu croules sous tes achats !

C'est quoi ? Consommer, ça veut dire acheter. Des trucs dont on a besoin. D'autres, pour faire comme les copains. Et d'autres encore, qui ne nous servent strictement à rien mais qui nous font craquer !
Il y a plusieurs façons de consommer. Souvent on achète juste parce que ça nous donne une impression d'importance, ou parce que plus on a de vêtements ou de gadgets, plus on a le sentiment que ça nous rassure. À notre âge, consommer est une des choses que l'on aime le plus ! Ça en devient parfois notre principal loisir : aller faire les boutiques.
Et les marques ne s'y sont pas trompées : porter sur soi certains logos, c'est faire partie d'un groupe bien déterminé. Et si on ne peut pas s'offrir les marques à la mode, alors quelquefois on a honte, on est gêné. C'est comme si on se sentait à l'écart.

Le bon plan Quand on est un peu trop dépensier, les brocantes et les vide-greniers, ça permet de trouver des livres, des fringues, des DVD, des jeux, etc., à petits prix. En plus, c'est une démarche écolo puisque ces produits sont en quelque sorte recyclés !

Bon à savoir Quand on a un tout petit budget, bien inférieur à ceux des amis, on ne doit surtout pas faire de complexes. Ils ont peut-être plus d'argent de poche mais, si on y réfléchit bien, nous aussi on a des choses qu'ils n'ont peut-être pas : par exemple, des vacances à la mer ou bien un chien, ou bien des parents super sympas... Bref, il y a plein de choses qui ne se chiffrent pas, mais qui valent tout l'or du monde !

LA PAROLE AUX PROS

Comment ça marche ?

L'objectif d'un industriel, c'est de vendre. Et pour cela, il n'hésite pas à créer de nouveaux besoins et à te donner l'illusion que, si tu ne possèdes pas ce qu'il te propose, c'est que tu es vraiment le dernier des minables. Cela marche très bien à ton âge, car tu n'as pas vraiment conscience d'être manipulé ! Tu penses juste que ça fait bien d'avoir le dernier objet électronique à la mode, d'être habillé avec des vêtements de marque, bref, d'en mettre plein la vue à tes amis. C'est oublier que la valeur d'une personne ne se juge pas au montant déboursé pour ses vêtements ou son portable !

Notre conseil

Contrairement à ce qu'on veut te faire croire, la consommation, ce n'est pas le début du bonheur ! Il y a bien d'autres façons de te faire plaisir sans que ça te coûte un centime, comme passer du temps entre amis, avec ta famille... Il y a d'ailleurs des gens qui étaient tellement stressés de faire la course aux euros qu'ils ont décidé de tout plaquer pour devenir des « décroissants ». Un changement de vie radical : ils font tout eux-mêmes, s'aident les uns les autres, échangent leurs biens. Bref, leur façon de vivre est originale, puisque moins ils consomment, plus ils sont heureux !

Sans aller jusqu'à être décroissant, tu peux au moins privilégier le commerce équitable. Cela signifie que, lorsque tu achètes un produit en provenance d'un pays pauvre, tu as l'assurance qu'il a bien été fabriqué par des adultes payés avec un salaire décent. C'est important de s'en préoccuper. Sinon, ça veut dire que tu trouves normal que d'autres gens, voire des enfants parfois plus jeunes que toi, travaillent en étant payés une misère, pour ton seul plaisir. Le problème, c'est que tes marques préférées et le commerce équitable, ça fait souvent deux !

Vrai ou Faux ?

On peut être « malade » de conso.

Vrai ! Certaines personnes ne peuvent pas s'empêcher d'acheter, y compris des choses dont elles n'ont absolument pas besoin. Il y en a même qui s'endettent pour ça, qui ne peuvent pas stopper leurs achats, tout comme les boulimiques qui ont des crises et qui ne peuvent s'arrêter de manger. C'est un peu comme si elles se disaient « J'achète, donc je suis. » Ces « addicts » de la consommation étant malades, ils doivent être soignés pour s'en sortir...

Pour ta culture perso

Des sondages ont révélé que, s'il ne devait y avoir qu'un seul vêtement de marque dans toute une tenue, les collégiens choisiraient la chaussure ! Garçons ou filles, tous consacrent une grosse partie de leur argent de poche à ce qu'ils portent... pour le plus grand bonheur des marques ! Selon le style vestimentaire adopté, ils s'apparentent à une « tribu » souvent inspirée par le « look » d'une chanteuse ou d'un groupe à la mode. Les industriels ont même noté que 70 % des marques portées par les ados le sont toujours à l'âge adulte : séduire des collégiens est donc un vrai enjeu pour ces professionnels !

CONTRACEPTION

« C'est vraiment un des trucs les plus importants, car ne pas se protéger pendant un rapport, ça peut avoir des conséquences dramatiques. »

Hugo a enquêté pour vous.

C'est quoi ? C'est ce qui nous évite d'attraper des infections sexuellement transmissibles (IST) et d'avoir un bébé, lorsqu'on a des relations sexuelles.

Le bon plan Il existe plusieurs types de contraception et on peut obtenir toutes les informations dont on a besoin au Planning familial. On peut y consulter gratuitement un médecin, sans avoir à mettre nos parents au courant.
En général, en France, les premiers rapports sexuels ont lieu vers 17 ans, mais ce n'est qu'une moyenne, l'important étant de le faire seulement lorsqu'on est vraiment prêt. À partir du moment où l'on sent que c'est sérieux et qu'on a décidé de le faire, on devrait toujours (garçon et fille) garder un préservatif sur soi.

Le plan galère Si on en vient à avoir une relation sexuelle avec notre petit(e) ami(e), on doit surtout se protéger à chaque fois. Car se retrouver maman ou papa à l'adolescence, c'est vraiment trop dur ! Et choper des IST aussi graves que le sida, l'est encore plus...

Une réponse toute prête...

Si un copain nous demande si on est cap d'acheter des préservatifs, on peut toujours répondre :

Version gentille
« Pourquoi, t'as peur d'y aller seul ? Tu veux que je t'accompagne ? »

Comment ça marche ?

Faire l'amour n'a rien d'un acte banal et il ne faut jamais forcer la main à son (sa) petit(e) ami(e) en lui faisant un chantage affectif du style : « Si tu ne veux pas, c'est que tu ne m'aimes pas. » Cela n'a rien à voir ! C'est juste qu'il (elle) ne se sent pas forcément prêt(e) psychologiquement et affectivement, ni suffisamment décidé(e) à faire les démarches pour se trouver une contraception efficace. C'est même faire preuve d'une grande maturité que d'être capable de dire « pas maintenant », plutôt que de le faire sans réfléchir aux conséquences !

Et ce n'est pas un hasard si les filles sont les plus réticentes : en cas de grossesse accidentelle, ce sont les premières ennuyées. Selon les années, environ 10 600 à 12 600 avortements sont pratiqués en France (avec une petite tendance à la baisse chez les mineures).

Pour ne pas en arriver là, tu peux faire le choix d'attendre ou d'utiliser un moyen de contraception. Il en existe plusieurs, mais tous n'ont pas la même efficacité. Le plus sûr à ton âge, pour éviter à la fois un bébé non désiré et une IST, c'est l'association « pilule et préservatif ».

Si tu es un garçon, pense à t'entraîner à mettre un préservatif (il faut pincer le réservoir entre le pouce et l'index pour chasser l'air, en l'enfilant, car c'est la première cause de préservatif déchiré, plus d'informations sur **www.tasante.com**.

Si tu es une fille, pour la pilule, il faut consulter un médecin généraliste ou un gynécologue (anonyme et gratuit au planning familial de ta ville). Les pilules combinées, les plus souvent prescrites, associent deux hormones féminines qui bloquent l'ovulation. Or sans ovule, il n'y a pas de grossesse possible ! Prise sans oubli, leur efficacité est quasi de 100 %.

Bon à savoir

Si tu oublies ta pilule, que tu t'en aperçoives plus de 12 heures après, il est alors trop tard pour prendre le comprimé oublié : il y a donc un risque de grossesse si tu as eu un rapport sexuel non protégé dans les 5 jours précédents. Rends-toi vite – dans les 72 heures maximum après le rapport non protégé – dans une pharmacie ou à l'infirmerie de ton collège pour demander la pilule du lendemain (sans ordonnance dans les deux cas). Et ensuite mettez un préservatif jusqu'à la fin de ta plaquette.

Il existe d'autres moyens de contraception (micropilules progestatives, implant, patch, anneau vaginal, stérilet, préservatif féminin, spermicides...), mais ils sont moins adaptés aux très jeunes filles.

Notre conseil pour les filles

Ne pense pas que la pilule du lendemain peut te servir en dépannage, sous prétexte que tu n'as qu'un rapport dans le mois. Il s'agit uniquement d'une mesure d'urgence après un rapport non protégé ou en cas de souci (préservatif déchiré, oubli de pilule, etc.) car son efficacité est loin d'être de 100 % ! De plus, elle apporte des doses importantes d'hormones et en cas de prise répétée, elle peut perturber le cycle.

Vrai ou Faux ?

On peut enchaîner deux plaquettes de pilules pour éviter les règles.

Vrai ! Mais uniquement à condition de prendre une pilule où tous les comprimés sont au même dosage, parles-en à ton médecin. Les sportives le font pour éviter d'avoir leurs règles au moment d'une épreuve importante, par exemple.

« Le contrôle, c'est le bâton, et la note, c'est la carotte ! »

Charlotte a enquêté pour vous.

C'est quoi ? C'est un examen ponctuel et c'est toujours un peu stressant parce que derrière, on sait qu'il y aura une note. En même temps, s'il n'y avait pas de note, rien ne dit qu'on ferait toujours l'effort d'apprendre les leçons qui ne nous intéressent pas. C'est pareil pour les adultes : même s'ils font un métier qui leur plaît, certaines tâches sont moins agréables que d'autres et, dans ce cas, ce qui les motive, c'est leur paie à la fin du mois !

Le bon plan C'est parfois plus facile de préparer un contrôle à deux. On s'interroge l'un l'autre. On fait nos exercices ensemble. Ça motive et, surtout, on retient autant en répondant qu'en interrogeant une copain ou une copine !

Le plan galère Tricher lors d'un contrôle, ce n'est pas la meilleure idée ! Si on se fait prendre, ne serait-ce qu'une fois, le prof et nos parents risquent de perdre confiance en nous et de ne pas nous croire quand on aura une bonne note méritée. Et si on n'est pas pris, on risque de continuer longtemps comme ça. Vient alors le jour où on a accumulé de telles lacunes qu'on n'arrive même plus à bluffer qui que ce soit. Or, à ce moment-là, on risque d'être très malheureux parce que personne ne comprendra pourquoi soudain, on n'est plus « bon à rien »...

Une réponse toute prête...

Si nos parents nous demandent si on a réussi notre contrôle, on peut toujours répondre :

Version pratique

« Ce qui compte, ce n'est pas ce que j'en pense moi, mais le prof ! »

Version philosophe

« Cela n'a pas d'importance, ce n'est ni le premier ni le dernier... »

LA PAROLE AUX PROS

À quoi ça sert ?

Un contrôle permet de vérifier que tu as bien acquis certaines connaissances. Selon les matières, on peut te demander de réciter intégralement une leçon ou de la mettre en pratique, par le biais d'exercices ou d'expériences qui demandent réflexion. Pour ton professeur, c'est aussi un moyen de repérer les élèves qui ont le plus de difficultés et d'identifier les nouvelles notions qui ont du mal à être assimilées dans sa discipline et dans ta classe. Il peut alors décider de revenir dessus, au besoin en petits groupes, pendant les heures de travaux dirigés.

Notre conseil

Bien se préparer à un contrôle, ça veut donc dire que, d'une part, tu es capable de réciter ta leçon et, d'autre part, que tu as compris comment t'en servir. Pour cela, il faut que tu te sois entraîné à faire des exercices en rapport avec. Aussi, ne te contente pas de reprendre ce qui a été fait en classe ou en devoir. Regarde les autres exercices de ton livre scolaire et essaie de les faire, au moins à l'oral. Si vraiment tu coinces sur l'un d'eux, va voir ton professeur et dis-lui que tu n'es pas sûr d'avoir compris ce qu'il fallait faire. Tu auras le droit à une nouvelle explication : il suffit parfois que ton professeur formule autrement ce qu'il avait dit pour que tout devienne clair. Cette explication, il vaut mieux l'avoir avant ton contrôle qu'après, même si l'essentiel reste que tu comprennes !

Vrai ou Faux ?

Ce n'est pas grave de ne pas terminer un devoir.

Faux ! Si tu es toujours l'un des derniers à terminer ou que tu perds régulièrement des points en raison de ta lenteur, cela mérite d'en parler à un psychologue (scolaire ou autre). Peut-être es-tu tellement anxieux à l'idée de te tromper que cela te retarde car tu vérifies encore et encore. En langage psy, cela s'appelle de « l'anxiété de performance » et il serait bien de te faire aider pour que tu te sentes plus cool. Ou peut-être y a-t-il un décalage entre le moment où tu envoies une information à ton cerveau et celui où il la traite, ce qui te ralentit pour écrire (dyspraxie). Cela se rééduque bien. C'est donc dommage de perdre des points tout au long de ta scolarité, juste à cause de cette lenteur…

« Si nos parents tiennent tant aux cours particuliers, ils n'ont qu'à en prendre, eux ! »

Charlotte a enquêté pour vous.

C'est quoi ? C'est faire venir un professeur à domicile pour nous aider soit à améliorer une matière où l'on a une difficulté, soit à mieux travailler et à s'organiser.

Le bon plan Si nos parents n'ont pas trop les moyens de nous offrir des cours, ou encore qu'on appréhende de se retrouver seul face à un prof, on peut trouver un copain ou une copine qui a à peu près les mêmes difficultés que nous et prendre des cours à deux. Il ne faut pas être trop nombreux non plus, faute de quoi on perd tout l'intérêt de ce type de cours ! Avant de choisir un prof particulier, demander à ses amis s'ils en connaissent un de bien. Le bouche-à-oreille, ça peut vraiment aider à trouver la perle rare !

Le plan galère Il y a parfois des parents, ou un frère ou une sœur aîné(e), qui se mettent en tête de nous donner des cours, alors qu'ils n'en ont pas forcément les compétences. Comme ça risque surtout de nous embrouiller et de favoriser les disputes dans la famille, il vaut mieux éviter d'accepter. Ponctuellement, pourquoi pas. Mais si c'est à la place de vrais cours de soutien, surtout pas… ou alors, bonjour les dégâts !

Quelques réponses toutes prêtes…

Si un copain veut savoir pourquoi on prend des cours particuliers, on peut toujours lui dire :

Version moqueuse
« Parce que je n'ai plus l'âge d'être surveillé par une baby-sitter ! »

Version désabusée
« Pour passer de 3,5 à 4 de moyenne en maths ! »

LA PAROLE AUX PROS

De quoi s'agit-il ?

De plus en plus de jeunes prennent des cours particuliers en dehors de l'école. Ce sont essentiellement des cours de maths (les champions !), de français et d'anglais. En France, il existe un grand nombre d'organismes privés spécialisés dans les cours à domicile. Ils visent surtout deux types d'élèves. Ceux qui n'ont pas tout bien compris avec leur professeur et qui ont besoin de se faire expliquer autrement pour y arriver. Ceux qui sont bons élèves (eh oui !), mais qui veulent se perfectionner davantage dans la matière. Pour tous les autres, les cours particuliers ne servent pas à grand-chose. Si tu as vraiment des difficultés au collège, ce ne sont pas quelques cours supplémentaires à la maison qui vont améliorer la situation. Au contraire, ça risque de te décourager encore plus, aussi vaut-il mieux faire un bilan psychologique pour comprendre d'où cela vient.

Notre conseil

Pour que les cours de soutien soient efficaces, il faut vraiment que tu en aies envie. Si tes parents te l'imposent, tu ne feras pas plus de progrès en cours particulier qu'à l'école et en plus tu seras énervé contre eux et contre les professeurs en général !

En revanche, si tu es demandeur et si tu as la chance de tomber sur un professeur particulier avec qui tu t'entends vraiment bien, ça peut te réconcilier avec la matière et te motiver pour travailler. Peut-être même que tu finiras par aimer cette matière définitivement, car l'affectif est essentiel ! Ce qui veut bien dire que ce qui compte, c'est ta relation avec ton professeur et son enseignement. Si « tu ne le sens pas du tout », ce n'est pas la peine d'insister : tu vas perdre ton temps et ta motivation, et tes parents, leur argent !

À savoir

Un élève sur quatre suit des cours particuliers, c'est énorme ! Et ça augmente tous les ans. Si tes parents sont réticents à cause du coût, dis-leur que les cours particuliers à domicile donnent droit à un crédit d'impôt égal à 50 % des dépenses gobales, que ce soit avec un organisme de cours particuliers ou avec un étudiant déclaré qui vient te donner un coup de main.

Vrai ou Faux ?

Les cours particuliers ne remplacent pas les cours du collège.

Vrai ! Tu dois absolument continuer à travailler en classe comme si tu n'avais pas de cours de soutien, pour que ces derniers t'apportent vraiment une aide. Attendre d'être seul avec ton professeur particulier pour travailler la matière n'est pas le but. Il est nettement plus efficace d'insister avec lui sur ce qui n'a pas été compris et qui mérite d'être expliqué de nouveau ou approfondi...

« Plus tu grandis, plus t'as de conflits ! »

Fanny a enquêté pour vous.

C'est quoi ? C'est comme si on mettait une paire de lunettes qui nous montrait tous les défauts de nos parents, des défauts dont on n'avait pas vraiment conscience auparavant. Du coup, on ne prend plus leur avis pour « argent comptant ». On réfléchit, on se fait sa propre opinion et comme on leur répond (quand on n'est pas d'accord), ça crée de grosses tensions !

Le bon plan Discuter entre frères et sœurs ou entre copains des problèmes rencontrés avec nos parents ça peut nous rapprocher d'eux ! Et puis, on peut demander à nos grands-parents quels ados étaient nos parents. Ce sont des infos à garder précieusement : elles pourront nous être utiles lorsqu'ils nous feront un énième reproche !

Le plan galère Si on cherche un peu trop ses parents, on les trouve ! Résultat, on risque de gagner le cocotier : interdiction de sortir ou de voir son feuilleton préféré, diminution de l'argent de poche, refus de nous acheter la petite veste que l'on avait repérée, etc. Si vraiment on a abusé, il ne faut pas hésiter à s'excuser (même si c'est plusieurs heures après) en disant que les mots ont dépassé la pensée : « Faute avouée, à moitié pardonnée ! »

Quelques réponses toutes prêtes...

Pour nous réconcilier avec nos parents, on peut toujours leur dire :

Version angélique
« Qui aime bien, châtie bien. Vous voyez, je vous adore ! »

Version mea culpa
« Bon, ça va, OK, j'ai tort. On peut passer à autre chose maintenant ? »

Version ironique
« Vous avez raison, j'ai abusé. Que voulez-vous, j'ai hérité de vos gènes ! »

LA PAROLE AUX PROS

De quoi s'agit-il ?

On parle de crise d'ado pour désigner ce moment où tu passes du stade de l'enfance au stade de l'adulte. L'adolescence survient en général autour de la puberté et c'est surtout pour ça qu'il y a des changements importants. Les hormones qui vont transformer ton corps (et en particulier renforcer les caractéristiques sexuelles féminines ou masculines) agissent aussi sur ton humeur, sur tes états d'âme et sur ton comportement. C'est ce bouleversement hormonal qui te rend susceptible, irritable, qui te donne parfois envie de pleurer sans raison ou alors, qui te surexcite. Du coup, tu peux avoir des comportements excessifs, comme claquer violemment la porte de ta chambre, envoyer balader tout le monde et surtout tes parents, décider de faire comme tu as envie et, inévitablement, tout cela crée des conflits. D'où le nom de crise ! Une crise pour l'ado + une crise pour les parents = résultat douloureux pour tout le monde ! L'adolescent est mal dans sa peau et ses parents ont l'impression de ne pas être de bons parents, de ne plus savoir comment faire. Dur dur d'être un ado, d'autant qu'à cette période tu peux parfois prendre des risques inconsidérés car ton cerveau n'est pas arrivé à maturité. Du coup, tu ne te rends pas vraiment compte des dangers qui te guettent (joints, alcool, vitesse, mauvaises fréquentations, etc.).

Notre conseil

L'adolescence commence vers 12 ans et peut durer jusqu'à 25 ans ! Même si, normalement, elle se termine vers 18 ans. C'est important de savoir que cette période où tu as toi-même parfois du mal à te reconnaître n'a rien d'exceptionnel et qu'elle aura, un jour, une fin. Si malgré tout, tu trouves que c'est trop dur, que tu la vis trop mal, tu peux en parler à un psychologue : c'est gratuit quand tu consultes dans un CMPP (centre médico-psycho-pédagogique) et tu n'es pas obligé de demander à tes parents de t'accompagner, même si c'est mieux qu'ils le fassent en cas de conflit familial important.

Vrai ou Faux ?

Tous les jeunes ne font pas de crise d'ado.

Vrai ! Chaque adolescent est différent et certains passeront par cette étape de leur vie sans crise particulière. Ce sera une « transformation » tranquille. On n'est pas obligé d'être en colère, énervé, opposant, violent, sous prétexte qu'on est adolescent. L'adolescence est un passage, un mouvement qui permet de grandir. Ce n'est pas une crise obligatoire ou des comportements imposés. Il faut faire attention de ne pas se sentir obligé de faire comme les copains pour se « prouver » qu'on est ado. À chacun son adolescence !

Pour ta culture perso

« Adolescence » vient du verbe latin *adolescere* qui veut dire grandir.

« Cu-lture, ça commence comme cu-rieux… »

Charlotte et Fanny ont enquêté pour vous.

C'est quoi ? Vaste sujet ! En fait, tout ce qui définit une société, c'est de la culture : ses artistes, ses moyens d'expression, ses monuments, son histoire, ses traditions… On ne peut pas tout connaître, mais on peut être cultivé dans un domaine qui nous plaît : par exemple, le cinéma si on dévore tous les films qui sortent en salle. Mais il y a aussi le théâtre, les expos, les salons… Et cette fois, c'est de la culture générale !

Le bon plan On ne doit pas hésiter à demander à nos amis qui ont visité un château, une galerie, vu une pièce de théâtre, etc., de nous raconter de quoi il s'agit et ce qu'ils en ont pensé. Comme ils ont notre âge, ça peut nous donner envie d'y aller à notre tour, plus que si c'est un critique d'un demi-siècle* qui nous en parle !

** Pardon aux cinquantenaires !*

Bon à savoir La culture, ça peut sembler rébarbatif au début parce que, tant qu'on ne connaît pas, on se dit qu'on n'aime pas (un réflexe !). Mais si on fait l'effort de s'intéresser à la peinture, ou aux auteurs classiques, ou à l'architecture, etc., on a de bonnes chances de se prendre au jeu parce que plus on en apprend sur un sujet, plus ça s'intègre à ce qu'on sait déjà et, du coup, plus « ça nous parle ». Et quand on a des clés pour comprendre, cela devient vite passionnant. À nous, les conversations autour d'une œuvre d'art… et une occasion de frimer !

Quelques réponses toutes prêtes…

Si nos parents nous reprochent notre manque de culture, on peut toujours répondre :

Version tac au tac

« Ne soyez pas tristes de ne pas avoir pu me donner une éducation parfaite ! »

Version insolente

« Ça dépend du domaine. Par exemple, dans le dictionnaire des grossièretés, j'en connais plus que vous ! »

LA PAROLE AUX PROS

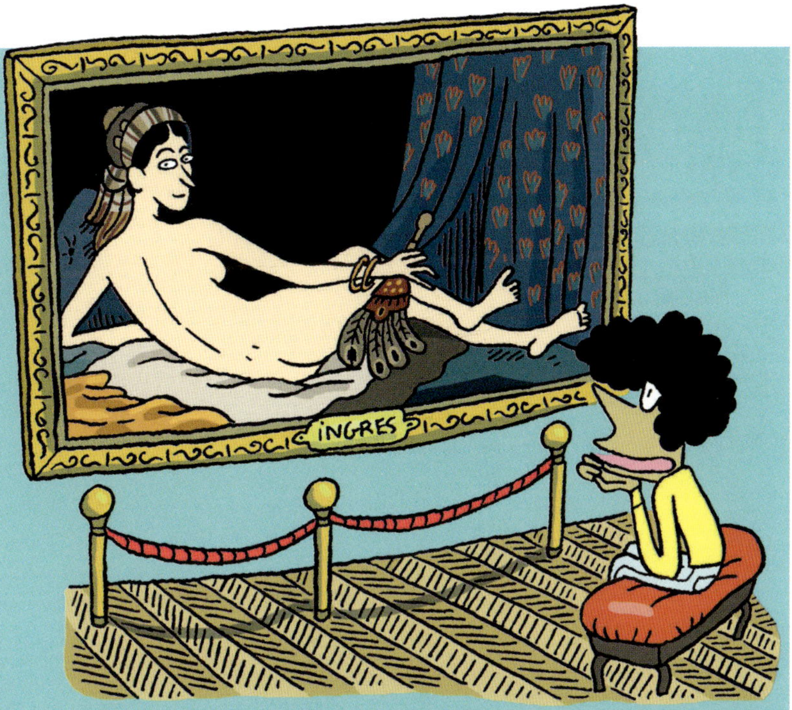

Comment ça marche ?

La culture, ça peut te paraître superficiel parce qu'il n'y a pas une matière spécialement dédiée à cela au collège, mais en réalité, la culture se glisse dans beaucoup de tes cours. En français, quand tu étudies un auteur. En arts plastiques, quand tu étudies les différents courants de peinture. Bien sûr en histoire, en instruction civique, en géographie, où tu apprends à voir le monde tel qu'il était et tel qu'il est aujourd'hui. Et aussi en langues vivantes, et même en maths et en sciences.

Pour autant, la culture, ça ne sert pas seulement à étaler ta science. Le but, c'est de te donner une vision plus globale du monde qui t'entoure et de te faire connaître de nouveaux courants de pensée afin d'aiguiser ton esprit critique. En effet, si tu n'as aucune idée de ce qui se fait ailleurs, le gros risque, c'est que tu prennes pour « argent comptant » tout ce qu'on te raconte. C'est d'ailleurs pour cette raison que les dictateurs ont de tout temps fait la chasse à la culture dans leur pays, allant jusqu'à brûler les livres : c'est pour empêcher les gens de penser et de se révolter ! Alors dis-toi bien que la culture, c'est la base de la liberté...

Notre conseil

Ne te force pas à faire de la culture « pour faire de la culture ». Contente-toi de faire preuve de curiosité : feuillette le journal que lisent tes parents. Demande à un copain de te prêter le dernier roman qu'il a lu et qui lui a plu. À la médiathèque, prends le temps d'ouvrir ce qu'on appelle les « beaux livres » et fais-toi ta propre opinion sur les peintres, les styles d'architecture, les jardins, etc., que tu aimes ou pas. Va voir des expos... Après, approfondis les sujets qui t'ont plu...

Vrai ou Faux ?

La télévision est un bon moyen de se cultiver.

Plutôt faux ! Il n'y a qu'à voir la proportion croissante d'émissions de téléréalités sans aucun intérêt culturel pour comprendre que la télévision cherche plutôt à te divertir... et à t'endormir diront certains. En effet, quand tu regardes le petit écran, ton esprit critique est souvent éteint parce que tu reçois les images de façon passive et que ce n'est pas interactif !

DANGERS

LA PAROLE AUX COLLÉGIENS

« C'est important de connaître les dangers qui nous guettent, car, à notre âge, on peut prendre des risques sans en mesurer la portée. »

Charlotte et Fanny ont enquêté pour vous.

C'est quoi ? C'est une situation grave qui peut nous mettre en péril. Il existe plusieurs sortes de dangers, ceux que l'on peut éviter et ceux qui nous tombent dessus et dont on a du mal à se remettre. Quelquefois, on ne voit pas le danger, et pourtant il est bien là ! Exemple : un type qui aborde systématiquement toutes les collégiennes dans la rue, même si c'est pour leur faire des compliments (du style « tu es belle »), ce n'est pas normal. Et cela peut même être grave. Les pédophiles, dealers et autres personnes malfaisantes sont souvent à la porte des collèges pour « attraper » leur proie. Méfiance ! *Idem* sur internet, où on peut toujours travestir son identité pour se faire passer pour quelqu'un d'autre ! Mais il y a aussi les risques physiques que l'on peut prendre en faisant les idiots sur la route, par exemple…

Le bon plan On évite bien des problèmes quand on est en groupe, notamment dans la rue. Même chose pour nos loisirs. Ainsi, en cas de souci, il y en a toujours un pour donner l'alerte !

Le plan galère Il y a des parents qui demandent à leurs ados de les prévenir dès qu'ils rentrent, parce que ça les rassure, eux. Le problème, c'est qu'en cas de retard à la sortie des classes, c'est hyper stressant parce que le coup de fil sera retardé d'autant. Pareil si on veut discuter un peu. Nos parents devraient y penser et nous donner plus de marge ! C'est vraiment pénible de se sentir ainsi « fliqué ». Pour leur faire comprendre, on peut les appeler à la sortie du collège en prévenant qu'on a été retardé, puis recommencer en arrivant à la maison. Avec un peu de chance, tous nos coups de fil finiront par les ennuyer (à moins qu'ils ne trouvent que ça fait beaucoup de communications à payer). Ils nous diront d'eux-mêmes d'appeler une seule fois, un peu plus tard ! Même si, soyons honnêtes, on peut comprendre qu'ils s'inquiètent pour nous…

Quelques réponses toutes prêtes…

Si on nous dit qu'une situation n'est pas dangereuse, alors qu'elle l'est, on peut toujours répondre :

Version ironique

« Forcément, toi, même en cas de traumatisme crânien, tu n'as rien à perdre ! »

Version sérieuse

« Si ça, c'est pas dangereux, je ne vois pas ce qui peut l'être ! »

Comment ça marche ?

Les accidents sont la première cause de décès et de handicaps chez les jeunes. Cela comprend les accidents de la route, mais aussi les accidents domestiques (brûlures, chutes, etc.). Quant aux mauvaises rencontres, elles ne sont pas aussi fréquentes, mais leur gravité (incitation à prendre de la drogue, racket, viol, etc.) justifie que tes parents soient inquiets et qu'ils t'alertent sur le sujet.

Ce n'est donc pas pour t'embêter ou parce qu'ils n'ont pas confiance en toi qu'ils te répètent de porter un casque pour faire du vélo, du roller ou du scooter. Qu'ils te ressassent de faire attention en traversant la rue, de ne pas suivre un inconnu, aussi sympathique soit-il. De ne pas donner tes coordonnées sur internet. De prévenir un adulte de confiance si tu as un doute sur un danger, etc. C'est juste qu'ils estiment qu'il est de leur devoir de te prévenir. Et d'ailleurs, quand ils le font, ça les rassure...

Notre conseil

Autant certains parents sont inquiets et ont tendance à voir le mal partout, autant beaucoup d'ados ont l'impression qu'il ne peut jamais rien leur arriver et ne voient le danger nulle part ! Cela s'explique par le fait qu'à leur âge ils testent leurs propres limites alors que leur corps ne leur envoie pas les signaux de danger (leur cerveau n'est pas arrivé à maturité).

Il faut que tu arrives à faire la part des choses, et l'un des moyens peut être de dresser avec tes parents la liste des vrais dangers par ordre décroissant. Exemples : monter derrière un copain en scooter sans mettre un casque, ça, c'est vraiment très dangereux. Partir chez un copain ou une copine sans rien dire à personne, ça n'est pas dangereux en soi, mais ça risque de déclencher une grosse angoisse chez tes parents s'ils te cherchent. La règle, c'est donc toujours de leur dire où tu es (et où tu es vraiment !).

En revanche, aller en groupe pour faire du shopping en plein milieu de la journée, ça n'est pas vraiment risqué... sauf pour ton porte-monnaie si tu es du genre « panier percé » !

Vrai ou Faux ?

Si un de nos amis est en réel danger, il est de notre devoir d'en parler à un adulte de confiance.

Vrai ! L'assistance à personne en danger est une obligation légale. Il ne faut surtout pas se dire « je suis une balance » car ça n'a rien à voir. C'est celui ou celle qui met en danger ton ami qui est hors la loi. Pas toi...

DÉFAUTS

« Tu trouves ton nez trop grand ? Ta taille trop petite ? Ta voix insupportable ? Eh oui, la nature fait toujours bien les choses… sauf pour nous ! »

Fanny a enquêté pour vous.

C'est quoi ? C'est tout ce qu'on n'aime pas chez nous. Et forcément, on ne voit que ça ! Alors que les défauts des amis, curieusement, on les voit moins !

Le bon plan Pour cacher un défaut, il faut attirer l'œil sur ce qu'on a de plus beau. Ça veut dire qu'on doit aussi être capable de reconnaître nos qualités et, pour ça, nos amis peuvent nous aider car ils sont souvent plus objectifs que nous ! Ça ne doit pas seulement porter sur le physique. Un bon caractère, la générosité ou un don pour jouer d'un instrument, pour chanter, pour dessiner, pour faire rire, ça compte autant !

Le plan galère Au collège, il y a souvent des petits groupes qui se moquent des autres et disent des trucs vraiment méchants. C'est facile de se mettre à quatre ou cinq contre un et de le casser, mais ce n'est vraiment pas une preuve d'intelligence. Si on assiste à ce genre de scène, c'est sympa d'aller dire un mot gentil à celui ou celle qui en a fait les frais : même si ce n'est pas spécialement notre ami, ça lui fera du bien. Et si on est beaucoup à prendre la défense de la victime, au final, ceux qui se sont moqués d'elle se retrouveront en minorité. Et quand ils verront que le reste de la classe est contre eux, ils n'auront plus qu'à se faire tout petits !

Quelques réponses toutes prêtes…

Si quelqu'un se moque d'un de nos défauts, on peut toujours lui dire :

Version honnête
« En tout cas, toi, ton plus gros défaut, c'est ta mégaméchanceté ! »

Version directe
« Tu t'es vu ? »

Mon seul défaut, c'est mes qualités !

LA PAROLE AUX PROS

Comment ça marche ?

Ton corps étant en pleine métamorphose, tu as du mal à te reconnaître et à accepter ce que tu deviens. En plus, certaines parties de ton anatomie semblent grandir plus vite que les autres – le nez, les pieds… – et du coup, tu peux te mettre à te focaliser dessus. Enfin, toujours sous l'effet des hormones, ton caractère est plus impulsif. Et parfois, l'acné fait parler d'elle ! Bref, tous tes repères physiques changent ! Comme si ça ne suffisait pas, c'est aussi le moment où tu aimerais bien plaire. Inquiet de savoir ce que les autres pensent de toi, tu as peut-être trop tendance à ne voir que tes défauts et à oublier tes qualités : bref, c'est un peu comme si l'adolescence te mettait des lunettes déformantes devant les yeux. Et le seul moyen de t'en débarrasser, c'est de te regarder avec les yeux des autres ! Tu as des amis ? Penses-tu sincèrement qu'ils pourraient aimer le sac de défauts que tu penses être ? Bien sûr que non ! De plus, on dit souvent que « ceux qui se ressemblent s'assemblent ». Or, trouves-tu vraiment que tes amis soient nuls ? Non ! Alors, c'est bien la preuve que tu te juges trop sévèrement…

Notre conseil

N'oublie jamais que ce qui se dégage d'abord d'une personne, c'est une impression générale. Amuse-toi à détailler un chanteur que tu adores et tu verras bien que si tu le prends détail par détail (nez, bouche, oreilles, pieds, etc.), il n'est peut-être pas si charmant que cela ! Pourtant, tu craques sur l'ensemble ! Eh bien, c'est pareil pour toi ! Tu as des défauts ? Jusque-là c'est normal, tout le monde en a ! Mais au lieu de te focaliser dessus, regarde aussi tes qualités et tu verras que les autres viendront vers toi.

La confiance en soi joue comme un aimant : plus tu en as, plus tu attires !

Vrai ou Faux ?

On peut vivre de ses défauts et de ceux des autres.

Vrai ! D'après toi, il fait quoi, un humoriste ?

Pour ta culture perso

Voici un joli proverbe à méditer : « Celui qui cherche un ami sans défaut reste sans ami ! » De son côté, l'écrivain Jean Cocteau a dit : « Ce que le public te reproche, cultive-le, c'est toi », ce qui veut dire que tu n'as pas à rougir de tes différences, bien au contraire !

« C'est une mise à l'épreuve pour rire ou pour se faire peur... »

Charlotte et Fanny ont enquêté pour vous.

C'est quoi ? Ça commence souvent par « T'es cap ? », mais ça peut se terminer parfois dans le bureau du proviseur, d'un policier, ou carrément à l'hôpital !

Le bon plan Si un ami propose un défi sur lequel on n'est pas du tout d'accord parce qu'il est dangereux, méchant, dérangeant..., au lieu de dire que c'est nul, on peut plutôt répondre : « Un défi, OK, mais pourquoi pas... » et proposer autre chose. C'est moins vexant pour celui qui a eu l'idée et ça évite de passer pour un froussard qui dit non.

Le plan galère Sur un forum, un ado conseillait aux autres de faire un faux hold-up pour rire, en arrivant masqué dans un supermarché. Un autre lui a répondu que c'était le meilleur moyen de se faire tirer dessus par un vigile un peu nerveux ! Attention de ne pas se faire entraîner dans ce genre de plan. Si on n'est pas d'accord, disons tout simplement « non » car les risques et les conséquences peuvent être graves. Alors va pour un pari humoristique, mais pas d'accord avec les défis dangereux ou hors la loi type jeu du foulard où le but est de voir jusqu'où on peut aller en serrant le foulard très fort autour de son cou. Ce type de défi stupide a déjà provoqué des morts dans certains collèges.

La bonne blague

Connais-tu un adulte qui serait « cap » de relever le même défi ?

Un homme entre chez le coiffeur en tenant un jeune garçon par la main.
Il commence par se faire couper les cheveux, puis confie l'enfant à la coiffeuse pour une coupe en brosse et dit qu'il sort cinq minutes faire une course.
Trente minutes passent. Puis deux heures et toujours personne de retour !
La coiffeuse demande alors au garçon s'il sait quand son papa sera de retour.
Et l'enfant, de répondre : « C'est pas mon papa, c'est un monsieur qui m'a pris par la main dans la rue et qui m'a dit : viens, on va se faire coiffer gratos ! »

Essaie d'enlever ton caleçon sans retirer ton pantalon !

Comment ça marche ?

À l'adolescence, prendre des risques est souvent une façon de te sentir exister et de tester ton sentiment de toute-puissance. Tu frôles le danger en te disant que tu ne risques rien. Et c'est bien ce qui est dangereux car ton cerveau, à cet âge, n'est pas mature : il ne te permet pas de mesurer la réalité du danger et te laisse donc dans l'illusion qu'il ne peut rien t'arriver de mal. Alors, même si c'est grisant de se donner des frissons, il faut savoir que tu prends des risques réels en te lançant des défis comme faire une course de scooter, sauter de toit en toit ou, ce qui est peut-être moins spectaculaire mais tout aussi dangereux pour d'autres raisons, te faire passer pour plus vieille que tu n'es et entrer dans une boîte de nuit (tu risques alors de provoquer des réactions masculines auxquelles tu n'es pas préparée). Et ne sois pas dupe ! Si un copain te dit : « Moi, je l'ai fait ! », cela ne veut pas dire qu'il l'a fait vraiment. Peut-être le dit-il juste pour se faire valoir ! Il faut se méfier de ceux qui disent avoir tout vu, tout fait. Les faux aventuriers et les vrais vantards, ça existe !

Notre conseil

Se lancer des défis dans la vie, faire des paris entre amis, ça peut être un moyen d'avancer et de renforcer votre complicité, mais à la condition de ne pas mettre ta vie ou celle des autres en danger. Parce que, en cas de drame, ça te pourrira la vie entière. Si vraiment tu es à fond dans les défis, mets plutôt ton énergie dans des compétitions sportives ou dans un sport à sensations (karting, parachutisme, sports de glisse...). Au moins, il y a un encadrement et la prise de risque est limitée. Ça n'empêche pas la montée d'adrénaline (le gros coup de stress), par exemple, au moment de sauter d'un pont, à l'élastique !

Vrai ou Faux ?

Ce sont surtout les garçons qui se lancent des défis « musclés ».

Vrai ! Peut-être pour des raisons hormonales (la testostérone), mais surtout pour des raisons culturelles : les douze travaux d'Hercule, ça ne date pas d'hier !

Pour ta culture perso

Défi, en anglais, ça se dit... *challenge* !

DÉLÉGUÉ(E)

LA PAROLE AUX COLLÉGIENS

« Un délégué, en quelque sorte, c'est quelqu'un qui se mêle des affaires des autres et qui, en plus, est encouragé à le faire ! »

Charlotte et Fanny ont enquêté pour vous.

Quelques réponses toutes prêtes...

Si on nous demande si on va se présenter en tant que délégué, on peut toujours répondre :

Version oui

« C'est trop gentil d'avoir tellement envie que je me présente ! »

Version non

« C'est avec un immense plaisir que je te laisse la place ! »

C'est quoi ? Ce sont des représentants d'élèves, qui ont été élus à la majorité avant la 7e semaine de classe après la rentrée, et c'est du sérieux ! Il ne faut pas être timide quand on se présente car on aura à prendre la parole au nom des autres élèves...

Le bon plan Les délégué(e)s les plus populaires sont ceux (celles) qui s'occupent de tout le monde et pas seulement de leurs amis. Si on se présente, on doit donc avant tout s'adresser à ceux qui nous connaissent mal car ce sont ceux-là qu'il faut convaincre. Le vote de nos meilleur(e)s ami(e)s étant souvent acquis d'avance !

Le plan galère Certains se font élire délégués juste pour la gloire, mais en fait, ils n'en ont rien à faire et vont jusqu'à se faire remplacer par leur suppléant lors des conseils de classe ou des réunions de délégués. Ce n'est pas normal et ça mérite d'être dénoncé pendant une heure de vie de classe. En effet, quand on prend des engagements, on les tient. Sinon c'est vraiment faire preuve d'un manque de maturité et c'est aussi prendre son suppléant pour un bouche-trou. Bonjour, le respect ! Il y a aussi ceux qui ne nous défendent jamais car en fait ils ne veulent pas se mettre les profs à dos. À dégager aussi !

LA PAROLE AUX PROS

Comment ça marche ?

C'est la première élection à laquelle tu participes ! En théorie, il s'agit d'élire les deux personnes qui te semblent les plus capables de te représenter auprès de tes professeurs et de te défendre, si nécessaire.

Si l'idée est très bonne, il faut bien avouer qu'en pratique les deux heureux élus ne sont pas toujours ceux qui défendent le mieux les intérêts de la classe. D'autres facteurs peuvent jouer qui t'échappent (comme le fait qu'ils sont tombés dans une classe avec tous leurs copains !). Aussi, ne sois pas trop vexé(e) si tu t'es présenté(e) et que tu n'as pas été élu(e) cette fois-ci. Et ne sois pas non plus dégoûté(e) si ceux pour qui tu avais voté n'ont pas gagné. Dans toute élection, il y a un seul vainqueur, c'est le jeu. Tu devras faire avec... quitte à rappeler plus tard à tes délégués leurs engagements s'ils ne s'occupent que des intérêts de leurs amis en négligeant les tiens !

Notre conseil

Si tu veux te présenter, explique bien aux élèves ce que tu as l'intention de faire dans ta classe. Par exemple, tu peux proposer de rester un quart d'heure le soir après l'école afin que ceux qui ont un truc à dire puissent le faire en toute discrétion. Tu peux aussi te charger de transmettre les devoirs aux absents (mais attention, tout cela prend beaucoup de temps). Bref, c'est à toi de trouver des idées originales... et si tu es élu(e), de trouver le temps de les appliquer !

Vrai ou Faux ?

Les paroles n'engagent que ceux qui les écoutent.

Vrai ! Ce proverbe signifie que ceux qui veulent gagner des élections font parfois des promesses qu'ils ne pourront jamais tenir. C'est donc aux électeurs d'être un peu moins naïfs. Te voilà prévenu(e) !

Pour ta culture perso

L'élection des délégués de classe, c'est du sérieux. La preuve : sur le site officiel www.service-public.fr /particuliers/vosdroits/F1370, une fiche y est consacrée. On t'y apprend comment doivent se dérouler les élections et quels sont les devoirs de tes élus.

« C'est le début d'une nouvelle vie mais aussi un sacré stress ! »

Fanny a enquêté pour vous.

C'est quoi ? C'est un gros changement. Pour celui qui part, bien sûr, mais aussi pour celui qui reste et qui perd son meilleur ami, voire son petit copain. On a beau se dire qu'on gardera le contact, on sait bien au fond de nous que ça ne sera plus vraiment comme avant…

Le bon plan On peut se dire que « partir » nous permettra de prendre un nouveau départ, de nous créer une nouvelle image si on n'était pas bien dans notre peau. Un nouveau contexte, de nouveaux amis, parfois ça peut faire du bien. On arrive dans un collège où on ne connaît personne et où personne ne nous connaît : une vie nouvelle peut commencer !
Et bien sûr, si on veut garder le contact avec nos copains, il y a la webcam et internet pour continuer de se parler tous les soirs comme avant !
Avoir des amis à distance, ça permet de s'échapper pour aller les voir et donc de découvrir d'autres horizons.

Le plan galère C'est hyper dur de perdre ses amis, ses repères, son club de sport ou de danse… Bref, comme on l'entend souvent : « Partir, c'est mourir un peu. » Et même avec de grandes promesses d'amitié, c'est vrai que l'éloignement peut distendre les liens.

Quelques réponses toutes prêtes…

Si quelqu'un nous demande si on va vraiment déménager, on peut toujours répondre :

Version moqueuse
« Non, je vais prendre mon matelas sous le bras et y aller à la nage ! »

Version théâtrale
« Adieu veaux, vaches, cochons ! »

De quoi s'agit-il ?

Comme dit le dicton : « On sait ce qu'on perd, mais on ne sait pas ce qu'on gagne ! » Autrement dit, un déménagement, surtout s'il t'emmène loin de ton lieu d'habitation actuel, signifie que tu vas devoir perdre un certain nombre de copains et d'habitudes et que tu vas devoir t'en faire d'autres, ce qui prend toujours un peu de temps. Tu vas aussi devoir t'habituer à ton nouveau collège. Or tous ces changements sont un peu stressants et c'est normal : c'est l'équivalent d'un « deuil » de la vie que tu mènes actuellement. C'est stressant pour toi, mais aussi pour toute ta famille !

Pour t'aider à te projeter dans ta nouvelle vie, il faut que tu en saches un maximum sur le lieu où tu vas habiter, sur les activités aux alentours, etc. Parce que si tu n'as aucune indication sur l'endroit où tu vas vivre et sur le collège que tu vas fréquenter, tu risques d'imaginer le pire (surtout si tu es pessimiste). C'est un peu comme dans le film *Bienvenue chez les Ch'tis*, quand le directeur de la poste d'un joli village de Provence apprend qu'il est muté dans le Nord : il a tellement de préjugés sur la région qu'il est complètement abattu par la nouvelle !

Enfin, tu peux craindre de ne plus revoir tes amis : en réalité, ce n'est pas tant la distance qui est un frein car il est possible de vous inviter pour les vacances et de garder le contact par SMS, par mail ou par téléphone, etc. C'est plutôt que vous aurez peut-être moins de choses à partager avec le temps... Mais cela n'a rien d'obligatoire, ça dépend vraiment de toi (et d'eux). D'ici là, tu te seras déjà fait bien d'autres amis.

Notre conseil

Il est plus facile d'accepter un changement dans ta vie s'il s'accompagne de projets (les tiens, pas ceux de tes parents !). Certes, sans doute déménages-tu parce que tes parents l'ont décidé (raisons familiales, économiques ou professionnelles), mais ce n'est pas une raison pour subir de façon passive ce changement. Renseigne-toi sur les nouveaux loisirs que tu pourras avoir sur place : peut-être vas-tu te rapprocher de la mer, de la montagne, d'une frontière ? Plus tu te trouveras de compensations (ski, voile, voyages...), moins le cap sera difficile à franchir.

Vrai ou Faux ?

Chaque année, un foyer sur dix déménage.

Vrai ! Et cela fait presque un Français sur dix ! Autrement dit, il y a de bonnes chances pour que tu ne sois pas le seul petit nouveau du collège !

Pour ta culture perso

Pour les animaux aussi un déménagement est stressant, en particulier pour les chats, car ils sont très attachés à leur territoire. Un bon truc de vétérinaire comportementaliste en cas de déménagement : frotter la peau située entre la commissure labiale (joue) et l'oreille avec des compresses propres, puis les scotcher un peu partout dans le nouvel habitat. Ainsi, le chat y trouvera tout de suite ses marques, son odeur (on appelle ça des « phéromones ») et sera moins stressé !

« Quand on ne dit rien alors qu'on sait que quelqu'un a un problème grave, c'est comme si on le condamnait une deuxième fois! »

Charlotte et Fanny ont enquêté pour vous.

C'est quoi ? Il y en a qui disent : « Moi, je ne dénonce pas, je ne suis pas une balance. » Désolées, ça n'a rien à voir ! Dénoncer un racketteur, un voleur ou un violeur, c'est porter secours à ses victimes. Alors que rapporter qu'untel n'a pas fait ses devoirs – ce qui peut lui faire avoir un zéro –, ça n'aide personne. Il ne faut donc pas confondre les deux situations !

Le bon plan Quand on hésite à révéler quelque chose que l'on a vu, on peut bien sûr en parler entre amis ou se demander si on aimerait que quelqu'un le fasse si c'était notre cas. Mais il vaut quand même mieux le signaler à un adulte de confiance. Si c'est vraiment grave, cette personne pourra nous accompagner pour en parler avec le directeur du collège ou la police, selon la gravité du problème.

Le plan galère Il y en a qui s'amusent à dire qu'ils ont vu des trucs juste « pour se faire mousser » alors qu'en réalité ils ont tout inventé ou presque. Ce n'est pas drôle et ça peut même faire beaucoup de mal à la personne qui a été accusée à tort. Il ne faut pas jouer à ce petit jeu-là. En plus, si on le fait souvent, on ne nous croira plus le jour où on racontera la vérité.

Une réponse toute prête...

Si on nous reproche d'être « une balance » alors que ça relève d'un cas grave, on peut toujours répondre :

Version Zorro

« Je ne dénonce pas, je défends les faibles... »

Comment ça marche ?

Il y a des faits que tu dois absolument dénoncer si tu en es témoin parce que c'est un cas de force majeure. C'est le cas de l'atteinte à l'intégrité physique et/ou psychique et aux biens d'une personne (menaces ou chantage, vol, racket, coups et blessures, viol, vente de drogue, etc.).

Ne pense pas que tu n'as pas à t'en mêler car les agresseurs comptent justement là-dessus pour continuer de faire du mal autour d'eux. Ne pense pas non plus que « dénoncer ce genre de fait est mal ». Ce qui est lamentable, c'est de s'attaquer à autrui. Alors si tu peux faire en sorte que ça s'arrête (ne serait-ce qu'en alertant des adultes sur la situation), c'est un acte de civisme. En agissant ainsi, tu empêches l'agresseur de continuer à nuire et donc tu évites qu'il fasse de nouvelles victimes.

Notre conseil

Dénoncer, ça peut faire peur car c'est une situation nouvelle à laquelle tu es confronté et tu ne sais pas où ça va te mener.

Cette peur est légitime, mais ce n'est pas une excuse pour ne rien faire. D'ailleurs, il n'y a aucune honte à dire à la police (ou tout autre interlocuteur) que tu crains d'éventuelles représailles et que tu souhaites, autant que faire se peut, qu'ils ne parlent pas de toi à l'auteur des faits. Après tout, c'est aussi leur rôle de ne pas te mettre dans une situation délicate...

Vrai ou Faux ?

La loi du silence est une « invention » de la mafia.

Vrai ! Au départ, on parlait de loi du silence ou d'omertà, quand les mafieux réglaient leurs comptes entre eux. Aujourd'hui, l'expression est reprise à chaque fois qu'une personne n'ose pas dénoncer quelque chose de grave dont elle est témoin, souvent par peur des représailles.

Pour ta culture perso

Selon l'article 223-6 du Code pénal, « quiconque pouvant empêcher par son action immédiate, sans risque pour lui ou pour les tiers, soit un crime, soit un délit contre l'intégrité corporelle de la personne, et qui s'abstient volontairement de le faire est puni de cinq ans d'emprisonnement et de 75 000 euros d'amende ». C'est le délit de « non-assistance à personne en danger ». Ça veut dire que, quand on sait mais qu'on ne dit rien, alors qu'on était en mesure d'agir sans se mettre en danger (ne serait-ce qu'en appelant les secours), on est en tort.

« Ça serait plus simple pour tout le monde si elles étaient toujours blanches et sagement alignées ! »

Charlotte et Fanny ont enquêté pour vous.

La bonne blague

Un prof de sciences demande à ses élèves comment s'appellent les dernières dents à se mettre en place chez un être humain.

Réponse du cancre
« Le dentier, m'sieur ! »

C'est quoi ? Quoi qu'en pensent certains, ce ne sont ni des décapsuleurs ni des casse-noix ! Ça sert juste à mâcher !

Le bon plan Comme les brosses à dents à piles ou électriques ont la réputation de brosser mieux que nous, ce n'est plus la peine de se prendre la tête à les frotter. On n'a qu'à laisser faire la « machine » ! Et pour savoir si on est un « pro » du lavage dentaire, on met le produit révélateur en bouche (à acheter en pharmacie) : si aucune coloration n'apparaît, super, on est au top ! Mais si certaines dents sont colorées, raté, c'est qu'il faut encore frotter !

Le plan galère Parfois, on a une « dent incluse », c'est-à-dire qu'elle ne veut pas descendre de l'os de la mâchoire pour venir remplacer la dent de lait. Il faut alors aller la chercher et, après cette opération, on doit manger mou et tiède le temps que le palais cicatrise. Heureusement, le dentiste prend souvent notre parti en disant qu'un tel désagrément mérite bien un gros cadeau en compensation !

Meufreu ! Fradamé, aflim ur flu !!!

Comment ça marche ?

Une dent, ça coûte cher : environ 2 000 € si tu dois un jour la remplacer par un implant (fausse dent). Comme un adulte est censé avoir 32 dents, le calcul est vite fait : une bouche, c'est un capital de départ de 64 000 €, soit le prix d'un petit studio en province ! Une bonne raison pour en prendre soin !

À ton âge, le principal risque de perdre une dent, c'est l'accident. Si ça t'arrive, pense à établir un constat quand le traumatisme fait suite à un choc avec une tierce personne, pour que tes soins soient bien remboursés !

Si ta dent est cassée en deux et qu'il s'agit d'une dent définitive, tu dois récupérer le fragment de dent manquant. Transporte-le dans un verre de lait ou de sérum physiologique et rends-toi immédiatement chez ton dentiste (c'est une urgence dentaire, il te recevra entre deux rendez-vous). Il peut tenter de « recoller » le morceau avec une colle spécifique en cas de cassure nette située à distance de la pulpe.

Si ta dent (définitive) est carrément sortie de son trou (alvéole), rince-la sous l'eau sans frotter, remets-la à sa place sans forcer et consulte immédiatement. Si c'est trop compliqué, mets la dent expulsée dans un verre de lait ou du sérum physiologique et rends-toi vite chez ton dentiste. Réimplantée le plus vite possible, la dent expulsée a des chances de se stabiliser (dans ce cas, c'est gagné), alors que, passé quelques heures, les chances de réussite deviennent très minces.

Notre conseil

Pour espérer garder de bonnes dents toute sa vie, il faut les brosser après les principaux repas. Pour bien faire, il faut frotter doucement, en allant de la gencive vers la dent et en ne négligeant aucune face. Il faut même penser à frotter l'intérieur des joues et la langue avec une « râpe à langue » (au dos de certaines brosses à dents) pour éliminer les impuretés.

Vrai ou Faux ?

Soigner ses dents coûte cher.

Vrai ! Mais à l'âge de 12 et 15 ans, tu as droit à une consultation de prévention gratuite chez le dentiste, dans le cadre de l'opération « M'T dents ». L'Assurance maladie t'envoie un courrier dans le mois qui précède ton anniversaire. Ensuite, tu as 6 mois pour consulter et si ton dentiste te trouve des caries, les soins seront remboursés à 100 % s'ils sont effectués dans la foulée.

« On entend beaucoup parler de dépression des jeunes qui parfois va jusqu'au suicide, alors forcément on y pense... »

//////////////////// Hugo a enquêté pour vous. ////////////////////

C'est quoi ? La dépression, c'est quand on n'a plus envie de rien, que tout nous semble impossible. On en a tellement « marre » que ça devient une angoisse permanente. Et même quelquefois, on a juste envie de mourir. On trouve tout nul, rien ne nous intéresse et même nos amis n'arrivent plus à nous aider. C'est une maladie qui fait peur, car on a l'impression qu'on n'en sortira jamais...

Le bon plan Quand on va voir un psy en qui on a confiance, on a l'impression qu'enfin quelqu'un nous comprend vraiment et, petit à petit, on se sent mieux. Le psy nous apprend à voir les choses différemment et à trouver de nouvelles pistes pour nous sentir bien.

Le plan galère Si on s'isole et qu'on se renferme sur nous-mêmes, tout s'aggrave. Surtout si on se plante devant un jeu vidéo en ayant l'illusion que, dans ce monde virtuel, on va pouvoir vivre. Il faut absolument parler et demander de l'aide...

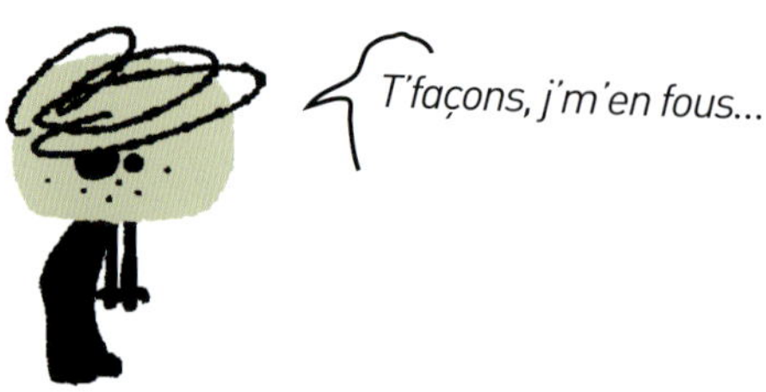

LA PAROLE AUX PROS

De quoi s'agit-il ?

Il ne faut pas confondre le fait de se sentir déprimé et la dépression qui est une véritable maladie. Tu peux être triste, « avoir le blues », te sentir déprimé parce que tu t'es disputé avec un ami, avoir des problèmes avec tes parents, te sentir découragé face à ton travail scolaire, trouver que « tout te gonfle »... Mais cet état se dissipera rapidement !

En revanche, la dépression est un état qui dure (plus de 15 jours), et qui se manifeste par une rupture entre ce que tu es habituellement et ce que tu vis à ce moment-là. Tu n'as plus envie de voir tes copains, tu es irritable de façon exagérée, tu n'arrives vraiment plus à travailler alors que tu voudrais t'y mettre, tu es agressif (ce qui n'est pas ton habitude), tu pleures pour un rien et tu as profondément l'impression que tu ne t'en sortiras pas. Tu peux aussi avoir des troubles alimentaires (anorexie, boulimie), des troubles du sommeil. Signe supplémentaire : plus on te dit « c'est pas grave », « bouge-toi », plus tu te sens mal et plus tu te sens coupable de ne pas arriver à te sortir de cet état très douloureux.

Il faut absolument en parler à tes parents, à l'infirmière scolaire, à un adulte en qui tu as confiance, car il est essentiel de voir un médecin (le mieux c'est un pédopsychiatre) pour qu'il fasse le point avec toi et diagnostique ou non une vraie dépression. Si c'est le cas, un traitement ponctuel (antidépresseurs adaptés aux adolescents) et surtout un accompagnement psychologique te permettront de te sortir de cet état.

Notre conseil

La dépression est une maladie dont il ne faut pas avoir honte. C'est un dérèglement passager au niveau des neurotransmetteurs, c'est-à-dire des hormones qui transportent l'information dans le cerveau. Ils ne font plus correctement leur travail, d'où l'apparition de la maladie.

Vrai ou Faux ?

Il y a probablement plusieurs ados en dépression dans ton collège.

Vrai. Une vingtaine si ton collège compte 400 élèves. En effet, un épisode dépressif survient chez 6 % à 8 % des adolescents. Une dépression bien diagnostiquée et bien soignée reste un épisode isolé sans conséquence pour la suite. Au bout de 6 mois maximum, c'est fini. En revanche, il ne faut pas négliger le risque suicidaire, réel, en cas d'épisode dépressif majeur.

DIFFICULTÉS

« C'est bizarre comme les parents pardonnent souvent à un "matheux" d'être nul en sport ou en dessin, mais pas à une "bête de sport ou d'art plastique" d'être nul en maths ! »

Charlotte et Fanny ont enquêté pour vous.

C'est quoi ? C'est quand on a un peu ou beaucoup de mal à comprendre, soit dans une matière, soit dans plusieurs. Alors forcément, ça décourage, on perd confiance et ça nous tétanise encore plus. Et pour peu que le prof nous traque, ça n'aide pas !

Le bon plan Même si on a des difficultés, on doit essayer de montrer au prof qu'on s'intéresse à sa matière, ne serait-ce qu'en allant le voir à la fin de l'heure pour en discuter avec lui. C'est important qu'il sache qu'on n'est pas « j'm'en-foutiste » ! À l'inverse, quand on a des facilités en classe mais qu'un de nos amis dit « je n'ai rien compris », on doit éviter de lui dire « mais si, c'est facile, je vais t'expliquer » parce que, même si ça part d'un bon sentiment, ça peut le blesser. Il vaut mieux lui proposer de faire nos devoirs ensemble, en prétextant que c'est plus sympa à deux. Ça peut le motiver...

Le plan galère Si on bavarde en classe dans les cours où l'on a des difficultés, si on ne fait même pas l'effort d'essayer de faire nos devoirs, on aura du mal à faire croire à notre bonne volonté.

Une réponse toute prête...

Si un copain nous prend la tête avec nos difficultés, on peut toujours lui répondre :

Version ironique

« Non, je comprends tout, mais je fais exprès d'avoir des zéros parce que c'est plus drôle ! »

Comment ça marche ?

Les difficultés scolaires peuvent survenir à tout moment de ta scolarité. Elles sont plus ou moins importantes et touchent un domaine particulier ou l'ensemble de ton travail scolaire. Tu peux avoir ces difficultés si tu es triste, anxieux, c'est-à-dire si tu as des préoccupations psychologiques : dans ce cas, ton cerveau n'est plus disponible pour apprendre et rien ne rentre. Les difficultés peuvent aussi être « instrumentales », ce qui veut dire que tu as un trouble spécifique, comme une dyslexie, un trouble de la mémoire, une dysorthographie, une dyscalculie*, etc. Enfin, tu peux être surdoué, c'est-à-dire doté d'une autre forme d'intelligence...

** Voir plus loin les « dys ».*

Notre conseil

Tous les enfants ont envie de réussir. Bien sûr, il faut faire des efforts et l'on n'est pas toujours très motivé. Mais ce que l'on qualifie vite de paresse peut aussi provenir d'une difficulté d'apprentissage qui n'a pas été dépistée. Alors, malgré tes efforts, tu n'y arrives pas, tu te décourages, et tu peux avoir tendance à ne pas faire ton travail, pour ne pas te confronter à ton sentiment de ne jamais y arriver. Malheureusement, c'est un piège car les adultes vont dire : « il ne travaille que quand il en a envie », « il manque de motivation... », et toi, du coup, tu vas continuer ce système d'évitement : c'est l'escalade. Si tu es déjà dans ce processus, sois honnête avec toi-même et demande de l'aide : explique que ça devient difficile pour toi et les spécialistes de l'échec scolaire t'aideront. Un psychologue pourra te faire passer un bilan psychologique (un ensemble de tests) pour déterminer l'origine du problème et faire le point sur ce qu'il faut faire. Cela peut aller de la rééducation chez un orthophoniste pour une dyslexie, à la rééducation chez un psychomotricien pour une dyspraxie, un neuropsychologue pour les troubles de l'attention, ou encore un psy tout court si tu ne vas pas bien dans ta tête et que c'est à cause de cela que tu n'arrives pas à travailler.

Vrai ou Faux ?

Il y a de plus en plus d'enfants en échec scolaire.

Vrai. La proportion de jeunes en situation de décrochage scolaire (sans aucun diplôme) en France est de 12 %. Cela vient du fait que l'école impose une norme scolaire qui convient uniquement aux enfants sans aucun souci dans quelque domaine que ce soit. Bon à savoir : on définit l'échec scolaire à partir de deux ans de retard sur le cursus normal.

Pour ta culture perso

Réussite scolaire et réussite professionnelle, ce n'est pas pareil, d'autant que chacun peut avoir une idée différente de ce qu'est la réussite. Est-ce d'être « bien dans ses baskets » ? D'être riche ? Célèbre ? D'adorer son travail ? Albert Einstein était qualifié de trop lent par ses professeurs, car il pesait longuement le pour et le contre avant de répondre. Walt Disney était carrément mauvais élève (il faut dire qu'il passait son temps à dessiner). Thomas Edison, l'inventeur de l'ampoule électrique, était réputé très brouillon et instable... Or ça ne les a pas empêchés de croire en eux et de mener à bien leurs projets !

DISPUTE

« Dans une dispute, il n'y a ni vainqueur ni vaincu, il y a juste deux malheureux ! Le problème, c'est qu'on a souvent tendance à l'oublier ! »

////////////// Fanny a enquête pour vous. /////////////

Une réponse toute prête…

Si nos parents veulent savoir pourquoi on s'est disputé avec un copain, on peut toujours répondre :

Version énervée

« Parce qu'il m'avait dit que j'étais bien le fils à mon père ! (la fille à ma mère !) »

C'est quoi ? C'est quand on n'est pas d'accord et qu'on l'exprime de façon agressive, ce qui a le don d'énerver l'autre encore plus. Du coup, on peut dire des mots qui dépassent notre pensée. Parfois, une partie de la classe s'en mêle et des clans se forment : ça pourrit encore plus l'ambiance !

Le bon plan Quand on a deux amis qui se disputent, on doit essayer de ne pas prendre parti, mais plutôt de les calmer. Parce que, s'ils se réconcilient, c'est nous qui risquons de nous retrouver mis à part !

Pour se réconcilier avec les copains avec qui on est fâché, le mieux est de les voir chacun leur tour, séparément. On a beaucoup plus de chances de réussir que lorsqu'ils sont en bande !

Le plan galère On se confie toujours à son meilleur ami, c'est normal. Sauf que le jour où l'on se dispute, il y a un risque qu'il divulgue nos petits secrets. Or s'il le fait, ça risque de nous fâcher pour de bon. Et comme on n'aimerait pas que ça nous arrive, on ne doit pas le faire non plus avec ses secrets.

Comment ça marche ?

Pour qu'une dispute reste positive, il faut que chacun soit capable d'admettre qu'il y avait peut-être du vrai dans ce que l'autre a dit et que ce ne serait pas mal d'en tenir compte : s'il s'est plaint, c'est qu'il le ressent ainsi. C'est aussi pourquoi les psychologues conseillent toujours d'exprimer le motif de son grief en utilisant le « je » et non le « tu ». Exemple : si tu trouves que ton ami n'avait pas à rapporter aux autres une confidence que tu lui as faite, il vaut mieux lui dire « J'ai eu de la peine que tu divulgues mon secret aux autres » plutôt que « Tu es trop bavard, tu ne mérites plus ma confiance ». En effet, la première formulation incite plutôt ton ami à s'excuser de t'avoir rendu triste alors qu'avec la seconde formulation, plus accusatrice, il risque de te sortir à son tour la longue liste de ce qu'il a à te reprocher. Et ça peut durer longtemps !

Notre conseil

Une dispute fait d'autant plus mal que l'autre est important à tes yeux. La dispute avec ton petit ou meilleur ami te paraît forcément plus catastrophique qu'une dispute avec un autre élève de la classe que tu fréquentes à peine. Mais c'est justement parce que tu attends beaucoup de lui que cette dispute s'est peut-être produite ! Au lieu de vivre dans l'illusion qu'il doit tout penser comme toi, qu'il aurait dû mieux te comprendre, redescends sur terre (on est tous différents et c'est ce qui fait notre richesse). Va donc lui expliquer que tu regrettes tes mots. Il y a de bonnes chances pour qu'il saute sur cette occasion pour te dire que lui aussi... ce qui ne vous empêchera pas de vous quereller à nouveau un peu plus tard !

Vrai ou Faux ?

Se disputer, c'est normal.

Vrai ! Tout le monde, même les couples les plus unis, le fait parfois. Cela peut aider à « remettre les pendules à l'heure » et donc à repartir sur de bonnes bases.

Pour ta culture perso

Voici un joli dicton à méditer : « Dans une dispute avec un imbécile, c'est le sage qui s'en va... »

DIVORCE

« Quand les parents d'une amie ont divorcé, ça a été un vrai tremblement de terre pour elle. Elle a cru que tout s'effondrait ! »

Hugo a enquêté pour vous.

Une réponse toute prête…

Si on nous demande pourquoi nos parents divorcent, on peut toujours répondre :

Version tac au tac

« Et pourquoi les tiens restent ensemble ? »

C'est quoi ? Des parents qui se séparent, c'est un peu comme si tous nos rêves d'enfant, nos rêves de famille, d'amour partaient en fumée. C'est dur à vivre, car en plus, il faut réaménager notre vie et changer notre organisation. Si encore nos parents s'entendent à peu près, ils arriveront à trouver des moyens pour nous simplifier la vie, sinon, c'est la galère. Non seulement ils se disputent non-stop, mais en plus on a l'impression que c'est à cause de nous qu'il y a tous ces conflits ! Ils ne sont d'accord sur rien et s'envoient à la figure des horreurs dont on est souvent témoin ! Du style : « De toute façon, toi, tu lui laisses tout faire ; avec toi, il ne travaille jamais ; c'est moi qui dois tout assumer », etc. Alors, forcément, on se sent coupable ! C'est vraiment injuste. Quelquefois, ils sont tellement en désaccord que c'est le juge qui décide ce qu'il va advenir de nous.

Le bon plan Si on a des frères et sœurs, ce n'est pas le moment de se disputer mais au contraire de faire front ensemble. Être complices et se concerter pour faire bloc pendant les moments de crise, ça rend plus forts. Si on est enfant unique, on peut toujours chercher de l'aide auprès des grands-parents, d'un oncle, d'une tante, d'un cousin ou d'un adulte de confiance pour nous accompagner dans cette épreuve.

Le plan galère La pension alimentaire est souvent le grand sujet de conflits ! Le parent avec lequel on ne vit pas au quotidien doit verser à l'autre une somme mensuelle, censée couvrir la moitié des frais pour notre éducation. Et il arrive trop souvent que la pension ne soit pas payée pour de multiples prétextes, ou qu'elle soit jugée insuffisante et alors tout tourne autour de ce sujet.

De quoi s'agit-il ?

Le divorce de tes parents est un moment douloureux. Souvent, il est l'aboutissement de longs mois (années) de disputes et de tensions à la maison. Et, même si tu avais compris que le divorce était l'aboutissement inévitable, tu ne peux t'empêcher d'espérer jusqu'au bout. Et puis tout s'effondre, et une nouvelle vie doit s'organiser.

Suivant les causes du divorce, la personnalité de chacun de tes parents, leur capacité de s'entendre ou non, les choses seront plus ou moins compliquées. Il faut vraiment parvenir à leur parler pour savoir comment ta vie (et la leur) va maintenant s'organiser. Exprime ta colère, tes peurs, ta tristesse, même si tu vois que cela touche tes parents. Tu as le droit d'être triste. C'est normal, tu ne dois pas te sentir obligé de tout garder à l'intérieur de toi, au risque que ce soit plus douloureux plus tard. Même si tes parents te le demandent, n'hésite pas à leur dire que tu ne veux pas choisir de vivre plutôt chez l'un ou chez l'autre, d'aller tel jour chez ton père et tel autre chez ta mère, etc. Tu peux bien sûr donner ton avis mais, au final, c'est quand même à tes parents de décider, pour

Comment ça marche ?

La proportion d'enfants de parents divorcés ou séparés, vivant alternativement chez l'un et chez l'autre (garde alternée) n'a cessé d'augmenter et 400.000 ados sont concernés aujourd'hui (source Insee 2019). C'est plus facile quand les parents n'habitent pas trop loin l'un de l'autre et qu'ils s'entendent un minimum pour la gestion de l'emploi du temps de l'enfant.

Notre conseil

Certains parents sont si malheureux qu'ils prennent leur enfant à témoin pour régler leurs comptes. Ils ne s'aperçoivent pas que ça le fait souffrir. Si cela t'arrive, tu dois alors dire fermement à tes parents que tu les aimes tous les deux et que tu ne supportes plus leurs reproches par personne interposée (toi). Ils doivent comprendre que tu n'es pas là pour donner tort ou raison à l'un d'eux...

Vrai ou Faux ?

Un couple sur trois divorce en France.

Vrai ! Et même deux sur trois en Île-de-France, ce qui veut dire qu'en région parisienne, les enfants de parents divorcés sont majoritaires. Quelles qu'en soient les raisons, tu ne dois rien te reprocher : les enfants ne sont jamais responsables du divorce de leurs parents.

t'éviter de te trouver dans un « conflit de loyauté ». Choisir entre ton père et ta mère, même si c'est pour des raisons pratiques, est une position difficile à tenir.

Il faut aussi que tu saches que ce sont les premiers mois d'un divorce qui sont les plus durs, puis, en général, les tensions s'amenuisent et chacun trouve un nouveau rythme.

Pour te remonter le moral, une fois passé ce cap difficile, tu peux aussi trouver des « bénéfices » à ta nouvelle situation : avant tout, un retour au calme (les disputes familiales, c'est très stressant) et peut-être une plus grande solidarité avec tes frères et sœurs, tes parents ou tes grands-parents. Et plus tard, si tes parents refont leur vie, tu auras une plus grande famille, avec de nouveaux frères et sœurs « par alliance » et autant de nouveaux liens affectifs possibles… et des cadeaux en plus à toutes les occasions. Une grande tribu, ça a aussi du bon ! Courage et patience !

« Le dealer dit qu'il te vend du rêve. La réalité, c'est qu'il te file un aller simple pour l'enfer... »

Charlotte a enquêté pour vous.

C'est quoi ? C'est un produit qui agit directement sur le cerveau. Ceux qui en prennent veulent « planer » pour oublier leurs problèmes et se sentir mieux. Au début, ça marche. Mais très vite, ils sont en manque et n'ont plus qu'une idée : reprendre de la drogue pour retrouver cette sensation. Quand ils n'en ont pas, ils sont hyper mal. C'est pour cela que certains vont jusqu'à voler et tuer.

La bonne blague

Parole de drogué

« Quand tu te promènes dans le bois et que les arbres te disent bonjour, c'est le signal que tu dois arrêter de manger des champignons ! »

Le bon plan On ne doit jamais essayer un truc qu'on ne connaît pas parce que les dealers sont malins. Ils ne nous disent pas : « Essaie, tu vas voir, c'est une drogue super dangereuse et je vais faire de toi un camé qui va me rapporter plein de blé ! » Ils disent plutôt : « Tu devrais essayer ce truc, c'est génial ! Moi, j'en prends et je me sens super bien. En plus, c'est sans danger... »

Le plan galère La drogue, c'est toujours un plan foireux. Celui qui pense qu'il peut en prendre sans risque n'a qu'à se demander pourquoi les dealers leur donnent gratuitement la première dose. Ce n'est pas par gentillesse ! C'est juste parce qu'ils savent bien que, après ça, celui qui s'est fait piéger ne pourra plus s'en passer, donc qu'il sera prêt à payer un paquet d'euros pour en avoir de nouveau.

Comment ça marche ?

Les drogues qui te font du bien sans te faire de mal, sans prendre de risque, ça n'existe pas. Elles te donnent l'illusion que, grâce à elles, tous tes problèmes disparaissent. Elles modifient donc ta perception de la réalité. Certaines provoquent même des hallucinations.

La cocaïne est un puissant stimulant qui donne l'impression d'être invulnérable ; c'est une poudre blanche qui peut être inhalée ou injectée.

L'héroïne, elle, provoque une sorte d'extase suivie d'une phase de dépression ; c'est une poudre blanche ou brune qui s'injecte le plus souvent.

Le LSD (ou acide) fait halluciner ; on le trouve sous forme liquide ou de petits grains.

L'ecstasy donne la sensation d'être tout-puissant, on le trouve sous forme de comprimés.

Quant aux nouvelles drogues comme la « meth » (pour méthamphétamine) ou la drogue « flakka » encore appelée « sels de bains » ou « gravier », etc., elles peuvent carrément provoquer des crises de folie meurtrière.

Ces drogues ont toutes en commun de provoquer des troubles graves, parfois dès la première prise. De plus, elles provoquent une dépendance psychique et/ou physique très forte, ce qui veut dire qu'elles rendent rapidement « accro ». Toutes sont à l'origine de décès, même l'ecstasy réputé à tort moins dangereux. Les lésions qu'elles provoquent au niveau du cerveau sont souvent irréversibles. Enfin, pour les drogues qui s'injectent avec une seringue partagée à plusieurs, le risque d'être contaminé par les virus du sida et de l'hépatite B est énorme.

Notre conseil

Tu dois bien comprendre que la drogue, c'est tout sauf une liberté. Mais ça rapporte tellement d'argent aux trafiquants qu'ils se moquent complètement de bousiller ta vie et celle de tes proches. Tout ce qu'ils veulent, c'est trouver toujours plus de « pigeons » qui vont se laisser tenter, parce que ça leur fera toujours plus d'argent de gagné. Si tu vois un dealer tournicoter autour de ton collège pour proposer sa drogue, tu dois absolument le signaler à un adulte en qui tu as confiance. Et si toi ou un de tes amis avez un doute sur un supposé « truc pour vous détendre » qu'on vous a donné, tu peux appeler **Drogues Info Service** au **0800 23 13 13** ou aller sur **www.drogues-info-service.fr**.

Vrai ou Faux ?

On peut dissoudre une drogue dans ta boisson sans que tu t'en aperçoives.

Vrai ! Certains « acides » passent complètement inaperçus et c'est pourquoi il ne faut jamais accepter un verre qu'on n'a pas servi devant toi dans une soirée (comme dans un club de vacances, où les moins de 18 ans ont facilement accès aux discothèques). Le risque est important : certains violeurs s'en sont déjà servis pour abuser de jeunes filles, car, avec ça, elles ne se rappellent de rien. C'est ce qu'on appelle la « pilule du violeur ».

Pour ta culture perso

Toutes drogues confondues, on estime qu'il y a de 200 à 300 millions de consommateurs de drogues dans le monde, soit un chiffre d'affaires pouvant aller jusqu'à 500 milliards de dollars pour les mafieux !

« DYS » : DYSORTHOGRAPHIE,

« Les "dys", c'est fréquent mais personne ne connaît ! »

////////////// Charlotte, Fanny et Hugo ont enquêté pour vous. //////////

C'est quoi ? Avoir des problèmes de lecture, d'écriture, de compréhension de texte, de mémoire, inverser des mots, des syllabes, se mélanger dans les chiffres, les règles de grammaire... ce sont ce qu'on appelle les problèmes de « dys ». Ces troubles peuvent plus ou moins se corriger et c'est important de se faire aider par un professionnel, faute de quoi ils finissent par avoir de grosses conséquences sur notre scolarité et du coup sur toute notre vie.

Le bon plan Quand on est reconnu en tant que « dys » par un professionnel, on comprend enfin d'où viennent nos problèmes et surtout, si un prof ne veut rien savoir et continue de nous traiter comme si on était le dernier des paresseux, on peut intervenir pour lui expliquer de quoi il s'agit vraiment. On n'est plus seul ! Et se sentir soutenu, c'est vraiment très important car c'est ça qui va nous aider à reprendre confiance en nous. Quand nos problèmes d'écriture rendent nos cours totalement illisibles, on peut faire des photocopies du cahier d'un élève dont l'écriture est soignée. Ça permet d'apprendre et de mémoriser plus facilement les leçons que sur un cours trop brouillon.

Le plan galère Quand on a un problème de « dys », on risque surtout de se démotiver car on doit fournir beaucoup plus d'efforts que les autres pour un résultat moyen. Il faut pourtant garder confiance en soi et, surtout, ne pas laisser tomber. Parce qu'avec de l'aide on peut réussir, à coup sûr, à compenser certaines lacunes scolaires. Ça finit forcément par payer, même si ce n'est pas instantané !

Une réponse toute prête...

Si on nous demande ce qu'on a, on peut toujours répondre :

Version philosophique

« Là est la question ! »

DYSCALCULIE, DYSLEXIE, DYSPRAXIE

« DYS » : DYSORTHOGRAPHIE,

Comment ça marche ?

Tous ces « dys » sont des petits dysfonctionnements du système intellectuel qui permet de comprendre, d'analyser et de traiter les informations captées par nos cinq sens. Quand on voit ou qu'on entend quelque chose, un signal est envoyé au cerveau qui doit comprendre ce que c'est et lui donner du sens. Chaque « dys » est lié à une perturbation particulière.

La dyslexie est un trouble du langage écrit, qui va créer des problèmes pour lire et pour écrire. Elle a plusieurs formes (visuelle, auditivo-verbale, etc.) qui ne donneront pas les mêmes soucis. Mais quand tu es dyslexique, l'école est plus difficile. Seule solution : l'orthophonie et la rééducation. Il faudrait aussi que les professeurs soient mieux informés, or ce n'est pas toujours le cas.

La dyscalculie et **la dysorthographie** sont des troubles du calcul et de l'orthographe, qui ne s'arrangent pas avec l'entraînement. Ce n'est ni un problème de motivation ni de la paresse. Quant à **la dyspraxie** (visuo-spatiale ou visuo-constructive), c'est un trouble du passage à l'écrit, qui donne aussi des problèmes pour tout ce qui est organisation du travail.

Bon à savoir

Les troubles « dys » ne sont pas liés à un problème d'intelligence mais à un dysfonctionnement *a minima* du cerveau. « Dys » signifie déviation par rapport à la normale. Ce n'est pas non plus un problème lié à une méthode d'apprentissage mais un trouble à composante génétique. S'il y a déjà un « dys » dans la famille, la probabilité d'un enfant « dys » est plus élevée. On naît « dys », on ne le devient pas !

Notre conseil

Quand un diagnostic de dyslexie ou de dyspraxie a été posé, le médecin scolaire peut constituer un dossier pour la MDPH (Maison départementale des personnes handicapées), ce qui te permet d'obtenir un tiers-temps. Cela veut dire que pour le brevet (et pour tous les examens nationaux en général) tu as 30 % de temps de plus que les autres pour finir tes sujets. Un vrai plus ! Et même si ça s'appelle Maison des personnes handicapées, peu importe, ce qui compte c'est ton intérêt à toi.

Vrai ou Faux ?

La dyslexie, c'est surtout gênant pour le français !

Faux ! Toutes les matières scolaires sont concernées. Tu restes dyslexique dans un devoir d'histoire ou d'anglais, et il faut absolument que les professeurs s'en rendent compte, quitte à ce que tu fasses intervenir tes parents ou ton médecin au besoin.

DYSCALCULIE, DYSLEXIE, DYSPRAXIE

Quand on est dyspraxique, on doit beaucoup s'appliquer quand on écrit, sinon on est illisible. Alors on est lent, on n'arrive pas toujours à finir ses contrôles, on a du mal à présenter correctement et on rature beaucoup.

Si tu es « dys », tu dois faire beaucoup plus d'efforts que les autres pour arriver à un résultat souvent moins bon. Et, en plus, on te fait des reproches parce que tu ne fais pas assez d'efforts, ce qui est faux évidemment ! Pour tous ces « dys », il faut des rééducations spécifiques, car ça ne s'arrange pas tout seul avec l'âge.

Ça se soigne ?

Oui, et les spécialistes sont différents selon le trouble : pour la dyslexie ce sont les orthophonistes. Pour la dyspraxie, selon sa forme, ce sont les neuropsychologues et/ou les psychomotriciens spécialisés. Pour les autres « dys », cela dépend aussi de la nature du problème. Les neuropsychologues sont les seuls spécialistes qui peuvent prendre en charge l'ensemble de ces troubles. Par ailleurs, si tu souffres d'une dyspraxie sévère, tu peux aller voir un ergothérapeute (un spécialiste de l'aménagement du travail) qui peut t'équiper d'un ordinateur portable avec lequel tu pourras aller en classe et prendre tes cours.

Attention, quand on souffre d'un trouble « dys », il faut toujours aller faire vérifier ses yeux et ses oreilles. Quelquefois, le problème vient de là ! Mais surtout, il faut consulter un orthoptiste, qui s'occupe des mouvements des yeux car, en particulier pour la dyspraxie, l'existence d'un problème oculomoteur est fréquente. Comme les yeux se fixent mal sur les lignes, ça gêne beaucoup la prise d'information écrite et l'automatisation du geste graphique. C'est aussi ce qui explique la fatigue. Or en quelques séances, c'est reparti et ça change tout.

Pour ta culture perso

Dans ta classe, il y a statistiquement 2 élèves dyslexiques ! Et dans un collège de 500 élèves, ça en fait déjà 40 ! En effet, on compte environ 8 % d'élèves « dys », à des degrés divers. On ne peut vraiment plus continuer à faire comme si ces élèves n'existaient pas ! D'ailleurs, les « dys » ont leur journée nationale, et c'est le dix octobre de chaque année !

« C'est quand on a l'impression que tous nos profs nous parlent chinois ! »

//////////// Charlotte, Fanny et Hugo ont enquêté pour vous. //////////

C'est quoi ? Ce n'est pas parce qu'on a quelques mauvaises notes dans l'année qu'on est en échec scolaire. Mais si on ne suit plus les cours, si on ne comprend plus rien, c'est qu'on en prend le chemin. Si on est trop largué, il faut envisager de l'aide pour pouvoir retrouver le chemin de la réussite.

Le bon plan Si on ne peut pas compter sur les profs pour nous remonter le moral, on doit au moins pouvoir compter sur les amis. Ils sont plus importants que jamais. Ils nous aident à avoir un peu envie de venir au collège malgré tout. Ils nous aident aussi à garder confiance en nous parce que, eux au moins, ils ne nous jugent pas seulement en fonction de nos notes. Et si on est bon dans quelque chose qui n'a rien à voir avec le collège (la musique, par exemple), on ne doit surtout pas lâcher cette passion, puisqu'elle nous aide à garder confiance en nous. La pratiquer n'est donc pas une perte de temps, bien au contraire !

Le plan galère Au collège, quand on est en échec scolaire, c'est comme si on était puni deux fois : une fois parce qu'on n'y comprend rien, et une autre fois parce que ça nous ennuie à un point que les autres n'imaginent même pas !

Une réponse toute prête...

Si notre grand frère se moque de nos résultats scolaires, on peut toujours lui dire...

Version bien renseignée

« Quand tu seras médecin et que tu prendras quelques dizaines d'euros pour ta visite de nuit, pense à moi ! Je serai plombier et il faudra me payer plusieurs centaines d'euros pour que je me déplace ! »

Comment ça marche ?

On parle d'échec scolaire quand les échecs sont supérieurs aux réussites au point d'entraver, voire d'arrêter le parcours scolaire. Tu es en échec lorsque tout a été mis en place pour surmonter tes difficultés qui, elles, sont normales et que, malgré tout, tu n'y arrives vraiment pas. Il y a « urgence » car tu te trouves rapidement pris dans une spirale dont il deviendra difficile de sortir. Même si tu essaies de le cacher, cela te fait souffrir. Tout le monde a envie de réussir, et toi aussi ! Le problème est que plus tu te dis que tu es nul, plus tu empêches ton intelligence de fonctionner normalement. Pour te remettre dans une dynamique de réussite, il faut donc commencer par des choses qui te sont faciles : chaque succès t'encourage et ton cerveau est alors « dopé » par les endorphines (hormones du plaisir). Essaie, tu verras, ça marche !

Notre conseil

L'échec n'est pas une fatalité et il existe toujours des moyens de s'en sortir. D'abord, il faut comprendre d'où ça vient. On parle souvent de mauvaise volonté, de manque de motivation, de paresse, mais la plupart du temps, tout cela cache des difficultés qui te découragent. Alors, face à un travail, tu abandonnes, quelquefois avant même d'avoir commencé. Problème : tes lacunes s'accumulent et ton sentiment d'impuissance s'amplifie. Tu penses que tu n'y arriveras jamais et c'est le cercle vicieux.

Pour le rompre, il faut consulter un psychologue spécialisé qui te fera passer un bilan pour déterminer l'origine de tes difficultés et trouver les moyens de t'aider. Cela va lui permettre de comprendre ce qui est responsable de ton échec. S'agit-il d'un trouble d'apprentissage non diagnostiqué comme une dyslexie, une dyspraxie ou un trouble de l'attention ? D'une fragilité psychologique (image de toi négative, tristesse, idées obsédantes qui te préoccupent) ? D'échecs répétés qui ont attaqué ton moral et ta confiance ?... C'est d'autant plus important qu'en cas d'échec, les conflits avec les parents sont incessants : ils manifestent leur inquiétude en te disputant. Il faut vite désamorcer cela en demandant de l'aide.

Vrai ou Faux ?

Le redoublement ne sert à rien.

Vrai et faux. Si la prise en charge de l'élève en difficulté ne change pas, si on ne s'attaque pas à ce qui bloque ses apprentissages, alors effectivement, c'est inutile. Mais si le redoublement est envisagé comme une vraie seconde chance, où l'on ne répète surtout pas les erreurs du passé et où l'on met en place de nouvelles stratégies, alors ça peut être un nouveau départ !

Pour ta culture perso

Dans les pays scandinaves, où les élèves sont encouragés quels que soient leurs résultats, le taux de réussite aux examens est très élevé. Cela ne veut pas dire qu'il y a moins d'enfants en difficulté qu'ailleurs, mais les classes y sont moins surchargées – ça aide beaucoup ! – et il y a moins de pression sur les notes, tant à l'école que dans les familles. C'est tout le contraire en Chine où la pression sur les enfants scolarisés est énorme : bien pire qu'en France !

« La Terre est malade et le petit parasite responsable de sa fièvre, c'est l'homme ! »

////////////// Charlotte et Fanny ont enquêté pour vous. //////////////

C'est quoi ? Être écocitoyen, ça veut juste dire respecter la planète. Ce n'est pas parce qu'on est jeune qu'on ne doit pas faire attention. Trier, recycler, éviter de gaspiller, c'est à notre portée et, en plus, ça ne demande même pas un gros effort…

Le bon plan À Paris, les adultes se font des « troc parties ». Tout le monde vient avec ses fringues et repart avec d'autres, échangées au cours de la soirée. Ça permet de se refaire une garde-robe sans débourser un centime. Et c'est super écolo, puisque c'est du recyclage ! Alors, on pique l'idée et on organise des après-midi « troc » avec nos copains-copines pour les vêtements, mais aussi, pourquoi pas, pour les jeux d'ordinateur, les livres, bref, tout ce dont on a envie !
Et pour connaître les dernières actualités en environnement ou trouver la liste des produits écolo, on peut regarder sur **www.greenpeace.org/france/fr** et **www.wwf.fr**.

Le plan galère On aime bien les derniers objets technologiques à la mode, c'est normal ! Le problème, c'est que nos objets connectés sont pour la plupart fabriqués avec des constituants qui polluent. On peut toujours dire que c'est le problème des industriels. N'empêche que si on les achète à tout va, on encourage la pollution ! Alors, si on accepte ne serait-ce que de les partager entre frères et sœurs ou de les échanger entre copains et copines, plutôt que d'avoir le réflexe d'en prendre un neuf, c'est déjà un petit geste pour la planète. Évidemment, c'est mieux si on est des millions à faire pareil !

Quelques réponses toutes prêtes…

Si on se moque de notre côté « écolo », on peut toujours répondre…

Version explicite

« Je préfère être écolo que gros porc ! »

Version agressive

« C'est sûr que tu n'as pas besoin de trier tes déchets… T'en es un gros à toi tout seul ! »

LA PAROLE AUX PROS

Comment ça marche ?

Être écocitoyen, c'est choisir la solution la moins polluante pour la planète, dans les domaines de la vie courante : habitat, transport, alimentation, tenue vestimentaire, loisirs, etc. Ne crois pas que ça concerne uniquement les adultes, car tes demandes ont forcément un impact sur les choix de tes parents. Exemple : le chauffage. Bien évidemment, ce n'est pas toi qui choisis entre le gaz, le fioul, le poêle à bois, l'électricité ou les panneaux solaires ! Mais si tu te plains en permanence que tu as trop froid, tu pousses tes parents à augmenter le chauffage alors qu'il te suffirait simplement de mettre un pull supplémentaire. Or un seul degré de plus dans ta maison, c'est 7 % d'énergie en plus de gaspillée (et quelques centaines d'euros à payer en plus sur leur facture annuelle). Et c'est pareil pour tout !

Notre conseil

Les transports sont particulièrement polluants. Au lieu de demander qu'on t'emmène partout en voiture, vas-y plutôt à pied, sur rollers, à vélo ou en transports en commun. Si vraiment c'est trop loin, arrange-toi pour qu'un seul parent emmène tous tes copains ensemble (covoiturage). *Idem* quand tu achètes quelque chose (aliment, vêtement ou objet), demande-toi si tu en as vraiment besoin et d'où il vient. Privilégie les achats de fruits ou légumes de saison et les produits locaux, ça favorise les économies d'énergies (et ça donne du travail dans ta région). Utilise des piles rechargeables plutôt que des piles à usage unique. Ne laisse pas tes appareils en veille en ton absence, mais éteins-les. Évite de gaspiller le papier. Trie tes poubelles et, bien sûr, ne jette rien par terre.

Vrai ou Faux ?

En matière d'écologie, le collège ne montre pas vraiment l'exemple.

Vrai ! Quand on demande à trente élèves d'une même classe d'imprimer des documents, cela représente un vrai gâchis d'encre et de papier. Répété au quotidien chez des centaines de milliers de collégiens, ça finit par faire beaucoup ! Alors si tes délégués peuvent négocier de vous regrouper pour les recherches et de limiter ce qu'il y a à imprimer, ce sera un bel exemple d'acte écocitoyen. Vous pouvez aussi lancer le débat en heure de vie de classe, il y a de bonnes chances pour que vos professeurs apprécient une telle initiative !

« À l'oral, tout va bien. Mais dès qu'il faut écrire, ça se gâte, rien que l'idée me stresse ! »

////////////////// Hugo a enquêté pour vous. //////////////

C'est quoi ? L'écrit et l'école, c'est indissociable ! On s'en sert pour prendre les cours. Et les profs contrôlent nos connaissances en voyant si on est capables de les restituer à l'écrit. Le problème, c'est qu'entre ce qu'ils disent, ce qu'on entend, ce qu'on note, ce qu'on retient et ce qu'on réécrit, c'est parfois bien déformé, un peu comme au jeu du « téléphone arabe » ! Sauf que les profs, ça ne les fait pas rire du tout…

Le bon plan (à ne pas raconter aux parents !) Pour bien imiter une signature, il faut la refaire à l'envers – de droite à gauche – car on utilise alors la fonction « dessin » du cerveau et non plus la fonction « écriture ». Ça demande de l'entraînement, mais c'est efficace* !

** Comment osez-vous penser que l'on donne cette astuce pour imiter la signature dans le carnet, c'est juste pour le fun !*

Le plan galère C'est plus facile de noter un cours quand le prof fait des phrases courtes. S'il s'embarque dans des phrases interminables ou s'interrompt plusieurs fois, on finit par ne plus savoir où on en est et nos notes deviennent illisibles ! Pour y voir plus clair, on doit alors se replonger dans nos livres…

Quelques réponses toutes prêtes…

Si nos parents sont épouvantés par nos mauvaises notes à l'écrit, on peut toujours répondre…

Version ironique

« Ce n'est pas toi qui te vantais de m'avoir appris à écrire ? »

Version écolo

« Je ne suis pas mauvais à l'écrit… Je refuse de gâcher du papier. Nuance ! »

Comment ça marche ?

Quand on parle d'écrit, il faut distinguer trois aspects : le geste graphique en lui-même (l'écriture). L'organisation des idées avant l'écriture. Et le style (rédaction, syntaxe, orthographe).

Le geste de l'écriture s'apprend dès la maternelle et normalement, fin CP, il est acquis. Cela fait partie du développement psychomoteur de ton enfance. Ton cerveau est alors programmé pour écrire de façon automatique et c'est ce qui te permet d'écrire tout en réfléchissant simultanément à ce que tu dois développer, à ce qu'on te dicte, etc. Problème : si ton cerveau n'a pas acquis cet automatisme, il te faut en permanence réfléchir à ton geste et ça te prend du temps. Du coup, tu deviens lent et tu te perds, tu oublies des mots ou tu ratures, tu te crispes sur ton stylo : en effet, tu ne peux pas écouter et écrire en même temps ! Or cela ne s'arrange pas avec l'âge. Au contraire, plus le niveau scolaire est élevé, plus c'est difficile car il te faut écrire de plus en plus (et vite !). Ce trouble responsable d'une lenteur qui te handicape est probablement une dyspraxie. Il doit vite être diagnostiqué car il se corrige très bien (*voir « Dys »*).

Si tu n'arrives pas à structurer ta pensée en mettant des mots dessus : dans ce cas, la solution est de t'entraîner à l'oral (quitte à t'enregistrer). Et petit à petit, tu seras de plus en plus à l'aise pour passer de l'oral à l'écrit. Au moment d'un contrôle, si tu stresses car tu as peur de ne plus rien savoir, raconte-toi d'abord dans ta tête ce que tu vas mettre sur ta feuille et écris-le ensuite. Tu ne perdras pas de temps, au contraire, tu en gagneras beaucoup : ça évite le blocage !

Enfin, si tu n'es pas à l'aise avec la langue elle-même : cela s'apprend en révisant tes règles de grammaire, en lisant le plus possible (et pas uniquement des livres), en écoutant les autres s'exprimer, etc. Si, malgré tout, ton orthographe reste toujours catastrophique, le mieux est de consulter un orthophoniste : tu es peut-être dysorthographique, ce qui veut dire que, malgré tes efforts, tu ne parviens pas à maîtriser l'orthographe. Cette fois, ce sont quelques séances de rééducation qui peuvent te soulager énormément. N'hésite pas !

Notre conseil

Comprendre pourquoi tu rencontres des problèmes à l'écrit, c'est du ressort du psychologue. Et une prise en charge adaptée, ça peut sauver ta scolarité !

Vrai ou Faux ?

Les personnes très émotives peuvent rendre feuille blanche.

Vrai, si elles sont victimes de « l'angoisse de la page blanche » qui les bloque complètement. Ayant peur de ne pas y arriver, elles ont l'impression qu'elles ne savent plus rien alors qu'elles ont bien appris leur leçon. L'astuce si cela t'arrive : pense à quelque chose de très agréable pendant quelques minutes et respire profondément. Puis, reviens sur ta feuille en te disant « je peux le faire ». Jette ensuite tes idées en vrac sur un brouillon. C'est souvent suffisant pour débloquer la situation. Aussitôt, ce que tu avais appris te revient à l'esprit !

ENNUI EN CLASSE

« Je m'ennuyais énormément en maths lorsque j'étais en cinquième, du coup, après en avoir parlé à mon prof, j'ai pu suivre les cours des quatrièmes... »

Hugo a enquêté pour vous.

C'est quoi ? L'école, c'est pas toujours drôle, alors quand le prof et la matière qu'il nous enseigne ne nous intéressent pas personnellement, on s'ennuie à mourir !

Le bon plan Si on trouve un prof vraiment très ennuyeux, on peut demander aux autres élèves de la classe ce qu'ils en pensent. Si ça fait l'unanimité, c'est peut-être que le problème ne vient pas de nous, mais du prof ! Dans ce cas, on peut envoyer nos délégués (eh oui, ils servent aussi à ça !) lui dire de façon diplomatique qu'on aimerait travailler différemment, avancer un peu plus vite, etc. Et si rien n'y fait, on peut aussi en toucher un mot au professeur principal...

Le plan galère Il peut arriver que l'on s'ennuie en classe, car ce que le prof nous raconte nous semble trop facile et qu'on le sait déjà. Ainsi, on se met à rêvasser, à dessiner, à discuter avec nos voisins et on ne suit vraiment plus rien de ce que le prof raconte. Du coup, on peut louper des trucs importants ! Il faut donc faire très attention à ce que les facilités que l'on a ne soient pas directement responsables de nos problèmes...
À l'inverse, on peut aussi s'ennuyer parce qu'on ne suit pas bien et qu'on ne comprend pas tout. Dans ce cas, on décroche parce que c'est trop compliqué. Il ne faut surtout pas se décourager, mais essayer de continuer de prendre en note correctement les cours et les corrections d'exercices. Comme ça, en rentrant chez soi, on pourra les regarder à tête reposée et se faire aider par un copain, un frère ou une sœur.

Quelques réponses toutes prêtes...

Si le prof nous surprend en train de bâiller et se fâche, on peut toujours dire :

Version mauvaise foi
« J'ai tellement révisé cette nuit pour votre contrôle que je n'ai pas assez dormi ! »

Version scientifique
« Quand mon chien bâille, mon vétérinaire dit que c'est parce qu'il se concentre ! »

LA PAROLE AUX PROS

Comment ça marche ?

Si tu t'ennuies énormément en cours, il est important pour toi d'en parler à tes parents car il faut comprendre pourquoi. S'ennuyer souvent, dans la plupart des matières, ce n'est pas normal et tu ne peux pas continuer à te réfugier derrière l'idée que c'est de la faute de tes professeurs qui ne sont pas intéressants.

Un bilan psychologique est souvent utile. Il peut montrer que tu as besoin de sauter une classe pour que ton niveau de compétences corresponde au niveau de classe. Ou alors, déceler certaines difficultés qui t'empêchent de progresser et donc de suivre correctement les cours. Ou encore, repérer des idées noires qui viennent « polluer » ton cerveau au point de te faire perdre ta motivation. Si tu n'as pas un minimum envie d'apprendre, c'est sûr que tu vas vite t'ennuyer en classe…

Notre conseil

Tu as moins de risques de t'ennuyer si tu sais pourquoi tu dois apprendre telle matière ou à quoi elle pourrait bien te servir plus tard (même si elle te permet juste d'accéder à la filière que tu as choisie). Quand tu ne vois pas l'intérêt d'un enseignement, demande à ton professeur sur quoi ça débouche. Tu seras peut-être surpris de sa réponse et, du coup, davantage motivé pour travailler ! Par exemple, si tu t'ennuies en maths, regarde sur Youtube les vidéos de Mickaël Launay et tu ne verras plus jamais les maths comme avant !

Vrai ou Faux ?

Parfois, l'ennui a du bon.

Vrai ! Quand tu t'ennuies chez toi, que tu te dis « je ne sais pas quoi faire » et que tu tournes en rond, ça permet à ton esprit de vagabonder et d'imaginer toutes sortes de scénarios (tu rêvasses, donc tu penses !). Et ce type d'ennui est essentiel à la construction de ta personnalité. C'est différent de l'ennui en classe qui est pesant et en plus te fait rater quelque chose d'important : tes cours ! Ainsi, il y a un temps pour tout et même pour s'ennuyer !

Pour ta culture perso

Une journaliste américaine a dit : « L'ennui avec les gens qui n'ont pas grand-chose à dire, c'est qu'il faut les écouter longtemps avant de s'en apercevoir. » À méditer… mais à ne pas répéter à tes professeurs s'ils t'accusent de bâiller en classe !

ÉNURÉSIE

« C'est un truc tabou dont on ne parle jamais entre copains. »

//////////////// Charlotte et Fanny ont enquêté pour vous. //////////////

C'est quoi ? Apparemment, l'énurésie est un problème vieux comme le monde. Les médecins égyptiens en parlaient déjà dans leurs écrits ! Pour la faire simple, c'est faire pipi au lit la nuit… à notre âge ! Et faire caca dans le slip, quand il s'agit d'encoprésie.

Le bon plan Pour prévenir le problème, il vaut mieux éviter de boire après le dîner et bien prendre le temps d'aller aux toilettes avant de se coucher. Mais ça ne suffit pas toujours…

Le plan galère Si on invite un ami à dormir et qu'il rencontre ce problème, ça va forcément le mettre très mal à l'aise. Alors, c'est à nous de vite dédramatiser. Entre amis, on peut garder un secret, non ? Surtout si c'est médical.

Comment ça marche ?

Si tu as de l'énurésie, cela signifie que tu fais pipi au lit pendant ton sommeil, sans t'en rendre compte. On parle d'énurésie primaire quand il en a toujours été ainsi et la bonne nouvelle, c'est que ça finit par guérir tout seul dans plus de 99 % des cas. Il faut juste patienter ou, à la limite, prendre un traitement si vraiment ça te sape le moral.

Faire de l'énurésie ne veut pas dire non plus qu'il y a systématiquement un pipi au lit toutes les nuits, mais que ces petits « accidents » sont plus ou moins fréquents, depuis l'enfance. Cette forme d'énurésie a très souvent une composante génétique. C'est dû à un sommeil trop profond, une vessie immature et une hormone chargée de concentrer les urines durant la nuit qui ne fait pas correctement son travail. C'est donc une affection transitoire. Le seul risque, c'est que ça finisse par retentir sur ton moral et engendrer une souffrance psychologique, en particulier si tes parents ou tes frères et sœurs se moquent de toi ou si tu te fais punir pour ça. Déjà tu te sens coupable, alors si en plus ça crée des conflits avec tes parents, ce n'est vraiment pas juste et c'est bien difficile à vivre.

L'énurésie secondaire, moins fréquente, survient après au moins un an de « propreté totale », c'est-à-dire aucun pipi au lit. En général, elle fait suite à un traumatisme psychologique, même léger (l'arrivée d'un bébé dans la famille, un redoublement...), tout comme l'encoprésie (impossibilité de contrôler ses selles).

Notre conseil

Il faut bien sûr commencer par vérifier que, sur le plan médical, tout est normal. En cas d'énurésie primaire, il faut avoir en tête que la majeure partie des cas va guérir spontanément au moment de la puberté. Tes parents doivent donc arrêter de t'angoisser avec ça, sinon, ils vont vraiment finir par te traumatiser psychologiquement. C'est à toi de décider si tu veux mettre le réveil en milieu de nuit pour te réveiller d'office et aller aux toilettes. Comme ça risque surtout de perturber ton sommeil et donc ta mémoire, ce n'est pas vraiment la meilleure solution. Il vaut mieux prévoir une bonne alèse et des draps pour le change (et non pas des couches qui sont infantilisantes) et te laisser gérer seul le nettoyage de ton linge. Et si vraiment tu en as plus qu'assez de ne pas te sentir « comme les autres », demande à voir le médecin : il peut te prescrire un médicament qui concentre tes urines la nuit. Cela suffit souvent à régler ton problème, le temps que ta vessie devienne enfin mature.

En cas d'énurésie secondaire et/ou d'encoprésie sans raison médicale identifiable, il faut consulter le pédopsychiatre et/ou le psychologue afin de comprendre quel est le traumatisme responsable pour t'aider à le « surmonter ». Parfois, c'est évident car les troubles sont apparus à la suite d'un décès, d'une séparation. Parfois, il peut y avoir eu une agression à caractère sexuel dont tu n'as jamais dit un mot...

Vrai ou Faux ?

Environ 2-3 % des 12-14 ans sont concernés.

Vrai ! C'est dire si l'énurésie primaire est répandue ! Si tu es dans ce cas, tu es loin d'être le (la) seul(e). Alors parles-en à ton médecin.

EXPOSÉ

« Choisir le thème de son exposé et avec qui on va le faire, c'est facile. C'est après que ça se complique ! »

/////////////// Charlotte et Fanny ont enquêté pour vous. //////////////

Quelques réponses toutes prêtes…

Si nos parents ne sont pas contents de la note de notre exposé, on peut toujours répondre :

Version mauvaise foi

« Vous dites toujours que le travail collectif, ça ne compte pas ! »

Version c'est pas moi

« Les autres n'ont rien fait alors forcément, faut pas s'étonner de la note ! »

C'est quoi ? Un exposé est un travail que l'on présente oralement en classe, autour d'un thème sur lequel on s'est documenté. C'est une sorte de résumé de ce qu'il y a d'important à retenir sur le sujet.

Le bon plan Quand on a des grands frères ou des grandes sœurs passés avant nous dans le collège, avec les mêmes profs, il y a de bonnes chances pour qu'ils aient fait le même genre d'exposé. Loin de nous l'idée de vouloir « pomper* », mais en regardant ce qu'ils ont fait et quelle note ils ont obtenue, ça peut nous aider à mieux comprendre ce que le prof attend de nous.

** Une accusation horrible et totalement infondée !*

Le plan galère Certains profs choisissent eux-mêmes les élèves qui vont faire l'exposé ensemble. Si on le prépare en classe, passe encore. Mais si on doit le travailler en dehors des heures de cours alors qu'on n'est pas du tout copains, c'est galère ! Plutôt que de se retrouver chez l'un ou chez l'autre quand on n'a pas d'affinités, il vaut mieux rester en terrain neutre : au CDI (centre de documentation et d'information) de ton établissement, par exemple, ou alors en ville, à la médiathèque.

Comment ça marche ?

Faire un exposé sur un thème qui te plaît, c'est *a priori* plus facile, car tu n'as pas trop de difficultés pour te motiver. Pour autant, même si le sujet ne te « parle pas », le simple fait de te plonger dedans peut te faire changer d'idée. En effet, plus tu récoltes de données sur un sujet, plus tu as de chances de lui trouver un certain intérêt. Le plus dur est donc de t'y mettre ! Voici quelques conseils :

Première étape : la récolte des informations. Pour cela, ne te cantonne pas à internet comme beaucoup. Déjà, parce que les données ne sont pas toujours fiables (ça dépend des sites). Ensuite, parce que vous ressortez tous les mêmes documents ! Consulte donc des livres, des journaux, et n'hésite pas à demander conseil à ta documentaliste, au CDI. Enfin, interviewe les gens de ton entourage qui connaissent bien ce domaine !

Deuxième étape : le tri des informations. Classe-les en faisant ressortir trois, quatre ou cinq idées majeures qui formeront les différentes parties de ton plan.

Troisième étape : le développement des parties ainsi identifiées. Pour chacune d'elles, donne des explications et, si possible, illustre-les. Si tu as en plus une anecdote, garde-la précieusement, car c'est ce qui permettra, lors de ton oral, de maintenir ton public en haleine ! *Idem* si tu as un objet à montrer.

Quatrième étape : la mise en pages (ce qui sera ensuite accroché au tableau). Place ton titre, ton plan et à chaque fois, l'idée maîtresse ; joins quelques illustrations clés. Attention, écris lisiblement et fais des phrases courtes, ton exposé doit pouvoir se lire d'un simple coup d'œil.

Cinquième étape : l'écriture du discours. Bien que tu le rédiges, il faut que tu conserves un langage parlé – mais très correct, avec un vocabulaire suffisamment riche. Exerce-toi à le dire en t'enregistrant pour voir combien de temps ça prend. Essaie de mettre une anecdote au début de chaque partie. Et si tu n'en as pas, pose une question du style « qui est-ce qui sait pourquoi… ? » ou « devinez… » (une présentation interactive, c'est mieux !). Répartissez-vous le temps de parole avec les autres élèves de ton exposé. Tout doit être réglé comme pour une pièce de théâtre ! Pour rendre un exposé vivant, une astuce consiste à alterner la parole entre vous, à un rythme assez soutenu.

Sixième étape : le jour J de l'exposé. Évite de lire ton papier en baissant les yeux et la tête (rien de tel pour que tout le monde s'endorme !). Au contraire, regarde bien ton auditoire et surprends-le avec des questions insolites ou des présentations d'objets ou d'images en rapport avec ton thème. La présentation compte autant que le contenu. Alors si tu as soigné les deux, c'est la bonne note assurée ! Et s'il y a un peu d'humour, c'est encore mieux !

Notre conseil

Pour savoir ce qui est intéressant dans un exposé, c'est simple : demande-toi si tu aurais pris la peine de l'écouter !

Vrai ou Faux ?

Les exposés, ce n'est pas très important, ça permet aux professeurs de ne rien faire pendant ce temps !

Faux ! Les professeurs sont censés maîtriser le sujet. Pour la classe, l'exposé est un excellent exercice pour apprendre à collecter des informations, les hiérarchiser, passer de l'écrit à l'oral. Et puis, ça peut te servir toute ta vie si, plus tard, tu dois faire une présentation de ton travail à des clients, par exemple !

Pour ta culture perso

« Que nous exposassions », tu connais ? Pourtant, c'est français ! C'est la première personne du pluriel du verbe « exposer » au subjonctif imparfait.

FAKE NEWS

« On nous pousse à avoir un avis sur tout, alors, forcément, on finit par dire n'importe quoi et, surtout, on partage des infos bidons ! »

////////// Léa, Eugénie et Mathilde ont enquêté pour vous. //////////

Quelques réponses toutes prêtes…

Si quelqu'un nous annonce, sûr de lui, une information incroyable et même farfelue, on peut toujours lui dire :

Version suspicieuse

« T'es sûr de ce que tu dis ? T'as lu ça où ? »

Version bienveillante

« Et si on vérifiait l'info ? On regarde si on trouve ça ailleurs ? »

C'est quoi ? Les fake news désignent de fausses informations. Les réseaux sociaux jouent un rôle très important dans leur diffusion rapide, puisqu'on y est bombardé en permanence d'informations, qu'il est facile de partager, mais qu'on ne les vérifie pas toujours.

Le bon plan Garder un esprit critique et ne pas croire tout ce qu'on peut lire sur les réseaux sociaux. Pour cela, il est intéressant de suivre les comptes officiels de différents journaux, par exemple, pour ne pas avoir qu'un seul avis mais différents points de vue. Il ne faut pas hésiter à croiser plusieurs de ces sites/journaux ; on peut aussi écouter les infos à la radio.

Le plan galère Parfois, les fake news sont seulement agaçantes, comme quand elles annoncent la sortie d'un nouvel album de notre groupe préféré et que c'est faux. Mais, parfois, elles sont beaucoup plus dangereuses : elles peuvent manipuler les opinions et les décisions d'un grand nombre de personnes ou même ruiner la vie et la réputation de quelqu'un.

Comment ça marche ?

Les fake news sont de fausses informations. La plupart des fake news – que l'on peut aussi appeler « infox » – n'ont rien d'innocent : elles visent à nuire et à remettre en cause la parole des experts d'un domaine. Le secret pour qu'une rumeur se diffuse très largement tient dans sa recette : déjà, la nouvelle annoncée doit sembler plausible. En effet, si on te dit demain que les Martiens débarquent à Paris faire du shopping, il y a peu de chances pour que tu y croies ! Ensuite, la rumeur doit intéresser fortement un grand nombre de personnes et révéler quelque chose de scandaleux : une trahison, un complot, une version opposée à ce qui se dit dans les médias et les journaux traditionnels. Et ça fonctionne !

En effet, il a été prouvé qu'une rumeur colportant une information négative circulait six à sept fois plus vite sur un réseau social comme Twitter que si elle était positive. Internet rend la diffusion des fake news très facile puisque n'importe qui peut publier n'importe quoi. Et c'est bien ça le problème : une information dangereuse pour ta santé peut circuler plus vite qu'une information médicale vérifiée par des études scientifiques. Par exemple, pendant l'épidémie due au coronavirus, des fake news ont annoncé qu'il fallait prendre de la cocaïne pour s'en prémunir, ce qui est archi- faux.

Notre conseil

Tu dois développer ton esprit critique et ne pas croire tout ce qui est dit ou écrit, surtout si l'information est exclusivement relayée sur les réseaux sociaux. Regarde si l'information qui t'intéresse est reprise par plusieurs médias de référence : si oui, c'est déjà plus rassurant. Demande-toi ensuite qui écrit : est-ce un expert dans son domaine ou un anonyme qui donne juste son opinion ? Auquel cas, cela n'a pas la même portée. Y a-t-il des liens qui renvoient vers une source officielle ou une étude scientifique ? Si une personnalité est citée comme ayant rapporté tels propos, peut-on vérifier l'information ou a-t-elle apporté un démenti ?

Vrai ou Faux ?

Cacher volontairement une vraie information ne vaut pas mieux !

Vrai ! Des médias officiels qui passent volontairement sous silence une information cruciale, cela arrive parfois et c'est une forme de manipulation ; d'où l'intérêt, là encore, de multiplier tes sources d'informations.

Pour ta culture perso

Si les fake news sont toujours négatives, ce n'est pas le cas des potins ou des commérages. On y consacre en moyenne 52 minutes par jour et les trois quarts de nos potins sont neutres (seulement informatifs), 17 % sont négatifs, et 8 %, positifs. Enfin, les hommes commèrent autant que les femmes, c'est prouvé… et ce n'est pas une fake news !

FAMILLE

« La famille, c'est ce qu'on croise en premier le matin. Alors les réflexions et les remarques de chacun, ça peut suffire à nous mettre en pétard pour toute la journée ! »

Charlotte a enquêté pour vous.

Quelques réponses toutes prêtes...

Si on nous demande de décrire notre famille, on peut toujours répondre :

Version unie

« Tous pour moi, moi pour tous ! »

Version désunie

« Personne pour moi, chacun pour soi ! »

C'est quoi ? La famille proche, c'est tous ceux qui partagent notre vie au quotidien (parents, frères, sœurs et parfois grands-parents quand ils habitent à côté). Sinon, il y a la famille plus éloignée (oncles, tantes, cousins...) qu'on voit surtout à l'occasion de fêtes familiales. Même si on se connaît mal, le simple fait de se dire « tiens, on est cousins ! », ça nous fait déjà un point commun. Et quelquefois, c'est le début d'une grande amitié !

Le bon plan Si on a des cousin(e)s de notre âge ou des grands-parents sympas, on peut demander à aller les voir pour les vacances. Si en plus ils habitent au bord de la mer ou à la montagne, c'est « tout bénef » ! Et quand on se voit seulement pour les bons plans, forcément, on se dit que la famille, ça a aussi du bon. Sans compter qu'avec les grands-parents on obtient souvent des trucs que nos parents nous refusent !

Le plan galère Parfois, quand on n'est pas d'accord avec nos parents, on les entend nous dire : « Quand tu seras chez toi, tu feras ce que tu veux. Mais ici, c'est nous qui décidons ! » C'est très frustrant, car il n'y a rien à répondre à ce genre de déclaration ! Alors on se dit que, quand on aura notre propre famille, ce sera différent : on sera des parents super ouverts ; on n'obligera pas nos enfants à porter des fringues ringardes ; on les laissera organiser les fêtes qu'ils veulent ; on ne les disputera pas après une mauvaise note (!), etc. Mais nos parents, ça les fait doucement rigoler, ils répondent : « Cause toujours ! On en reparlera plus tard ! »

Comment ça marche ?

Fini le modèle familial de nos grands-mères avec un chef de famille, une femme au foyer et de nombreux enfants ! Aujourd'hui, il n'y a plus un seul modèle de famille, mais plein de combinaisons possibles. Papa, maman et leurs enfants, c'est le modèle classique. Parfois, il y a deux parents dans le foyer, mais l'un d'eux n'est pas le parent biologique : c'est ce qu'on appelle la famille recomposée, celle qui t'apporte de nouveaux frères et sœurs, cousins ou grands-parents « de cœur ». Il y a aussi la famille monoparentale, celle où tu ne vis qu'avec un seul parent (père ou mère). On voit également émerger la famille dite « homoparentale », ainsi appelée quand, après une séparation ou un divorce, le parent chez lequel tu vis s'est remis en couple avec un autre adulte de même sexe (environ 200.000 selon l'association des parents et futurs parents gays et lesbiens, seulement 31.000 selon l'Insee (2018) enfants auraient « deux mamans » ou « deux papas » chez eux). Enfin, il y a la famille adoptive : celle qui a fait le choix et toutes les démarches administratives pour que tu deviennes leur enfant.

Tout cela prouve que la famille évolue. Et ce qui n'était pas du tout accepté

tu es confronté ! Une famille, c'est la base à partir de laquelle tu te construis. Quelle que soit la famille !

Notre conseil

En cas de séparation, tes parents sont et resteront toujours tes parents. Personne ne peut t'enlever ça ! Cependant, si tu as un beau-père ou une belle-mère, tu peux très bien t'entendre avec lui (ou elle) et considérer que c'est un parent « de cœur », surtout s'il (elle) t'élève depuis des années. C'est même souhaitable. Ce qui est important pour toi, c'est de trouver ta place parmi ceux qui partagent le même foyer que toi. Parce qu'au quotidien, ce sont ceux-là qui forment ta « tribu » ! Et si tu ne t'entends pas avec le (la) conjoint(e) de ton parent, pas de panique, cela arrive souvent, surtout au début. La cause ? Ce n'est pas forcément qu'il (ou elle) n'est pas sympa, mais plutôt que tu te trouves en « conflit de loyauté » comme si inconsciemment tu t'interdisais de l'aimer pour ne pas « trahir » ton vrai parent. En fait, tu peux tout à fait t'autoriser ce sentiment, cela n'enlève rien à ton amour pour tes parents biologiques. L'amour, ça peut toujours se multiplier ! Et puis, tu verras, au fur et à mesure que le temps passe, cela s'arrange presque toujours. Au début, il peut subsister des conflits ouverts ou non entre tes parents et tu te sens un peu comme un otage. Mais si tu comprends ce mécanisme, tu pourras te positionner et dire clairement que tu ne veux pas autrefois peut le devenir quelques décennies plus tard ! Au point qu'en Île-de-France, région où le taux de divorce est le plus élevé (deux tiers des couples se séparent), tes amis vivant avec leurs deux parents biologiques sont finalement minoritaires !

Pour autant, quelle que soit la structure de ta famille, elle reste la valeur refuge vers laquelle tu peux toujours te tourner (tes parents sont responsables de toi). Une famille, c'est aussi une histoire, des souvenirs communs (bons ou moins bons), des disputes et des réconciliations, bref une mini-société à elle toute seule : la première à laquelle

avoir à choisir entre les uns et les autres. Tu te sentiras beaucoup mieux après.

Vrai ou Faux ?

Un mineur qui en a assez de sa famille peut demander son émancipation.

Faux ! Ne plus supporter ses parents n'est pas une raison suffisante ! Il faut déjà avoir 16 ans révolus pour prétendre à l'émancipation et ce n'est pas le mineur qui en fait la demande au juge des tutelles, mais ses parents (ou le conseil de famille, entre autres si les deux parents sont décédés). Cette demande suppose une grande maturité chez l'adolescent car, une fois émancipé, il peut gérer son argent, ses biens, signer des contrats… et donc être responsable de tous ses actes et des dommages qu'il pourrait causer à autrui !

a b c d e F g h i j k l m n o p q r s t u v w x y z

FATIGUE

« C'est bizarre comme on peut être carrément fatigué pour faire ses devoirs et en pleine forme pour aller au ciné ! »

Fanny a enquêté pour vous.

C'est quoi ? C'est quand le réveil sonne et que l'on a l'impression que l'on vient de se coucher !

Le bon plan Pour combattre la fatigue, une douche bien chaude le matin, ça réveille ! Alors que, si on en prend une le soir juste avant de se coucher, ça empêche de dormir (il faut que la température du corps baisse pour qu'on plonge dans le sommeil).

Autre bon plan Quand nos parents reçoivent des amis que l'on n'a pas franchement envie de voir, on peut se faire excuser en prétextant qu'on est fatigué. Genre : demain, on a école ou une tonne de devoirs, alors « on voudrait bien, mais on peut point... » !

Le plan galère Si on se couche vraiment trop tard et qu'on s'endort en classe, c'est la honte ! Et puis, on a des chances d'avoir un mot dans le carnet de correspondance ! Il vaut donc mieux y penser avant car si nos parents apprennent nos veillées nocturnes, ça risque de barder !

Quelques réponses toutes prêtes...

Si nos parents ou nos profs nous demandent pourquoi on a l'air aussi fatigué en ce moment, on peut toujours dire :

Version angélique
« C'est que je travaille beaucoup cette année pour y arriver ! »

Version « en fait des tonnes »
« C'est que, moi, les 35 heures... je les fais deux fois par semaine ! »

LA PAROLE AUX PROS

De quoi s'agit-il ?

Tout le monde peut un jour se plaindre de fatigue, notamment après une journée très remplie ou un manque de sommeil (attention aux couchers trop tardifs !). Mais il y a une grosse différence entre une fatigue banale et une fatigue pathologique : seule la première cède au repos ! Si, malgré plusieurs bonnes nuits de sommeil et un emploi du temps revu à la baisse, rien n'y fait, il y a de l'anomalie dans l'air. Il te faut donc consulter.

Parmi les causes de fatigue les plus courantes, il y a le manque de fer chez les filles qui ont déjà leurs règles. Cela se traduit aussi par un essoufflement à l'effort, une pâleur et une tendance aux infections. Une simple prise de sang demandée par le médecin permet de faire le diagnostic. Il ne reste plus qu'à corriger par la prise de comprimés de fer pendant 3 à 6 mois. Un régime riche en fer est également recommandé : viande, poisson, légumes à feuillage vert et légumineuses (lentilles, haricots secs, etc.).

À côté de cette cause de fatigue féminine, on peut trouver une origine infectieuse (mononucléose infectieuse, hépatites virales, parasitoses...), endocrinienne (diabète, dysfonctionnement de la thyroïde...), pulmonaire, allergique, etc. Et là, les garçons sont aussi concernés.

Enfin, lorsque tout est normal sur le plan médical, le médecin peut s'intéresser de plus près à ton alimentation. Logique ! Le magnésium, par exemple, intervient dans plus de 300 réactions chimiques dans tes cellules. Un déficit, même minime, entraîne entre autres des difficultés à fixer tes idées car le magnésium est indispensable au stockage des molécules chargées de transmettre des messages dans le cerveau. Et il en est de même pour chaque vitamine dont un excès ou une carence peuvent avoir des répercussions insoupçonnées. Dans ce cas, la solution vient d'abord d'un régime plus équilibré...

Notre conseil

Si ta fatigue persiste au-delà de deux semaines et malgré des efforts pour la corriger (comme te coucher plus tôt), un avis médical s'impose. C'est le seul bon réflexe à avoir ! Car chercher à compenser une baisse de forme par des excitants ou des vitamines risque surtout de retarder le diagnostic et donc la prise d'un traitement efficace.

Vrai ou Faux ?

La fatigue psychique, ça n'existe pas.

Faux ! C'est une fatigue réelle qui t'épuise aussi bien physiquement que psychiquement. Cela peut arriver en cas de dépression, en cas d'efforts scolaires importants... En fait ton cerveau « produit » une grande énergie, au-delà de ses ressources. C'est ce qui s'appelle le surmenage. Le pire est que les adultes ne s'en rendent souvent pas compte et peuvent te traiter de paresseux car ils trouvent que tes résultats sont insuffisants ! Explique-leur que tu es fatigué pour de vrai et que ce problème est réel.

Pour ta culture perso

Alphonse Allais, célèbre humoriste français du XIXe siècle, a dit : « Quand on ne travaillera plus les lendemains des jours de repos, la fatigue sera vaincue ! »

LA PAROLE AUX COLLÉGIENS

« Faire la fête, c'est tout simplement s'éclater, se lâcher ! »

Charlotte, Fanny et Hugo ont enquêté pour vous.

C'est quoi ? Au début du collège, la fête se passe souvent l'après-midi, avec au programme : gâteaux, bonbons, boissons et jeux. Ensuite, ça devient une boum, qui a lieu plutôt le soir (sous la surveillance d'un adulte) avec de la musique et une piste de danse sur laquelle on peut essayer de draguer ! Enfin en 3e ou au lycée, ça devient plus sérieux : c'est la soirée où l'on danse jusqu'au bout de la nuit et où, parfois, on trouve des boissons alcoolisées, des « clopes et plus si affinités... ».

Le bon plan On n'est pas toujours à l'aise quand il faut danser devant les autres. Un bon truc, c'est de s'exercer avant entre copains et copines et d'aller ensemble sur la piste. À plusieurs, tout paraît plus facile ! Et puis, ce sont surtout les premiers pas qui coûtent.

Le plan galère Ce sont toujours les mêmes qui sont invités partout. Alors, si personne ne nous invite ou presque, forcément, ça nous « sape » le moral. Plutôt que de se renfermer, il vaut mieux carrément organiser une fête chez soi. Si elle est réussie, il y a de fortes chances pour que ça remonte en flèche notre cote de popularité !

Quelques traductions toutes prêtes...

Dans les fêtes, il faut parfois apprendre à décoder :

Change de disque !
Change de sujet.

T'es en boucle !
Tu l'as déjà dit, tu radotes !

TE-MA sa gueule !
T'as vu sa tête ?

Il capte R ?
Il (elle) ne comprend rien ?

Bouge de là !
Dégage, tu me soûles !

Notre conseil

Tu dois bien avoir conscience que tes parents ne peuvent pas toujours t'autoriser à faire la fête, soit parce que leur appartement ne s'y prête pas, soit parce qu'ils ont des ennuis avec leurs voisins, soit parce qu'ils n'ont pas le budget pour... Plutôt que de t'énerver en disant que tout le monde peut faire la fête sauf toi, essaie de comprendre leur argument et tente de trouver une solution. Si c'est juste une histoire de moyens, pourquoi ne pas demander à chaque invité d'apporter une boisson ou un gâteau ? Et si c'est à cause d'un manque de place, peut-être que les parents d'un copain pourraient te prêter leur garage afin que vous organisiez la fête à plusieurs ?

Comment ça marche ?

Dans une fête, il y a l'avant, le pendant et l'après. C'est donc toute une organisation !

• **Avant :** il faut déjà convaincre tes parents de t'autoriser à organiser ta fête ou de te laisser y aller, si tu es invité. C'est plus facile quand tu es capable de répondre à toutes leurs questions – Où ça se passe ? Avec qui ? Jusqu'à quelle heure ? Qui va surveiller ?... Alors réfléchis-y par avance !

Si c'est toi qui organises, il te faut encore décider du jour (hors période d'examens), du nombre d'invités et, enfin, du thème de ta fête. Dresse également une liste pour les préparatifs : boissons, gâteaux, bonbons, verres, sono, etc. Pour tout ce travail préparatoire, un ami ou deux ne seront pas de trop ! Il ne reste plus qu'à prévenir les voisins la veille du jour J.

• **Pendant :** il y a deux risques. Le premier, c'est une fête ratée, faute d'ambiance. Comme le plus dur, c'est le démarrage, tu dois tout miser là-dessus, quitte à prévoir quelques jeux délirants au départ, pour aider tout le monde à se dérider. Le second risque plus dangereux, c'est le dérapage : des invités qui boivent de l'alcool, vomissent, apportent des cigarettes ou de la drogue, volent des affaires, cassent des bibelots ou squattent ta chambre pour flirter, ça peut arriver ! Attention ! C'est pourquoi la présence d'un plus grand (grand frère ou adulte) est vivement recommandée.
À défaut, prévois peu d'invités et seulement des amis suffisamment sérieux pour ne pas faire n'importe quoi.

• **Après :** il faut tout ranger et nettoyer (donner un coup de main si tu es invité). C'est LA condition pour que les parents acceptent à nouveau de prêter leur salon ou leur garage !

Vrai ou Faux ?

Tes parents sont responsables de tout ce qui peut se passer pendant ta fête.

Vrai ! Même s'ils sont absents, ce sont eux qui auront à répondre en cas de pépin. Ainsi, si un invité se soûle et se retrouve en coma éthylique, ses parents peuvent porter plainte contre les tiens. Maintenant, tu comprends mieux pourquoi ils se méfient ou pourquoi ils te disent OK pour une fête, mais avec zéro alcool !

FORME

« La meilleure recette pour être en superforme, c'est… les vacances ! »

Charlotte et Fanny ont enquêté pour vous.

C'est quoi ? Être en forme, c'est avoir du tonus, de l'endurance, bref, avoir le sentiment qu'on a des ailes dans le dos ! C'est tout le contraire de la fatigue.

Le bon plan Si nos parents veulent nous interdire la télévision sous prétexte qu'on ne fait pas assez de sport, on peut toujours négocier l'installation d'un vélo d'appartement dans le salon et faire sa gym en regardant son émission préférée. Par contre, il faut vraiment s'y mettre à fond en leur présence, faute de quoi ils ne nous croiront pas !

Le plan galère Quand on fait du sport et des compétitions, on en voit parfois qui prennent des produits dans les vestiaires. Ils achètent ça sur internet sans en connaître les ingrédients. Et parfois, ça peut être grave. On nous a expliqué, au collège, que ces produits pouvaient contenir des dopants qui donnent l'illusion d'être en pleine forme, mais sont dangereux pour la santé. La forme, ça ne s'achète pas !

Quelques réponses toutes prêtes…

Si tes parents te demandent si tu es en forme, tu peux toujours répondre :

Version intéressée

« Je suis toujours en forme pour une journée de shopping ! »

Version franche

« Moi oui, mais mon bulletin du trimestre, il a une petite mine ! »

Version angélique

« J'ai de qui tenir ! »

LA PAROLE AUX PROS

De quoi s'agit-il ?

Pour savoir si tu as du souffle (un bon témoin de ton niveau de forme), réponds à ce petit test.

À FOND LA FORME !

1. Monter cinq étages à pied sans t'arrêter, à un rythme normal (sans courir)...

❑ trop facile ❑ trop galère

2. Aller courir avec un groupe d'amis de ton âge et de ton niveau...

❑ trop facile ❑ trop galère

3. Piquer un sprint de 300 mètres pour rattraper ton bus...

❑ trop facile ❑ trop galère

4. Marcher 45 minutes à un rythme rapide sans faire une seule pause...

❑ trop facile ❑ trop galère

5. Te passer de cigarette au collège...

❑ trop facile ❑ trop galère

Réponses : Compte 1 point par réponse « trop facile » et 0 par réponse « trop galère ».

• Si tu as 4 ou 5 points, tout est normal. Continue comme ça !

• Si tu as 2 ou 3 points, tu manques clairement de souffle, peut-être en raison d'un manque d'entraînement, de kilos en trop ou à cause de la cigarette. À corriger au plus vite !

• Si tu as 0 ou 1 point, ça mérite un avis médical, surtout si tu as souvent une toux sèche (en l'absence d'infection), si un fou rire suffit à t'essouffler ou s'il y a des asthmatiques ou des allergiques dans ta famille. Il ne faudrait quand même pas passer à côté d'un petit problème médical qui risque de baisser ton quotient « forme » !

Notre conseil

C'est normal de ne pas être tous les jours au sommet de ta forme. Ça dépend de la nuit que tu as passée, de ce que tu as mangé (repas équilibré ou pas), du temps que tu passes à te bouger, mais aussi de tes hormones, de tes défenses immunitaires, etc. Par contre, ce qui n'est pas normal, c'est de te lever tous les jours en te disant « Je n'ai pas la pêche » ou d'avoir le sentiment que tu ne pourras jamais arriver à accomplir tout ce que tu dois faire dans la journée, bref, de te sentir tout le temps « tout mou ». Si c'est le cas, une petite consultation s'impose. Ce serait vraiment trop bête de passer tes années « collège » à te traîner alors qu'il y a des solutions !

Vrai ou Faux ?

On a plus de chances de rester en forme quand on fait du sport... sauf en cas d'infection virale !

Vrai. Car le sport déprime légèrement les défenses immunitaires qui ont déjà fort à faire avec les virus. Ce n'est donc pas le moment de forcer, sous peine de retarder la guérison. Mais dès que ça va mieux, tu peux reprendre tout en douceur.

FRATRIE

LA PAROLE AUX COLLÉGIENS

« Dans la vie, on peut tout le temps compter sur son frère ou sa sœur… même pour commenter nos notes devant les parents ! »

////////////////////// Hugo a enquêté pour vous. //////////////////

Quelques réponses toutes prêtes…

Si quelqu'un nous demande si on s'entend bien avec nos frères et sœurs, on peut toujours répondre :

Version avant NOTRE anniversaire
« C'est sûr qu'il y a de gros avantages… »

Version avant LEUR anniversaire
« Le problème, c'est que ça coûte cher ! »

C'est quoi ? La fratrie, ce sont les frères et sœurs avec qui on partage les mêmes parents. Les demi-frères et demi-sœurs, eux, ont un seul parent en commun avec nous (soit la mère, soit le père). Mais ils peuvent vivre avec nous en permanence ou être avec nous seulement pour le week-end ou les vacances. Et parfois, on s'entend mieux avec eux qu'avec notre propre frère ou sœur ! En effet, on n'a pas forcément besoin d'avoir le même arbre généalogique pour nous sentir bien et à l'aise avec quelqu'un !

Le bon plan Deux parents contre nous, c'est dur ! Mais si on est plusieurs frères et sœurs à demander ensemble la même chose, on a plus de chances de se faire entendre. On devient majoritaire ! C'est le moment de rameuter tout le monde : nos frères, nos sœurs, nos « demi » et compagnie.

Le plan galère La jalousie entre frères et sœurs, ça nous pourrit la vie. Quand on ne s'entend pas, il vaut mieux s'ignorer que de passer son temps à se disputer, c'est une perte d'énergie, d'autant que ça peut changer avec le temps. En fait, la jalousie survient souvent quand on pense que nos parents préfèrent notre frère ou notre sœur ! Et c'est bête, car les parents aiment tous leurs enfants, même si, parfois, ils nous aiment différemment.

Comment ça marche ?

Être frère et sœur, c'est avoir une histoire de vie et des relations familiales en commun. Il n'y a pas de place meilleure qu'une autre dans la fratrie : chacune a ses avantages et ses inconvénients !

Ainsi, l'aîné bénéficie d'un statut particulier parce que c'est à sa naissance que son père et sa mère sont devenus des parents. Le risque, c'est qu'on lui demande toujours de montrer l'exemple, alors que ce n'est pas son rôle ! C'est aux parents de servir de modèle, pas aux enfants. De même, ce n'est pas à l'aîné de surveiller ou d'élever les plus jeunes.

Celui ou ceux du milieu n'ont pas forcément de mal à trouver leur place, comme on l'entend souvent dire. Au contraire, ils peuvent se sentir proches à la fois des grands et des petits, et ainsi acquérir de vrais talents de diplomates !

Le plus jeune est parfois très « cocooné » car ses parents savent qu'il n'y aura pas d'autre enfant après lui. Toutefois, cela n'a rien de systématique et, pour certains cadets, l'indépendance est plus simple à conquérir car les grands ont ouvert la voie et essuyé les plâtres ! À eux, la liberté !

Notre conseil

Être frère ou sœur, c'est un lien fort. Pour autant, tu n'es pas obligé(e) d'être en parfait accord avec ton frère ou ta sœur, juste parce que tu partages ce lien avec eux. Et si tu en as plusieurs, tu n'es pas forcé(e) de t'entendre avec chacun(e) de la même façon. C'est même fréquent d'avoir des complicités différentes avec les uns et les autres. Il n'y a pas à culpabiliser pour cela.

Vrai ou Faux ?

Les enfants uniques sont forcément égoïstes !

Faux ! Ils ne le sont pas plus que les autres. Par contre, les études ont montré que, étant donné que leurs parents fixaient toute leur attention et leurs espoirs sur eux, ces enfants sans frère et sœur étaient plus souvent anxieux.

Pour ta culture perso

En France, on parle de famille nombreuse à partir de 3 enfants et de famille très nombreuse à partir de 4 enfants. Il y a près de 1,7 million de familles de trois enfants ou plus dans notre pays.

« Les chiens qui s'ennuient partent bien de chez eux, alors pourquoi pas les ados ? »

Charlotte et Fanny ont enquêté pour vous.

C'est quoi ? Des élèves qui « sèchent » les cours, il y en a pas mal. Ils n'ont pas l'impression de fuguer, mais juste d'échapper pour quelques heures au stress du collège. Le problème, c'est qu'après ils sont vite « catalogués » par les profs et leur situation ne fait qu'empirer. Jusqu'au jour où ils partent pour de bon, parce qu'ils n'ont plus rien à perdre. C'est beaucoup plus fréquent que les élèves disparaissent comme ça que du jour au lendemain.

Le bon plan Si c'est un copain qui fugue et qu'il nous demande de l'héberger, on a intérêt à dire « oui », car il sera toujours mieux chez nous que dans la nature. Il faut juste s'arranger pour que nos parents préviennent les siens et éviter de laisser les gendarmes et la police mettre en œuvre des moyens énormes pour le retrouver, sans réagir ! En plus, s'il s'est réfugié chez nous, nos parents en sont responsables.

Le plan galère Si un ami nous dit qu'il veut fuguer de chez lui, on ne doit surtout pas l'encourager à partir. On doit discuter avec lui et le convaincre d'y renoncer parce que ça peut être dangereux et, s'il lui arrive malheur, on s'en voudra toute notre vie...

La bonne blague

En rentrant dans la chambre de sa fille qu'elle trouve vide, une mère voit cette lettre...

« Maman chérie, je suis désolée de devoir te dire que j'ai quitté la maison pour aller vivre avec mon copain. Il est l'amour de ma vie. Tu devrais le voir, il est tellement mignon avec ses tatouages, ses piercings et sa super-moto. Je regrette de ne pas pouvoir te le présenter, mais après son braquage qui a mal tourné, Jean ne peut pas rester en France. Il est fiché par Interpol. On va donc s'envoler pour un endroit secret et je te donnerai de mes nouvelles dans 10 ans, quand il y aura prescription.

Ta fille adorée

P-S : Je te dis n'imp', je suis chez les voisins ! Je voulais juste te dire qu'il y a des choses bien pires dans la vie que mon bulletin scolaire que tu trouveras sur ta table de nuit... »

De quoi s'agit-il ?

C'est une chose de dire « j'en ai assez, je vais partir », mais c'est une autre de le faire vraiment ! Que ce soit toi ou un de tes amis qui passe à l'acte, cela signifie que tu as l'impression qu'il n'y a plus de dialogue possible à la maison et, donc, que partir est la seule solution. Comme à ton âge tu minimises les dangers réellement encourus, la tentation peut être grande.

Pour autant, inutile de te leurrer : le fait de partir a peu de chances de résoudre tes problèmes. Au mieux, tu seras vite retrouvé, mais ta situation n'aura guère évolué. Au pire, tu risques d'avoir affaire à des délinquants, et ça peut te marquer à vie.

Notre conseil

Si, dans ta famille, c'est ton frère ou ta sœur qui a fugué, c'est qu'il (elle) était en proie à des tensions trop fortes. Avec l'aide de tes parents, il faut rapidement prévenir les gendarmes, donner son signalement, la liste des endroits où il (elle) a l'habitude d'aller, appeler ses ami(e)s pour le cas où ils (elles) sauraient quelque chose et vérifier s'il (elle) a emporté certains objets (argent, vêtements, duvet, tente...). En revanche, ne vous torturez pas l'esprit en cherchant le « pourquoi », car les causes de sa fugue ne sont pas toujours évidentes. Un adolescent peut soudain fuguer, parce qu'une remarque désobligeante d'un parent, d'un copain ou d'un professeur a été ressentie comme « la goutte d'eau qui a fait déborder le vase ». Il peut aussi fuguer parce qu'on lui a annoncé l'imminence d'un divorce, d'un déménagement ou de tout autre changement radical dans sa vie. Ou parce qu'il se sent pris dans la spirale de l'échec scolaire, etc.

De même, il n'y a pas un type de fugue universelle. Certaines sont impulsives. D'autres sont préparées avec minutie (plus une fugue est organisée, plus elle traduit un vrai malaise). Elle est parfois précédée de signes annonciateurs comme des petites phrases du style : « Vous serez plus tranquilles quand je ne serai plus là. » Mais parfois, rien ne laissait présager une telle réaction !

Enfin, certaines fugues ne durent que quelques heures ; d'autres plusieurs jours. Il y a presque autant de fugues que d'adolescents fugueurs, avec tout de même un point commun : le passage à l'acte. Et cela signifie quelque chose d'important : si c'est le mode de réaction de l'ado en cas de tension, il peut récidiver. C'est pourquoi, lorsqu'il revient, il ne faut pas faire comme si de rien n'était. La famille doit comprendre ce qui s'est passé, en ouvrant le dialogue (ou en se faisant aider par un tiers). Elle doit lui rappeler combien elle l'aime, tout en lui disant « On peut tout entendre », « Comment on peut t'aider ? ». Car le rétablissement d'un dialogue entre parents et ados, ainsi qu'entre frères et sœurs, est encore la meilleure arme antifugue !

Vrai ou Faux ?

C'est au printemps qu'on enregistre le plus de fugues.

Vrai. Comme si le printemps et les examens réveillaient les envies de liberté ! C'est aussi peut-être parce que certains ont l'impression que c'est plus facile de dormir à la belle étoile s'il fait bon dehors.

Pour ta culture perso

Chaque année en France, près de 50 000 ados mineurs fuguent et les filles sont presque aussi nombreuses que les garçons.

GAUCHER

« Gaucher peut faire penser à "gauche" dans le sens de "maladroit". C'est comme ça qu'on enferme les gens dans des clichés... »

Charlotte et Fanny ont enquêté pour vous.

C'est quoi ? C'est celui qui se sert de la main gauche pour écrire, bien sûr, mais aussi pour dessiner, couper sa viande, jouer au tennis, etc. Parfois, il se sert aussi de son pied gauche pour shooter dans un ballon et de son œil gauche pour regarder dans le viseur d'un appareil photo. Ce n'est pas le cas de tous les gauchers.

Le bon plan Quand on a un voisin de table qui est gaucher (et qu'on est droitier), il faut lui conseiller de se placer à notre gauche. Comme ça, on a un maximum de place tous les deux ! En revanche, ça devient compliqué de partager un seul livre pour deux en le mettant au milieu : il vaut mieux avoir chacun le sien.

Le plan galère Comme la main du gaucher cache ce qu'il écrit au fur et à mesure qu'il avance, il est souvent obligé de mettre sa feuille de travers et de se tenir « tordu » !

Une réponse toute prête...

Si quelqu'un se moque parce qu'on est gaucher, on peut toujours lui rappeler que Léonard de Vinci, Bill Gates (fondateur de Microsoft), Franck Ribéry (football) et Rafael Nadal (tennis) font partie de la longue liste des gauchers célèbres. Et toc !

LA PAROLE AUX PROS

Comment ça marche ?

Si tu es un vrai gaucher, cela veut dire que tu utilises de préférence toute la moitié gauche de ton corps, depuis l'œil jusqu'au pied (on parle de gaucher « homogène »). Après avoir été contraint d'écrire de la main droite pendant des générations, les gauchers sont aujourd'hui mieux respectés, de façon à ce que cela ne nuise pas à leur scolarité. Et la proportion de sportifs gauchers de très haut niveau est supérieure à la moyenne pour le tennis de table, le tennis, la boxe et l'escrime, par exemple. Toutefois, les études réalisées jusqu'à présent n'ont pas su dire si c'est le fait d'être gaucher qui offre un réel avantage ou simplement le fait d'être un adversaire qui joue « en miroir » face à un droitier, ce à quoi celui-ci n'est pas habitué durant les séances d'entraînement.

Notre conseil

Si tu es gaucher, tu n'es pas obligatoirement plus lent et tu n'écris pas forcément plus mal que les droitiers, comme on l'entend souvent dire. Cela a été démontré par des études. Cependant, ne place pas tes énoncés en haut et à gauche (faute de quoi tu risques d'être gêné pour les lire, par la main qui écrit), mais en haut et à droite. Question de logique !

Vrai ou Faux ?

Entre le cerveau d'un gaucher et celui d'un droitier, tout est inversé.

Faux ! Il y a juste quelques différences au niveau de l'organisation entre un cerveau de gaucher et celui d'un droitier. Sept gauchers sur dix ont une aire du langage localisée dans le cerveau gauche comme chez les droitiers, mais ils ont en plus des représentations du langage dans l'autre hémisphère. Et surtout, les connexions entre « cerveau droit » et « cerveau gauche » sont souvent plus importantes chez les gauchers que chez les droitiers.

Pour ta culture perso

Deux parents droitiers ont une probabilité de 2 % d'avoir un enfant gaucher. Cette probabilité passe à 17 % quand un des parents est gaucher et à 46 % quand les deux le sont. La transmission du ou des gènes liés au fait d'être gaucher n'est donc pas systématique. Et on trouverait plus de gauchers parmi les blonds aux yeux bleus !

« Quand j'avais 13 ans, j'ai formé un groupe de rock avec deux copains. On adore jouer ensemble et, depuis, on ne se quitte plus ! »

Hugo a enquêté pour vous.

C'est quoi ? C'est un ensemble de personnes qui se regroupent autour d'un centre d'intérêt commun ou d'une passion. Ça peut être un groupe d'amis, une « bande » de copains, filles ou garçons, avec qui on partage ses secrets, avec lesquels on passe beaucoup de temps. On peut aussi faire partie d'un groupe de musique, de danse, de sport, bref, tout est permis !

Le bon plan Appartenir à un groupe, ça aide à être heureux ! Si c'est une bande de copains, ils sont là pour qu'on s'éclate tous ensemble. Si c'est un club de sport ou une autre activité, c'est un bon moyen de partager des passions communes. On ne doit pas hésiter à intégrer un groupe ou à en créer un, pour pouvoir se sentir bien, s'exprimer, se confier et s'amuser ! Un groupe, c'est un peu comme une « deuxième famille », mais celle-là, on l'a choisie !

Le plan galère Il faut faire attention car certains groupes peuvent être nocifs et même parfois dangereux. C'est le cas de la bande de délinquants du coin. Mais il y a plus grave encore. Les sectes sont des groupes qui profitent d'autres personnes (plutôt vulnérables) et qui les manipulent. Il faut être très vigilant pour ne pas tomber dans leur piège. On peut aussi trouver des groupes « louches » sur internet : il faut bien se renseigner sur un groupe avant d'y entrer, en parler à nos parents, car il peut être composé de gens qui n'ont qu'une idée en tête : trouver de nouveaux « pigeons » pour leur faire du mal ou pour faire du mal aux autres (groupe terroriste).

Comment ça marche ?

À l'adolescence, tu as enfin compris que tes parents n'étaient « que » des humains comme les autres, avec leurs défauts et leurs faiblesses. Comme ils sont descendus du piédestal sur lequel tu les plaçais quand tu étais plus jeune, il faut bien te trouver un autre modèle pour grandir. Et ce modèle, c'est très souvent un groupe d'ados de ton âge ! En t'identifiant à eux, que ce soit par les vêtements, le langage, etc., en les trouvant absolument « géniaux », tu sors définitivement de l'enfance. Et plus tard, quand tu prendras ton envol par rapport à ce groupe, tu deviendras un jeune adulte plus autonome !

Notre conseil

Tu as beau trouver tes parents « nuls », dis-toi quand même qu'ils ont plus d'expérience que toi et qu'ils ne veulent que ton bien. Alors, s'ils te mettent en alerte contre un groupe qu'ils trouvent néfaste, demande-toi s'il n'y a pas un peu de vrai dans leur raisonnement, avant de te fâcher parce qu'ils ont « osé critiquer » ! Un groupe qui t'aide à trouver ton équilibre entre la maison et l'extérieur, dans lequel tu t'épanouis sans pour autant te fâcher avec tes anciennes relations, est un groupe positif. Mais s'il te pousse à couper tous tes liens, à ne plus rien faire en classe, bref, à changer radicalement de vie, c'est un groupe nocif qui a trop d'emprise sur toi. Et là, ça peut devenir dangereux…

Vrai ou Faux ?

Beaucoup de groupes de copains sont devenus célèbres.

Vrai ! D'après toi, comment ont commencé les Beatles ou les Rolling Stones et la plupart des groupes que tu aimes ?

Pour ta culture perso

Boris Cyrulnik, qui étudie le comportement des humains et des animaux, a déclaré : « Si nous disions constamment ce qui nous passe par la tête, aucun couple, aucun groupe ne pourrait continuer à vivre ensemble. La brutalité serait quotidienne. » À méditer…

HALEINE

« Une mauvaise haleine, même si t'es le plus beau ou la plus belle, ça casse ! »

Hugo a enquêté pour vous.

Quelques réponses toutes prêtes…

Si un bon copain a vraiment un souci avec son haleine, on peut toujours lui dire:

Version pour ne pas le vexer

« Tu te rappelles X, qui avait une haleine d'enfer ? Eh bien, depuis qu'il a été opéré des amygdales, c'est un autre gars ! »

Version sans détour

« Et toi, ça fait combien de temps que tu n'as pas été chez le dentiste ? »

C'est quoi ? C'est une mauvaise odeur au niveau de la bouche (puer du bec, quoi !). Et personne n'a envie d'en souffrir, car c'est considéré comme pire que de sentir des pieds, d'où le risque d'avoir un grand vide autour de soi…

Le bon plan Plus on a les dents bien soignées et moins on a de risques d'avoir une mauvaise haleine. À notre âge, on a droit à une séance de soins gratuits chez le dentiste dans le cadre de l'opération « M' tes dents » (proposée par la Sécurité sociale), alors on ne se fait pas prier pour lui rendre visite !

Le plan galère Il y a des gens qui ne peuvent pas s'empêcher de se placer à 10 centimètres de notre nez quand ils nous parlent. Le premier réflexe, c'est alors de se reculer parce qu'ils empiètent sur notre « territoire intime ». Du coup, ils peuvent penser qu'on fait marche arrière parce qu'ils ont mauvaise haleine! Si on ne veut pas que ça nous arrive, à nous aussi, on doit faire attention à rester à plus de 50 centimètres de l'autre, même si c'est un bon copain. C'est considéré comme le minimum acceptable, le « minimum de sécurité » en quelque sorte, sauf si on est très intimes !

LA PAROLE AUX PROS

Comment ça marche ?

Encore appelée « halitose », la mauvaise haleine toucherait près de quatre Français sur dix (au moins temporairement). Les causes en sont multiples : la réputation des petits plats aux épices ou à l'ail, des fromages au goût prononcé, du tabac et de l'alcool n'est plus à faire ! Une inflammation des gencives (gingivite), une dent abîmée ou une plaie buccale peuvent également être en cause. Mais parfois l'origine du problème ne se situe pas dans la bouche : il peut s'agir d'une maladie infectieuse (angine, sinusite...) ou d'un trouble digestif en rapport avec l'estomac (reflux acide), l'intestin ou le foie.

Le meilleur traitement d'une mauvaise haleine étant celui de sa cause, une petite visite chez ton dentiste et ton généraliste s'impose. Le premier recherche d'éventuelles caries et propose, au besoin, un bon détartrage. Le second recherche plutôt un trouble infectieux ou digestif à traiter et donne des conseils d'hygiène de vie : les aliments trop riches en graisses sont à éviter. Un traitement antiballonnement à base de charbon végétal peut également être utile, tout comme le fait de boire au moins toutes les deux heures pour bien réhydrater ta bouche.

Notre conseil

Contrairement à ce que certains ont pu te dire, il n'est pas recommandé de mâchouiller des bonbons à longueur de journée dans l'espoir de masquer ton haleine : ils favorisent surtout l'apparition des caries ! Autre mauvaise idée : faire des bains de bouche antiseptiques. Car, au-delà de dix jours d'affilée, sans avis médical, tu risques surtout de perturber l'équilibre microbien naturel de la bouche et donc de favoriser la multiplication d'un germe indésirable, qui

provoquerait une infection venant aggraver ta mauvaise haleine ! Ce qui est important, c'est d'avoir un « allié » dans ton entourage capable de te dire si tu as mauvaise haleine sans que ça te vexe.

Vrai ou Faux ?

Les chewing-gums sans sucre sont recommandés pour combattre la mauvaise haleine.

Vrai et faux ! En fait, tu peux en prendre après le repas si tu n'as pas la possibilité de te laver les dents, car ils contribuent à diminuer le risque de carie en augmentant la production de salive et en évitant qu'elle ne devienne trop acide. Mais tu dois y aller mollo ! En effet, la plupart contiennent du xylitol, une molécule accusée de favoriser des troubles digestifs – diarrhées, ballonnements – en cas d'abus.

Pour ta culture perso

Le journaliste Michel Chrestien a dit : « Contre la mauvaise haleine, un seul remède : le téléphone ! » Pas bête !

HANDICAP

« Il n'y a pas de honte à être une personne handicapée. Ce qui est honteux, c'est de lui refuser une place parmi nous ou de se moquer. »

Charlotte et Fanny ont enquêté pour vous.

C'est quoi ? C'est un trouble qui empêche de vivre comme une personne en bonne santé. Il y a toutes sortes de handicaps, et certains n'empêchent pas de vivre à peu près normalement (beaucoup de personnes sourdes se débrouillent très bien), alors que d'autres sont plus lourds, comme les gros troubles moteurs. Le handicap peut apparaître à la naissance ou à la suite d'une maladie ou d'un accident. On oublie souvent que certaines personnes aujourd'hui handicapées étaient comme nous il y a encore quelques mois ou quelques années. Rien que de savoir ça, ça devrait nous rendre plus solidaires…

Le bon plan Parfois, les gens évitent les personnes handicapées, sous prétexte qu'ils ne savent pas comment s'y prendre avec elles. Mais c'est un faux problème ! On doit se comporter de la même manière qu'avec quelqu'un de « normal », parce que ce sont des personnes avant tout. Alors, s'il y a un petit nouveau au collège qui est en fauteuil roulant et qui semble isolé, on peut juste lui dire : « T'as l'air perdu, tu cherches quelque chose ? », comme on le ferait avec n'importe qui. Handicap ou pas, aucun ado n'aime être mis à l'écart…

Le plan galère À notre âge, la principale cause de handicap, c'est l'accident sur la voie publique. Trop de jeunes finissent en fauteuil roulant parce qu'ils n'ont pas mesuré le danger en grillant les feux à vélo, en roulant sans casque sur leur scooter, en n'attachant pas la ceinture à l'arrière de la voiture… Le problème, c'est qu'en cas d'accident grave, on n'aura pas droit à une deuxième chance.

Quelques réponses toutes prêtes…

Si quelqu'un se moque du handicap d'un de nos copains, on peut lui répondre :

Version polie
« Au cas où tu n'aurais pas remarqué, il n'y a que toi que ça fait rire, ici. »

Version désolée
« Il ne faut pas se fier aux apparences : toi, ça ne se voit pas forcément tout de suite, et pourtant qu'est-ce que tu peux être bête… »

Version ironique
« Et moi qui pensais que tu avais au moins UN neurone ! »

Comment ça marche ?

Certains handicaps relèvent d'une scolarité dans un établissement spécialisé (classe adaptée), alors que d'autres sont tout à fait compatibles avec la poursuite des études dans le collège du coin. La loi du 11 février 2005 a réaffirmé le droit des élèves handicapés à l'éducation, ainsi que la responsabilité du système éducatif comme garant de la continuité du parcours de formation de chacun. En théorie, les adolescents handicapés ont le droit d'être inscrits et si possible scolarisés dans l'établissement scolaire le plus proche de chez eux, quitte à bénéficier d'un auxiliaire de vie scolaire qui les aide dans leurs déplacements, pour la prise de notes, etc. Pour obtenir des informations, le plus simple est de se tourner vers **Aide Handicap École**, mis en place par le gouvernement : **Numéro Azur : 0800 730 123**.

Notre conseil

Les associations de malades sont aussi de bonnes sources d'informations, tant pour les parents que pour les ados confrontés au handicap. C'est un moyen de rencontrer d'autres personnes concernées, de profiter de leurs « tuyaux » sur les formations existantes, etc. Il existe au moins une association pour la plupart des maladies et des handicaps. Un grand nombre d'associations sont répertoriées sur le site : **www.asso1901.com**.

Vrai ou Faux ?

L'intégration des jeunes handicapés en milieu scolaire s'améliore.

Vrai, même s'il reste beaucoup à faire ! Ainsi, plus de 340.000 élèves en situation de handicap ont pu faire leur rentrée scolaire en 2018, soit environ 160.000 de plus qu'il y a dix ans.

Pour ta culture perso

Les Jeux paralympiques sont la preuve qu'un sportif handicapé de haut niveau peut accomplir de véritables prouesses, avec lesquelles la très grande majorité des « valides » est bien incapable de rivaliser.

« Quand on est harcelé, il faut en parler ! »

Léa et Eugénie ont enquêté pour vous.

C'est quoi ? Ce sont des attaques psychologiques ou physiques répétées sur un élève isolé, à l'école ou en dehors, sur les réseaux sociaux. En général, les victimes de harcèlement sont des personnes qui n'entrent pas dans les cases préétablies : pas les bons vêtements, trop bons à l'école, pas les bons goûts, trop excentriques… Alors qu'à l'inverse, les harceleurs font souvent partie de groupes, protégés par la masse, et donc plus impressionnants.

Le bon plan Si on se rend compte que quelqu'un est harcelé ou qu'on l'est soi-même, il faut absolument en parler à un adulte. Ça peut être un prof ou un surveillant en qui on a confiance. Souvent, les harceleurs n'ont pas qu'une seule victime, on peut essayer de se rapprocher des autres, ensemble on est toujours plus forts.

Le plan galère Quand on est harcelé, on peut avoir envie de faire croire que tout va bien pour ne pas inquiéter ses parents. Alors qu'au contraire, il ne faut pas hésiter à lancer des appels à l'aide auprès de ses proches. Ça peut être des allusions, un mot laissé sur un papier… En tout cas, il faut toujours accepter l'aide qu'on nous propose, car c'est trop dur de s'en sortir tout seul. Il ne faut pas hésiter à en parler à des amis ou à des témoins.
Quand on est témoin, on hésite parfois à intervenir, mais rester passif, c'est aussi entrer dans le jeu de ceux qui harcèlent.

Quelques réponses toutes prêtes…

Si on nous demande de quoi on se mêle à venir défendre quelqu'un contre qui tout le monde se ligue :

Version assurée

« Et toi, t'as rien de mieux à faire ? »

Version ironique

« Ça se voit pas ? Je décore ma salle de bains. »

Comment ça marche ?

Nombreux sont les élèves harcelés pour leur intelligence précoce, leur apparence physique, un handicap, etc. Ils sont victimes de moqueries, d'humiliations, d'insultes, parfois de violences et d'incitation au suicide, en classe ou en dehors de l'école, via les réseaux sociaux.

Cela ne s'arrête jamais, même le week-end, même en vacances. Le harcèlement n'est d'ailleurs pas uniquement scolaire. Il peut sévir n'importe où : dans un club de sport, une colo, en entreprise, etc.

Le harcèlement a déjà conduit des personnes très fragiles à se suicider, ce qui en dit long sur la détresse qu'il engendre. Il peut avoir d'autres conséquences graves : dépression, phobie ou décrochage scolaire…

C'est inacceptable, intolérable et puni par la loi.

Notre conseil

Tu as le pouvoir de changer les choses autour de toi, en refusant de faire partie d'une meute de moqueurs et en signalant tout cas de harcèlement à un adulte de confiance de ton établissement. En cas de harcèlement via les réseaux sociaux, tu peux le signaler sur netecoute.fr ou appeler le 0800 200 000 (numéro vert, appel gratuit) ; dans les autres cas, tu peux appeler le 3020, le numéro vert de « Non au harcèlement ». Tu peux en parler à tes parents pour qu'ils alertent le directeur de l'établissement. Si ça touche un collégien isolé, tu peux aller lui parler pour qu'il se sente moins seul. Si ça te concerne toi, essaie de repérer d'autres élèves harcelés et va les voir, car c'est plus facile de lutter à plusieurs que tout seul. Tu peux aussi porter plainte contre ceux qui te harcèlent, au commissariat ou en gendarmerie. Ne pense pas que, si tu dénonces des harceleurs, tu seras victime de représailles : c'est justement là-dessus que comptent les harceleurs. En réalité, à partir du moment où des adultes responsables sont mis au courant de leur monstruosité, ça les fait déjà moins rigoler.

Vrai ou Faux ?

Les harceleurs ne risquent rien.

Faux ! Des sanctions peuvent être prononcées : amendes, et même peines de prison pour les harceleurs de plus de 13 ans.

La responsabilité des parents des harceleurs peut aussi être engagée : ce sont donc eux qui paieront si des indemnités doivent être versées à la victime.

Pour ta culture perso

C'est au collège que les victimes de harcèlement sévère (quotidien) sont les plus nombreuses. Sont touchés 7 % des collégiens, 5 % des élèves de primaire et 1,3 % des lycéens.

a b c d e f g H i j k l m n o p q r s t u v w x y z

HÉRÉDITÉ

« Il y a des "héritages" dont on se passerait bien ! »

////////////// Charlotte et Fanny ont enquêté pour vous. //////////////

C'est quoi ? C'est le « bagage génétique » que l'on reçoit de nos parents : l'ensemble des données et informations biologiques nécessaires pour nous fabriquer et nous faire vivre !

Le bon plan Même si on n'a pas hérité du gène qu'on aurait bien aimé, il ne faut pas désespérer ! On a les yeux noirs alors qu'on les voulait bleus ? Il reste les lentilles de couleur. Un rien nous fait grossir alors qu'on aurait voulu manger comme quatre sans prendre un gramme ? On n'a qu'à se donner à fond dans le sport ! Et c'est comme ça pour (presque) tout : il faut juste trouver la parade ou, ce qui est encore mieux, apprendre à s'accepter comme on est !

Le plan galère Les gènes que nos parents nous ont « refilés » ne sont pas toujours excellents ! Certains nous rendent plus sensibles à des maladies. D'autres se traduisent par un défaut physique. Seule consolation : les parents ne l'ont pas fait exprès ! En effet, il est impossible de sélectionner les gènes qu'on voudrait pour ses enfants et, après tout, ce n'est peut-être pas si mal. Sinon, qui sait si tout le monde ne choisirait pas d'avoir des enfants sur le même modèle !

Quelques réponses toutes prêtes…

Si nos parents nous font un reproche, on peut toujours rétorquer :

Version navrée
« Ce n'est pas de ma faute, j'ai hérité de vos gènes ! »

Version ironique
« Super, ça me fait un autre point commun avec vous ! »

Version dicton
« Les chiens ne font pas des chats ! »

Comment ça marche ?

Tu es formé par environ 100 000 milliards de cellules. Elles possèdent toutes un noyau qui contient 23 paires de chromosomes : chaque paire est composée d'un chromosome de ta mère et d'un chromosome de ton père. Si tu les regardes au microscope, ils sont composés d'un très long filament qui comprend toutes les informations nécessaires pour fabriquer et faire vivre un être humain. Ce filament s'appelle l'ADN. Et les informations qu'il contient forment ton génome en tant qu'individu unique !

Pour être concret, on pourrait comparer ton génome à une sorte d'encyclopédie de la vie en 23 volumes (les 23 paires de chromosomes). Mais, à la différence d'un livre, qui est rédigé avec les 26 lettres de l'alphabet, on n'y trouve que 4 caractères qu'on désigne par A, T, G ou C, ce qui donne des phrases du style « GCTCCATGATGCGTT » (extrait du chromosome 14). Vu comme ça, ça ressemble à du charabia, mais pas pour tes cellules, qui décodent très bien ce langage !

Aussi sophistiqué que soit ce système, ne pense pas que l'être humain est un cas à part. Son génome est écrit exactement dans le même langage (ATGC) que celui des animaux ou des plantes ! Seules les combinaisons changent, ainsi que la longueur des écrits.

Notre conseil

Tu ne choisis pas tes gènes. Tu en hérites et tu fais avec. Pour autant, même s'ils font ce que tu es (physiquement et intellectuellement), tu ne peux pas tout leur mettre sur le dos. Tes fréquentations, tes choix, tes expériences, ton mode de vie, etc., bref, tout ce qui fait ton environnement influence aussi très fortement (plus que l'hérédité) ton caractère, ta façon de penser, tes goûts, ton physique. Rien n'est jamais figé d'avance !

Vrai ou Faux ?

Le génome parfait, ça n'existe pas !

Vrai. Les généticiens sont formels. Tout le monde sans exception a des « bugs » plus ou moins gênants, dans sa grande encyclopédie de la vie. Par exemple, si les cellules dont la fonction est de fabriquer de l'os ne reçoivent plus l'ordre de le faire, le squelette va être hyper fragile (maladie des « os de verre »). C'est comme ça que les plus malchanceux se retrouvent avec des maladies génétiques…

Pour ta culture perso

Si on avait la possibilité de dérouler le long filament ADN contenu dans le noyau d'une seule de tes cellules microscopiques, il atteindrait près de 2 mètres de longueur ! Pour réussir cette prouesse, tes filaments d'ADN ont la forme d'une hélice, un peu comme un colimaçon archi-compacté. Génial, non ?

HOMOSEXUALITÉ

« Ma meilleure amie m'a dit qu'elle était homosexuelle. Au début, j'ai eu peur, ça m'a fait bizarre... mais j'ai pris du recul et je l'ai aidée à s'affirmer. »

Hugo a enquêté pour vous.

C'est quoi ? C'est le fait d'être attiré par une personne du même sexe. La majorité des gens ressentent une attirance pour des individus du sexe opposé : les garçons pour les filles, et les filles pour les garçons (hétérosexualité). Mais certains garçons peuvent ressentir des sentiments particuliers pour d'autres garçons, et certaines filles pour d'autres filles...

Le bon plan Si, un jour, on éprouve des sentiments amoureux envers une personne du même sexe, on ne doit pas se dire que c'est honteux ni se considérer comme un extraterrestre. C'est courant à l'adolescence. Ce n'est pas parce que, à un moment de notre vie, on a une attirance homosexuelle qu'on la gardera à l'âge adulte. Les préférences amoureuses évoluent dans le temps.

Le plan galère Surtout, il faut éviter de se renfermer sur soi. On a tous le droit à la différence. Malgré tout, il arrive que l'on se sente rejeté par certaines personnes de son entourage, du collège ou, dans le pire des cas, par les membres de sa propre famille. Le regard des autres peut peser beaucoup. Et c'est difficile à vivre, surtout à notre âge. C'est pourquoi, si on apprend qu'un de nos amis est « homo » et qu'il fait l'objet de moqueries, on doit le soutenir...

Phrases toutes faites...

Il faut se méfier des petites phrases qu'on dit parfois sans y penser du style : « T'es homo ou quoi ! » À l'inverse, si quelqu'un nous le dit, on doit répondre : « Il n'y a pas de mal à ça », ou demander : « Quel est le problème ? » C'est vrai, quoi, chacun est comme il est, et la sexualité de l'autre ne regarde personne !

Comment ça marche ?

À l'adolescence, tu cherches tes repères identitaires, ce qui signifie que ta personnalité se construit. La sexualité fait partie de ce processus. Tu sais qu'à cet âge, tu tombes facilement amoureux, et il peut t'arriver de te sentir attiré par une personne du même sexe. C'est normal, dans le sens où ces attirances traduisent ton besoin de t'identifier à quelqu'un d'autre qui te plaît pour plein de raisons : tu l'admires pour son physique, ses compétences, son aisance à parler aux autres, etc. Et comme à cet âge tu te cherches, tu n'as pas encore de préférence sexuelle fixée.

Après cette période d'incertitude, le plus souvent, tes attirances se dirigent finalement vers une personne du sexe opposé car, d'une certaine façon, tu es « biologiquement programmé » pour perpétuer l'espèce et donc avoir des enfants avec une personne du sexe opposé.

Mais, parfois, il n'en est rien et tu restes séduit par une personne du même sexe. On ne parle d'homosexualité que lorsque cette tendance se confirme avec le temps et non pas quand c'est transitoire, ce qui arrive assez souvent.

Notre conseil

Si tu te sens attiré(e) par quelqu'un de ton sexe et seulement si ça t'inquiète, parles-en à un adulte de confiance, qui te rassurera, ou à un psy. Tu verras qu'il n'y a pas de quoi s'alarmer. En revanche, attends peut-être d'être prêt et plus sûr de toi avant d'en parler à tes parents. Certains parents peuvent avoir du mal à l'accepter, du moins au début, parce que cette nouvelle les a surpris et/ou qu'ils s'inquiètent. Mais s'ils s'aperçoivent que tu es bien comme ça, il y a de bonnes chances pour ça les rassure. Laisse-leur juste un peu de temps ! De toute façon, c'est ta vie et si tu es heureux comme ça, c'est tout ce qui compte !

Vrai ou Faux ?

Les homosexuels n'ont pas le droit de se marier en France.

C'est faux, mais seulement depuis mai 2013. La France est ainsi devenue le 9e pays européen, et le 14e dans le monde, à autoriser deux personnes de même sexe à passer devant Monsieur ou Madame le maire. Environ 40.000 mariages homosexuels ont été célébrés depuis. Selon l'Insee qui est l'Institut national de la statistique, l'écart d'âge entre les conjoints est de 6,1 ans chez les couples homosexuels, contre 4,3 ans chez les couples hétérosexuels.

HOSPITALISATION

« Être hospitalisé, c'est comme mettre sa vie entre parenthèses, le temps d'être soigné. C'est un moment qui fait souvent peur car on ne sait pas ce qui nous attend, on n'y est pas préparé... »

/////////////// Charlotte et Fanny ont enquêté pour vous. /////////////

C'est quoi ? C'est quand on doit entrer à la clinique ou à l'hôpital pour s'y faire soigner. Parfois, c'est très rapide. Parfois, c'est vraiment long : des semaines voire des mois. Même si, sur place, on peut bénéficier de cours donnés par de vrais professeurs, ça ne remplace pas la vie au collège. C'est pour cela qu'il faut essayer au maximum de garder le contact avec les copains à l'extérieur.

Le bon plan Une astuce pour ne pas trop s'ennuyer pendant un long séjour à l'hôpital : si on a le droit d'apporter son ordinateur, on peut faire un blog sur ce que l'on vit et communiquer l'adresse aux copains, en leur demandant de nous envoyer des messages. Ça permet aux autres de mieux comprendre ce que l'on ressent et ça nous évite de nous sentir trop seul pendant l'hospitalisation ! Enfin, même si c'est vrai que ce n'est jamais une partie de plaisir que de se rendre à l'hôpital ! On y fait parfois des rencontres surprenantes, tant chez les malades que chez les soignants. Ça peut même susciter des vocations professionnelles !

Comment ça marche ?

Il y a hospitalisation et hospitalisation. Si tu ne fais qu'un court séjour à l'hôpital pour une appendicite ou une fracture de la jambe, bien sûr, ce n'est pas marrant, mais ce n'est pas ça qui va entamer ton moral.

C'est différent si on t'a découvert une maladie grave comme un cancer ou si, à la suite d'un accident, tu te retrouves bloqué à l'hôpital pour plusieurs mois, sans trop savoir quand et comment tu en sortiras (avec ou sans séquelles). Dans ce cas, c'est beaucoup plus difficile à accepter. À un âge où, comme tous les adolescents, tu te crois invulnérable, cela remet en cause ce sentiment et c'est vraiment dur à vivre. En fait, cela te fait brutalement comprendre que tu es fragile et mortel comme tout le monde, et ça peut être un vrai choc psychologique. Ça l'est d'autant plus que des séquelles sont peut-être à craindre et que cela risque de compromettre ta vie future. Il faut alors faire le deuil de la vie que tu t'étais imaginée, et ce n'est pas toujours facile. Ainsi, ne culpabilise pas si tu as des moments de découragement. C'est normal, et pour passer ce cap délicat, pour arriver à te projeter dans ta vie future, tu ne dois pas hésiter à consulter un psychologue. Il va t'aider à prendre conscience que la vie est pleine de surprises et que celle que tu auras recèle sûrement des moments de joie qui te sont aujourd'hui inconnus !

Notre conseil

Si tu rends visite à un copain hospitalisé, ne lui raconte pas de mensonges du style : « C'est rien, tu seras vite sur pied, on te connaît ! », si son problème est vraiment sérieux. Il vaut mieux l'aider à se projeter dans l'avenir en tenant compte des nouvelles contraintes qui l'attendent (un médicament à vie, un fauteuil roulant…) plutôt que d'entretenir l'idée utopique que tout redeviendra comme avant. Tu dois l'aider à se reconstruire, à se trouver de nouveaux repères. Et ce n'est pas en lui voilant la face que tu y parviendras.

Vrai ou Faux ?

L'hôpital manque de services pour adolescents.

Vrai ! Trop souvent, les ados se retrouvent en pédiatrie, avec des enfants, ou alors dans des services pour adultes. C'est pourquoi de plus en plus de psychologues réclament l'ouverture de services exclusivement réservés aux adolescents, pour les hospitalisations au long cours. Cela permet aux malades de se retrouver entre jeunes de même âge, de former des groupes et donc de continuer à se construire sur le plan identitaire.

HUMEUR

LA PAROLE AUX COLLÉGIENS

« L'humeur, c'est comme la météo: il y a des jours au beau fixe, d'autres nuageux et d'autres où c'est carrément la tempête ! »

////////////////////// Charlotte a enquêté pour vous. //////////////////

Quelques réponses toutes prêtes…

Si un copain est de mauvais poil, on peut toujours lui dire :

Version moqueuse

« Encore de mauvaise humeur ? T'as pris un abonnement, ou quoi ? »

Version ironique

« Et tu sais aussi aboyer et mordre ? »

C'est quoi ? C'est le sentiment que tout va bien – la bonne humeur – ou que tout va mal – la mauvaise humeur. Le problème, c'est que cette impression est variable d'un jour à l'autre et parfois même d'une heure à l'autre !

Le bon plan Quand on se lève du mauvais pied, on a besoin de se défouler. Si on ne le fait pas, c'est la première personne croisée qui va prendre ! Pour éviter de se disputer avec tout ce qui bouge, on peut se venger sur un punching ball (indispensable quand on est abonné à la mauvaise humeur) ou piquer un sprint dans le quartier : deux ou trois pâtés de maisons en courant, ça calme. On peut aussi ouvrir la fenêtre de sa chambre et pousser un cri de défoulement… sauf si on habite à côté d'un commissariat !

Le plan galère Si on se lève de très mauvais poil et qu'on envoie promener nos copains, ça risque de les mettre de mauvaise humeur à leur tour, au point qu'ils nous envoient « bouler » eux aussi ! Ça peut vite dégénérer et, si ça se reproduit trop souvent, on va finir par être catalogué comme le « mauvais caractère » de la classe. Même si c'est difficile, on doit prendre sur soi et essayer de mieux contrôler nos accès de mauvaise humeur…

Quand j'suis de trop bonne humeur, ça me déprime…

LA PAROLE AUX PROS

Comment ça marche ?

Tu ne choisis pas d'être de bonne ou de mauvaise humeur. Celle-ci dépend de ton caractère, de ta façon de voir les choses, de ta capacité à gérer ton stress, etc. En outre, elle est influencée par toutes tes hormones (pour les filles comme pour les garçons), car ce sont elles qui font que tu te sens tonique ou amorphe, zen ou stressé, etc.

Si tu as la chance d'être d'une nature optimiste, tu vois d'abord le bon côté des choses et cela te permet de garder ta bonne humeur. Mais si tu es plutôt d'une nature pessimiste, comme tu vois des inconvénients partout, forcément, cela ne t'aide pas à rester zen et souriant.

Notre conseil

La bonne nouvelle, c'est qu'avec un peu de travail sur toi-même, tu peux apprendre à relativiser. Lorsque quelque chose te met de mauvaise humeur, en général parce que ça n'évolue pas comme tu l'avais envisagé, prends le temps de la réflexion et demande-toi ce qui pourrait se passer si tu y mettais un peu de bonne volonté (du positif). Bien souvent, tu verras que ce n'est pas si compliqué que ça ! Par exemple : tes parents te demandent de faire une course alors que tu avais prévu de rejoindre tes amis à la piscine. Au lieu d'exploser parce que cette « saleté de course va te prendre tout ton temps libre », demande-toi si tu ne pourrais pas en profiter pour acheter un truc dont tu avais justement besoin. Ou pour passer voir un copain qui habite à côté et qui t'avait proposé d'écouter de la musique. Bref, essaie d'être un peu moins rigide dans tes plans et, très vite, tu apprendras à rebondir à partir d'une nouvelle situation. Cette faculté d'adaptation te servira toute ta vie !

Vrai ou Faux ?

La mauvaise humeur, c'est néfaste pour la santé !

Vrai. Car elle s'accompagne souvent d'une sécrétion des hormones du stress, qui finissent par épuiser ton organisme... et te mettre un peu plus de mauvaise humeur !

Pour ta culture perso

Dans l'Antiquité, les médecins pensaient que le corps humain sécrétait quatre liquides, appelés les humeurs (le sang, la lymphe, la bile jaune et la bile noire). Ils estimaient que le caractère d'une personne était déterminé par le liquide prédominant chez elle : le sang représentait la gaieté ; la lymphe, la mollesse ; la bile jaune, l'anxiété ; la bile noire, la mélancolie. Bien entendu, tout cela est archifaux, mais le mot « humeur », lui, est resté !

> **« Humilier l'autre quand on est cinq ou dix contre un, c'est facile. Mais c'est lâche et pas intelligent… »**

Charlotte et Fanny ont enquêté pour vous.

C'est quoi ? Humilier l'autre, c'est rire de son prétendu défaut et le ridiculiser, soit verbalement, soit physiquement. C'est très dur pour celui qui est victime de l'humiliation, d'autant qu'il n'est pas en position de se défendre (il est seul contre tous). Et, comme à notre âge il en faut peu pour perdre confiance en soi, ça peut vraiment nous détruire quand on devient le bouc émissaire ou encore le souffre-douleur de tout un groupe.

Le bon plan Les humiliations, c'est dur à supporter… sauf si on se met bien dans la tête que ceux qui « cassent » ne sont pas très courageux car ils s'y mettent souvent à plusieurs. Alors, autant se dire que leurs paroles ne valent pas grand-chose. Lorsque l'on est humilié, il faut vraiment essayer de ne pas rester seul avec cela, il faut en parler à ses copains pour évacuer son stress, et à un adulte de confiance (professeur, infirmière scolaire, parent…) pour essayer de faire face au problème. Surtout, on ne doit pas penser que, parce que les autres nous ridiculisent, personne n'aura plus envie de nous parler : c'est faux ! Ceux qui nous ridiculisent en font autant avec d'autres boucs émissaires. Et ils comptent justement sur le fait que chacun restera dans son coin, pour continuer. À nous, donc, de déjouer leurs plans minables et de leur prouver qu'ils ne sont pas les rois !

Le plan galère À chaque fois qu'une fusillade a éclaté dans un collège ou un lycée quelque part dans le monde, faisant des morts et des blessés, l'enquête a révélé que l'élève qui avait tué n'avait pas d'amis. Qu'il avait été humilié et qu'il voulait se venger. Bien sûr, les humiliations qu'il a subies durant des années n'expliquent pas tout. Mais cela montre à quel point ça peut rendre quelqu'un vulnérable. Et, quand une personne fragile estime qu'elle n'a plus rien à perdre, qu'elle tient pour responsables tous ceux qui l'ont humiliée, qui sait jusqu'où elle peut aller…

Quelques réponses toutes prêtes…

Si on nous dit : « Qu'est-ce que t'es moche ! », on peut toujours répondre :

« Et toi, t'as des miroirs déformants chez toi, pour te croire mieux que tout le monde ? »

Si on nous dit : « Tu le sors d'où, ton jean, d'une poubelle ? », on peut toujours répondre :

« Oui, du même endroit où tes parents ont acheté ton blouson ! »

Si on nous surnomme Mickey ou Dumbo à cause de nos oreilles, on peut dire :

« Tiens, tu regardes toujours Walt Disney à ton âge ? »

Comment ça marche ?

C'est typiquement un effet de groupe. Des adolescents appartenant à une même bande de copains rejettent un autre jeune, voire s'acharnent sur lui , parce qu'en agissant tous de la même manière, ils ont l'impression que ça renforce la cohésion de leur groupe. En fait ils se comportent en moutons de Panurge !

Pris séparément, la plupart de ces ados n'agiraient pas de la sorte, parce qu'ils réfléchiraient et se rendraient compte de la méchanceté et de la gravité de leurs actes. Mais, lorsqu'ils sont ensemble, c'est comme si plus aucun d'entre eux n'avait de cerveau. Ils suivent le groupe et font comme les autres, sans se poser de questions ! Bien évidemment, ce n'est pas une excuse. Chacun est responsable de ce qu'il fait et ce n'est pas parce qu'il y a un chef de bande qui suggère certaines choses que cela dédouane ceux qui les mettent en application. D'autant que se moquer n'est jamais anodin. Cela peut faire du mal, voire briser une vie. Bref, ce n'est pas parce que tu appartiens à un groupe que tu dois te comporter comme les autres quand ils dépassent les limites. Au contraire : c'est même faire preuve d'une certaine maturité que d'être

Notre conseil

Si c'est toi qui es l'objet de moqueries, tu as deux solutions. Soit tu ignores totalement tes interlocuteurs, comme si leurs propos n'avaient aucune prise sur toi, et au bout d'un moment ils vont se lasser. Soit tu réponds du tac au tac par l'humour, en tournant en dérision celui qui se moque. Ça demande d'avoir du répondant, mais pour ça tu peux t'entraîner chez toi en notant toutes les moqueries qu'on te sort (c'est souvent les mêmes) et en préparant tes réponses d'avance. Il y a aussi des petites phrases « passe-partout » qui peuvent déstabiliser : devant une énième « vanne », tu peux toujours répondre : « Tu me l'as déjà dit hier, avant-hier et encore les jours précédents. Fais gaffe, tu te fais vieux, tu radotes à mort ! » N'aie pas peur de le dire bien fort, pour qu'un maximum d'ados l'entendent. Comme il y en a forcément un que ça fera rire, finalement, c'est celui qui cherche à t'humilier qui sera ridiculisé. Et, du coup, il risque d'y réfléchir à deux fois avant de s'en prendre de nouveau à toi... Essaie, ça marche ! Au lieu de penser que tu n'oseras jamais (c'est là-dessus que le groupe de moqueurs compte), dis-toi que tu n'as rien à perdre à tenter le coup. En plus, comme tu vas les surprendre, il y a de bonnes chances pour qu'ils restent sans voix...

capable de dire : « Stop, là, c'est trop. » Enfin, si tu es témoin d'humiliations graves à répétition, si un jeune te semble être la cible de toute une « meute », tu dois dénoncer ces comportements inadmissibles à un adulte en qui tu as confiance. Cela relève de l'assistance à personne en danger. C'est trop facile de dire, une fois qu'un drame a éclaté (un suicide, par exemple), que, si on avait pu le prévoir, si on l'avait su, on l'aurait dit plus tôt. C'est le genre de silence qui peut nous culpabiliser longtemps, même si les vrais responsables sont les harceleurs…

Vrai ou Faux ?

La moquerie est une forme d'intolérance.

Vrai ! Celui qui se moque ne supporte pas que tu ne correspondes pas aux critères que lui trouve importants. Ce n'est peut-être pas une histoire de couleur de peau, mais le résultat est le même : c'est du « racisme » primaire. De la discrimination à l'état pur.

Pour ta culture perso

L'expression « bouc émissaire » provient de la Bible. Chaque année, on envoyait dans le désert un bouc chargé symboliquement de tous les péchés afin d'en « débarrasser » ceux qui les avaient commis. Autrement dit, le bouc émissaire n'est pas celui qui a fauté. Même dans l'histoire de nos ancêtres, ce sont ceux qui prenaient un bouc émissaire qui avaient quelque chose à se faire pardonner !

« Les filles craquent toutes pour les garçons qui ont de l'humour ! »

Hugo a enquêté pour vous.

C'est quoi ? L'humour est un trait de caractère. Il peut être très prononcé ou inexistant et quelquefois un peu particulier, comme l'humour noir (une forme d'humour où l'on se moque de sujets tristes et tabous). L'humour est censé amuser. Posséder le « sens de l'humour » signifie que l'on arrive à faire rire son entourage, mais aussi que l'on est capable de rire de soi-même, qu'on a le sens de l'autodérision. Et ça, c'est une qualité !

Le bon plan L'humour est un véritable atout dans la vie sociale. En effet, il peut servir pour convaincre, séduire, charmer, s'intégrer… et parfois se faire pardonner !
Quand on n'est pas un pro de la répartie ou un roi de la vanne, on peut toujours s'inspirer de livres de bonnes blagues. À condition d'en trouver des marrantes que personne ne connaît et d'être le plus naturel possible quand on les raconte. Effet garanti !

Le plan galère Il faut savoir utiliser son humour à bon escient et ne pas tomber dans la moquerie ou la satire. En particulier avec les profs, car ils ne nous louperont pas ! L'humour peut aussi devenir une arme blessante et se retourner contre nous si on est trop « cassant ». Il est à consommer avec modération !

Quelques réponses toutes prêtes…

Si quelqu'un nous dit qu'on manque d'humour, on peut toujours répondre :

Version tac au tac
« Parce que ce que tu as dit était censé être drôle ? »

Version « je casse »
« Humoriste, c'est un métier ! Et, de toute évidence, ce ne sera pas le tien… »

Comment ça marche ?

Il y a toutes sortes d'humour : cela va du jeu de mots à l'humour grinçant, en passant par la grosse artillerie, c'est-à-dire une blague « lourde » à laquelle on s'attend ! Tout le monde n'est pas sensible aux mêmes formes d'humour. Ainsi, les blagues sur les habitants des autres pays, quels qu'ils soient, font rire les Français (forcément !) et les blagues sur les blondes, plutôt les machos. En revanche, le point commun à toutes ces formes d'humour, c'est le rire qu'elles provoquent. Et le rire, c'est vraiment bon pour la santé ! En effet, il n'a pas son pareil pour apporter de la légèreté dans ta vie et ainsi t'aider à prendre du recul, même dans les moments les plus difficiles. Il a encore bien d'autres vertus : il améliore ta respiration, libère des molécules dans ton cerveau (les endorphines cérébrales, qui sont des antidouleurs naturels), stimule ton immunité (ta résistance aux maladies) et coupe court au stress.

En outre, si tu as la chance d'avoir le sens de l'humour, ça te rend plus attractif aux yeux des autres, tout simplement parce que cela te donne un certain détachement qui te fait paraître moins agressif. De là à être plus facilement intégré en société, il n'y a qu'un pas. Le rire se révèle ainsi un bon moyen de nouer des relations amoureuses ou amicales. Bref, c'est vraiment le truc qui te rend irrésistible !

Notre conseil

Faire rire les autres, c'est bien, mais attention à ne jamais le faire aux dépens d'une personne. Sinon ça devient de la moquerie et ça peut faire très mal. Pour ne blesser personne, les humoristes se moquent d'abord d'eux-mêmes. Ils ont raison. Car rire de ses petits défauts, ça les rend finalement plus acceptables et ça peut même leur donner du charme !

Vrai ou Faux ?

Il existe des ateliers du rire.

Vrai ! Ils sont apparus dans de nombreuses villes. Les gens stressés s'y rendent pour évacuer leurs tensions. C'est au moins aussi efficace que les médicaments tranquillisants et beaucoup moins dangereux.

Pour ta culture perso

Les Français rient de moins en moins : 19 minutes par jour en 1939, 6 minutes en 1983, 1 minute seulement en l'an 2000… Et toi ?

« Tous les looks sont permis, sauf le look crado ! »

////////////////////// Fanny a enquêté pour vous. //////////////////////

C'est quoi ? L'hygiène, c'est la propreté, et c'est une question de respect de soi et des autres. Sinon, on risque surtout d'inspirer le dégoût !

Le bon plan Une douche par jour, c'est indispensable. Mais il ne faut pas négliger certains détails : cheveux démêlés, dents brossées, ongles propres et coupés, vêtements non tachés, chaussures propres, etc. Tout compte ! C'est bon pour le « look », mais aussi pour le moral : ça aide vraiment à se sentir plus à l'aise !
Si on n'est pas du matin, c'est très dur d'être à l'heure au collège sans rien négliger de son hygiène. Aussi, on a intérêt à en faire un maximum le soir : choisir les vêtements du lendemain, préparer son sac, penser d'avance à sa coiffure, bref, s'arranger pour avoir le minimum à en faire quand le réveil sonne. Ça sera toujours autant de temps de gagné pour la toilette !

Le plan galère Penser qu'avec du parfum, on va pouvoir masquer quelques petites mauvaises odeurs, c'est une belle erreur. En fait, c'est encore pire après !

Quelques réponses toutes prêtes...

Si nos parents nous trouvent un peu « crados », on peut toujours leur dire :

Version outrée
« Crado, moi ? Mais je me douche tous les mois ! »

Version exagérée
« Je ne suis pas crado. J'économise l'eau et je réduis votre facture. Nuance ! »

Comment ça marche ?

Avoir une bonne hygiène, ce n'est pas seulement te laver tous les jours. Encore faut-il utiliser des produits adaptés !

Par exemple, si tu te contentes d'asperger ton visage avec de l'eau, ça va le débarrasser des saletés solubles dans l'eau, mais c'est tout ! C'est donc insuffisant. Il te faut un produit nettoyant capable de retirer aussi les matières grasses. Les savons classiques, du fait de leur pouvoir détergent, sont trop irritants. Choisis plutôt un gel sans savon ou un lait de toilette adapté à ton type de peau.

Pour le corps, si ta peau est normale, n'importe quel savon végétal fait l'affaire. Mais, si tu as une peau sèche (elle rougit et gratte facilement), utilise plutôt un gel ou un pain surgras sans savon : composés de tensioactifs très doux, ils ne contiennent ni alcool, ni parfum, ni conservateur et ne sont pas irritants.

Si tu es une fille, cantonne-toi à une toilette externe pour les parties intimes et utilise un gel de toilette intime (sans pour autant faire de douche vaginale). Faute de quoi, tu risques de présenter des signes d'irritation : rougeurs, démangeaisons.

Notre conseil

À ton âge, le problème le plus souvent rencontré, c'est la transpiration. Or, pour lutter contre la sueur, il n'y a pas de mystère : il faut se doucher tous les jours et éliminer les bactéries présentes sur la peau, qui sont à l'origine des mauvaises odeurs. Tu peux t'en débarrasser en rasant les poils dans lesquels elles prolifèrent et en te lavant avec un savon de Marseille (ces bactéries ne l'aiment pas). À faire également : porter des vêtements amples, en coton, plutôt que des tissus synthétiques. Mettre des chaussures qui laissent respirer le pied (pas de matières plastiques). Porter des couleurs claires, car le foncé capte la chaleur. Limiter les excitants (café, alcool, épices). La pierre d'alun peut aussi te permettre de réguler la sueur, mais, si vraiment ça ne suffit pas (en période de grosse chaleur, par exemple), il reste la solution de l'antitranspirant. Si tu en prends juste de temps en temps, ce n'est pas gênant…

Vrai ou Faux ?

Si on se lavait les mains plus souvent, on éviterait des dizaines de milliers d'infections chaque année !

Vrai. Les mains sont les principaux vecteurs des virus responsables des infections de l'hiver, mais aussi des gastro-entérites, etc. Il existe maintenant des gels liquides antibactériens qui permettent une désinfection rapide des mains, sans eau : ça peut être utile quand on n'a pas accès à un lavabo, mais il ne faut pas en abuser, car ça peut finir par faire plus de mal que de bien.

Pour ta culture perso

Au moment de la puberté, les glandes sudoripares (celles qui produisent de la sueur) voient leur activité exacerbée sous l'action de tes hormones. Comme ces glandes sont plus concentrées au niveau des mains, des pieds, du front, de la poitrine, des aisselles, des régions anale et génitale, ce n'est pas le moment de négliger ton hygiène !

> **« J'ai connu un garçon qui avait toujours beaucoup de mal à rester assis sur sa chaise sans bouger. Avant que je l'étrangle, il m'a avoué qu'il était hyperactif ! Il était temps ! »**

/////////////// Hugo a enquête pour vous. /////////////

Une réponse toute prête...

Si nos parents nous reprochent d'être intenable, on peut toujours répondre :

Version bien informée

« C'est génétique, je n'y peux rien ! »

C'est quoi ? C'est le fait de bouger tout le temps sans pouvoir s'en empêcher. Même si on essaie de se calmer, on n'y arrive pas, et quelquefois ça nous stresse beaucoup parce qu'on se fait tout le temps disputer. C'est très embêtant comme problème et ça a des conséquences sur le travail scolaire : c'est plus difficile d'être concentré, on est souvent puni et, à la maison, on est en conflit avec nos parents. C'est infernal !

Le bon plan On doit vraiment expliquer qu'on ne fait pas exprès, que ça nous rend triste de ne pas arriver à nous tenir tranquille et qu'il faut qu'on nous aide. Sinon, les adultes (les profs et nos parents surtout) pensent juste qu'on ne veut pas faire d'efforts pour se calmer ; mais ça n'a rien à voir ! On doit bien comprendre qu'on n'est pas le seul hyperactif au monde et que plus vite on recevra de l'aide, plus vite nos problèmes seront résolus. On ne doit donc pas avoir peur de faire un bilan « neuropsychologique » (c'est son nom). Au contraire !

Le plan galère On a souvent des problèmes avec les copains aussi, car on peut avoir tendance à se bagarrer plus vite que les autres. Quelque chose nous énerve et le coup part, sans qu'on l'ait vraiment voulu (on n'a pas eu le temps de réfléchir). Et c'est l'escalade ! C'est comme avec les profs ou avec les parents : on en rajoute pour se donner un air de caïd et pour faire croire qu'on maîtrise la situation. En vérité, c'est une façon de ne pas montrer que l'on n'arrive pas à faire autrement et qu'au fond on est malheureux de cette situation...

Comment ça marche ?

On parle beaucoup de l'hyperactivité. C'est un trouble qui signifie que l'enfant concerné ne peut pas s'empêcher de bouger dans tous les sens et de s'agiter. En classe, il n'arrive pas à rester en place, se balance sans arrêt sur sa chaise, fait tout tomber, se lève, gigote, etc. Il répond au professeur sans avoir été interrogé, il commence un travail sans avoir lu les consignes, il se précipite pour répondre aux questions sans avoir pris le temps de lire tout l'énoncé... Et le truc, c'est qu'il ne le fait pas exprès et que, même en faisant des efforts, il ne peut pas s'empêcher de bouger en permanence.

Notre conseil

Si tu es dans ce cas de figure, tu te fais tout le temps réprimander par tes professeurs et par tes parents. Ils disent que tu es « épuisant » et que c'est « ingérable ». C'est vrai, mais c'est surtout pour toi que c'est embêtant, en particulier quand tu essaies de te calmer et que personne ne s'en rend compte ! Tu dois donc demander à voir un psychologue. Quand celui-ci dira à tes parents et professeurs que tu es hyperactif, ils comprendront bien que ce n'est pas de ta faute !

Vrai ou Faux ?

On peut avoir la bougeotte sans être hyperactif.

Vrai ! On parle alors d'hyperactivité « normale », liée à ton tempérament. Ça veut dire que tu bouges beaucoup, mais sans que ça aille plus loin. Il faut apprendre à vivre avec et surtout à canaliser cette énergie par le sport, le chant ou la danse... C'est différent du trouble neuropsychologique qui s'appelle le TDAH (trouble de déficit de l'attention avec hyperactivité), qui, lui, est caractérisé par la présence simultanée d'au moins six signes d'inattention, d'hyperactivité et d'impulsivité depuis au moins six mois et dans tous les lieux fréquentés. Pour savoir s'il s'agit d'un vrai trouble d'hyperactivité, il faut que le diagnostic soit posé par un neuropsychologue. Le TDAH peut parfois nécessiter la prescription d'un médicament (méthylphénidate), en plus du suivi psychologique.

Pour ta culture perso

Il y a plus de garçons qui souffrent du trouble d'hyperactivité (5 garçons pour 1 fille). Et la composante génétique existe : il y a plus de probabilité d'être hyperactif si un de tes parents l'était lui-même. On peut obtenir des renseignements sur ce trouble auprès des associations de parents d'enfants hyperactifs.

HYPERSENSIBILITÉ

« Avoir vite les larmes aux yeux, quand on est un garçon, ce n'est pas évident: on se fait souvent chambrer et traiter de mauviette ! »

Hugo a enquêté pour vous.

C'est quoi ? Si on est un hypersensible, cela signifie qu'une chose banale peut nous affecter et que la moindre difficulté dans notre vie nous blesse ou nous touche. On a vite les larmes aux yeux : il peut d'ailleurs nous arriver de pleurer pour un rien. Cependant, l'hypersensibilité peut aussi nous rendre facilement heureux, car, à l'inverse, il en faut peu pour nous faire plaisir et nous redonner le sourire !

Le bon plan Les filles aiment bien les garçons sensibles qu'elles trouvent moins brusques que les autres. Et les graçons aiment bien les filles sensibles parce qu'ils se disent qu'ils vont pouvoir jouer leur rôle de protecteur… Alors, hypersensible ? Super, ça nous donne du charme !

Le plan galère Mieux vaut éviter les situations qui vont complètement nous bouleverser (comme nous battre alors qu'on déteste la violence), car ça peut nous poursuivre longtemps et parfois se transformer en cauchemars. Quand on est hypersensible, mieux vaut aussi éviter certains films violents ou dramatiques…

Quelques réponses toutes prêtes…

Si on nous traite de fillette (pour un garçon) ou de pleureuse (pour une fille), on peut toujours répondre :

Version polie
« Que veux-tu, j'ai un cœur à la place de ta pierre ! »

Version ironique
« Mais non, je pleure de rire tellement t'es drôle ! »

Version étonnée
« Ça ne t'arrive jamais d'avoir une poussière dans l'œil ? »

Comment ça marche ?

Plus d'une personne sur dix serait hypersensible, peut-être en raison d'une vulnérabilité particulière de l'amygdale (une petite zone archaïque dans le cerveau, qui décode et traite les stimulations sensorielles). L'hypersensibilité n'a pas que des désavantages : elle est la porte ouverte à la créativité, à condition que tu arrives à transformer tes « états d'âme » en œuvre artistique ! Cela s'apprend en essayant de trouver le juste équilibre entre raison et émotion. Autrement dit, tu ne dois pas seulement penser avec ton cœur, mais aussi avec ta tête : par exemple, pour ne pas te laisser envahir par la tristesse, il faut essayer de replacer l'évènement qui t'a mis(e) dans cet état à son juste niveau. Au lieu de penser : « Quelle catastrophe ! », demande-toi ce que ça va réellement changer et s'il n'y a pas moyen d'arranger un peu les choses. Bien souvent, avec un peu de recul, c'est possible et, en prenant le temps d'y réfléchir, tu t'aperçois qu'il n'y avait pas de raison de te mettre dans un tel état. Respirer amplement, avec de grandes inspirations quand tu sens que les larmes te montent aux yeux, ça peut aussi aider à affronter cela. Et c'est parfois suffisant. Car, une fois la « crise » passée, tu peux te mettre à réfléchir. Or, dès que ton cerveau reprend le contrôle de tes pensées, c'est gagné !

Notre conseil

Si vraiment ton hyperémotivité te pourrit la vie (tu pleures à la moindre remarque d'un professeur ou d'un autre élève), ça vaut le coup de consulter un homéopathe, car cette médecine douce donne de bons résultats dans ce domaine. Et il n'y a aucun risque de devenir « accro » ! Une bonne astuce d'homéopathe justement, si tu es du genre hyperémotif(ive) et que tu perds tous tes moyens au moment d'un examen, c'est de prendre *Gelsemium 15 CH*, une dose la veille et le matin de ton épreuve. C'est radical pour éviter d'être paralysé(e) par le trac ! Sinon, l'homéopathe peut encore te conseiller des traitements comme *Pulsatilla* ou *Ignatia*, à prendre tous les jours, mais pour cela il faut d'abord que tu ailles le voir. Et, bien sûr, le psychologue peut aussi t'aider à contrôler tes émotions.

Vrai ou Faux ?

Les garçons hypersensibles sont de futurs « homos ».

Archifaux ! L'émotivité et l'attirance sexuelle n'ont rien à voir. D'ailleurs, il y a des « homos » chez les militaires, y compris chez ceux qui partent pour des missions périlleuses où ils font preuve d'un sacré sang-froid !

INCIDENTS DE

« Le prof de sport s'en moque si tu n'es pas taillé comme Douillet. Tout ce qu'il te demande, c'est de te bouger ! »

Charlotte et Fanny ont enquêté pour vous.

C'est quoi ? Ce sont tous les bobos du sport, genre crampe, contracture, entorse, claquage… C'est ce qui nous attend si on est mal échauffé, mal hydraté et qu'on ne fait pas les bons mouvements.

Le bon plan Nos muscles consomment de l'énergie pour travailler. Avant une épreuve d'endurance, notre prof de sport nous conseille régulièrement de croquer un fruit, car le fructose qu'il contient soutient les efforts musculaires de longue durée. Si on est nul en endurance, on ne va pas battre des records pour autant, mais ça nous aidera à tenir plus longtemps !

Le plan galère Dès la 6e, on a de l'endurance au programme d'éducation physique. Il faut tenir 20 minutes en courant et c'est noté. Sans vouloir mettre la pression, il faut savoir qu'il y en a régulièrement qui font des malaises avant la fin de l'épreuve ! Si on n'a pas pris de petit-déjeuner ce jour-là, on risque d'y avoir droit !

Quelques réponses toutes prêtes…

Si nos parents nous reprochent notre grasse matinée, on peut toujours répondre :

Version fatiguée

« C'est à cause du sport, il me faut deux jours pour me remettre d'une séance ! »

Version épuisée

« C'est à cause du sport, il me faut une semaine pour me remettre de 15 minutes passées avec ce prof ! »

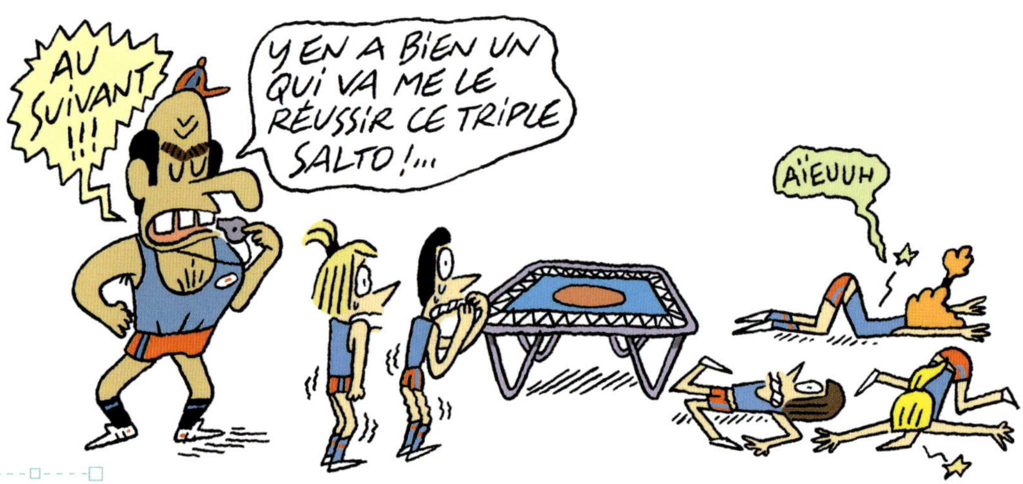

De quoi s'agit-il ?

Selon l'Observatoire national de la sécurité des établissements scolaires, les accidents recensés sont rares : ils représentent seulement 2 % de tous les accidents. Tu ne peux donc accuser ton professeur d'éducation physique de te mettre en danger ! Cela n'empêche pas les petits incidents. Par exemple, un muscle qui se met en boule et qui fait mal, c'est une contracture. Cela t'arrive quand tu as trop sollicité ton muscle alors que tu étais mal échauffé et donc mal préparé. Arrête-toi et masse ta jambe, depuis la cheville vers la cuisse, tout en t'étirant. Attention, si au cours d'un effort tu ressens une douleur brutale comme si on t'avait lancé un projectile, cela ressemble fort à un claquage (déchirement des fibres musculaires). Tes parents doivent rapidement t'emmener voir un médecin : il peut décider de mettre ton membre blessé en décharge (vive les béquilles) et te prescrire 10 à 15 séances de kinésithérapie pour refaire travailler ton muscle en douceur. Enfin, si ta cheville se tord, tu risques une entorse, c'est-à-dire une distension du ligament externe de la cheville (assez fréquent pendant la course, surtout si tu mets le pied dans un trou). Si une fois debout, la douleur a disparu, il te suffit d'arrêter le sport pour la journée. Mais si la marche est douloureuse, direction le médecin : une contention peut être nécessaire, voire un plâtre pendant 3-4 semaines si un petit os du pied a été arraché.

Notre conseil

Le froid est une bonne idée pour les problèmes ligamentaires en cas d'entorse et en cas de choc pour limiter l'œdème. Si tu es sujet aux crampes musculaires, c'est peut-être parce que tu commets certaines erreurs, comme négliger les étirements en fin de séance, ne pas boire suffisamment avant et pendant le sport ou manger de façon déséquilibrée. Il serait bien de revoir ton hygiène de vie !

Vrai ou Faux ?

Il faut prendre une boisson pour « sportif » quand on fait du sport.

C'est vrai surtout pour les « pros » ou pour une compétition. Adopte plutôt cette recette de kinésithérapeute : boire 3 ou 4 gorgées toutes les 10 minutes d'une orange pressée coupée avec de l'eau en y ajoutant une pincée de sel ; voilà qui suffit largement à combler ton déficit en eau et en sels minéraux.

Pour ta culture perso

Chaleur, déshydratation et sport ne font pas bon ménage. Car 1 % de perte hydrique par transpiration – soit 400 grammes d'eau si tu pèses 40 kilos – se traduit par 10 % de capacités musculaires en moins. Alors n'oublie pas ta bouteille d'eau !

« Quitte à être malade, autant que ça tombe pendant un contrôle, sinon, il n'y a vraiment aucun avantage ! »

Charlotte et Fanny ont enquêté pour vous.

Quelques réponses toutes prêtes…

Si quelqu'un se moque de nous parce qu'on a le nez rouge à force de nous moucher, on peut toujours répondre :

Version enrhumée

« Et du drouves ça drôle ? C'est pas très balin… »

Version je t'enrhume

« Attends que je te refile mes virus et tu verras ! »

C'est quoi ? Ce sont des maladies le plus souvent transmises par des virus genre rhume, grippe saisonnière, grippe A, gastro-entérite, etc. Devant un organisme aussi petit – invisible, même ! – qui met autant de monde à plat, on s'incline ! Bon à savoir : nos animaux de compagnie sont aussi sensibles à des virus de l'hiver, mais ce ne sont pas les mêmes que nous. Sauf exeption, on ne peut donc pas leur transmettre notre grippe et ils ne peuvent pas nous refiler leur rhume ou leur toux…

Le bon plan En cas d'épidémie, la moitié de la classe peut être touchée, même les profs ! Alors forcément, on rate des cours. Il y en a certains que ça arrange bien !

Le plan galère Quand on se retrouve au fond du lit le jour d'une mégafête ou d'un départ en vacances, alors là, c'est vraiment nul. Non seulement on est KO par la maladie, mais en plus on sait que les copains font la fête et s'éclatent sans nous : trop dur !

L'HIVER

Comment ça marche ?

Rhumes, grippes, bronchites, gastro-entérites et autres réjouissances hivernales terrassent chaque année plusieurs millions de Français. Ces infections virales se diffusent par voie aérienne, lorsque des millions de virus se retrouvent propulsés dans l'air par les gouttelettes de salive des malades qui toussent, crachent ou éternuent. Elles se transmettent aussi par le biais des mains souillées ou lors d'un contact physique avec un malade.

Si tu as été contaminé, à toi le nez qui coule, le mal de tête et la fièvre modérée en cas de rhume. Ou la toux sèche, la fièvre, les courbatures et la grosse fatigue en cas de grippe. Ou encore, les nausées, vomissements, maux de ventre et diarrhées en cas de gastro-entérite et même parfois de sérieux problèmes pulmonaires avec les coronavirus… Bref, on peut rêver mieux comme programme ! Et le pire, c'est que le médicament « miracle » capable de te remettre sur pied dans la journée n'a pas encore été inventé ! À part du sérum marin à mettre dans le nez, du paracétamol contre la fièvre et les courbatures, un antivomitif si tu vomis, des antibiotiques en cas de surinfection, un traitement antiviral (ou autre qui aurait fait ses preuves) en cas de complications pulmonaires, tu n'as pas d'autre choix que de rester au lit, dormir et manger des soupes maison, des fruits de saison pour les vitamines.

Notre conseil

En prévention, pense à te laver soigneusement et régulièrement les mains au savon, au moins avant de manger et après être passé aux toilettes, après avoir éternué ou toussé, t'être mouché avec un mouchoir en papier (que tu jettes ensuite dans une poubelle) et après avoir été dehors.

N'embrasse et ne touche personne (pas même un ennemi !) tant que tu es malade.

Vrai ou Faux ?

Le sport est déconseillé en cas d'infection virale.

Vrai ! En effet, le sport fait baisser légèrement tes défenses immunitaires : si tu en fais trop, tu risques donc de retarder la guérison. Dès que tu iras mieux, tu pourras reprendre en douceur.

« Un jour, j'ai vu une pub qui disait : "Pour leur première nuit, elle lui a offert une hépatite B." Bonjour le cadeau ! »

Charlotte a enquêté pour vous.

Quelques réponses toutes prêtes...

Si, dans une conversation, quelqu'un dit que le préservatif, c'est ringard, on peut toujours l'interrompre :

Version surprise

« Parce que choper une infection, c'est branché, peut-être ? »

Version inquiète

« T'as des problèmes en ce moment ? T'es suicidaire ? »

Version cynique

« Tu préfères être ringard et vivant, ou cool et enterré ? »

Version ironique

« Merci de nous avoir prévenus, au moins toi, on sait que t'es pas fiable ! »

C'est quoi ? Ce sont des maladies qui s'attrapent principalement ou exclusivement au cours d'un rapport sexuel. Certaines ne sont pas graves et guérissent bien si on prend les bons médicaments. Mais d'autres peuvent être terribles, comme le sida. C'est pourquoi il y a autant de publicités pour le préservatif : il faut qu'on apprenne à se protéger de ces infections...

Le bon plan Pour t'aider à refuser de faire l'amour sans préservatif, Jacky Brown et Lady Sweety ont chanté « N'y pense même pas » en duo il y a quelques années (visible sur Youtube) et ça n'a pas pris une ride ! Quand le garçon incite sa copine (ou l'inverse) à faire l'amour sans préservatif, le refrain est : « N'y pense même pas ! Comment oses-tu me demander ça ? Le préservatif nous protège, toi et moi. » On devrait tous l'apprendre par cœur et comme ça, si ça nous arrive, on saura quoi dire pour inciter notre petit(e) ami(e) à changer d'avis et à imposer le préservatif. Le dire en chantant, en reprenant un refrain connu, c'est plus facile !

Le plan galère Ceux qui ont été contaminés par une infection grave ne sont pas différents de nous. Ils ont juste fait confiance à leur partenaire qui leur disait que c'était leur première fois et donc qu'il n'y avait aucun risque. Comme ils étaient amoureux, ils l'ont cru. Évidemment, c'était faux. Mais ils ne l'ont appris que plus tard et à leurs dépens. C'est injuste, mais ça peut arriver à n'importe qui... Prudence, donc !

sida
pas sida
Pour te
protéger utilise:
-le préservatif
-aider la recherche
-faire des tests san-
guins
-faire des
dons

Comment ça marche ?

Quand tu es dans la rue, tu n'attrapes pas de microbes à tous les coups, même en période d'épidémie de rhume ou de grippe. C'est pareil lors des rapports sexuels. Il peut très bien ne rien se passer du tout. Mais parfois, tu peux être contaminé(e) par un microbe que ton ami(e) a sans le savoir car il n'y a pas toujours de symptômes. Même si ça ne se produit pas très souvent, ça peut être suffisamment grave pour justifier le recours systématique au préservatif.

De toutes les infections sexuellement transmissibles (IST), le sida est sans doute la plus connue : ce virus diminue toutes les défenses immunitaires, de sorte que les personnes contaminées doivent prendre un traitement lourd et à vie. Mais il y a encore bien d'autres infections possibles...

Par exemple, l'infection à chlamydiae (une bactérie) peut provoquer l'infection des trompes – qui relient l'ovaire à l'utérus – chez la femme et, donc, une stérilité si elle n'est pas soignée à temps. C'est même l'une des causes de stérilité les plus fréquentes ! Or malheureusement, bien souvent, cette infection passe inaperçue au début (aucun symptôme). Une autre bonne

leurs défenses naturelles. Quelques-unes seulement n'y arrivent pas et sont atteintes, des années plus tard, par un cancer du col de l'utérus. On ne sait pas trop pourquoi, mais le fait d'être fumeuse semble augmenter ce risque. Il existe bien un vaccin (réalisé avant les premiers rapports sexuels) mais son efficacité n'est pas totale car il ne te protège que contre les souches les plus courantes de papillomavirus. C'est pourquoi, vaccin ou pas, toutes les filles doivent faire un frottis de dépistage (examen indolore qui permet de repérer les cellules cancéreuses) régulièrement (tous les 2-3 ans, voire tous les ans pour les fumeuses), à partir du moment où elles ont eu des rapports sexuels. Comme ce cancer met une dizaine d'années à se déclarer, en cas d'anomalie détectée, ça permet au médecin de réagir à temps et d'enlever complètement la tumeur.

Notre conseil

Si tu es amoureux(euse), tu as davantage envie de voir la vie en rose plutôt que de penser à toutes ces précautions à prendre. Et c'est justement ça le piège ! Car si tout le monde se protégeait, les microbes ne pourraient plus contaminer de nouvelles personnes ! C'est faire preuve d'une grande maturité que de te protéger toi et ton ami(e).

Vrai ou Faux ?

Il existe un test à faire avant d'arrêter le préservatif.

Vrai. Il s'agit du test du sida. Il concerne les personnes qui sont ensemble depuis plus de trois mois et qui n'ont pas d'autres partenaires. Dans ce cas, elles peuvent faire le test et, s'il est négatif, arrêter raison pour ne pas oublier le préservatif !

Tout aussi contagieuse, l'infection à d'autres bactéries, les gonocoques (ou blennorragie), entraîne quant à elle un écoulement de pus par le pénis chez le garçon. Parfois, elle ne donne aucun signe chez la fille (d'où le risque de passer inaperçue), ou alors elle entraîne des pertes vaginales et une infection des trompes en l'absence de traitement précoce.

L'infection par le virus de l'herpès génital est surtout ennuyeuse parce que ce virus se manifeste par intermittence tout au long de la vie et que, si cela se produit chez une femme enceinte, au moment de l'accouchement, le médecin doit recourir à la césarienne pour éviter la contamination du bébé.

L'infection par le virus de l'hépatite B peut entraîner une cirrhose ou un cancer du foie, des années plus tard (il existe d'ailleurs un vaccin pour te protéger contre ce virus).

Heureusement, les IST ne sont pas toujours aussi graves. L'infection à trichomonas (un parasite) provoque juste, chez la fille, des brûlures au niveau du vagin et des pertes, mais un traitement permet la guérison sans séquelles.

À côté de ces infections relativement fréquentes, d'autres qui avaient quasiment disparu commencent à refaire parler d'elles : c'est le cas de la syphilis, une infection bactérienne responsable de lésions d'abord locales, puis générales après des années d'évolution.

Le cas du papillomavirus est un peu à part. Ce virus appartient à la grande famille des virus responsables des verrues. Il en existe plein de souches différentes et presque toutes les filles sont contaminées lors de leurs premiers rapports amoureux. La grande majorité s'en débarrassent grâce à

le préservatif. Pourquoi trois mois ? Parce que c'est le temps nécessaire pour qu'en cas de contamination, le virus soit détectable par un test (d'autres infections peuvent être recherchées simultanément, par exemple, une hépatite B si tu n'as jamais été vacciné contre ce virus, etc. Les centres de dépistage anonymes et gratuits, les centres de planification, etc., proposent ces tests). Mais cela ne suffit pas. Une fille qui a des rapports sexuels doit aussi consulter un gynécologue (qui peut être le médecin du Planning familial) pour obtenir une contraception et pour être soignée en cas de problème (pertes, brûlures, etc.), le médecin faisant alors une ordonnance pour les deux partenaires.

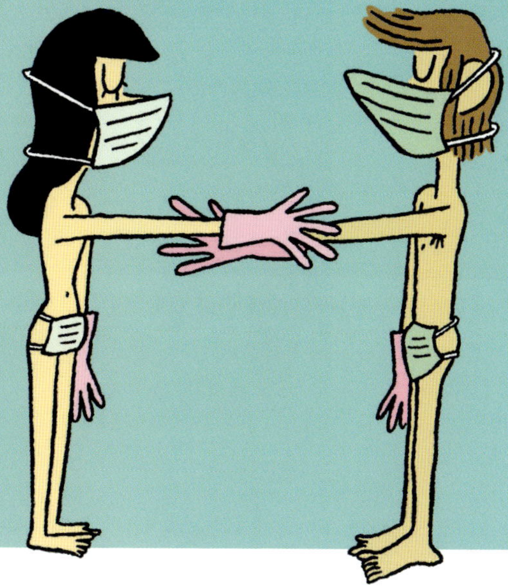

INFECTION

« Il y a des élèves qui demandent à aller aux toilettes parce qu'ils ont une infection urinaire, et il y a ceux qui demandent à s'y rendre juste pour sécher une partie du cours ! »

/////////////// Charlotte et Fanny ont enquêté pour vous. /////////////

Quelques réponses toutes prêtes…

Si quelqu'un nous demande pourquoi on passe notre vie aux toilettes ces temps-ci, on peut toujours lui dire :

Version mystérieuse
« J'ai un rendez-vous… »

Version discrète
« Je t'en pose des questions ? »

Version ironique
« Si tu savais ce qui s'y passe ! »

C'est quoi ? C'est une infection de la vessie qui provoque une envie fréquente d'aller aux toilettes pour y faire seulement quelques gouttes. Pas de chance pour les filles, ce sont surtout elles qui sont touchées. Bien que ce soit désagréable et parfois très douloureux, ce n'est pas grave si on soigne vite. Toutefois, si on ne fait rien et en cas de malformation des voies urinaires, il y a un risque que les microbes gagnent les reins et, là, ça peut vraiment être embêtant !

Le plan galère Si on ne boit pas souvent et/ou qu'on se retient trop longtemps d'aller aux toilettes, on a plus de risques d'avoir une infection urinaire. Si un prof nous refuse l'accès aux toilettes sous prétexte que l'on revient d'une récré et qu'on n'avait qu'à y aller plus tôt, on peut toujours demander à aller à l'infirmerie. Là aussi, il y a des toilettes et si on lui explique ce qui nous arrive, l'infirmière scolaire sera plus compréhensive !

Comment ça marche ?

Une infection urinaire ou cystite est due à la présence de microbes qui prolifèrent sur les parois de la vessie. Pour y parvenir, ils ont dû remonter le canal de l'urètre (le petit « conduit » par où s'évacue l'urine). Comme ce canal ne fait que 4 centimètres chez la femme contre une vingtaine chez l'homme, ça explique pourquoi les filles sont plus sensibles à ce problème que les garçons : les microbes atteignent plus vite leur vessie !

Heureusement, il existe des moyens très simples pour éviter cela. Le premier, c'est de boire un litre d'eau réparti tout au long de la journée. Si tu bois suffisamment, tes urines sont claires. Si elles sont jaune foncé, c'est le signe qu'elles sont trop concentrées et donc qu'il te faut boire davantage et plus souvent. C'est important de bien s'hydrater, car à chaque fois que tu vas uriner, cela permet d'évacuer un maximum de microbes, avant même qu'ils n'arrivent jusqu'à la vessie. C'est aussi pourquoi il ne faut pas te retenir !

Un autre bon truc à savoir, c'est de toujours t'essuyer d'avant en arrière (et non l'inverse) après être allée aux toilettes. Sinon, tu ramènes des germes de l'intestin vers ce conduit urinaire et, là, rien ne les empêche de faire le chemin jusqu'à la vessie pour s'y développer.

Si, malgré ces précautions de base, tu te retrouves avec une cystite, ton médecin peut te prescrire un antibiotique qui agit très vite. Le traitement est radical : les microbes logés dans ta vessie sont exterminés. Encore faut-il consulter !

Notre conseil

C'est surtout quand il fait chaud que les filles font des cystites et le plus souvent parce qu'elles ne boivent pas assez. Il est donc conseillé de boire davantage. Si en plus c'est une boisson à la canneberge (cranberry) c'est encore mieux : en effet, ce fruit rouge possède une molécule qui a le pouvoir d'empêcher les bactéries d'adhérer à la paroi de la vessie, s'il s'agit d'Eschérichia coli (bactéries qui viennent de l'intestin et qui sont les plus souvent en cause). Sans point d'ancrage, elles sont obligées de rester dans l'urine et sont éliminées rapidement !

Vrai ou Faux ?

Quand on a des brûlures urinaires, on doit arrêter de boire.

Faux, c'est le contraire ! Dès qu'on craint une cystite, on doit boire encore plus pour essayer d'éliminer un maximum de microbes. Parfois, ça suffit pour que tout redevienne normal !

Pour ta culture perso

En médecine, les mots qui se terminent en « ite » comme « cystite », signifient « inflammation ».

INFIRMERIE

« Au collège, l'infirmerie c'est surtout une bonne échappatoire aux contrôles pour certains… Mais l'infirmière sait vite les repérer et les renvoyer devant leur copie ! »

Fanny a enquêté pour vous.

La bonne blague

Tu connais celle de l'élève qui dit qu'il a mal partout ? L'infirmière lui demande de lui montrer où ça le fait souffrir, alors il touche son genou droit avec son doigt et se met à hurler. Puis il touche sa joue gauche et crie encore plus. Puis il touche son front et hurle encore plus fort. Et ainsi de suite avec son oreille, son nez, etc., jusqu'à son gros orteil. Au lieu de le disputer en lui disant qu'il se moque d'elle, l'infirmière lui répond : « Mon pauvre chéri, c'est bien ce que je pensais, tu as le doigt cassé ! »

C'est quoi ? Normalement, l'infirmerie est l'endroit où aller quand on ne se sent pas très bien ou qu'on a fait une mauvaise chute. Mais si l'infirmière est sympa, c'est aussi le lieu où l'on peut se confier en cas de petits soucis ou de gros problèmes (maltraitance, racket, peur d'être enceinte, etc.) qui nous concernent ou qui touchent un(e) ami(e). L'infirmière scolaire peut aussi être amenée à venir dans les classes nous parler des drogues et autres dangers qui nous guettent.

Le bon plan On connaît tous des petits malins qui font semblant d'être malades. Et l'infirmière s'en aperçoit aussi très vite ! Ceux qui veulent bluffer devraient se renseigner un peu mieux. Par exemple, dire à l'infirmière qu'on vient la voir car on a l'impression d'avoir de la fièvre, c'est nul : elle n'a qu'à prendre notre pouls pour s'apercevoir que c'est bidon. Il vaut encore mieux lui dire qu'on n'est pas vraiment dans notre assiette, qu'on n'a pas le moral. Si on n'en abuse pas, elle peut comprendre qu'aujourd'hui est un jour « sans » et nous laisser rester une demi-heure à l'infirmerie pour nous remettre. Souvent, le seul fait de discuter avec elle nous fait du bien, car elle sait généralement trouver les mots pour nous donner du courage…

Le plan galère Si pour quelqu'un qui a vraiment besoin de l'infirmière scolaire, le courant ne passe pas avec celle de son collège, c'est un problème ! Heureusement, on peut toujours trouver un prof sympa qui, sans être du « métier », saura nous donner un bon conseil…

LA PAROLE AUX PROS

Comment ça marche ?

Au collège, les infirmières ont un rôle de prévention par rapport aux principaux problèmes de santé que certains adolescents peuvent rencontrer (alcool, tabac, drogues, infections sexuellement transmissibles, grossesse...). Ces professionnelles sont là aussi pour répondre aux petits soucis ponctuels de santé – maux de ventre, maux de tête, ecchymoses, blessures, etc. –, mais elles n'ont pas le droit de te prescrire de médicaments. Il existe toutefois deux exceptions : elles peuvent donner leur traitement aux élèves ayant un problème médical (asthme, allergie, diabète, etc.) et dont les parents ont établi un « projet d'accueil individualisé » (PAI), en concertation avec leur médecin, le médecin de l'Éducation nationale et le chef de l'établissement.

Elles peuvent également délivrer aux filles la pilule du lendemain.

Vrai ou Faux ?

Il n'y a pas suffisamment d'infirmières scolaires en France.

Vrai ! Elles seraient moins de 7 600 à temps plein ou temps partiel pour 7 100 collèges et 4 200 lycées accueillant près de 5 600 000 élèves du second degré.

INFLUENCEUR·SE

« Ce sont des personnes très chanceuses car elles sont très bien payées pour un travail qui ne nécessite pas des efforts exceptionnels ! »

Léa et Mathilde ont enquêté pour vous.

C'est quoi ? C'est quelqu'un suivi par beaucoup de personnes sur les réseaux sociaux qui l'admirent, un peu comme une star ; par conséquent, il a de l'influence sur ceux qui le suivent. Il est alors « utilisé » par des marques pour promouvoir leurs produits et donner son avis. Certains sont des comédiens qui font des vidéos, d'autres se sont spécialisés dans la beauté ou les jeux vidéo, mais il y en a aussi qui parlent simplement de sujets qui les intéressent.

Le bon plan Il y a des influenceurs et des influenceuses qui diffusent de bonnes « vibes », comme le *body positive*, qui prône l'acceptation de son corps. D'autres nous aident à combattre nos préjugés dans de nombreux domaines. Il faut trouver des gens qui nous ressemblent et qui diffusent des valeurs qui nous sont proches.

Le plan galère Les influenceurs sont souvent payés par des marques. De ce fait, certains utilisent leur présence sur les réseaux sociaux pour faire de la pub et vendre des produits à leur communauté. Il faut donc toujours rester critique vis-à-vis de ce qu'ils en disent. Parfois, ils sont même dangereux : une influenceuse avait décrit une recette de cuisine en se trompant sur la température du four. Certain·es de ses *viewers* avaient mis le feu à leur four !
Il faut aussi s'interroger sur la vie paradisiaque que certains influenceurs affichent sur leurs réseaux. Ils passent souvent un temps infini à prendre des photos et à se mettre en scène : on ne voit donc qu'un petit morceau de leur vie, et à travers un filtre déformant.

Quelques réponses toutes prêtes

Si nos parents s'étonnent qu'on suive assidûment un influenceur, on peut toujours leur répondre :

Version illuminée
« Mais ne vous inquiétez pas, c'est juste mon nouveau gourou ! »

Version ironique
« Il faut bien que je suive les conseils de quelqu'un, et ça peut pas être vous ! »

LA PAROLE AUX PROS

Comment ça marche ?

Un influenceur est une sorte de star du web qui maîtrise parfaitement les réseaux sociaux, ce qui fait sa force. Certains influenceurs se sont spécialisés dans l'humour, d'autres dans les conseils de beauté ou les recettes de cuisine, d'autres dans les jeux, etc. Il y en a dans de nombreux domaines, et même dans la vulgarisation des sciences.

Peut-être te demandes-tu comment ils font pour vivre étant donné que ce qu'ils mettent en ligne est en accès libre. C'est là que réside l'astuce : il faut que le plus de monde possible ait accès à ce qu'ils font. C'est même pour cette raison que des marques connues font appel aux influenceurs beauté et mode : pour qu'ils citent leurs produits. Ce n'est pas un service gratuit. L'influenceur se fait rémunérer pour en parler, en dire du bien, et ainsi donner envie à ses « suiveurs » d'acheter le produit. En fait, ce n'est qu'une nouvelle forme de publicité.

Notre conseil

Être connu ne veut pas dire avoir raison, et un influenceur peut donner un conseil bidon. L'écouter est une chose. Suivre à la lettre tout ce qu'il dit en est une autre, et il est toujours bon de garder son esprit critique. À l'inverse, ne pense pas que devenir influenceur soit facile et que tu pourrais te faire plein d'argent, toi aussi, par ce biais. Réussir à devenir un influenceur qui compte une grande maîtrise des réseaux sociaux, prend beaucoup de temps, demande de bien s'exprimer à l'oral et à l'écrit, de savoir mettre en scène ce que l'on souhaite délivrer comme message.

Vrai ou Faux ?

L'homme est un être social sous influence.

Vrai ! Quand tu prends une décision, tu as l'impression d'être seul à choisir, mais, en réalité, sans que tu en sois forcément bien conscient, ta famille, tes amis ou encore ton environnement ont une influence sur toi. C'est ancré dans tes gènes (ceux des humains).
Les influenceurs ne font que jouer sur le fait que tu es influençable, comme tout être humain. À toi de le rester un peu, mais pas trop quand même !

Pour ta culture perso

Toutes ces photos et vidéos postées sur Internet et partagées dans le monde sont relayées par d'énormes serveurs très gourmands en énergie et, sur le plan écologique, cela finit par poser un vrai problème. C'est ce que certains appellent la « pollution numérique ».

INJUSTICE

« À nos yeux, ce sont toujours les autres qui sont injustes ! »

Charlotte et Fanny ont enquêté pour vous.

C'est quoi ? En histoire, on apprend que la Déclaration des droits de l'homme et du citoyen, en 1789, commence par : « Tous les hommes naissent et demeurent libres et égaux en droit. » C'est la définition de la justice. L'injustice, c'est le contraire. C'est quand il y a une différence de traitement entre les personnes.

Le bon plan Plus on aime quelqu'un, plus on attend de lui qu'il soit juste avec nous, voire qu'il nous fasse bénéficier d'un traitement de faveur. Alors forcément, la moindre petite injustice commise est vécue comme une trahison ! Pour retrouver la raison, on doit d'abord se demander : « Cela m'aurait-il touché autant si quelqu'un d'autre avait dit ou fait la même chose ? » Si la réponse est « non », ça veut dire qu'on attend trop de l'autre et, donc, que se montrer aussi exigeant avec lui est injuste. *Idem*, lorsque l'on a fait un gros effort et que l'autre ne s'en rend pas compte ou, pire, nous fait une remarque désagréable, ça nous rend « dingue » et ça peut envenimer la relation. Là encore, il faut essayer de repenser à tout ça avec son cerveau plutôt qu'avec son cœur !

Le plan galère Les premières personnes qui te semblent bénéficier injustement d'un régime de faveur sont souvent tes frères et sœurs ! S'ils sont plus grands, tu trouves injuste qu'ils aient le droit de se coucher tard et pas toi. S'ils sont plus petits, tu trouves injuste que tes parents te demandent de les aider et pas à eux ! Tes parents, eux, affirment qu'ils vous traitent de la même façon et que c'est toi qui es injuste de penser ça. Si personne n'y met du sien, ça finit par créer des histoires pas possibles ! En classe, c'est pareil : on est vite sensible à ce qu'on considère comme de l'injustice de la part des profs. Et là aussi, ça va très vite, comme on est blessé, on répond... ce qui peut entraîner une série de catastrophes. Ou alors on peut se refermer sur soi et ne plus avoir envie de faire le moindre effort. Si on se sent victime d'une injustice, il vaut mieux aller voir le prof à la fin du cours et discuter tranquillement avec lui de ce que l'on a perçu. Souvent, ça permet d'arranger les choses.

Quelques réponses toutes prêtes...

Si quelqu'un te fait un plan vraiment injuste, tu peux toujours lui dire :

Version polie
« Tu n'attends pas que je te dise merci, j'espère ? »

Version ironique
« Je n'oublierai jamais tout ce que tu as fait pour moi ! »

Version froide
« On se connaît ? »

De quoi s'agit-il ?

L'injustice est un terme juridique qui signifie que l'acte commis n'est pas conforme à la loi. Mais, dans le langage courant, on parle d'injustice dès lors que ce qui se passe est commis au détriment de l'intérêt de quelqu'un ou d'un groupe de personnes. On peut aussi parler d'injustice sur un plan plus philosophique, pour évoquer tout ce qui ne tourne pas rond dans le monde et qui semble être défavorable à l'Homme, avec un grand H !

Dans la vie courante, tu dis souvent « c'est pas juste » pour des tas de désagréments : quand tes parents ne veulent pas que tu regardes la télévision, que tu sortes, que tu surfes sur internet, par exemple. Quand le professeur t'a noté sévèrement, ou que tu t'es fait punir alors que tu considères que tu ne le méritais pas. Ou encore, quand tes copains ne t'ont pas invité à une fête, quand tu as fait des efforts pour un ami et qu'il ne t'a pas remercié... Tout le monde est victime

Notre conseil

Tu as le droit d'être en colère quand tu ressens que quelque chose est injuste. Mais essaie de ne pas réagir impulsivement. Donne-toi du temps pour réfléchir à ce qui s'est passé, pour être sûr que tu ne vas pas t'emporter pour rien. Ensuite, dis-toi que les petites injustices sont souvent commises sans volonté de nuire et que ce que tu vis comme insupportable n'a sûrement pas été fait volontairement pour te blesser. Enfin, pense que, toi aussi, tu fais régulièrement des choses qui sont vécues par les autres comme injustes, peut-être sans même t'en rendre compte ! D'ailleurs, tu peux agir aussi à ce niveau : si tu es sensible à l'injustice pour toi, commence par ne pas infliger d'injustices aux autres...

Vrai ou Faux ?

La punition collective est injuste.

Vrai ! Il n'y a aucune raison de punir un groupe d'élèves qui n'a rien fait, sous prétexte que certains ont un comportement anormal. C'est d'autant plus injuste que le groupe d'élèves puni n'a aucun moyen de pression pour empêcher les autres d'agir mal. C'est d'ailleurs pour cette raison que la punition collective est normalement interdite à l'école : elle est jugée contraire au droit français ! Le problème est que certains professeurs l'utilisent encore. Si cela se répète trop souvent, tes parents ont le droit (et le devoir !) de réagir : les parents délégués et les représentants de parents d'élèves, ça sert à ça !

de ces « petites injustices » quotidiennes, cela fait partie de la vie. La différence, c'est qu'on n'est pas tous égaux dans notre façon de réagir : certains le ressentent violemment et cela les fait souffrir, alors que d'autres parviennent à relativiser, c'est-à-dire à trouver des raisons plus ou moins valables pour justifier « l'injustice » et passer outre. Même si tu n'as pas la chance d'appartenir à ce deuxième groupe, tu peux travailler sur toi-même pour être moins déstabilisé.

Pour ta culture perso

Un écrivain suisse, Louis Dumour, a dit : « Une injustice dont nous profitons s'appelle la chance. Une injustice dont un autre profite s'appelle un scandale ! »

INTERNAT

« L'ennui avec la pension, c'est que tu n'as pas d'échappatoire : tu y es du matin au soir et du soir au matin ! »

////////////// Charlotte et Fanny ont enquêté pour vous. //////////////

Quelques réponses toutes prêtes…

Si nos parents nous menacent de nous envoyer en pension, on peut toujours répondre :

Version agressive

« Tant mieux, comme ça, je serai débarrassé de vous ! »

Version culpabilisante

« Pourquoi avoir fait un gosse, si vous n'en vouliez pas ? »

Version amère

« Quelle belle preuve d'amour ! »

C'est quoi ? C'est la bête noire des élèves qui se comportent tellement mal que leurs parents ne savent plus quoi faire d'eux (les « cas désespérés »). Ceux-là se retrouvent souvent dans des pensions strictes ! Mais il y en a d'autres qui vont en pension parce que leurs parents estiment que la vie en collectivité, ça a du bon. Ou encore, parce que le collège le plus proche est vraiment trop loin de chez eux.

Le bon plan Il y a pension et pension. Au lieu d'envoyer promener nos parents quand ils nous disent qu'ils vont nous y mettre, on ferait mieux de négocier avec eux dans quelle pension on ira. On peut ainsi se retrouver à faire des activités qu'on aime bien, dans un chouette environnement.

Le plan galère Impossible d'aller faire du « shopping » quand on veut car, en général, une pension, on ne peut pas y entrer et en sortir comme dans une auberge !

Comment ça marche ?

Il existe deux sortes d'internats. On parle d'internat « à plein temps » quand les élèves y restent aussi le week-end et d'internat « de semaine » quand chacun rentre chez soi après la semaine de cours.

Les internats à plein temps sont plutôt destinés à des enfants dont les parents vivent à l'étranger et qui n'ont pas d'autres possibilités de scolariser leurs enfants en France.

Les internats de semaine peuvent avoir plusieurs objectifs : soit ce sont les enfants qui le demandent car ils ont besoin d'être « cadrés » pour travailler et qu'à la maison les tentations sont trop nombreuses (télévision, ordinateur, jeux vidéo, etc.). Soit ce sont les parents qui l'imposent pour des raisons finalement identiques, mais non partagées par l'adolescent concerné !

Si cela t'arrive, tu vas le vivre comme une punition et c'est (malheureusement !) souvent comme cela que les parents te le présentent. Ils te menacent ou exercent une sorte de chantage, du style : « Si tu ne travailles pas suffisamment, si tu continues à faire l'imbécile... nous allons t'envoyer en pension. » C'est dommage car, dans ce cas, il est peu probable que la formule « internat » te réussisse ! Pour te venger, tu risques surtout de faire en sorte que ça se passe mal pour te faire expulser, ce qui compliquera encore plus ta situation. Il y a un vrai risque d'escalade, où finalement tout le monde est perdant.

Notre conseil

Même si tes parents font peser sur toi cette idée d'internat pour te contraindre à t'investir dans tes études, il faut comprendre que, finalement, c'est pour ton bien. Ils n'arrivent pas (et toi non plus) à trouver des solutions efficaces pour que tu travailles plus. Comme ils souhaitent que tu réussisses, ils se tournent vers cette solution quand elle leur paraît la mieux adaptée. Sur le moment, tu risques de penser que c'est une catastrophe. Mais l'internat, lorsqu'il est bien vécu, est souvent un bon moyen de vivre des moments et des rencontres inoubliables dont tu parleras avec émotion toute ta vie. Et c'est vrai aussi que cela permet de travailler dans de bonnes conditions : pour certains, ça marche super bien.

Vrai ou Faux ?

Après le succès du film *Les choristes*, le nombre de demandes d'internat a augmenté de près de 20 %.

Vrai ! Et le collège de Poudlard de Harry Potter a réconcilié de nombreux élèves avec l'idée de l'internat ! Cela peut donc vraiment être une réussite... même si, dans les films, c'est forcément un peu romancé !

Pour ta culture perso

Avant, on parlait de « pensionnat ». La terminologie d'internat est récente. À ne pas confondre avec « internement », qui signifie « hospitalisation dans un hôpital psychiatrique » !

« Les profs nous demandent de faire plein de recherches sur internet, mais ils sont les premiers à se plaindre qu'on y passe trop de temps ! »

Charlotte et Fanny ont enquêté pour vous.

La bonne blague

Tu connais la différence entre le dernier logiciel téléchargé sur internet et un virus ? Le virus, lui, il fonctionne !

C'est quoi ? Internet est le plus grand réseau informatique du monde, permettant d'échanger des informations. Aujourd'hui, il existe de nombreux moyens d'envoyer des photos, des informations, etc. à un tas d'amis à toute vitesse (via Facebook, via les applis, etc.). Ce qui est bien, c'est qu'on peut accepter ou refuser des « amis », créer des groupes sur des sujets qui nous intéressent, participer à des discussions sur des thèmes qui nous préoccupent, etc.

Le bon plan S'il y a une médiathèque dans notre ville, avec accès aux ordinateurs, ça peut être sympa d'y aller même si on a internet à la maison. Ça permet de rencontrer d'autres jeunes. Ça change du virtuel !

Le plan galère Quand on n'a plus internet, parce que notre ordinateur est planté, par exemple, on a l'impression d'être coupé du monde !

Comment ça marche ?

Internet, c'est comme le monde qui t'entoure. On y trouve des documents intéressants, mais aussi des idées complètement loufoques (qu'on te présente pourtant comme des vérités) et des théories dangereuses. Toute la difficulté est donc de faire le tri entre les informations utiles et les autres. Pour cela, il existe parfois des labels : par exemple, le label HON (*Health on the net*) est apposé sur les sites qui délivrent une information sur la santé et qui sont des sites de confiance, parce que tout est vérifié et/ou écrit par de vrais médecins.

Quand il n'y a pas de label officiel, ce qui est très souvent le cas, commence par aller voir la rubrique « Qui sommes-nous ? » pour avoir une idée sur la question. Malgré tout, dis-toi bien que n'importe qui, sur internet, peut se déclarer professeur ou docteur. Alors attention ! Vu que ce n'est pas vérifié, ce n'est pas une preuve suffisante. D'ailleurs, si le site est truffé de fautes d'orthographe, il y a de fortes chances pour que ce soit un canular ou une escroquerie !

C'est pourquoi tu dois toujours « croiser » tes sources : cela veut dire que lorsque tu trouves un document qui t'intéresse sur un site, regarde sur d'autres sites – si possible officiels comme celui de la **Bibliothèque nationale de France** ou **http://gallica.bnf.fr** – et dans tes livres si cette information y figure également. Si c'est le cas, c'est rassurant. Si ça ne l'est pas, poursuis tes investigations !

Notre conseil

Il est probable qu'un jour, au cours de tes recherches sur internet, tu tombes sur un site peu recommandable. Même si la curiosité est la plus forte, méfie-toi car certaines images ou certains écrits pourraient te choquer au point de te faire faire des cauchemars, par exemple. Il y a bien assez de sites qui t'intéressent – sur la musique, le sport, les vacances, tes passions, etc. – sans aller perdre ton temps sur ceux écrits par des gens malveillants (pervers, etc.), dans le seul but de nuire. Enfin, ne donne jamais ton mail ni aucune coordonnée à un inconnu : sur le net, il lui est facile de se présenter comme un jeune de 15 ans qui aimerait te rencontrer, alors qu'en réalité il s'agit d'un adulte de 53 ans déjà inculpé pour détournement de mineur(e) ! Si tu as commis l'imprudence de communiquer des informations personnelles sans te méfier et que tu sens bien que tu n'aurais pas dû le faire, parles-en vite avec un adulte en qui tu as confiance. Il vaut mieux se faire disputer que de se faire embarquer dans une sale histoire qui peut avoir de graves conséquences !

Vrai ou Faux ?

Quand tes parents étaient jeunes, internet n'existait pas.

Vrai ! Au départ (en 1969), ça s'appelait Arpanet et seule l'armée américaine l'utilisait. Le grand public, lui, a dû attendre les années 1990 pour avoir accès au net. Tes parents ont donc vécu leur adolescence sans internet (ni téléphone portable d'ailleurs)... et ils ont quand même survécu !

Pour ta culture perso

En 2019, le chinois est la langue la plus parlée sur internet et l'espagnol a pris la seconde place. L'anglais n'arrive plus qu'en 3e position ... mais c'est mieux que le français qui ne rentre même pas dans le classement des dix premiers !

« Comme dit si bien le proverbe, il vaut mieux faire envie que pitié ! »

Charlotte et Fanny ont enquêté pour vous.

C'est quoi ? Quand quelqu'un a reçu une super bonne nouvelle, un cadeau génial ou a eu une chance incroyable, on devrait s'en réjouir. Si on ne peut pas s'empêcher de penser que ce n'est vraiment pas juste, que ce sont toujours les mêmes qui ont tout, ça s'appelle de la jalousie ou de l'envie ! La seule consolation est de se dire que c'est un sentiment très répandu. Aussi, lorsque viendra notre jour de chance (mais si, c'est pour bientôt, patience !), on fera aussi des jaloux, c'est obligé !

Le bon plan Quand on sent la jalousie nous envahir, au lieu de penser « il (elle) a vraiment de la chance », on ferait bien de se rappeler tout ce qui nous est arrivé de bien ces derniers temps : une fête super, une bonne note en maths, un cadeau sympa… Si on y réfléchit 5 minutes, nous aussi on a de la chance !

Le plan galère Que notre meilleur copain ait eu un scooter pour son anniversaire alors qu'on en rêve encore, passe encore ! Mais s'il nous néglige soudain parce qu'il est tombé amoureux d'une fille, alors là, ça passe très mal : quand on touche aux sentiments, la jalousie fait encore plus mal !

Quelques réponses toutes prêtes…

Si on nous traite de « jaloux », on peut toujours répondre :

Version ironique

« T'as raison, t'es si beau, si intelligent, si parfait, que j'en suis raide de jalousie ! »

Version sarcastique

« C'est vrai que je n'ai jamais eu 3 en maths, moi ! En dessous de 10, je ne sais pas faire. Pour atteindre ce niveau, faut vraiment le vouloir ! »

LA PAROLE AUX PROS

Comment ça marche ?

La jalousie est un sentiment naturel. Des spécialistes des comportements animaux (les éthologues) ont d'ailleurs montré que ce sentiment existe aussi chez les autres mammifères. Cependant, il y a une différence entre avoir un petit pincement au cœur parce que ton meilleur ami s'est trouvé une petite amie (mais pas toi), et tout faire pour briser sa relation avec cette fille, tellement ça t'est insupportable !

Si tu as ce type de réaction démesurée quand tu es jaloux, cela devient pathologique. Or, si tu n'apprends pas très vite à te contrôler, tu risques de passer pour un tyran et de te retrouver seul. Tout le monde – même tes proches ! – a besoin de liberté, et la meilleure preuve d'amour ou d'amitié que tu puisses leur donner, c'est justement de ne pas leur faire de scène de jalousie s'ils passent un peu moins de temps avec toi. D'ailleurs, si cela se produit, ne pense pas que c'est le signe qu'on ne t'aime plus. La complicité qui vous unit est bien plus forte ! Autre forme de jalousie qui devient vite difficile : si tu as toujours peur que ton amour te laisse tomber ou parte avec quelqu'un d'autre, dis-toi que c'est toi qui as été choisi et que l'autre ressent sans doute le même sentiment de son côté. Cela signifie que vous tenez l'un à l'autre et qu'il ne faut pas tout gâcher avec une jalousie démesurée !

Notre conseil

Être excessivement jaloux est souvent le signe d'un manque de confiance en soi. Si tu as confiance en tes qualités, tu n'auras pas peur de perdre l'amitié ou l'amour de tes proches dès qu'ils s'éloignent un peu ! De même, si tu es un peu plus optimiste, sans doute verras-tu davantage ce qui est positif dans ta vie (des super-vacances, des parents sympas, un chien qu'on adore...) plutôt que de lorgner sur ce qui arrive aux autres.

Vrai ou Faux ?

Certaines formes de jalousie relèvent de la psychiatrie.

Vrai ! Le délire de jalousie, par exemple, touche surtout des hommes qui ont terriblement peur que leur femme les trompe avec un autre. On parle de « délire », car ils se mettent à interpréter le moindre fait anodin – un retard de 10 minutes, par exemple – comme la preuve indiscutable que leur femme a bien une liaison extraconjugale. C'est une forme de folie.

« Si la vie au collège ressemblait à un scénario de jeu vidéo, on aimerait tous y aller parce qu'au moins, on ne s'y ennuierait jamais ! »

Charlotte et Fanny ont enquêté pour vous.

Quelques réponses toutes prêtes...

Si nos parents nous reprochent de passer trop de temps sur notre console, on peut toujours dire :

Version polie

« Depuis que je sais qu'il existe un championnat, je m'entraîne ! »

Version surprise

« Faudrait savoir ! D'habitude, vous me reprochez de ne pas aller jusqu'au bout des choses ! »

Version calculatrice

« OK, on fait un deal. On joue une partie, si je gagne, je continue comme je veux. Si je perds, je vous passe ma console ! »

Version ironique

« Vous savez de quoi vous parlez ? »

C'est quoi ? C'est LE loisir du XXIe siècle ! Mais comme nos parents ne maîtrisent pas très bien le sujet (quand ils étaient ados, ça n'existait même pas !), ils ne comprennent pas pourquoi on aime autant ça. Pourtant, on ne les empêche pas d'essayer !

Le bon plan Pour notre anniversaire, si on veut absolument un jeu vidéo et que nos parents ne sont pas franchement d'accord, on peut toujours en toucher un mot à notre grand-mère. Comme ce n'est pas trop son domaine, il y a de fortes chances qu'elle accepte de nous l'acheter et, quand ce sera fait, ce sera trop tard : nos parents n'oseront pas lui dire non !

Le plan galère Quand on a une sale note, le premier truc qui vient à l'esprit des parents, c'est de supprimer l'ordinateur ou la console. On dirait qu'ils ne connaissent que cette punition ! Et on ne peut même pas espérer se « consoler* » chez un copain, parce que si sa note est aussi « naze » que la nôtre, forcément ses parents lui auront aussi sucré ses jeux.

(**Mate le jeu de mots !*)

Comment ça marche ?

Le succès des jeux vidéo repose beaucoup sur le fait que le héros, c'est toi ! Quel que soit ton niveau au collège, tu peux briller dans ces jeux, et c'est une vraie source de plaisir. Ainsi, les jeux vidéo ne sont pas néfastes à proprement parler. Mais ils peuvent le devenir si tu passes vraiment trop de temps dessus, au point que ta scolarité, ta vie sociale, tes activités physiques et/ou ton sommeil s'en ressentent. Certains adolescents sont devenus tellement « accros » à leurs jeux qu'ils en perdent le sens de la réalité. Ils ne sont plus dans le quotidien sur le plan mental, ils vivent dans un monde virtuel, et une telle déconnexion de la réalité peut avoir des conséquences graves (échec scolaire, accès de violence, etc.), surtout chez ceux qui étaient déjà psychologiquement fragiles.

C'est surtout le cas pour les MMORPG (*massively multiplayer online role-playing games*), des jeux « en ligne » qui se distinguent des jeux de rôle classiques par le très grand nombre de joueurs impliqués et par le monde virtuel proposé. Ce monde change en permanence : si un joueur quitte le jeu et y revient quelques jours plus tard, il ne le retrouvera pas tel qu'il l'avait laissé. Et c'est le danger, car les joueurs ne veulent pas décrocher, de peur que des choses importantes se passent sans eux !

Notre conseil

Tu as le droit d'aimer les jeux vidéo et d'y jouer mais ne te prive pas pour autant d'une bonne partie de ballon ou d'une invitation chez un ami ! Si tu passes plus de 3 heures par semaine à jouer, c'est trop. Et si c'est le temps que tu passes sur tes jeux au quotidien, tu es en danger. Il est grand temps de demander de l'aide pour apprendre à t'en passer...

Vrai ou Faux ?

On peut devenir « addict » aux jeux vidéo comme à une drogue.

Vrai ! L'addiction se définit comme quelque chose dont on connaît le danger mais dont on ne peut plus se passer. Elle met en péril les piliers structurants de la vie : manger, boire, dormir, se socialiser et, pour les adolescents, apprendre. On peut alors être en danger psychologique, mais aussi physiologique. Il est grand temps de demander de l'aide à un psy, car tout seul, c'est quasi impossible de se « désintoxiquer ».

Pour ta culture perso

Le premier jeu vidéo accessible au grand public est apparu en 1972 et mimait une partie de ping-pong, avec seulement 2 curseurs qui se déplaçaient sur un écran pour tenter de rattraper un point (la balle) allant de droite à gauche et de gauche à droite. Et à l'époque, c'était une petite révolution !

a b c d e f g h i J k l m n o p q r s t u v w x y z

KILOS

« C'est le mot qui fâche ! »

Charlotte et Fanny ont enquêté pour vous.

C'est quoi ? Les kilos, on trouve toujours qu'on en a trop ou pas assez, ou encore qu'ils sont mal placés. On est souvent moins tolérant avec nos kilos qu'avec ceux des autres : on trouve qu'une copine un peu ronde a du charme, tandis que nos propres rondeurs sont l'horreur absolue ! Notre miroir ne nous dit jamais : « C'est toi le plus beau (la plus belle) ! », mais plutôt : « T'as mangé comme une vache ou quoi ? »

Le bon plan Qu'on veuille affiner notre silhouette ou avoir plus de muscles, notre meilleur allié, c'est le sport. Comme il faut en faire régulièrement pour obtenir des résultats visibles, on doit vraiment choisir un sport qui nous plaît. L'idéal, c'est de varier les activités sportives pour mieux faire travailler différents groupes de muscles ! Pour ne pas trop empiéter sur notre temps libre : on peut aller au collège sur rollers ou à vélo, aller chez nos amis en courant, et si on monte les escaliers au lieu de prendre l'ascenseur, ça compte !

Le plan galère Les kilos, c'est injuste. On a tous des amis qui mangent comme quatre et ne prennent pas un gramme. Et d'autres qui grossissent rien qu'en les regardant manger ! Mais si on commence à faire des régimes à notre âge, qu'est-ce que ce sera à 40 ans ! Il vaut mieux éviter de grossir et la règle, c'est de manger équilibré… sans abuser du gras et du sucré (manque de chance pour nous, la salade ne fait pas grossir, elle !).

La bonne blague

C'est bien connu, les chanteuses et les actrices ont un super-truc pour perdre 2 kilos en 10 minutes, après une soirée ! Comment ? Elles se démaquillent !

Comment ça marche ?

Ce n'est pas parce que tu te trouves trop maigre ou trop gros(se) que c'est vrai sur le plan médical. Il y a différents critères pour le déterminer.

Premier critère : ton indice de masse corporelle (IMC). Il se calcule en divisant ton poids par ta taille au carré (soit, pour un jeune de 60 kilos mesurant 1,50 m, 60 : (1,50 × 1,50) = 26,7). Il ne reste plus qu'à comparer le résultat avec les courbes d'IMC qui sont dans tous les carnets de santé. Par exemple, à 14 ans, l'IMC est considéré comme normal jusqu'à 22, il traduit un surpoids entre 22 et 24,5 chez la fille et entre 22 et 23,5 chez le garçon et une obésité au-delà. À 16 ans, l'IMC est considéré comme normal jusqu'à 23,5 chez la fille et 23 chez le garçon.

Second critère : ton ossature et ta silhouette. Si tu as les poignets, les épaules et les hanches larges, ton squelette pèse forcément plus lourd que celui d'une personne dont les os sont plus fins. À taille égale, tu ne peux pas espérer avoir le même poids. Par ailleurs, si tu es très sportif(ive), tu as plus de muscles et moins de graisse ; pour autant, tu ne pèses pas moins lourd (car les muscles ne sont pas légers), mais ta silhouette est plus tonique. D'ailleurs, si tu pratiques un sport et que tu montes une fois par mois sur une balance capable de calculer ton pourcentage de masse grasse (impédancemètre), tu verras bien qu'elle te trouvera de moins en moins de graisse, alors que ton poids total, lui, ne baissera pas spécialement.

Notre conseil

Sans activité physique, il n'y a point de salut ! Ce sont surtout les sports d'endurance qui mobilisent tes réserves en graisse et vont donc t'aider à affiner ta silhouette tout en te musclant : marche rapide, course à pied, vélo, natation, roller, le choix est large ! Les autres sports : musculation, sprint, etc., sont de bons compléments pour te muscler plus rapidement.

Un piège à éviter : prendre les mannequins comme modèle ! Elles sont trop maigres et si, sur elles, les vêtements semblent sublimes, c'est souvent que leurs photos sont retouchées ! Les mannequins anorexiques, ce n'est vraiment pas un exemple à suivre.

Vrai ou Faux ?

Un enfant ou ado sur cinq est en surpoids dans notre pays.

Vrai ! Ils mangent souvent mal (repas déséquilibrés), hors des repas (grignotage) et n'ont pas assez d'activité physique. Or c'est plus facile d'éviter de tomber dans ces pièges que de changer de mauvaises habitudes installées depuis des années...

LANGAGE

« Les adultes passent leur vie à dire des gros mots et à nous interdire d'en faire autant ! »

Charlotte et Fanny ont enquêté pour vous.

C'est quoi ? C'est ce qui nous permet de communiquer et ça évolue souvent. Exemple : en ancien français, on disait : « Saciés bien que, se je en muir, faide vous en sera demande. » Nos profs, eux, traduiraient ça par : « Sachez que si j'en meurs, on réclamera justice. » Nos parents par : « Si j'ai des ennuis à cause de vous, vous allez en entendre parler. » Et nous, par : « Si tu continues de me gonfler, mes potes vont t'éclater ! » Preuve que le langage ne cesse d'évoluer, les dictionnaires accueillent sans cesse de nouveaux mots tels que : « meuf », « keuf », « kiffer », « niaque », « teuf », « empaffé », etc. ! Ces nouvelles façons de parler viennent souvent des jeunes de banlieue qui se sont inventé un langage pour communiquer entre eux sans que les adultes les comprennent. Aujourd'hui, beaucoup de jeunes utilisent ce langage et même certains adultes « qui veulent se la jouer ». Et ça nous « rend vénères » ! (« Ça nous énerve, quoi ! »)

Le bon plan Même s'ils ne veulent pas l'admettre, nos parents aussi avaient leur propre langage quand ils étaient ados. Et pour le découvrir, c'est facile, il suffit de chiner de vieilles BD des années 60 dans les brocantes. On y trouve des expressions d'époque comme « c'est top moumoute ! » (« je kiffe ») ou « pas glop, pas glop ! » (« c'est pas cool »). Alors quand ils nous diront qu'ils s'exprimaient mieux de leur temps, on pourra leur mettre le livre sous le nez et leur demander de qui ils se moquent !

Le plan galère Les profs nous reprochent souvent de manquer de vocabulaire parce qu'on regarde trop la télé et qu'on ne lit pas assez de « grands auteurs ». Mais on pourrait leur retourner le compliment : après tout, ils lisent trop de bouquins des siècles passés et ne sont pas assez « branchés langage ado » du XXIe siècle !

Quelques réponses toutes prêtes...

Si nos parents nous reprochent de mal parler, on peut toujours leur dire :

Version polie
« Je ne parle pas mal. Je suis même à la pointe de l'actualité ! »

Version ironique
« Je croyais que je devais approfondir les langues vivantes ! »

Version insolente
« C'est moi qui parle mal ou c'est vous qui êtes décalés ? »

LANGAGE

Comment ça marche ?

Il y a langage et façon de s'exprimer ! Des éthologues – les spécialistes du comportement animal – viennent de montrer que 14 espèces d'oiseaux parleurs sont capables de se dandiner en rythme, quelle que soit la musique qu'on leur passe. Cela n'est pas dû au hasard ! Cela signifie que l'aire cérébrale impliquée dans l'imitation et la répétition des sons est la même que celle qui donne le sens du rythme. Autrement dit, si tu es à l'aise pour t'exprimer, tu as de bonnes chances de bien danser. C'est scientifique !

D'ailleurs, la prosodie (ou musique de la voix) est la première chose à laquelle est sensible un bébé. Avant de reconnaître le sens des mots, il modifie son comportement selon la prosodie de la personne qui s'occupe de lui. Ensuite, c'est par imitation que les enfants apprennent à parler. D'où les difficultés pour les sourds d'accéder au langage. Certains enfants peuvent aussi souffrir d'un trouble du langage plus ou moins sévère : cela va du retard simple de langage à une forme plus grave, l'aphasie, qui perturbe la communication orale.

À savoir

Un collégien dispose en moyenne de 5 000 mots. On considère qu'à partir de 3 000, on peut à peu près tout comprendre et tout expliquer. Et pour faire partie du club des plus cultivés, il te faudra atteindre, à l'âge adulte, autour de 30 000 mots (en sachant qu'il y a entre 60 000 et 90 000 mots recensés selon les dictionnaires français). Il vaut mieux s'y prendre tôt car ça fait tout de même 25 000 mots nouveaux à connaître. Et le calcul est vite fait : à raison d'un seul mot appris par jour, il nous faudrait 68 ans !

Notre conseil

Quand tu tombes sur un mot que tu ne connais pas (dans un livre, un journal ou un exercice), prends l'habitude de chercher sa signification dans le dictionnaire. Au début, tu risques de trouver ça fastidieux. Mais très vite, ça va devenir un réflexe et ton vocabulaire va s'enrichir sans que tu aies trop d'efforts à fournir. Pour les mêmes raisons, essaie de lire des écrits vraiment variés et de regarder des films différents. Pour t'en souvenir, il ne te reste plus qu'à trouver comment utiliser ces nouveaux mots appris : pourquoi pas dans une prochaine rédaction ? En effet, si tu ne les vois qu'une fois dans ta vie, et que tu ne t'en sers jamais, tu vas vite les oublier !

Les dyslexiques ont, eux, une difficulté avec le langage écrit. C'est un problème souvent lié à la mémoire dite sémantique, c'est-à-dire celle qui donne le sens d'un mot. Pour le dyslexique, il existe une mauvaise organisation en mémoire, un « flou sémantique », et il n'arrive pas à trouver spontanément le sens d'un mot. Or, contrairement à ce que l'on pourrait penser, pour bien lire il faut avoir bien mémorisé le sens de chacun des mots afin de bien comprendre le texte.

Vrai ou Faux ?

La capacité à comprendre et expliquer des mots de vocabulaire est liée à l'intelligence.

Vrai ! Plus on est intelligent, plus on est à l'aise avec le vocabulaire. C'est un des meilleurs « indicateurs » de l'intelligence générale car ça met en jeu la mémoire, le raisonnement, la réflexion, les connaissances, la logique, la déduction, etc.

Pour ta culture perso

Le gros mot le plus vieux de France est m… ou plutôt, « merda », qui revient régulièrement dans les écrits depuis le XIIe siècle. Même un auteur aussi célèbre que Rabelais (XVIe siècle) ne s'est pas privé de le mettre dans ses œuvres ! À rappeler à tes parents quand ils te reprochent de ne pas parler aussi bien qu'autrefois !

LANGUE ÉTRANGÈRE

« C'est dommage qu'à l'étranger, on ne parle pas français ! »

////////////// Charlotte et Fanny ont enquêté pour vous. //////////////

C'est quoi ? Comme on n'y comprend rien, on pourrait dire qu'à première vue c'est du « chinois » même si ça n'a rien à voir ! Car au collège, les langues étrangères les plus souvent proposées sont l'anglais, l'espagnol et l'allemand, mais certains collèges proposent également l'italien, le portugais, le russe, le chinois, voire le japonais… En général, quand on ne choisit pas anglais en première langue, on est obligé de le prendre en seconde langue car l'Éducation nationale considère que parler anglais est très utile dans de nombreuses professions. La Grande-Bretagne est d'ailleurs la destination qui marche le mieux pour les séjours linguistiques !

Le bon plan Pour se familiariser avec l'accent anglais sans se prendre la tête, il suffit de repasser notre DVD préféré en version originale (à condition qu'il soit anglais ou américain, évidemment). En plus, si nos parents nous surprennent à le regarder alors qu'ils pensaient qu'on bossait, on peut toujours leur dire qu'on est justement en pleines révisions et que là, tout de suite, ils nous dérangent ! Ça marche, on a testé pour vous !

Le plan galère Non seulement on doit faire deux langues vivantes obligatoires pendant nos années « collège », mais en plus, nos parents nous obligent parfois à faire latin ou grec… comme si on allait croiser un Romain au coin de la rue ! Pour cela, ils trouvent plein de prétextes : « Ça va t'aider à mieux comprendre l'étymologie des mots et tu seras meilleur en orthographe », « Le latin (ou le grec), c'est sympa, j'en ai fait quand j'étais jeune et j'ai adoré », etc. Ben voyons ! Si tous ceux qui faisaient grec ou latin s'éclataient, ça se saurait !

Devinette

Comment appelle-t-on quelqu'un qui parle trois langues ?

Réponse
Un trilingue.

Et comment appelle-t-on quelqu'un qui parle deux langues ?

Réponse
Un bilingue.

Enfin, comment appelle-t-on quelqu'un qui ne parle qu'une seule langue ?

Réponse
Un Français !

J'embrasse mieux en anglais !

Comment ça marche ?

C'est plus compliqué que l'apprentissage de ta langue maternelle, car ton cerveau doit se familiariser avec de nouvelles prononciations et de nouveaux sons. Mais le cerveau est souple et réceptif. Plus tu t'entraînes, plus il devient performant, et la deuxième langue peut devenir une langue familière.

Le plus important, c'est l'oral car tu sauras ensuite passer facilement à l'écrit. Comme avec le français : tu as d'abord appris à parler avant de comprendre comment s'écrivaient les mots. Or, la pédagogie française n'est pas forcément bien adaptée de ce point de vue : en effet, on donne une trop grande place à l'écrit et on a la manie de tout sanctionner, de tout noter. C'est pourtant normal de faire des fautes, tant à l'oral qu'à l'écrit, quand on apprend une nouvelle langue. Cela fait même partie de l'apprentissage (un jeune enfant qui apprend à parler ne dit pas tout bien du premier coup). Dans les pays où les jeunes sont encouragés à parler et jamais sanctionnés lorsqu'ils font des fautes, le niveau d'anglais (ou d'autres langues) est bien meilleur !

Enfin, si tu as la chance d'être bilingue, n'écoute pas ceux qui te disent que tu vas être nul en orthographe. Un enfant jeune peut apprendre très facilement plusieurs langues en même temps car son cerveau est souple. Préparer son cerveau à apprendre de nombreux modes de communication et à s'adapter, c'est un atout de plus dans la vie !

Notre conseil

Tu peux avoir le meilleur prof de langue, le temps que tu passes avec lui en cours est très insuffisant pour te permettre de bien maîtriser une langue vivante. C'est pourquoi, si tu trouves le moyen de pratiquer en plus – avec une association locale, un copain bilingue, une grande soeur qui assure dans cette matière, etc – n'hésite pas ! Tu dois aussi te prendre en main en lisant des livres, en regardant des films, etc. en langue originale. Tu peux également partir en séjour linguistique, mais, comme la plupart du temps vous restez entre Français, il ne faut pas en attendre de miracle ! D'ailleurs, avoir un correspondant et s'envoyer des mails, des vidéos, des notes verbales, etc. régulièrement, c'est aussi efficace !

Vrai ou Faux ?

Les meilleures classes sont celles d'allemand première langue.

Faux ! C'était ce qui se disait autrefois, quand tes parents allaient au collège, mais aujourd'hui chaque établissement a ses critères et beaucoup d'entre eux préfèrent avoir des classes où les élèves ont différents niveaux.

Pour ta culture perso

Il y a plus de 6 700 langues parlées au monde, sans compter quelques dizaines de milliers de dialectes et patois ! Une vie ne suffirait pas à les apprendre toutes ! Toutefois, l'anglais fait partie des sélections pour entrer dans les grandes écoles. C'est souvent un critère décisif, qui fera la différence entre deux candidats !

> « Quand on voit ce que les profs de français nous demandent de lire, on ne peut pas s'empêcher de penser qu'ils ont de drôles de goûts ! »

Charlotte et Fanny ont enquêté pour vous.

Quelques réponses toutes prêtes...

Quand on lit un livre qui ne nous inspire pas et que nos parents veulent savoir où on en est, on peut toujours dire :

Version sérieuse

« Je me renseigne sur l'auteur, je voudrais savoir quel traumatisme il a subi pour écrire un truc pareil ! »

Version énervée

« Qu'un type écrive ça et qu'un autre le publie, passe encore. Mais qu'on nous demande de l'étudier, alors là, ça me dépasse ! »

Version futée

« Vous ne voulez pas le lire vous aussi pour me l'expliquer ? Je n'y comprends rien ! »

C'est quoi ? Tout le monde ne cesse de nous dire que c'est très important de lire, mais personne ne nous explique pourquoi. En fait, il y a plusieurs raisons. Déjà, cela peut nous aider à enrichir notre vocabulaire et notre culture générale. Ensuite, ça développe notre imaginaire. Enfin, ça fait travailler notre cerveau !

Le bon plan Lorsque des profs nous demandent de lire des livres durant les vacances, il vaut mieux prendre des notes et se faire une fiche de lecture, avec un résumé par chapitre. En effet, il peut se passer ensuite des semaines avant qu'on en reparle en classe et ces résumés nous seront alors bien utiles pour nous remettre « dans le bain ».

Le plan galère On doit lire plusieurs livres durant nos années « collège » et certains ne nous inspirent pas du tout. Mais si on ne fait aucun effort, si on ne lit qu'une seule page avant d'arrêter plusieurs jours et de s'y replonger, c'est sûr que ça ne risque pas de nous plaire. Car pour aimer une histoire, il faut arriver à se plonger dedans. Et ça demande un minimum de concentration ! Il vaut mieux se forcer un peu au départ, par exemple, en se disant qu'on lit d'abord un chapitre entier ou une dizaine de pages avant de s'octroyer une pause « plaisir ». On peut alors être surpris et trouver que, finalement, ce livre est plus intéressant qu'on ne le pensait !

LA PAROLE AUX PROS

Comment ça marche ?

La lecture est un moyen très simple de voyager, de découvrir d'autres façons de penser et d'autres modes de vie, sans quitter sa maison. Toutes les lectures t'apportent quelque chose – ne serait-ce que le goût de lire ! –, qu'il s'agisse d'histoires écrites par de grands auteurs classiques ou des romans policiers, des bandes dessinées, etc. Et puis, c'est aussi amusant de faire découvrir les livres que tu aimes bien à tes amis et de lire ceux qu'ils te conseillent.

Pour lire correctement, il y a des dizaines de réseaux de neurones qui s'activent dans le cerveau : c'est une activité cérébrale importante !

Attention, si le fait de lire te donne mal à la tête (principalement si ça t'arrive souvent en fin de journée), il faut consulter un ophtalmologiste qui vérifiera que tu n'as pas un problème de vue !

Autre bilan à faire : un bilan orthoptique pour explorer la façon dont tes yeux fixent les lignes du regard. Pour lire sans effort, il faut que le faisceau oculaire converge correctement et au bon rythme sur les mots et sur la ligne que tu es en train de lire. Sinon tu « forces » et cela te fatigue. Parfois, cela suffit pour ne pas aimer lire, alors qu'il s'agit d'un problème « technique » qui se corrige très bien.

Notre conseil

Plus tu lis et plus tu as de facilités pour écrire car tu peux alors t'inspirer de tournures de phrases prises ici ou là pour démarrer une rédaction, par exemple. Si tu bloques un peu en français dans ce style d'exercices, tu sais ce qu'il te reste à faire ! Pour autant, trop lire peut témoigner d'une difficulté psychologique : si tu te réfugies tout le temps dans tes livres, que c'est ta seule occupation, y compris en récré, cela veut sûrement dire que la lecture est pour toi un moyen de te couper du monde. Sans doute as-tu du mal à te sentir bien, à te faire des amis, parce que tu es trop timide, trop renfermé ou trop anxieux. Comme pour tout, l'excès signale souvent une difficulté.

Vrai ou Faux ?

À l'entrée en 6e, un élève sur cinq ne maîtrise pas correctement la lecture.

Vrai ! Sans compter tous ceux qui lisent à peu près correctement, mais sans vraiment comprendre le sens des phrases. Or la lecture ne conditionne pas seulement tes résultats en français. Car si tu ne comprends pas bien ton énoncé (en maths, en sciences, etc.), tu ne peux pas répondre correctement aux questions qui te sont posées. C'est pourquoi il ne faut pas sous-estimer l'importance de la lecture ni hésiter, au besoin, à demander de l'aide…

« Quand tu entends "dépêche-toi!" dix fois par jour, tu finis par te demander si c'est toi qui es vraiment trop lent ou si ce sont les autres qui sont trop pressés ! »

Fanny a enquêté pour vous.

Quelques réponses toutes prêtes…

Quand tes parents te demandent pour la énième fois de te dépêcher, tu peux toujours répondre…

Version ingénue

« Mais pourquoi courir ? Le collège ne va pas se sauver ! »

Version dicton

« Tout vient à point à qui sait attendre ! »

Version philosophique

« Être ou ne pas être à l'heure, là est la question ! »

Version ironique

« Il y en a plein qui courent sans savoir pourquoi. Moi, je sais où je vais (au collège). Ce n'est pas si mal ! »

C'est quoi ? Être lent, c'est être en décalage (en retard) avec les autres, soit pour tout, soit pour certaines activités. En revanche, être plus lent que son grand frère ou sa grande sœur, ou un adulte, c'est normal ! Il faut donc bien comparer ce qui est comparable…

Le plan galère C'est toujours une galère d'être lent ! On n'a jamais le temps de tout noter (la leçon, les devoirs, etc.), on n'a pas le temps de finir les contrôles ; c'est pénalisant et, en plus, on se fait reprocher notre lenteur : un comble ! Comme si on faisait exprès ! Heureusement qu'il y a La Fontaine pour nous soutenir : lui, au moins, il ne critique pas la tortue. C'est bien le seul !

Notre astuce Quand on est lent, on est le premier à le savoir, ça n'est pas une surprise ! Alors puisqu'on sait qu'on va manquer de temps, on a intérêt à anticiper le plus possible. Par exemple, écrire notre nom et notre classe dans la marge d'une feuille avant un contrôle, ça permet de s'occuper de l'énoncé sans perdre une minute. Avoir une trousse bien rangée, ça permet de sauter sur le bon stylo en un temps record. Mettre un marque-page dans son livre, c'est pratique pour tomber tout de suite sur la bonne leçon en classe, sans tourner les pages alors que le prof a déjà commencé… Quand on n'est pas rapide de la « gâchette », il faut ruser !

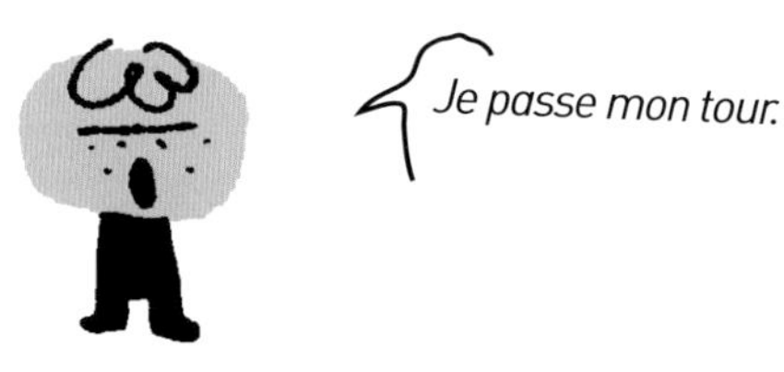

Comment ça marche ?

Il y a lenteur et lenteur. Certains sont lents, mais seulement en début de journée, parce qu'ils sont plutôt « du soir », ce qui veut dire qu'au réveil, ils sont un peu dans le brouillard et ont besoin de temps pour retrouver « leurs esprits ». Ça n'est pas pathologique. C'est juste comme ça et il faut faire avec. Plus le temps passe dans la journée et plus ils deviennent rapides : en fin de journée, ce sont carrément des flèches capables de pulvériser tous les records !

D'autres sont lents parce qu'ils aiment prendre leur temps pour réfléchir et bien peser le pour et le contre. Tant que ça ne les empêche pas d'être à l'heure, de finir leurs contrôles à temps, ça n'est pas gênant du tout (c'est juste un trait de caractère). Mais si ça les pénalise sur leurs notes, ça vaut la peine d'en parler à leur médecin ou à un psychologue. En effet, il peut y avoir une histoire de stress là-dessous (ils sont tellement angoissés qu'ils n'arrivent pas à prendre de décision).

Ou alors, ils peuvent être envahis par des idées obsédantes du style « si je ne relis pas 5 fois mon problème, il va se produire tel malheur » et là, ça s'appelle un TOC (trouble obsessionnel compulsif). Ça se soigne, mais encore faut-il consulter un spécialiste.

D'autres, enfin, sont lents, parce qu'ils souffrent d'un Trouble Développemental de la Coordination (TDC ou dyspraxie) qui les empêche de réaliser une tâche - comme écrire par exemple - dans le bon ordre, au bon moment, au bon endroit, raison pour laquelle on parle aussi de trouble de la planification du geste. Pour eux, l'écriture (et d'autres tâches) n'a rien d'automatique : ils doivent tout le temps penser à tout ce qu'ils font dans les moindres détails, ce qui est épuisant et les retarde ! Là encore, ça se traite : c'est du ressort du psychomotricien et c'est très important de s'en préoccuper car la dyspraxie ne s'arrange pas avec l'âge…

Notre conseil

Tant que la lenteur ne retentit pas sur tes résultats scolaires, tu peux considérer que c'est juste un trait de caractère. Mais si c'est une source constante de reproches, il vaut mieux consulter pour faire le point. Il y a presque toujours moyen de la corriger, alors ce serait vraiment dommage de la laisser te pourrir la vie.

Vrai ou Faux ?

Il existe une journée internationale de la lenteur.

Vrai ! Même si cette journée n'est pas très connue, il faut bien l'avouer.

Pour ta culture perso

Une tortue terrestre se déplace en moyenne à la vitesse de 0,25 km/h. C'est tout de même 125 fois plus rapide que la limace, mais 100 fois plus lent qu'un chameau…

« On entend parfois aux actualités que des jeunes de notre âge ont blessé, tué ou torturé quelqu'un. Ça semble irréel, comme dans un mauvais film… »

Charlotte et Fanny ont enquêté pour vous.

Quelques réponses toutes prêtes…

Si quelqu'un nous demande de faire un truc pas très honnête, on peut toujours répondre :

Version ironique

« Désolé, mais je ne peux pas t'accompagner en tôle, j'ai déjà un plan colo pour cet été ! »

Version moqueuse

« Super, ton plan foireux, si t'en as d'autres comme ça, surtout, garde-les pour toi ! »

Version lucide

« Si c'est un bon plan, pourquoi tu ne le fais pas toi-même ? »

C'est quoi ? La loi, c'est ce qui permet à tous les hommes vivant dans une même société de se respecter. S'il n'y en a pas, c'est « la loi de la jungle », c'est-à-dire la loi du plus fort. Malheureusement, dans certains endroits, c'est un peu ce qui se passe…

Le bon plan Quand un de nos amis se met à avoir de drôles de fréquentations, on doit le mettre en garde. Si on a une chance qu'il nous écoute, nous, plutôt que ses parents, on doit la saisir avant qu'il ne soit trop tard. À l'inverse, si c'est un super copain qui nous dit que notre nouveau « pote » n'est pas trop fréquentable, on doit se demander s'il n'y a pas un peu de vrai là-dedans avant de l'envoyer promener…

Le plan galère Certains mineurs pensent que, parce qu'ils sont jeunes, ils ne risquent rien. C'est vrai qu'ils n'iront peut-être pas en prison s'ils se font attraper (et encore, ça dépend de la gravité des faits), mais le simple fait de fréquenter des délinquants est déjà un risque énorme. Ça ne peut leur amener que des problèmes…

Comment ça marche ?

À un âge où tu te sens invincible, la tentation peut être grande de faire des trucs interdits, ne serait-ce que pour la montée d'adrénaline ! Et puis, tu peux te dire que taguer un mur par exemple, ce n'est pas très grave ! Et c'est vrai que ça l'est moins que de commettre un vol. Malheureusement, ça peut être aussi dangereux car tu ne maîtrises pas tout : tu peux tomber sur quelqu'un de plus fort que toi ou sur quelqu'un d'armé qui, dans la panique (croyant que tu viens le cambrioler), te tire dessus. Tu peux avoir un accident en fuyant, surtout si tu es poursuivi. Bref, il peut t'arriver plein de choses graves... sans compter que taguer le mur de quelqu'un, c'est interdit et c'est lâche. Et même s'il ne t'arrive rien, tu risques d'avoir envie d'aller encore plus loin la prochaine fois parce que taguer des murs, au bout d'un moment, ça lasse.

À la limite, te faire attraper par la police et passer devant le juge des mineurs est encore ce qui peut t'arriver de mieux ! En effet, tu en seras quitte pour un sacré rappel à l'ordre – sans compter que tes parents devront rembourser les dégâts – et ça peut suffire à te faire prendre conscience de ton acte...

Notre conseil

Même si tu n'as pas envie d'aller trop loin, le fait de fréquenter d'autres mineurs délinquants (qui, pour certains, ne sont pas des enfants de chœur) peut t'entraîner dans des situations de plus en plus délicates. Il faut avoir le courage d'en parler à un adulte avant que ça n'aille trop loin. Entre des parents qui te passent « un savon » et un juge qui te condamne, il vaut mieux la première solution !

Vrai ou Faux ?

Une erreur de jeunesse peut te coûter cher toute ta vie.

Vrai ! Si ce que tu as fait est suffisamment grave pour être mentionné dans ton casier judiciaire, tu ne pourras plus travailler dans la fonction publique ni te présenter à certains concours. Même dans le privé, certaines professions te seront interdites... En effet, le casier judiciaire conserve les condamnations prononcées par les juridictions pénales, y compris les cours d'assises des mineurs et les tribunaux pour enfants.

Pour ta culture perso

Sur l'ensemble des infractions reprochées aux mineurs, les actes criminels – homicides, viols, vols à main armée, prises d'otages et séquestrations, trafics de drogue – restent minoritaires, mais en progression, y compris chez les filles. On les retrouve surtout mêlés à des histoires de vols, de dégradations, de bagarres ou d'usage de drogue...

« C'est LA préoccupation des collégiens ! »

/////////////// Charlotte et Fanny ont enquêté pour vous. /////////////

C'est quoi ? La façon dont on s'habille peut en dire long sur notre personnalité. Par exemple, les gothiques se disent fascinés par la mort mais, des fois, ils s'habillent comme ils le font juste pour énerver leurs parents ! Ceux qui ont le look hip hop (baggy et casquette) marquent leur attirance pour ce style de musique. Le « look urbain », genre passe-partout, c'est jean et T-shirt. Le « look intello », c'est lunettes et chemisette. Et le « look surfer », pas vraiment admis au collège, c'est short à fleurs et lunettes de soleil !

Le bon plan Pour avoir un max de vêtements nouveaux sans dépenser tout notre argent de poche, on a tout intérêt à se les échanger entre amis. C'est encore mieux si on le fait avec quelqu'un qui n'est pas inscrit dans le même collège que nous, car personne n'aura l'impression de « déjà vu ».

Le plan galère Aux actualités, il est régulièrement question de revenir au temps des uniformes, comme en Angleterre. Le genre veston bleu marine et pantalon ou jupette, il ne manquerait plus que ça ! On aurait l'air de quoi ! D'ailleurs, au lieu de s'occuper de notre tenue, les politiques feraient bien de s'occuper de la leur, parce que en ce qui les concerne, il y a du boulot pour les relooker et leur donner un style plus jeune !

Quelques réponses toutes prêtes...

Si on nous dit que notre look est nul, on peut toujours répondre :

Version polie
« C'est pas le look qui compte, c'est ce qu'il y a dedans ! »

Version agressive
« Tu sais ce qu'il te dit, mon look ? »

Version sarcastique
« Toi, c'est l'inverse ! Ton look est sympa, mais pour le reste, laisse tomber ! »

Version ironique
« Parce que tu crois pouvoir faire carrière dans la mode, toi, peut-être ? »

Comment ça marche ?

Si la tenue vestimentaire est si importante pour un ado, c'est qu'elle marque l'appartenance à un groupe. C'est donc une véritable « seconde peau », et les marques, qui l'ont bien compris, rivalisent d'imagination pour se faire adopter par les jeunes !

Pour autant, si tu attends de tes parents qu'ils te paient des vêtements au-dessus de leurs moyens, tu vas droit au conflit ! Ils ont un budget limité et tu es en âge de le comprendre.

Autre source de conflit fréquente : le choix des vêtements. Tu penses peut-être que ta tenue ne regarde que toi, mais c'est aussi leur devoir de vérifier qu'elle est suffisamment décente pour aller au collège. Le nombril à l'air, les jupes courtes ou les shorts, c'est souvent interdit par le règlement !

Enfin, si tu fais le choix délibéré d'adopter un look très particulier – gothique par exemple –, ne t'attends pas non plus à ce que tes parents sautent de joie. Ils s'inquiètent pour toi, c'est normal. À toi de leur prouver que tout va bien, en continuant d'avoir une vie sociale bien remplie et des notes scolaires stables !

Notre conseil

Quand il n'y a plus de dialogue possible entre adolescents et parents, il est fréquent que les vêtements « cristallisent » les tensions. Les parents pensent que leur ado fait « exprès » d'adopter un look rebelle et l'ado pense que ses parents font « exprès » de lui prendre la tête sur sa tenue ! Il suffit de rétablir le dialogue, par exemple en racontant quelques trucs que tu as faits dans ta journée, pour que tes parents n'aient plus l'impression que tu es devenu un étranger pour eux et, donc, pour qu'ils se rassurent et arrêtent de se focaliser sur ton look... Essaie, ça marche ! Sauf évidemment si ta tenue est vraiment impossible !

Vrai ou Faux ?

À l'époque de tes parents, les pin's étaient à la mode.

Vrai ! À la fin des années 80, quand ils étaient adolescents, la tendance était de s'habiller avec un gilet sans manche, rempli de pin's pour les plus fans !

Pour ta culture perso

Si les marques s'intéressent autant aux ados, ce n'est pas un hasard. Leur pouvoir d'achat est loin d'être négligeable : il est estimé à plusieurs milliards rien que dans notre pays !

LUNETTES

« Les lunettes, c'est cool… tant qu'on n'est pas obligé de les porter ! »

Charlotte et Fanny ont enquêté pour vous.

C'est quoi ? Hormis les lunettes de soleil qui visent à protéger les yeux des ultraviolets et qui sont tendance ou encore les lentilles de couleur pour le « fun », les lunettes et les lentilles servent à corriger un trouble de la vue. Donc si on ne voit pas bien de près ou de loin, on ne peut pas y couper.

Le bon plan Quitte à porter des lunettes, autant qu'elles soient mignonnes ! Chez certains opticiens, on nous montre par ordinateur ce que donnent les paires de lunettes sur notre visage. Ça permet de choisir en y voyant clair (parce que forcément, si on essaie une monture sans nos lunettes, on y voit trouble !).

Le plan galère Les lunettes, c'est souvent gênant pour faire du sport. Elles glissent ou elles sautillent sur le nez et elles ne permettent pas de bien voir sur les côtés. Si on veut passer aux lentilles, ça peut être un argument ! Sauf que l'ophtalmologiste, lui, préfère parfois attendre que notre vue se stabilise pour nous les faire adopter.

Quelques réponses toutes prêtes…

Si on nous dit : « Tiens, t'as des lunettes maintenant ! », on peut toujours répondre :

Version polie
« C'est pour mieux te voir, mon enfant ! »

Version ironique
« Non, sans blague, j'avais pas remarqué ! »

Version dégoûtée
« Je n'aurai même plus l'excuse de dire que je ne voyais pas ce qui était écrit sur le tableau… »

Version modeste
« Depuis le temps qu'on me dit que ça m'irait trop bien, j'ai voulu vérifier ! »

Comment ça marche ?

À ton âge, les troubles de la vue les plus fréquents sont la myopie, l'hypermétropie et l'astigmatisme.

Tu es myope si tu as un œil trop long. Du coup, les images des objets éloignés se forment trop en avant de ta rétine (alors qu'ils devraient se former dessus) et tu vois trouble de loin.

C'est l'inverse si tu es hypermétrope : l'œil est trop court et les images d'objets rapprochés se forment en arrière de ta rétine, d'où une vision floue, à moins de faire un effort permanent pour le corriger, mais ça finit par faire mal à la tête, surtout en fin de journée et c'est d'ailleurs ce qui donne l'alerte. Tu ne peux pas être myope et hypermétrope à la fois. En revanche, tu peux être myope et astigmate, ou encore, hypermétrope et astigmate.

Et tu es astigmate si ta cornée (la couche superficielle de ton œil) est ovale comme un ballon de rugby au lieu d'être ronde comme un ballon de foot. Dans ce cas, tu vois flou, de près comme de loin.

Tous ces troubles visuels se corrigent. Le plus souvent, on te propose des lunettes. Vers 15 ans et à condition que tu sois méticuleux et motivé, on peut également te proposer des lentilles. L'avantage de ces dernières, c'est qu'elles te restituent une vision la plus proche d'une vue normale puisque tu vois aussi bien devant toi que sur les côtés. L'inconvénient, c'est qu'il faut être très soigneux sous peine d'infection oculaire ou d'inflammation très douloureuse de la cornée (kératite). Quant à l'opération, elle sera possible, mais plus tard. En effet, un ophtalmologiste n'opère pas tant que ta vue n'est pas complètement stabilisée et souvent elle évolue jusqu'à la fin de ta puberté.

Notre conseil

Si tu as toujours rêvé d'avoir les yeux verts alors qu'ils sont marron, tu peux t'amuser à porter des lentilles de couleur. Mais attention ! Ce sont de vraies lentilles, avec les mêmes risques que les lentilles correctrices. Autrement dit, tu dois d'abord voir l'ophtalmologiste afin qu'il vérifie que tu n'as pas de contre-indication au port de lentilles. Et dans ce cas, tu dois les entretenir comme des lentilles correctrices, sous peine d'infection oculaire. Enfin, tu ne dois jamais les échanger ! Les lentilles, c'est comme les brosses à dents, ça ne se prête pas !

Vrai ou Faux ?

Il ne faut jamais rincer des lentilles à l'eau du robinet.

Vrai ! L'eau n'étant pas stérile, tu pourrais attraper des bactéries responsables d'infections, voire de dangereuses amibes (parasites) pouvant carrément conduire à la perte de la vision. C'est rare heureusement, mais suffisamment grave pour ne pas prendre le risque…

Pour ta culture perso

Au XVIe siècle, Léonard de Vinci avait déjà imaginé des lentilles de contact, du moins, en dessin ! Cependant, les premiers vrais essais datent de la fin du XIXe siècle. Ils n'ont pas été trop concluants et pour cause : il s'agissait alors de mettre un morceau de verre sur l'œil qui ne supportait pas vraiment ce corps étranger ! Mais l'idée était née !

« Rien qu'en regardant ce que les gens lisent comme journal, on peut avoir une idée de ce qu'ils pensent ! »

Charlotte et Fanny ont enquêté pour vous.

C'est quoi ? Les magazines, les journaux, les revues, c'est ce qu'on appelle la « presse écrite », par opposition à la presse audiovisuelle (radio, télé). Certains journaux sortent 5 à 7 fois par semaine : ce sont des quotidiens. D'autres paraissent 4 à 12 fois par mois (ils appartiennent à la catégorie des hebdomadaires au sens large). Ceux qui paraissent 1 à 3 fois par mois font partie de la famille des mensuels, et ceux publiés 2 ou 3 fois par semestre sont des trimestriels ou des bimestriels. Restent les hors-séries, qui sont édités en général une fois par an. On trouve toutes sortes de journaux sur l'actualité (y compris l'actualité expliquée aux ados), l'économie, les people, les animaux, le jardin, la déco, la mode, le sport, etc. Si avec ça on ne trouve pas ce qui nous plaît, c'est qu'on est vraiment difficile !

Le bon plan Quand on fête un évènement exceptionnel – par exemple, nos 15 ans ! –, ça peut être sympa d'acheter des journaux parus ce jour-là et de les conserver. Comme ça, plus tard, on pourra aussi relire tout ce qui s'est passé à cette date !

Le plan galère Il arrive que nos parents se mettent en tête de nous abonner à un journal qui ne nous branche pas du tout. Et comme un abonnement, ça coûte assez cher, ils risquent de ne pas apprécier qu'on mette leur revue au placard, sans l'avoir lue. Pour éviter ce genre de plan, il vaut mieux leur dire ce qu'on aime vraiment avant qu'ils ne choisissent à notre place ! Et si vraiment il est trop tard, il ne nous reste plus qu'à chercher un copain dans le même cas que nous et avec qui on pourrait faire un échange discret !

La bonne blague

Il arrive parfois qu'on trouve des erreurs dans les journaux ! Et ça donne :

« Le pendu meurt noyé… »
La Montagne

« Une plante a été déposée en gendarmerie… »
Le Progrès

« Film interdit aux moins de 81 ans… »
Ouest France

« 400 000 pin's ont été plantés sur un bout du littoral… »
Libération

« Les dépités socialistes n'ont pas réagi… »
Le Midi Libre

LA PAROLE AUX PROS

Comment ça marche ?

Il y a magazines et magazines, et tous ne sont pas aussi fiables ! Ainsi, quand un journal « people » annonce que ta star préférée est au septième ciel ou a de gros problèmes, bien souvent, c'est juste pour faire vendre ! Alors que si un journal d'actualité annonce un coup d'État dans un pays politiquement instable, il y a plus de chances pour que ce soit vrai.

Par ailleurs, chaque magazine a son cheval de bataille. Un magazine « écolo » va forcément mettre en avant l'urgence qu'il y a à préserver l'environnement, alors qu'un magazine économique sera davantage préoccupé par les valeurs en bourse des actions, même s'il s'agit de produits très polluants ! C'est aussi ce qui fait l'intérêt d'un journal : chacun peut le choisir en fonction de ses affinités.

Pour décider des sujets, les journalistes se réunissent régulièrement en conférence de rédaction. C'est également à ce moment-là qu'on décide de « l'angle » donné à l'article, c'est-à-dire de la façon dont on va traiter l'information.

On appelle « marronnier » un article qui revient tous les ans à la même période – comme le choix des cadeaux au moment de Noël – et « news » ou « actu » une information courte, apportant une nouveauté. Certains articles peuvent s'écrire très vite, alors que d'autres demandent des semaines d'enquêtes, au bureau ou sur le terrain..

Notre conseil

Ne prends pas tout pour argent comptant et garde un certain recul par rapport à l'information. Tant que plusieurs sources de confiance ne viennent pas confirmer ce que tu lis, c'est à prendre avec précaution.

Vrai ou Faux ?

La presse écrite française compte des milliers de titres !

Vrai, si l'on en croit la Direction générale des médias et des industries culturelles. Mais depuis l'arrivée d'internet et la diffusion d'informations gratuites (pas toujours vérifiées), beaucoup de journaux sont en difficultés et disparaissent, ce qui peut être dangereux pour la démocratie, car du coup, n'importe qui s'autorise à dire n'importe quoi, même s'il n'y connaît rien. Lire la presse, au moins de temps en temps, c'est important. Rien que pour les adolescents, on compte des dizaines de titres susceptibles de t'intéresser !

LA PAROLE AUX COLLÉGIENS

« Tous ces systèmes de communication n'existaient pas du temps de nos parents. Les pauvres étaient coupés du monde ! »

////////////////////// Hugo a enquêté pour vous. ///////////////////

C'est quoi ? C'est un système génial qui nous ouvre des milliards de possibilités sur internet comme écrire des mails ou aller sur des forums de discussion. Les mails sont comme des courriers, donc on les utilise peu pour discuter. En revanche Skype, c'est génial : on parle en direct, on discute avec plusieurs copains en même temps. Et c'est plus facile de se « lâcher » que quand on a la personne en face ! Surtout pour les plus timides ! Avec les blogs, Facebook et compagnie, on se retrouve avec une immense bande de potes avec lesquels on peut partager non-stop des tas de sujets. Évidemment, nos parents trouvent souvent que c'est trop ! Mais on apprend aussi des tas de trucs qu'on ne connaissait pas du tout…

Le bon plan Sur de nombreux blogs, on peut demander des infos ou de l'aide pour un exposé ou un devoir à faire. La communauté internet est très solidaire ! Mais on doit penser à vérifier par nous-mêmes si la réponse donnée est plausible, car rien ne garantit qu'on a affaire à un bon !

Le plan galère Sur les chats, tout le monde peut s'inscrire et truquer son identité : se rajeunir ou se vieillir, changer de sexe, s'inventer une profession, etc. Ainsi, on pense discuter avec un ami, alors que c'est peut-être un imposteur ! Il ne faut jamais donner son numéro de téléphone et encore moins son adresse à des personnes sur des forums !

Quelques réponses toutes prêtes…

Si on nous demande nos coordonnées sur un chat, on peut toujours répondre…

Version humoristique
« Chez moi ! »

Version vague
« En France ! »

Version je dois y aller
« Désolé, on m'appelle pour dîner ! »

Version mystérieuse
« Laisse tomber, tu ne devineras jamais ! »

Comment ça marche ?

Les mails ou courriels sont les courriers d'aujourd'hui que l'on envoie par internet. Le principe est simple : on crée une adresse électronique à partir d'un serveur d'accès internet (AOL, Orange, Yahoo, Hotmail, Gmail, etc.). L'adresse comporte un identifiant (qui peut être son vrai nom ou un pseudo) suivi du sigle @ suivi du nom du serveur. Ce qui donne par exemple : Dico.College@orange.fr.

Ensuite, tu reçois tes mails dans ta boite de réception. Quand tu écris un mail, tu choisis le destinataire principal (celui à qui tu adresses ton message), mais tu peux aussi en envoyer une copie à d'autres personnes. C'est le grand avantage d'internet : tu écris, ça arrive vite ! C'est très différent du courrier classique qui arrive au minimum le lendemain, voire plusieurs jours après... Et tu peux aussi joindre des documents à ton envoi (pièces jointes) : des photos, un texte que tu as écrit sur ton ordinateur, un article que tu as récupéré dans un magazine, etc. En un seul clic, tu envoies et tu reçois un nombre incroyable de données !

Avec Skype, ou FaceTime pour ceux qui ont l'appli sur leur portable, tu peux carrément voir ton interlocuteur (et lui te voit également) à condition que vous ayez tous les deux une webcam.

Autre possibilité : les chats (ou discussions) avec un thème d'intérêt commun, mais attention, ce sont le plus souvent des discussions ouvertes à tous. On s'inscrit avec un pseudo et on peut se faire passer pour n'importe qui.

Enfin, il y a les « réseaux sociaux », Facebook en tête, mais aussi Snapchat, Twitter, Instagram et bien d'autres encore (il y a des modes) qui ont explosé. Même si tu penses ne pas prendre de risque parce que ton réseau t'assure que ton message est éphémère, sache que rien n'empêche celui qui le reçoit d'en faire une copie pour le diffuser, ensuite, sur d'autres réseaux où il va rester de façon permanente. C'est déjà arrivé à des hommes politiques très connus, qui y ont laissé leur place ! Aussi, ne tombe pas dans ce piège. De plus, toutes ces photos, vidéos, messages stockés par des tas de gens, ce n'est pas bon du tout pour la planète : en effet, les « data center » qui les stockent, consomment énormément d'énergie. À l'avenir, la chaleur produite par ces « data center » pourrait être utilisée comme « chaudière numérique » pour réchauffer un bâtiment ou une piscine par exemple : c'est une piste envisagée et il y a déjà eu des expériences, mais tu peux aussi agir à ton niveau en faisant le tri et en jetant toutes les vieilles photos ou vidéos que tu ne regardes jamais.

Notre conseil

Attention où tu vas, à ce que tu écris (sur toi, mais aussi sur ta famille) et aux photos que tu envoies car ça laisse des traces et, si plus tard tu recherches un stage ou un travail, ça peut même jouer contre toi ! C'est la grande différence entre une simple conversation *de visu* et un chat !

Vrai ou Faux ?

Un mail a la même valeur qu'un courrier « papier ».

Vrai ! On peut apporter une preuve en fournissant un mail reçu ou envoyé. La justice en tient compte.

a b c d e f g h i j k l **M** n o p q r s t u v w x y z

MAL DE DOS

« Vu que nos cartables pèsent trois tonnes, c'est plutôt quand on n'a pas mal au dos que c'est étonnant ! »

Charlotte et Fanny ont enquêté pour vous.

C'est quoi ? C'est LE problème n° 1 au collège, qui touche autant les filles que les garçons et dont nos parents parlent à chaque réunion ! Les solutions sont pourtant connues (casiers fermant à clé au collège, partage d'un livre pour deux, travail sur feuilles libres plutôt que sur un gros cahier, etc.), mais en pratique, pas toujours applicables. Ça fait des années que ça dure et ça n'a pas l'air de s'arranger !

Le bon plan L'idée, c'est d'alléger au maximum. Par exemple, apporter juste les feuilles volantes dont on a besoin plutôt qu'un énorme classeur. S'arranger chaque fois que c'est possible pour venir avec un livre pour deux (si le prof n'est pas d'accord, une lettre du médecin, ça aide !). Faire le tri tous les soirs pour ne pas se traîner 30 crayons, 25 feutres, 20 tubes de gouache, des réserves de cartouches et des paquets de feuilles « pour le cas où » (on n'est pas des papeteries ambulantes !). On peut enfin rappeler à nos parents que, si on avait un scooter*, on ne serait pas obligé de se traîner cet énorme cartable sur deux kilomètres !

(Bon, OK, c'est un peu gros le coup du scooter, mais ça ne coûte rien d'essayer !)*

Le plan galère Quand on a mal au dos pour de bon, un cartable de 10 kilos ou plus, c'est l'horreur ! Et on a beau faire le tri pour n'emporter que le minimum, ça fait toujours trop, surtout si on mange à la cantine et qu'on doit tout emmener pour la journée.

La bonne excuse

Si un jour tu te fais coincer parce que tu as oublié ton livre, prends un air navré et excuse-toi en disant à ton prof que tu avais trop mal au dos pour te charger*.

*(*Évidemment, si ce jour-là tu as juste sport et que ton sac est vide, trouve-toi vite une autre excuse !)*

Comment ça marche ?

Un sac de 10 kilos, ce qui est assez courant chez un collégien, représente environ 20 % du poids de son corps ! C'est trop et il n'y a pas d'autre explication à chercher, même si une déformation minime de la colonne vertébrale (comme une scoliose par exemple) peut aggraver la douleur. Tant qu'on n'aura pas résolu le problème de ces sacs trop lourds, des générations d'adolescents auront mal au dos !

En attendant, si cela t'arrive – et c'est vraiment fréquent au moment de ta poussée de croissance –, la seule chose que tu puisses faire pour tenter d'épargner ton dos qui en voit déjà de toutes les couleurs, c'est d'éviter de lui infliger de mauvaises positions. Par exemple, ne porte pas ton sac surchargé sur une seule épaule, mais place bien les deux bandoulières sur tes deux épaules. Ne te penche pas en avant, jambes tendues, pour ramasser quelque chose de lourd, mais fléchis les deux jambes, l'une devant l'autre (en fente avant), garde le dos droit et ramène l'objet contre ta poitrine. Ne te contorsionne pas pour attraper un livre sur une étagère, monte plutôt sur un escabeau ou sur une chaise et mets-toi bien en face, prends-le et ramène-le contre toi. Et quand tu es devant ton ordinateur ou à ton bureau, ne t'affale pas sur le côté (ça tord ta colonne !)...

Notre conseil

Ne cherche pas seulement à te muscler, mais travaille aussi ta souplesse (avec des exercices d'étirement) car, lorsque tu es un peu trop raide, le premier sollicité dans tous tes mouvements... c'est ton dos !

Vrai ou Faux ?

On peut avoir mal au dos... à cause d'un problème de dent !

Vrai ! Un simple décalage au niveau de l'articulé dentaire (c'est-à-dire entre la mâchoire supérieure et inférieure) peut retentir sur tout le squelette et notamment sur le dos. C'est même un grand classique ! Mais c'est pareil pour tout : une jambe très légèrement plus courte que l'autre, un pied mal positionné, etc., peuvent avoir le même effet. Et le mieux placé pour faire le diagnostic, c'est l'ostéopathe.

Pour ta culture perso

Certaines maladies commencent par une douleur très vive dans le dos, alors que ce dernier n'y est pour rien ! Ça peut être le cas d'un calcul rénal, par exemple !

MAL DE TÊTE

« Avec certaines matières, on a mal à la tête avant même de commencer ! »

Charlotte et Fanny ont enquêté pour vous.

C'est quoi ? Il y a le mal de tête banal qui donne l'impression d'avoir le cerveau coincé dans un casque et la migraine, qui elle, fait plutôt penser qu'on nous tape dessus avec un marteau ! Et dans les deux cas, ce n'est pas très agréable. Alors si en plus quelqu'un vient nous « casser les pieds » avec des demandes idiotes, il ne faut pas s'étonner si ça nous rend agressif ! La douleur, ça rend irritable, c'est médicalement prouvé ! Manque de chance, les raisons d'avoir mal à la tête sont nombreuses : fièvre, migraine, vue trouble, mauvaise nuit… et même « devoir maison » !

Le bon plan Si on a souvent mal à la tête, on doit le signaler à nos parents et consulter un médecin, car il peut y avoir une cause facile à identifier. La plus connue, c'est la vue ! Quand on voit trouble, on force sur nos yeux et ça finit par donner des maux de tête à répétition. Dans ce cas, la parade n'est pas un médicament… mais une bonne paire de lunettes !

Le plan galère Avec un mal de tête, c'est souvent impossible de se concentrer. Pour peu qu'on ait un contrôle ce jour-là, ce n'est pas gagné ! Et le pire, c'est que les parents et les profs ne nous croient pas toujours* quand on leur dit qu'on a très mal à la tête « pour de vrai » ! Or la meilleure preuve qu'on ne fait pas du « chiqué », c'est que, même s'ils nous proposaient de faire notre activité préférée, on serait capable de refuser.

(Et même jamais pour certains !)*

Devinettes

A l'attention des filles

Savez-vous pourquoi les garçons ont rarement mal à la tête ?

Réponse

Parce que pour avoir mal à cet endroit, il faut au moins un neurone.

A l'attention des garçons

Savez-vous pourquoi les filles ont souvent mal à la tête ?

Réponse

Parce que même leurs neurones n'arrivent pas à se mettre d'accord entre eux !

Comment ça marche ?

Il existe des tas de raisons d'avoir mal à la tête. Par exemple, quand tu es stressé, tu contractes les muscles du cou et de la nuque sans y faire attention et ça finit par provoquer une douleur, appelée « céphalée de tension ». Si ta vue a un peu baissé, le fait de forcer entraîne une fatigue oculaire en fin de journée et donc, un mal de tête. *Idem* si tu es enrhumé, si tu as de la fièvre, etc. Quant à la migraine, elle touche seulement ceux qui ont hérité des gènes : elle se traduit volontiers par une douleur touchant une moitié de la tête (droite ou gauche) et par une sensation de battements. Parfois, elle est précédée de signes annonciateurs comme des troubles digestifs. Enfin, elle peut durer des heures et se répéter plusieurs fois dans le mois. Comme toute maladie chronique, elle peut relever d'un traitement de fond (pour éviter la survenue de nouvelles crises) et d'un traitement de crise, pour qu'on soit soulagé quand ça se produit malgré tout !

Notre conseil

Une cause fréquente de mal de tête dont on ne parle pas souvent, c'est le manque de sommeil ! Alors si tu as souvent ce problème et que, le soir, tu traînes devant l'ordinateur ou la télé jusqu'à des heures indues, tu sais ce qu'il te reste à faire : dormir !

Vrai ou Faux ?

Un mal de tête chez quelqu'un qui n'y est pas sujet est toujours inquiétant.

Faux, pas forcément. Mais c'est vrai que, si ce mal de tête ne cède pas aux traitements habituels (comme le paracétamol), s'il est très violent, très brutal ou s'il s'accompagne d'autres symptômes comme une forte fièvre et des vomissements, ou encore une paralysie, il faut consulter en urgence. En cas de doute, le mieux est d'appeler le 15 (de jour comme de nuit).

Pour ta culture perso

100 % des êtres humains ont un jour un mal de tête, ne serait-ce qu'à l'occasion d'une fièvre. C'est vraiment l'un des problèmes les plus répandus !

MAL DE VENTRE

« C'est l'excuse qui marche le mieux pour aller à l'infirmerie ! »

Charlotte et Fanny ont enquêté pour vous.

C'est quoi ? Ça peut être le signe qu'on a mangé comme quatre et qu'on a du mal à digérer. Ou alors, qu'on est très stressé. Ou encore, qu'on a un petit souci de fille. Ou qu'on a peut-être une appendicite et qu'on va finir à l'hôpital ! Bien que ce ne soit pas le cas le plus fréquent, c'est ce qui fait le plus peur à nos parents. Quand on leur dit qu'on a mal au ventre, ils nous demandent tout de suite : « Où ça ? » Et si on leur répond : en bas, à droite, ils font une drôle de tête !

Le bon plan Quand on a mal au ventre avant de partir au collège, on peut se plaindre auprès de nos parents pour qu'ils nous déposent si possible en voiture ! Si ce jour-là, il pleut, on est toujours mieux au sec ! Évidemment, si on leur fait le coup à chaque fois qu'il tombe des cordes, ils risquent de ne plus nous croire le jour où on aura mal « pour de vrai ».

Le plan galère Certaines personnes (plus souvent les filles) ont mal au ventre pour un oui ou pour un non. Dans ce cas, il vaut mieux éviter les vêtements trop serrés, car c'est encore pire quand on est boudiné dans son jean ! Il faut aussi en parler à nos parents, car certains médicaments sans danger peuvent nous soulager dans les dix minutes. Encore faut-il en avoir sous la main...

Quelques réponses toutes prêtes...

Selon la personne qui nous demande pourquoi on a mal au ventre, la réponse peut varier...

Si ce sont nos parents
« C'est que j'ai trop la pression ! »

Si c'est un(e) ami(e)
« J'ai dû manger trop de bonbons ! »

Si c'est l'infirmière scolaire
« J'ai trop mal pour vous répondre ! »

Si c'est notre grand-mère
« Je n'ai plus assez d'argent de poche pour m'acheter un nouveau jean et je suis un peu comprimé(e) dans l'ancien ! »

LA PAROLE AUX PROS

Ça se soigne ?

Chaque mal de ventre a sa solution. S'il est dû à une digestion difficile parce que tu as trop mangé, du charbon végétal (en pharmacie sans ordonnance) peut te soulager. Si tu as mal au ventre parce que tu vas bientôt avoir tes règles pour une fille, prends un antispasmodique (phloroglucinol) et/ou un anti-inflammatoire non stéroïdien (type ibuprofène). Il n'y a pas besoin d'ordonnance. Si tu n'en connais pas la raison, du paracétamol (sans ordonnance) est recommandé. Enfin, bien sûr, si la douleur persiste ou, pire, si elle augmente ou s'accompagne d'autres symptômes comme une fièvre, un trouble du transit intestinal (selles liquides ou pas de selles du tout), etc., il faut vite en parler à tes parents afin qu'ils t'emmènent chez le médecin. Il peut s'agir d'une infection d'un petit bout de ton intestin (l'appendicite) nécessitant une opération ou d'autres causes encore…

Notre conseil

Si tu as tendance à souffrir de ballonnements et que tu es souvent sujet aux maux de ventre, cela ressemble fort à ce qu'on appelle un trouble fonctionnel intestinal (TFI) ou colopathie, et c'est de famille. Certains aliments (variables d'une personne à l'autre) peuvent jouer les facteurs déclenchants : ainsi, certains ne supportent pas les crudités ; d'autres les boissons glacées, etc. Essaie donc de repérer les aliments qui ne te réussissent pas trop et évite-les ! Évidemment, c'est encore pire si tu es stressé car l'anxiété ne fait qu'amplifier le problème. S'il est déjà trop tard (tu as mal) et que tu es encore chez toi, allonge-toi 5 minutes, avec les jambes repliées et concentre-toi sur ta respiration : souvent, ça suffit pour que la douleur s'estompe !

Vrai ou Faux ?

Manger trop de chewing-gums peut donner mal au ventre.

Vrai ! Déjà parce que tu avales beaucoup d'air et que ça vient gonfler ton estomac. Ensuite, parce que les chewing-gums sans sucre contiennent souvent un produit (le xylitol) qui, en cas d'excès, peut déclencher des troubles du transit.

Pour ta culture perso

Un mal de ventre ne signifie pas forcément que le problème vient du ventre. Si tu as un petit frère ou une petite sœur par exemple, une cause fréquente de mal de ventre à son âge est… une angine !

MALADIE CHRONIQUE

> « Parfois, on se plaint parce qu'on a un petit bouton, mais ce qu'on oublie, c'est qu'il va vite partir alors que ceux qui ont une maladie chronique, c'est souvent pour la vie... »

Charlotte et Fanny ont enquêté pour vous.

Une réponse toute prête...

Quand notre copain, atteint d'une maladie chronique, nous dit qu'il en a assez de ses médicaments, qu'il veut tout arrêter, on peut lui dire qu'on le comprend, mais que ça nous ferait de la peine qu'il aille mal. Ça peut le motiver et lui redonner du courage !

C'est quoi ? C'est une maladie qui évolue par poussées : il y a des périodes d'accalmie et d'autres où c'est encore pire. Quoi qu'il en soit, une maladie chronique oblige à prendre des médicaments de façon régulière et, parfois, empêche de pratiquer certaines activités. Par exemple, un diabétique doit souvent se faire des piqûres d'insuline. Certains asthmatiques sont obligés de prendre une « bouffée » d'un médicament avant le sport, etc.

Le bon plan Si on a un copain qui a une maladie chronique, c'est à nous de nous adapter et de nous mettre à sa portée en évitant de lui proposer des activités qui lui font super envie, mais auxquelles il ne peut pas participer. Et puis, avec les jeux vidéo, par exemple, il y a vraiment moyen de faire semblant tout en ayant l'impression d'être vraiment sur un cheval ou dans une course de rallye !

Le plan galère Une maladie chronique, c'est forcément une contrainte. Cependant, il y a moyen de la maîtriser plus ou moins bien avec un traitement. Alors, même si ça n'amuse personne de prendre des médicaments, il n'y a pas d'autre choix. Il faut s'y tenir. C'est ça ou aller mal...

Comment ça marche ?

Certaines maladies chroniques touchent la peau, comme l'eczéma (plaques rouges) ou le psoriasis (plaques blanches). Ce n'est pas grave en soi, mais comme ça se voit, ça peut être difficile à vivre.

D'autres maladies ne se voient pas, mais sont plus graves, comme le diabète qui peut provoquer des malaises, ou la drépanocytose qui se traduit par une destruction des globules rouges, ou la mucoviscidose, source d'infections à répétition, etc.

Il existe toutes sortes de maladies chroniques et chacune d'entre elles peut évoluer de façon différente, d'une personne à l'autre.

Plutôt que d'imaginer le pire, demande à ton médecin ce qu'il pense de ta situation. Il est le mieux placé pour t'expliquer ce que ça signifie, comment ça peut évoluer, quels sont les différents traitements possibles et, surtout, quel peut être le retentissement dans ta vie de tous les jours. Parfois, il y en a très peu (comme dans le cas d'un asthme modéré et bien pris en charge) et, si tu n'en parlais pas à tes copains, ils ne le sauraient même pas ! Parfois, ça pourrait être ennuyeux – comme une épilepsie au cours de laquelle tu tombes par terre et tu es pris de convulsions –, mais tu fais tellement peu de crises, grâce aux médicaments, que tu ne te rappelles même plus à quand remonte la dernière. Parfois encore, tu es obligé de faire une piqûre tous les jours sous peine de malaise (comme dans le cas d'un diabète), mais comme tu as appris à le faire toi-même, ça se passe plutôt bien...

Notre conseil

Même si ça paraît fastidieux au début et que tu as envie de tout rejeter en bloc, il est souvent préférable de bien te renseigner sur ta maladie. C'est ainsi que tu as le plus de chances d'apprendre à la maîtriser et de connaître tes limites ! C'est d'ailleurs la raison pour laquelle certaines maladies chroniques (asthme, diabète...) font l'objet d'une éducation spéciale : on t'explique toutes les situations que tu peux rencontrer et comment réagir. Après ça, tu deviens tellement calé sur ta maladie que tu pourrais en apprendre à un étudiant en médecine !

Vrai ou Faux ?

On ne fait pas de sport quand on a une maladie chronique.

Faux ! Tout dépend de la maladie et de ton état. Par exemple, en pleine crise d'eczéma, tu peux être exempté de piscine, ce qui ne t'empêche pas d'y retourner en dehors d'une poussée. De même, on ne va pas te demander de faire d'efforts intenses si tu es diabétique, mais pourquoi pas d'arbitrer un match ! Et si tu es asthmatique sous traitement, tous les sports te sont permis, exception faite de la plongée avec bouteilles !

Pour ta culture perso

Le PAI ou projet d'accueil individualisé, mis en place depuis 2003, a été créé pour permettre aux jeunes atteints de maladie chronique de prendre si besoin leurs médicaments au collège et de participer à certaines activités sportives. Il nécessite la collaboration de ton médecin, du médecin scolaire et du chef de ton établissement...

« Ce n'est pas ce qui manque au collège ! »

////////////// Charlotte et Fanny ont enquêté pour vous. /////////////

C'est quoi ? Les matières enseignées au collège sont toutes différentes et forcément, certaines nous plaisent plus que d'autres. Il y a celles où c'est une question de logique et de raisonnement (les maths), celles qui nous permettent de vivre au quotidien (le français), y compris dans d'autres pays (les langues vivantes), de comprendre notre environnement (les sciences de la vie et de la terre ou SVT), de fabriquer de nouvelles choses (la technologie), de connaître notre passé (l'histoire) ou le monde qui nous entoure (la géographie, l'instruction civique), de nous cultiver et de nous détendre (la musique, les arts plastiques), etc. Tout un programme !

Le bon plan Certaines options proposées par notre collège ne peuvent se suivre que dans certains lycées, mais pas tous (comme la classe sport, par exemple). Si on envisage justement d'aller plus tard dans un lycée en particulier, ça peut être un bon plan pour augmenter nos chances d'y être pris. Ça peut paraître bizarre d'y penser maintenant, mais certains lycées sont tellement demandés qu'il faut bien qu'ils sélectionnent leurs élèves sur des critères, et les options choisies peuvent en être un.

Le plan galère Assez souvent, quand on n'aime pas une matière, nos résultats sont plutôt mauvais. À se demander si on est moyen ou nul parce qu'on ne l'aime pas... ou à cause de nos notes ! Le truc, c'est que si ça marche dans un sens, l'inverse est également vrai : si nos notes augmentent, peut-être finira-t-on par trouver la matière intéressante. Il n'y a plus qu'à la bosser pour le savoir...

//

Quelques réponses toutes prêtes...

Si nos parents veulent nous obliger à suivre une option, on peut toujours répondre...

Version polie
« Tu as fait du latin quand tu étais jeune, donc, un latiniste dans la famille, ça devrait suffire : après tout, on ne rencontre pas de Romains si souvent ! »

Version logique
« Vous me dites toujours d'aller droit à l'essentiel, alors pourquoi vouloir me faire perdre du temps avec cette option ! »

Version tac au tac
« OK, je m'inscris à ton option, le jour où tu arrêtes de fumer ! »

LA PAROLE AUX PROS

Comment ça marche ?

Contrairement à l'école primaire où un enseignant seulement (voire deux) te faisait cours du matin au soir, au collège tu as plusieurs professeurs (quasiment un par matière).

L'avantage, c'est que si tu ne te sens pas à l'aise avec la pédagogie d'un enseignant, tu n'es pénalisé que dans sa matière. En outre, le temps passe plus vite en ayant une journée découpée et ton attention est plus soutenue dans le cours (la durée d'un cours étant légalement de 55 minutes).

L'inconvénient, c'est que lorsque tu arrives en 6e, tu es un peu perdu au début car tu dois gérer plusieurs choses à la fois. C'est normal de perdre un peu pied au départ face à un tel programme, mais c'est pareil pour tout le monde. Ne t'inquiète pas : en quelques semaines seulement, tu vas vite prendre l'habitude !

Notre conseil

Certains élèves ont tendance à négliger les matières artistiques ou le sport en se disant que c'est moins important que les mathématiques et le français. Attention ! Qui sait si tu n'auras pas envie, plus tard, de te mettre à la guitare (tu seras alors bien content d'avoir des notions de solfège). Ou si dans ton futur métier, des facilités en dessin ne seront pas un vrai atout ? On ne peut jamais jurer de rien !

Vrai ou Faux ?

Certaines matières enseignées au collège ne le sont plus au lycée.

Vrai ! Le grec que tu as choisi de suivre au collège ne sera peut-être plus proposé dans le lycée où tu te rendras. En revanche, tu n'en as pas fini avec les matières littéraires, scientifiques et la culture générale !

Pour ta culture perso

Le cerveau des filles est un peu mieux équipé pour tout ce qui touche au langage et celui des garçons pour les tâches visio-spatiales (la logique dans l'espace), c'est ce qui a fait dire longtemps que les filles étaient plutôt faites pour les matières littéraires, et les garçons, pour les matières scientifiques. Mais c'est un raccourci un peu rapide : on peut être bon dans toutes les matières, fille ou garçon !

MÉDECIN DES ADOS

« À notre âge, on ne devrait plus avoir peur de voir le médecin ! »

Charlotte et Fanny ont enquêté pour vous.

C'est quoi ? Un médecin, tout le monde sait ce que c'est ! Ce qu'on connaît moins, c'est les différentes spécialités de la profession.
Nous les ados, on peut avoir affaire à l'allergologue pour des problèmes d'allergies. Au dermatologue pour des problèmes de peau (comme l'acné, les verrues...). Au gynécologue (pour les parties intimes des filles).
À l'urologue (pour les parties intimes des garçons). À l'endocrinologue pour les problèmes hormonaux... Voire au psychiatre, en cas de dépression, etc.

Le bon plan Dans un planning familial – il y en a dans la plupart des villes – une mineure peut consulter gratuitement un médecin et obtenir la pilule, sans que ses parents en soient avertis. Comme il y en a qui redoutent que leur mère apprenne qu'elles ont un petit copain si elles lui demandent à voir un(e) gynécologue, ça leur permet de rester discrètes tout en étant bien informées et sans prendre de risques...

Le plan galère Certains ados n'osent pas dire à leurs parents qu'ils ont un problème de santé et ils ont peur d'aller voir le médecin. Résultat, ils souffrent en silence ou sont morts d'inquiétude, et tout ça pour rien !
En effet, le médecin étant soumis au secret médical, il doit garder secret ce qu'on lui a confié. Quant à être gêné de lui montrer notre corps, c'est un peu ridicule : il voit des gens dénudés à longueur de journée !

Devinette

Connais-tu la différence entre un médecin et un chirurgien ?

Réponse

Le médecin te soigne... et le chirurgien te retire ce qu'il ne sait pas soigner !

Comment ça marche ?

En général, tu as affaire au médecin scolaire si tu as une maladie chronique qui fait l'objet d'un projet d'accueil individualisé (PAI) dans lequel ton médecin personnel a fourni toutes les indications nécessaires à ton établissement, afin que tu puisses concilier ta scolarité avec ta maladie.

Si tu n'as pas de problème de santé particulier, tu vois un médecin généraliste en cas de maladie ponctuelle (infection hivernale, mal de dos, etc.) ou pour un rappel de vaccin (contre la diphtérie, le tétanos et la polio avant 13 ans).

C'est important d'en choisir un avec qui tu te sens à l'aise. Si ce n'est pas le cas et même si tes parents le trouvent très bien, tu as le droit de leur demander à en voir un autre. C'est primordial de se sentir en confiance avec son médecin traitant. À ton âge, c'est souvent plus facile de choisir un médecin femme quand on est une fille et un médecin homme pour un garçon, si tu es pudique (mais ce n'est pas une règle absolue). Si c'est le cas, dis-le franchement à tes parents.

Notre conseil

Que tes parents t'accompagnent dans la salle d'attente pour s'occuper des formalités (carte vitale, paiement...), pourquoi pas. Mais si tu n'as pas envie qu'ils assistent à la consultation, c'est ton droit ! Si tu penses qu'ils refuseront de te laisser seul avec le médecin parce qu'ils te voient encore « comme un bébé », dis-leur lorsque celui-ci viendra te chercher que tu préfères le voir tout seul. Le médecin, ayant l'habitude de ce genre de situation, les invitera à t'attendre en leur disant quelque chose comme : « Maintenant, votre enfant est grand, et il veut se débrouiller seul, c'est normal ! » Et tout se passera bien, sans histoire...

Vrai ou Faux ?

Toute fille devrait consulter un(e) gynécologue à partir de 15 ans.

Faux. Il faut voir ce spécialiste (ou le généraliste) uniquement en cas de besoin, c'est-à-dire si tes règles te font anormalement souffrir, ou si tu n'es toujours pas réglée à 15 ans ou si tu souhaites faire le vaccin contre le papillomavirus (qui protège contre le cancer du col de l'utérus), ou si tu as des pertes ou du lait qui sort des seins, etc. Ou encore, si tu envisages des relations sexuelles avec ton copain et que tu souhaites prendre un contraceptif. En revanche, une fois que tu as eu des rapports sexuels, il faut prendre l'habitude de voir ton (ta) gynécologue au moins une fois par an.

Pour ta culture perso

Pour devenir médecin, il faut passer après le baccalauréat un concours très difficile qui nécessite un an de préparation. Ensuite, en fin de 6e année, un autre concours national classant permet de choisir sa spécialité : les premiers ont le choix et les derniers prennent ce qui reste. Il faut donc être bien placé si on ne veut pas se retrouver psychiatre, alors qu'on voulait être ophtalmologiste !

MÉDICAMENTS

> « On ne risque pas de les confondre avec des bonbons, vu leur goût souvent infect ! »

Charlotte et Fanny ont enquêté pour vous.

C'est quoi ? Un médicament peut être un extrait de plante ou une molécule chimique. Pour info, on dénombre environ 10 000 plantes avec des propriétés médicinales connues et la moitié de nos médicaments s'en inspirent ! Alors, celui qui pense qu'un médicament à base de plantes, c'est du pipeau, il n'a rien, mais vraiment rien compris !

Le bon plan Si nos parents nous donnent de l'argent pour acheter un médicament en vente libre, comme du paracétamol pour soigner un mal de tête, on a intérêt à demander un générique au pharmacien. C'est environ 30 % moins cher et à nous la monnaie ! On peut même comparer les prix entre deux ou trois pharmacies car, là encore, les différences peuvent atteindre 10 ou 20 %. Ça finit par compter ! En revanche, on oublie internet : il y a trop de faux médicaments qui y sont vendus…

Le plan galère Parfois, quand on n'arrive pas, mais pas du tout, à avaler son médicament, ça ne sert à rien de pencher la tête en arrière et de boire, il ne passe pas mieux pour autant. En revanche, dans une cuillère de confiture, de yaourt ou carrément de pâte à tartiner au chocolat, on a une chance d'y arriver ! Et si rien n'y fait, on doit le dire au médecin : il ne sera pas vexé – ce n'est pas lui qui le fabrique ! –, mais il nous prescrira notre traitement sous une autre forme : par exemple en gouttes, en sirop ou en gélules que l'on peut ouvrir pour verser la poudre dans une compote.

Devinette

Sais-tu pourquoi les médicaments qu'on te donne sont aussi mauvais ?

Réponse

C'est pour voir si tu les prends bien et, donc, si tu es vraiment malade !

Comment ça marche ?

Il faut bien suivre son traitement et respecter la dose recommandée par le médecin car elle te garantit une bonne efficacité et une bonne tolérance.

Si tu en prends plus ou plus longtemps dans l'espoir d'être mieux soulagé, tu risques surtout d'avoir des effets secondaires. Si tu en prends moins car tu n'aimes pas les médicaments, c'est inefficace. Si tu raccourcis la durée de ton traitement, tu t'exposes à une rechute. Si tu prends un ancien traitement prescrit par ton médecin, parce que tu as l'impression que les symptômes sont les mêmes, ou encore, si tu prends les médicaments de quelqu'un d'autre sous prétexte que vous avez les mêmes problèmes, tu risques de brouiller les pistes sans pour autant te soigner. Tu peux même sérieusement aggraver ton cas si tu confonds, par exemple, une conjonctivite d'origine virale (yeux rouges et qui démangent) avec une conjonctivite d'origine allergique (mêmes symptômes).

À ton âge, si tu es en bonne santé, c'est utile d'avoir sous la main du paracétamol en cas de douleurs comme un mal de tête ou un mal de dos (antidouleur classique de base) et, si tu es du genre stressé, du *Gelsemium*, qui est un bon remède homéopathique antitrac (en homéopathie, le principe actif subit maintes dilutions afin d'être mieux supporté).

Notre conseil

Ne bois pas de jus de pamplemousse avec ton médicament, car au même titre que l'alcool, cela peut tantôt augmenter ou tantôt diminuer l'action de ton traitement.

Vrai ou Faux ?

Les médicaments vendus sans ordonnance sont sans risque.

Faux ! Ils sont bien tolérés si tu suis la notice, sans dépasser la dose et sans en prendre plus de 24 heures en l'absence d'amélioration. Mais s'ils sont mal utilisés ou détournés de leur usage, ils peuvent faire des dégâts, exception faite des traitements homéopathiques, inoffensifs lorsqu'ils sont pris pendant quelques jours seulement.

Pour ta culture perso

Autrefois, certains médicaments ressemblaient à de vrais remèdes de sorcières ! Au XVe siècle, par exemple, on soignait la grippe avec un remède appelé « thériaque », préparé à partir d'une soixantaine de substances dont l'opium officinal et le cœur d'une vipère ! Ces ingrédients étaient pilés avant d'être mélangés à de la térébenthine, du miel blanc et du vin de grenache. Le tout sous forme de pâte tantôt employée en cataplasmes, tantôt sous forme de pilules. Beuuuuurk !

MÉDITATION

« La méditation, c'est pas si compliqué : on médite tous sans vraiment le savoir dès qu'on s'isole un peu pour réfléchir et pour se calmer. »

////////////// Juliette et Diana ont enquêté pour vous. //////////////

C'est quoi ? C'est une activité qui permet de se retrouver soi-même, une pratique qui sert à se recentrer, à se détendre, et qui doit être bénéfique pour le corps comme pour l'esprit. Son but, c'est d'atteindre un état de paix intérieure et d'apprendre à adopter une réflexion apaisante au quotidien.

Le bon plan Sur les réseaux sociaux, on trouve facilement des tutos pour aborder la méditation. Il existe également des applications, dont la plus célèbre est certainement Petit Bambou, qui permettent de découvrir cette pratique en étant guidé, et notamment avec des accompagnements sonores.
Pendant le confinement, des défis « méditation », amplement partagés sur les réseaux sociaux, ont permis de découvrir cette pratique et de rester zen malgré la situation !

Le plan galère Il peut arriver de tomber sur des méditations guidées qui ne soient pas du tout en accord avec nos valeurs, et qui énervent plus qu'elles ne calment ! Il faut bien choisir son application, ou son prof, pour se sentir parfaitement à l'aise dans l'exercice, et parvenir à un état de détente qui nous sera bénéfique. Pour beaucoup de jeunes, la méditation, c'est bon pour nos parents, mais pas adapté à notre âge. Ce n'est pas très populaire, alors on préfère ne pas en parler...

Quelques réponses toutes prêtes...

Si tes amis ne comprennent pas pourquoi tu veux faire de la méditation, tu peux toujours leur dire :

Version éducative

« Pourquoi j'ai envie de me sentir bien dans mon corps et dans ma tête ? Mais parce qu'il n'est jamais trop tôt pour prendre de bonnes habitudes ! »

Version ambitieuse

« Mon objectif étant de devenir le prochain dalaï-lama, il faut bien que je m'entraîne ! »

C'est une pratique qui permet d'être plus calme, moins stressé, et plus concentré dans plein de circonstances. On apprend aussi beaucoup sur nos émotions. Ça change notre relation avec nous-même, on ressent une bien meilleure confiance en soi. Cela change notre relation aux autres, on est plus proches, avec ses amis par exemple, et l'école, ça permet d'être beaucoup plus efficace ! Plein d'études l'ont montré !

Comment ça marche ?

La méditation, c'est une abréviation de « méditation de pleine conscience », ou *mindfulness* en anglais. C'est une pratique qui permet d'entraîner son attention à être pleinement présent. Concrètement, l'idée est de s'apaiser en se concentrant sur ce que l'on ressent dans son corps. Par exemple, on ferme les yeux, et on essaie de sentir le va-et-vient de son souffle : le ventre qui se gonfle un peu, l'air qui entre et ressort par les narines. On ne pense pas à sa respiration, mais on l'observe. En fait, dans la méditation de pleine conscience, on devient son propre laboratoire d'expériences pour mieux se connaître. Et c'est passionnant, car on découvre beaucoup de choses sur soi.

Notre avis

La méditation nous permet d'être beaucoup plus libre ! Libre dans sa tête ! On est dégagé de pensées ou d'émotions qui viennent souvent nous déranger sans qu'on en ait conscience. Alors que quand on s'entraîne avec la méditation, on devient pilote de sa vie, avec une nouvelle lucidité sur soi et sur la vie. Ça change tout !

Vrai ou Faux ?

La méditation, c'est arriver à ne plus penser.

Faux ! C'est un entraînement à être attentif à ce qu'on ressent, et à observer ses pensées et ses émotions. Mais on ne peut pas les chasser ! C'est impossible !

Vrai ou Faux ?

On pratique la méditation quand on est un peu illuminé.

Faux ! La méditation de pleine conscience ou *mindfulness* est une pratique contemporaine et laïque, aucune connotation spirituelle. On ne cherche pas à atteindre un état particulier, mais à vivre très attentivement ce qui se passe en nous. C'est une expérience très profonde de connaissance de soi.

Pour ta culture perso

La méditation, ça entraîne l'attention. Être plus attentif, pour tout. Et l'attention, c'est comme un muscle ! Plus on fait d'exercices, plus on s'entraîne et plus notre attention devient solide. Comme en sport : ce n'est pas en une fois qu'on devient champion !

« Quand on bavarde pendant les cours, on ne risque pas de retenir ce que nous dit le prof ! Ce n'est pas une question de mémoire… mais de bon sens ! »

Hugo a enquête pour vous.

C'est quoi ? La mémoire, c'est sûrement l'une des choses les plus importantes pour nous, les collégiens. En effet, si on se concentre et si on écoute attentivement en classe, notre mémoire s'active et du coup on retient plus de notions, plus vite. Et si on se replonge dedans de retour à la maison, on comprend beaucoup mieux notre leçon, on se la remémore plus facilement et les notions ainsi apprises deviennent presque naturelles lors d'un prochain contrôle !

Le bon plan Bien se concentrer en cours, ça demande un vrai effort, car c'est vrai que c'est souvent plus tentant de regarder ce qui se passe dehors ou de rêvasser, que d'écouter le prof. Alors si on peut choisir notre voisin, on prend sur nous et on privilégie un « premier de la classe » (ou quelqu'un à qui on n'a rien à dire). Comme il reste imperturbable, on n'a pas d'autre choix que de l'imiter ! On se rattrapera à la récré pour papoter avec nos potes et raconter ce qu'on a fait pendant le week-end !

Le plan galère Quand on est en classe, c'est plus drôle de faire l'intéressant et de raconter des bêtises à son voisin. Sur le coup, c'est amusant, mais en réalité, c'est plutôt galère car, de retour à la maison, il va falloir rattraper le temps perdu ! Pareil pour le copain qui nous aura écouté faire le mariole. Et on ne pourra même pas l'appeler pour lui demander une explication si on n'a pas compris !

Quelques réponses toutes prêtes…

Si on a raté un contrôle basé sur du « par cœur » et que nos parents nous reprochent de ne pas avoir travaillé suffisamment, on peut toujours répondre :

Version angélique
« Mais d'où j'ai bien pu hériter d'une mémoire pareille ? »

Version étonnée
« Je ne comprends pas, je retiens pourtant toutes les adresses mails et numéros de téléphone de mes potes, du premier coup ! »

Version ironique
« Dis donc, papa, c'est pas toi qui cherchais tes clés partout, l'autre jour ? »

Comment ça marche ?

Contrairement aux idées reçues, la mémoire n'est pas une bibliothèque géante où nos souvenirs sont rangés et classés par thèmes, par dates, par importance.

La mémoire est un système complexe où les informations sont « distribuées », c'est-à-dire découpées et réparties dans l'ensemble du cerveau. Par exemple, si on te dit : un perroquet rouge, « perroquet » est rangé dans la catégorie animaux, puis animaux à plumes, par oiseaux. Quant à « rouge », il est classé avec les couleurs... Et c'est pareil pour tout !

Par ailleurs, il existe deux grands modules de mémoire : la mémoire à court terme et la mémoire à long terme. La mémoire à court terme est une mémoire « de travail », elle reçoit en premier les informations qui arrivent par les cinq sens et elle décode, analyse et traite l'information. C'est une mémoire très courte, de quelques secondes et qui a une faible capacité : elle ne peut entreposer temporairement qu'environ 7 éléments. C'est pour ça que tu ne dois pas donner ton numéro de téléphone chiffre par chiffre, mais en les regroupant deux par deux, ce qui réduit à 5 le nombre d'éléments à retenir.

Notre conseil

On n'apprend pas tous de la même façon. Certains sont plus « auditifs », ce qui veut dire qu'ils apprennent mieux quand ils entendent. D'autres sont plus « visuels » : ils mémorisent mieux ce qu'ils voient. Il est important que tu repères ton style de mémoire, car cela facilite ton travail personnel et ton attitude en classe. Si tu es auditif, écoute le plus possible en cours, lis à haute voix quand tu dois apprendre une leçon et ton cerveau enregistrera une bonne partie des choses. Si tu es plutôt visuel, écris les cours, souligne, passe au stabilo, fais des petits schémas, des dessins, qui seront autant d'aides précieuses pour mémoriser. Et au moment du contrôle, *idem* : essaie de réécouter le cours dans ta tête ou de relire mentalement ton cours. Cela t'aidera énormément !

Vrai ou Faux ?

Il est inutile d'apprendre si on a compris.

Vrai et faux ! Il est essentiel de comprendre avant de mémoriser, sinon rien ne rentre, et tu oublies très vite ce que tu viens d'apprendre. Mais le fait de comprendre ne suffit pas à bien mémoriser, il est essentiel de relire, revoir, reprendre plusieurs fois tes cours pour les enregistrer de façon solide dans ta mémoire. On dit que l'idéal est de relire

Attention, la mémoire à court terme est très sensible à l'anxiété ! Si tu as peur lors d'un contrôle ou si tu es convaincu que tu n'y arriveras pas, ça brouille ta mémoire de travail et tu n'as plus accès à la mémoire à long terme. C'est parfois ce qui t'arrive lorsque tu as bien appris chez toi, mais que tu as l'impression de ne plus rien savoir le jour du contrôle. Si ça t'arrive, respire un grand coup, remets-toi mentalement dans la situation où tu te sentais en sécurité chez toi et tu vas débloquer la situation. Ce n'est pas un problème de mémoire, mais de confiance en soi !

Les données de ta mémoire à court terme sont envoyées en mémoire à long terme, où elles vont être stockées. Dans cette grande mémoire, on trouve encore trois modules principaux : la mémoire épisodique (celle où tu ranges les évènements de ta vie), la mémoire sémantique (celle de toutes tes connaissances) et la mémoire procédurale (celle des savoir-faire, comme faire du vélo, ou savoir comment présenter ton devoir de maths). Celle-ci est d'autant plus importante pour les apprentissages que c'est la mémoire qu'on ne perd jamais !

Bon à savoir : apprendre par cœur permet de créer un savoir « automatique » qui va te permettre d'être plus efficace et plus rapide dans de nombreuses situations scolaires. C'est comme le vélo, si chaque fois que tu montes dessus, il fallait que tu réfléchisses à comment faire, tu serais vite épuisé et tu te découragerais. Pour ton cerveau, c'est pareil, plus il peut activer des connaissances automatiques, plus il a de la place pour réfléchir à des choses nouvelles et, toi, tu as plus rapidement accès à ce que tu as mémorisé. L'information apprise « par cœur » circule alors beaucoup plus vite, un peu comme sur une autoroute !

une fois son cours le soir même, puis de le revoir une semaine après, car sinon, le jour où tu auras besoin de réviser pour un contrôle, il faudra presque recommencer à zéro. Les infos disparaissent si on ne revient pas dessus (on oublie 80 % des informations en 24 heures !). Et les infos ne s'enregistrent même pas si tu négliges ton sommeil !

MÉNINGITES

« Parfois, on entend aux actualités qu'un jeune de notre âge est mort d'une méningite, ça fait très peur… »

Charlotte et Fanny ont enquêté pour vous.

C'est quoi ? La méningite est une infection qui gagne les méninges, c'est-à-dire les enveloppes qui entourent le cerveau. Et du coup, ça peut être grave, surtout si c'est une bactérie qui est en cause : on peut en mourir ou se retrouver handicapé. Ça nous marque d'autant plus qu'il y a très peu de maladies capables d'emporter aussi vite un jeune de notre âge et qui était en bonne santé…

Le seul point rassurant, c'est que la méningite évolue par petites épidémies – c'est-à-dire qu'elle s'étend à un petit groupe limité de personnes –, alors que d'autres infections comme la grippe sont beaucoup plus contagieuses.

Le bon plan Avec la méningite, il n'y a pas de bon plan, mais juste un vaccin. Celui contre la méningite C (la plus fréquente) est remboursé par la Sécurité sociale si tu as entre 1 et 24 ans depuis janvier 2010. Et une seule injection suffit pour être protégé ! Sinon, quand on voyage dans certains pays du monde où cette maladie sévit encore plus que chez nous, on peut également être obligé de se vacciner quel que soit notre âge…

Le plan galère Quand un cas de méningite mortelle est recensé, il y a des appels à la radio pour demander à toutes les personnes qui ont côtoyé le (la) malade dans les heures qui ont précédé de contacter leur médecin au plus vite afin de recevoir un traitement. Du coup, on ne peut pas s'empêcher de se demander si, nous aussi, on ne l'a pas croisé(e). C'est flippant…

la bonne vieille blague des années 2010-2019 à ne surtout plus ressortir depuis la Covid-19

Les spécialistes craignent une mutation redoutable du virus grippal. Le virus de la grippe A dite « fièvre porcine » H1N1 (touchant les COCHONS) pourrait bien se recombiner avec celui de la grippe aviaire H5N1 (touchant les CANARDS), pour devenir H3N1 (qui s'attaque aux CO-NARDS)…

Si ce scénario se produisait, il y aurait des pertes !

Comment ça marche ?

Une méningite débute le plus souvent par un très violent mal de tête (bien plus fort qu'un mal de tête banal) avec fièvre, vomissements et raideur de la nuque. Ce sont ces signes qui doivent alerter et motiver l'appel du médecin en urgence. Heureusement, les cas de méningite à méningocoques (la bactérie la plus dangereuse) sont rares en France, exception faite de petits foyers bien limités qui font parler d'eux tantôt en Seine-Maritime, tantôt dans le Finistère, le Rhône, la Bourgogne, avec, à chaque fois, une ou deux morts qui auraient pu être évitées par le vaccin.

Sur le terrain, il y a d'autres épidémies qui menacent les adolescents, à bien plus grosse échelle : chaque hiver, on a droit à une épidémie de grippe saisonnière et de gastro-entérite. Leurs symptômes sont souvent bénins, mais comme elles sont vraiment très contagieuses, elles peuvent mettre un collège à plat en quelques jours !

Notre conseil

La meilleure prévention des épidémies, c'est encore de se laver les mains au savon plusieurs fois par jour. En effet, nos mains sont le principal vecteur des microbes ! Et quand on n'a pas d'eau à proximité, un gel antiseptique est très pratique, mais il ne faut pas en abuser.

Vrai ou Faux ?

Toutes les méningites sont graves.

Faux ! Ce sont surtout les méningites bactériennes et la méningite virale à *Herpes virus* qui sont dangereuses. Les autres méningites virales (de loin les plus nombreuses) sont souvent bénignes au point que beaucoup ne sont même pas diagnostiquées !

Pour ta culture perso

Quand on se creuse les méninges : l'expression ne veut pas dire que l'on est en train de s'attaquer à notre cerveau mais qu'on cogite dur pour trouver une solution ! C'est une image qui n'a rien à voir avec la méningite !

MENSONGE

« Un de mes copains a menti à ses parents pour protéger son petit frère qui avait fait une grosse bêtise. Mais il a refait la même le lendemain parce qu'il n'avait pas été puni ! »

////////////////////// Hugo a enquêté pour vous. ///////////////////

Quelques réponses toutes prêtes…

Si on nous demande si on a déjà menti, on peut toujours répondre…

Version angélique
« Moi ? Non, jamais ! »

Version mytho
« Le mensonge et moi, on ne se connaît pas ! »

Version dicton
« Je suis blanc comme neige ! »

Version ironique
« Parce que tu n'as jamais menti, toi, peut-être ? À qui tu veux faire croire ça ? »

C'est quoi ? On est tous tentés de mentir et c'est vrai que de temps en temps le mensonge peut être bien utile ! On peut mentir pour se protéger, pour éviter de blesser des gens… mais ce n'est pas toujours la meilleure solution. Dire la vérité, même si c'est parfois difficile, c'est faire preuve d'honnêteté et l'on se sent souvent mieux après. On montre à nos amis et à nos parents à quel point on leur fait confiance et que l'on n'a pas peur de leur avouer des choses dérangeantes car on sait qu'ils peuvent faire preuve de compréhension…

Le bon plan Si on veut faire passer un petit mensonge (pas méchant) pour une vérité, on doit commencer par dire des trucs sans importance, en rougissant et en rigolant. Comme ça nos parents penseront qu'on ne sait pas mentir. Et le vrai « bobard » passera d'autant plus ensuite… Ni vu ni connu, je t'embrouille !

Le plan galère Lorsqu'il nous arrive d'inventer un mensonge, il faut faire attention à ne pas aller trop loin car on risque de s'emmêler les pinceaux, de se contredire et de se discréditer… Bref, le meilleur moyen de perdre la confiance de ses proches !

///

Le mensonge, c'est du pipeau !

Comment ça marche ?

On parle de mensonge quand on dissimule volontairement la vérité ou que l'on invente quelque chose de faux pour remplacer la réalité.

Les mensonges n'ont pas la même valeur ni la même gravité selon leur nature et leur contexte. Par exemple, à ton âge, tu peux dissimuler ponctuellement une note ou ne pas dire à tes parents que ton professeur t'a fait une remarque sur ta conduite. Si cela reste ponctuel, ce n'est pas bien grave ! Tu as menti car tu avais peur de la réaction de tes parents. Mais, si tu prends l'habitude de mentir souvent, petit à petit tu vas perdre la confiance des autres et d'abord celle de ton entourage. Et quand tu diras la vérité, ils ne te croiront plus. Il faut savoir que mentir est souvent plus compliqué que dire la vérité. Sur le moment cela semble plus simple car tu évites de te faire disputer, mais la colère de tes parents est souvent plus forte lorsqu'ils s'en rendent compte. C'est un mauvais calcul ! En plus, le mensonge demande beaucoup d'énergie car il faut garder en mémoire la fausse vérité pour ne pas se trahir. Parfois, tu ne te souviens plus de ton premier mensonge et tu t'enfonces !

Notre conseil

Mieux vaut éviter de se servir du mensonge car c'est un faux ami, et c'est à cause de cela que tu peux te retrouver dans une escalade de soucis. Et quand tu t'habitues à mentir sur des petites choses, tu finis par te retrouver à mentir sur des faits de plus en plus importants avec les conséquences graves que cela peut entraîner.

Vrai ou Faux ?

Le mensonge peut être une maladie.

Vrai ! Ça s'appelle la mythomanie ! Le mythomane ne peut s'empêcher de mentir en particulier pour embellir sa vie, valoriser sa personnalité, exagérer ses exploits. Contrairement au simple menteur, le mythomane n'est pas totalement conscient de son mensonge. Il finit par s'inventer une vie qui n'a rien à voir avec la sienne. C'est une forme de dépression qui doit être soignée car cela entraîne une rupture avec la réalité qui empêche l'adaptation sociale...

Pour ta culture perso

L'un des plus gros mensonges faits par nos dirigeants a été de dire que le nuage radioactif de Tchernobyl, en 1986, s'était arrêté aux frontières françaises ! Malheureusement, ce mensonge a eu de graves conséquences : faute de se protéger correctement, certains se sont probablement retrouvés avec un cancer de la glande thyroïde...

LA PAROLE AUX COLLÉGIENS

« C'est ce qui fait qu'on passe 5 minutes ou une heure sur le même exercice et ça fait toute la différence ! »

Charlotte et Fanny ont enquêté pour vous.

Quelques réponses toutes prêtes...

Si nos parents en ont marre de notre manque d'organisation et de méthodologie, on peut toujours répondre...

Version futée

« Et tu t'y prendrais comment, toi, pour faire tous ces devoirs ? »

Version découragée

« Sans ton aide, je n'y arriverai jamais ! »

Version incomprise

« Ce n'est pas moi qui suis mal organisé, ce sont les profs qui nous donnent tout le même jour ! »

C'est quoi ? Ça ne nous viendrait pas à l'idée de nous laver les dents avant chaque repas. Là, c'est pareil ! Il faut faire les choses dans l'ordre : écouter en classe, revoir le cours en rentrant, faire nos exercices en appliquant la leçon et revoir ça quelques jours plus tard pour bien tout mémoriser. La difficulté, c'est qu'on doit faire ça dans toutes les matières. Apprendre à s'organiser et à gérer notre temps, c'est aussi important que le reste !

Le bon plan Quand les profs nous donnent 50 000 trucs à faire en même temps et que, vraiment, c'est impossible d'y arriver même si on est super organisé, il ne reste plus qu'une solution : le partage des tâches entre amis, en collant le meilleur d'entre nous pour chaque matière !

Le plan galère Quand on n'est vraiment pas un pro de l'organisation, on se sent tout le temps débordé. Du coup, on se précipite sur ce qui nous paraît le plus simple, mais comme on ne fait rien dans l'ordre, on perd encore plus de temps ! Alors, tant pis si on doit perdre 10 minutes par jour en rentrant chez soi le soir et mettre au point un plan de bataille pour s'organiser ! Le simple fait de s'y atteler et de mettre cela par écrit nous aide à remettre nos idées en ordre !

Comment ça marche ?

On pourrait dire que la méthodologie est presque ce qui fait la vraie différence entre un bon élève et un élève en difficulté. Elle regroupe tout le « savoir-faire » scolaire : prendre en notes un cours, faire un développement en maths, rédiger un plan pour une dissertation de français, faire un brouillon, planifier le travail à faire, organiser son temps, ses révisions, etc.

Comment faire alors pour devenir un pro de la méthodologie ? Ce n'est pas si compliqué ! Il faut appliquer les recettes qui marchent.

En voici quelques-unes :

1- Observer. Chaque professeur a une méthode de travail différente et si tu analyses sa façon de faire et que tu la reproduis, tu as acquis une méthode. À toi de t'adapter à chacun d'entre eux.

2- S'entraîner. Tu peux t'exercer à faire des plans, ton propre emploi du temps pour ton travail personnel, un maximum d'exercices d'application en maths, etc. Plus tu t'entraîneras, plus les choses se feront de façon automatique. Comme pour le vélo : ton cerveau enregistre les différentes étapes et tu n'as plus besoin de te prendre la tête pour savoir comment faire.

3- Appliquer la méthode. Dis-toi que c'est une des choses les plus importantes et qui te servira toute ta vie. Quand on sait comment organiser les choses, il suffit ensuite de les appliquer quels que soient les domaines. Et ça, ça devrait te donner le moral quand tu te désespères devant un problème de physique en te disant que tu ne t'en serviras plus jamais dans ta vie ! Si tu sais résoudre ce problème-là en utilisant une méthode efficace, tu crées de nouvelles connexions dans ton cerveau qui te permettront d'apprendre bien et vite de très nombreuses autres choses qui t'intéressent.

Pour ta culture perso

***« Ce que l'on conçoit bien s'énonce clairement et les mots pour le dire arrivent aisément »*, disait Boileau, poète français du XVIIe siècle. Pas mal vu !**

Notre conseil

Avant de commencer un devoir ou d'apprendre une leçon, pose-toi ces trois questions : Est-ce que je sais le faire ? Quelles sont les connaissances que je possède ? Comment je vais y parvenir ? En te posant ces trois questions essentielles, tu mets ton cerveau en « projet » pour être efficace et tu anticipes sur la méthode que tu vas utiliser. À l'inverse, si tu te précipites pour commencer ou si tu rumines plusieurs minutes en te disant que ça te gonfle, tu risques de faire un travail bâclé, peu présentable et avec beaucoup d'erreurs d'étourderie !

Vrai ou Faux ?

Les bonnes méthodes de travail reposent sur des automatismes.

Vrai ! Ton cerveau est routinier et, quand il sait comment s'y prendre et par où commencer, parce que tu fais toujours comme ça, il est plus performant. C'est comme quand tu prends le même chemin pour aller quelque part : tu gagnes du temps parce que tu n'as pas besoin de regarder sur une carte quelle route est la bonne, à quelle heure part ton bus, etc.

> « Les habitudes vestimentaires changent tous les ans, mais si on y regarde bien, on s'inspire souvent d'anciens modèles en y apportant quelques retouches. En fait, on n'invente rien !!! »

Charlotte et Fanny ont enquêté pour vous.

Quelques réponses toutes prêtes...

Si on nous dit que notre look est « has been », on peut toujours répondre :

Version polie
« Oui, mais moi, c'est voulu ! Alors que toi... »

Version total mépris
« Laisse tomber ! C'est vintage, tu peux pas comprendre... »

Version étonnée
« Ah, c'est ça la mode cette année ? Et moi qui croyais que tu étais déguisé ! »

Version sarcastique
« Parce que tu crois que tu ressembles à un mannequin, peut-être ? »

C'est quoi ? La mode, c'est avant tout un énorme « business », et c'est bien pour ça que ça change souvent : pour inciter les gens à racheter des vêtements plusieurs fois par an, même s'ils n'en ont pas vraiment besoin. Ça marche d'autant mieux avec nous, les ados, que quand on ne suit pas la mode, on passe vite pour des extraterrestres !

Le bon plan Certains vêtements sont « passe-partout », comme le jean et le T-shirt, ce qui veut dire qu'ils ne sont jamais ni démodés ni vraiment à la pointe de la mode. Ces basiques sont à mettre quand on ne sait pas comment s'habiller, pour se fondre dans la masse !

Le plan galère On peut être à la mode dans sa ville ou dans son quartier et passer pour le dernier des ringards à 15 ou 30 minutes de là ! La mode n'est pas la même d'un endroit à l'autre et ça peut même être un signe de reconnaissance entre habitants d'un même secteur ! Ici, c'est jogging et baskets. Là, c'est chemisette et mocassins... À chacun son look !

Comment ça marche ?

Comme tu cherches ton identité, en suivant une mode, tu as l'impression de t'être trouvé. À ton âge, le fait d'être habillé comme les autres te donne un « sentiment d'appartenance », c'est-à-dire la sensation que tu existes en étant comme les autres. C'est une étape normale à l'adolescence.

Ou alors tu cherches à te démarquer, mais c'est le même processus : ta façon de t'habiller correspond à l'image que tu veux donner aux autres de ta personnalité. Le problème est que tu tombes vite dans un piège géant : la dictature des marques ! Tu peux te sentir exclu d'un groupe ou te faire rejeter seulement parce que tu ne portes pas les marques à la mode, comme un signe de reconnaissance !

Les enseignes de vêtements et d'accessoires de mode l'ont bien compris et exploitent le filon au maximum. Mais le souci est que, pour toi, c'est un enjeu de vie quotidienne plus que de mode ! Et le cercle vicieux se referme. Ça peut même mettre ta santé en danger si tu veux faire comme ces mannequins trop minces qu'on te présente à longueur de journée.

Pour arriver à s'affirmer, envers et contre le dictat des marques et ne pas devenir une « fashion victim », c'est la confiance que tu as en toi qui te sera le plus utile. Mais c'est vrai que cela demande une sacrée personnalité !

Fixe-le-toi comme un challenge et tu en tireras d'énormes bénéfices d'affirmation de toi, et cela pour la vie entière. Et les autres te regarderont comme une personne à imiter. Et ça te coûtera beaucoup moins cher de t'habiller, car le budget vêtements est devenu énorme quand on veut suivre la mode à tout prix ! C'est le portefeuille des parents qui va te dire merci !

Notre conseil

« L'habit ne fait pas le moine. » Cette vieille expression signifie qu'il ne faut pas confondre l'apparence avec ce qu'est réellement la personne. Méfie-toi de ceux qui sont des copies de mannequin, c'est leur manque d'assurance qui les conduit souvent à s'habiller de la sorte. En revanche, quelqu'un de plus marginal dans sa tenue vestimentaire a peut-être une belle personnalité à découvrir !

Vrai ou Faux ?

Il est difficile de faire un métier dans la mode !

Faux. Évidemment, si tu envisages d'être un styliste ou un mannequin célèbre, les places sont chères, mais il existe bien d'autres métiers qui tournent autour de la mode, depuis les étapes de fabrication jusqu'à la vente de gros et la vente aux particuliers.

« Perdre un proche est toujours un évènement très difficile, mais ça fait, hélas, partie de la vie… »

/////////////////// Hugo a enquêté pour vous. ///////////////////

C'est quoi ? Suite au décès de quelqu'un qu'on aimait, on ressent un manque, un grand vide dans notre cœur. On ne peut pas lutter contre les dures lois de la vie… La personne n'est plus là physiquement, mais on peut se la rappeler mentalement en faisant appel à nos souvenirs.

Le bon plan Si cela nous arrive, il ne faut pas se refermer sur nous-même. Il vaut mieux chercher du soutien dans notre entourage, auprès de notre famille, de nos amis, ou même de nos professeurs, qui pourront nous apporter leur aide. Le plus important est de se rappeler tous les bons souvenirs que l'on a partagés avec la personne disparue. Avec le temps, on finira par être moins malheureux, même si on ne l'oubliera jamais…

Le plan galère Quand on perd un membre de sa famille, tout le monde compatit autour de nous. Mais si c'est notre chien ou notre chat qui est mort, il y en a toujours pour dire : « Mais enfin, ce n'est qu'un animal ! » Eh bien, non, justement, ce n'est pas qu'un animal. C'était notre animal à nous ! Plutôt que perdre du temps à expliquer à quelqu'un qui n'en a jamais eu combien on est triste, il vaut mieux se confier à quelqu'un qui peut comprendre cette situation. Au moins, il nous offrira son soutien !

Quelques réponses toutes prêtes…

Quand un ami perd un proche, on peut toujours le soutenir en lui disant ceci :

Version amicale

« Tu sais, tu peux m'appeler 24 h / 24, si tu sens que ça ne va pas et que tu as juste envie de parler… »

Version pratique

« Est-ce qu'il y a un truc que je peux faire pour t'aider ? J'aurai toujours du temps pour toi, n'hésite pas… »

Comment ça marche ?

La mort est l'angoisse la plus importante... de la vie ! C'est paradoxal, mais c'est comme ça. On a peur de notre propre mort, mais aussi de celle de nos proches. Notre mort nous effraie car on ne maîtrise rien : ni la date, ni le comment, ni l'après. Et la psychologie humaine n'aime pas les choses qu'elle ne contrôle pas, c'est aussi pour leur caractère imprévisible, aléatoire et injuste que les actes terroristes suscitent un tel effroi.

La mort des autres, c'est différent. Suivant l'intimité que tu as avec la personne qui vient de disparaître, tu vas ressentir toute une palette d'émotions. Tout dépend des circonstances : une mort à la suite d'une maladie, le décès d'un grand-parent âgé ou l'accident brutal d'un copain... n'auront pas le même poids et ne déclencheront pas les mêmes sentiments. Il existe, malgré tout, un processus du deuil un peu universel qui comprend trois étapes.

Première phase : le choc. Tu as du mal à y croire, à accepter la situation. Tu te dis que c'est impossible, que tout va redevenir comme avant. C'est un moment de « sidération psychique », tu es « sonné ».

Deuxième phase : la colère. De façon étrange, tu en veux à la personne qui est partie : Pourquoi t'a-t-elle abandonné ? Pourquoi est-elle morte maintenant... etc. Bien sûr, tu ne lui en veux pas de façon consciente mais, au fond de toi, tu ressens cette colère qui, en plus, te culpabilise.

Troisième phase : la tristesse proprement dite. Tu penses à la personne morte et tu es malheureux, désespéré, profondément triste. Tu pleures, tu n'as plus envie de rien, tu y penses tout le temps et cela est douloureux.

Puis, petit à petit, avec le temps, ces phases aiguës s'estompent. Tu vas parvenir à repenser aux bons moments passés ensemble, aux souvenirs agréables, tu deviens nostalgique, mais tu ne souffres plus autant qu'au début. On dit alors que le travail du deuil est terminé.

Notre conseil

Parfois, il arrive que tu ne veuilles pas montrer que tu es triste, ou que tu décides que « ce n'est pas si grave que cela », ou encore que tu ne t'autorises pas à te sentir vulnérable. Alors tu retiens tout à l'intérieur de toi. Mais attention ! Quelquefois, cette douleur enfouie se réveille plusieurs années après et peut être encore plus difficile à vivre ou se transformer en trouble(s) psychologique(s) comme une dépression. C'est sur le moment qu'il est essentiel d'exprimer cette immense douleur de la perte de celui ou de celle que l'on aime pour que l'on puisse continuer ensuite à vivre de façon équilibrée.

Vrai ou Faux ?

Parler de ce qu'on ressent, ça aide à faire le deuil.

Vrai ! S'il t'arrive de vivre le deuil de quelqu'un de proche, n'hésite pas à te confier à quelqu'un tant que tu en as besoin. Même si tu dois en parler pendant des heures et des jours. Cela peut être une personne de ta famille, un adulte en qui tu as confiance ou un psy. Plus tu l'exprimes, plus tu évacues ta douleur. Plus tu peux mettre des mots sur tes émotions, plus tu peux progressivement faire ton deuil.

« Comme le dit la chanson : Motivé, motivé… Il faut se motiver ! »

////////////// Hugo a enquête pour vous. //////////////

C'est quoi ? La motivation, c'est la clé de la réussite ! Même si les matières à l'école ne nous intéressent pas toujours, si on trouve un jour la motivation nécessaire pour se pencher dessus, tout devient beaucoup plus simple et c'est presque gagné. C'est comme pour un match de tennis : sans motivation, on n'a aucune chance de remporter la victoire !

Le bon plan Dans la vie, il faut essayer de voir principalement le bon côté des choses pour les aborder avec plaisir ! Après tout, si apprendre une leçon nous rapporte ne serait-ce qu'une bonne note, c'est déjà un bon point, non ? Et cela peut suffire à nous motiver surtout si, au bout de plusieurs bonnes notes, nos parents nous accordent davantage leur confiance pour faire ce qu'on aime par ailleurs !

Le plan galère C'est un peu facile de se dire : « C'est nul… Aucun intérêt, inutile de perdre mon temps avec ça ! » En plus, si, en apprenant une leçon par cœur, on se dit que ça ne sert à rien, si, en faisant des maths, on pense que ça n'a pas d'intérêt, on risque de récolter une sale note. En effet, notre cerveau se dépêche d'oublier ce qu'on considère comme inutile. Pour le coup, on aura alors vraiment perdu du temps !

Quelques réponses toutes prêtes…

Si nos parents nous reprochent de manquer de motivation, on peut toujours dire :

Version « Merci à Génération Ado Le Dico »
« Et pourquoi je lis ce bouquin, d'après toi ? »

Version dicton
« Ce n'est pas ceux qui en parlent le plus… »

Version « Je vous retourne la question »
« Et vous, vous êtes motivés pour aller bosser ? »

Version « Claude François »
« Ça s'en va et ça revient… »

Comment ça marche ?

Dans le mot motivation, il y a moteur. Ce qui explique bien le mécanisme : la motivation, c'est ce qui te pousse à faire des efforts pour atteindre ton objectif. Quand tu es motivé, tout semble plus facile !

Il existe deux grands types de motivation : la motivation extrinsèque est celle liée à la « récompense ». Par exemple, travailler parce qu'on t'a promis tel ou tel cadeau, ou parce que tu sais que, si tu as une bonne note, tu auras plus d'argent de poche, etc.

Et la motivation intrinsèque, qui, elle, est liée au plaisir personnel de réussir, à sa fierté, au sentiment que l'on est compétent. On peut se sentir heureux d'avoir réussi un contrôle, ou parce qu'on se rend compte que l'on maîtrise bien un cours. C'est la motivation la plus forte car, en réussissant, on se fait plaisir à soi-même. Ce qui signifie que pour avoir envie de réussir… il faut réussir ! C'est-à-dire avoir ressenti cette jubilation d'avoir dépassé une difficulté et y être arrivé. À ce moment-là, dans le cerveau, une hormone se libère : l'hormone du plaisir ! Et le cerveau en redemande : il a envie d'avoir une « nouvelle dose » et que tu éprouves une fois encore ce plaisir de réussir ! On peut ainsi devenir « accro à la réussite » !

Notre conseil

Pour éprouver un sentiment de compétence et ne pas te décourager, le mieux est de te fixer des objectifs intermédiaires. Par exemple, si tu as décidé de t'améliorer en maths et que jusqu'à maintenant tu avais toujours en dessous de la moyenne, il faut déterminer des paliers : 1° je m'efforce de comprendre ; 2° j'ai la moyenne ; 3° je réussis à peu près mon contrôle ; 4° j'arrive à avoir une bonne note. Ainsi, à chacune de ces étapes, tu peux valider ta réussite et te dire : « Yes, je peux y arriver ! » Si d'emblée tu vises la bonne note, tu mets la barre trop haut et comme tu ne pourras pas y arriver, tu vas te décourager tout de suite. Il faut apprendre à être fier de chacun de ses petits succès pour avancer et maintenir sa motivation intacte !

Autre conseil

Un échec est une étape d'apprentissage. Cela ne veut pas dire que tu es nul. Exemple : en ski, si tu « galères », c'est souvent parce qu'en essayant un nouveau mouvement, comme tu ne le maîtrises pas encore bien, tu tombes ! À l'école, c'est la même chose. Quand tu te trompes, cela signifie que tu es en train d'apprendre ! C'est donc normal et il ne faut pas oublier que c'est la difficulté qui nous fait tous avancer ! Quand tu fais des erreurs, essaie de comprendre d'où ça vient et tu auras appris quelque chose. Tu pourras te dire : « Je suis trop fort, j'ai compris pourquoi je m'étais trompé ! » Et hop, la motivation est enclenchée…

Vrai ou Faux ?

Quand quelqu'un te dit « tu dois te motiver », tu penses que ça ne sert à rien.

Vrai et faux ! La motivation doit venir de toi. La seule chose que l'on puisse faire pour t'aider, c'est jouer sur la motivation extrinsèque et te promettre un cadeau. Mais ce n'est pas très efficace sur le long terme !

Pour ta culture perso

Mark Spitz, nageur américain, 7 fois vainqueur aux Jeux olympiques, a dit : « Si je n'y arrive pas, ce ne sera pas parce que je n'étais pas assez motivé. Ce sera uniquement parce que ce n'était pas faisable ! » Motivé, le gars !

MUSCLES

> « Les muscles, les garçons adorent ! C'est ce qui leur fait croire qu'ils seront des hommes et que toutes les filles tomberont à leurs pieds ! »

Charlotte et Fanny ont enquêté pour vous.

Quelques réponses toutes prêtes…

Si quelqu'un se moque de notre musculature microscopique, on peut toujours répondre…

Version polie

« Rien dans les muscles, tout dans la tête ! »

Version dicton

« Tout ce qui est petit est mignon ! »

Version antihéros

« N'insiste pas… Popeye, c'est pas mon genre, j'aime pas les épinards ! »

Version agressive

« T'as pas vu mon pote ? T'es suicidaire ou quoi !? »

Version devinette

« Tu connais le gars qui va mal finir s'il continue à me chercher des noises ? Demande à mon copain, il va te donner la réponse ! »

C'est quoi ? Ça dépend de quel point de vue on se place ! Pour le dragueur, c'est un atout majeur… Pour le baraqué, c'est déjà gagné… Pour le gringalet, c'est loin d'être fait… Et pour un prof de sport, c'est une question « de vie ou de mort » !

Le bon plan À défaut d'être fort et musclé, mets du rouge ! C'est la couleur de l'agressivité. Une étude a même montré que les joueurs de foot qui portaient le maillot rouge avaient plus de chances de gagner ! À méditer…
Autre astuce pour les faibles filles et les garçons taillés en fil de fer : être copain avec une armoire à glace, de préférence plusieurs fois champion du département en boxe ou en karaté. Quand on nous embête, ça aide, car un copain musclé vaut mieux qu'un long discours !

Le plan galère Certains pensent qu'en se musclant, ils vont perdre du poids. Or quand ils montent sur la balance, rien ne bouge ! En fait, c'est normal : les muscles, ça pèse lourd (environ 35 % à 40 % du poids du corps) ! Mais plus on en a et plus notre silhouette s'affine et c'est ça qui compte. Alors, vite à nos haltères… sans négliger de faire aussi travailler les abdos et les jambes si on ne veut pas se retrouver avec le look « Popeye » !

Comment ça marche ?

On en distingue deux sortes. Les muscles lisses entourent la plupart de tes viscères et fonctionnent sans que tu aies vraiment à y penser. Il n'est d'ailleurs guère possible de les renforcer !

Quant aux muscles squelettiques ou striés, ils mettent ton squelette en mouvement et sont commandés par la volonté. Ce sont ceux-là que tu peux « muscler » en les faisant travailler. Mais attention, un muscle qui fait un effort est exigeant : il a besoin d'oxygène, de glucose, d'eau et de sels minéraux !

À l'inverse, si tu fais un régime amincissant déséquilibré et trop pauvre en protéines, ce sont tes muscles qui « fondent » en premier !

Pour garder une silhouette harmonieuse, tu as donc tout intérêt à manger sainement et à faire travailler tous tes groupes de muscles et pas seulement une partie d'entre eux sous peine de vite devenir difforme. C'est assez simple, si tu pratiques différents sports. Même si tu n'es pas trop intéressé par l'activité physique, prends au moins l'habitude de te déplacer tantôt à vélo, tantôt sur rollers, tantôt en courant. Essaie de monter les escaliers plutôt que de prendre directement l'ascenseur. Cela ne te prendra guère plus de temps et contribuera à te garder une silhouette tonique !

Notre conseil

Si tu fais de la musculation, fais aussi des étirements réguliers (exercices de stretching), faute de quoi, ce que tu vas gagner en force, tu vas le perdre en souplesse. Or des muscles trop raides, c'est une cause fréquente de mal au dos !

Vrai ou Faux ?

Les garçons font plus facilement du muscle et moins de graisse que les filles.

Vrai et cela s'explique ! En effet, les filles sont programmées pour avoir des enfants plus tard : leur corps a donc tendance à faire des réserves ! Quant à nos ancêtres masculins, ils avaient plutôt pour rôle de partir à la chasse et devaient donc être musclés. Pour autant, fille ou garçon, si tu manges n'importe quoi et si tu ne te bouges pas, c'est forcément la graisse qui va l'emporter sur les muscles !

Pour ta culture perso

Un corps humain compte 639 muscles, dont 60 rien que pour notre visage ! Le plus petit, situé dans ton oreille (stapédius), n'est pas plus gros qu'un fil ! Ton muscle le plus puissant, c'est le grand fessier !

« C'est plus facile d'en écouter… que d'en jouer ! »

Charlotte et Fanny ont enquêté pour vous.

C'est quoi ? C'est vraiment le truc tout bête qui nous met de bonne humeur… enfin, si c'est une musique qu'on aime bien, parce que la musique de notre grand-mère ou de nos parents, celle-là, elle nous tape plutôt sur les nerfs ! Et le gros problème, c'est que c'est réciproque : souvent, nos parents supportent mal nos musiques préférées, allant même jusqu'à dire qu'elles leur donnent mal à la tête. Étrange, non ?

Le bon plan Si on fait de la musique depuis qu'on est tout petit, on doit commencer à avoir un niveau sympa. De quoi nous permettre de monter un groupe ! Il suffit d'un copain au synthé, d'un autre à la guitare et, bien sûr, d'un bon batteur, pour arriver déjà à sortir quelque chose de chouette. Si en plus on en trouve un qui ne chante pas trop faux, alors là, c'est le succès local assuré ! Encore faut-il se trouver un endroit pour répéter et s'y mettre vraiment. À défaut d'un garage prêté par les parents, on peut toujours demander au prof de musique du collège s'il n'aurait pas un bon plan pour répéter.

Le plan galère Si on s'inscrit pour la première fois au conservatoire, on risque de se retrouver dans le même cours que des gamins… de maternelle ! Et en plus, on doit d'abord apprendre le solfège. On a beau nous répéter que c'est capital, c'est rarement ce qui nous motive le plus ! Alors si on a les moyens, c'est mieux de prendre des cours particuliers, quitte à s'y mettre avec un ami pour partager les frais (évidemment, si le père de cet ami est prof de musique, c'est encore mieux !).

La bonne blague

Dans un groupe, le guitariste se plaint au pianiste :
– Ça ne peut plus durer, le batteur m'a encore désaccordé une corde, c'est insupportable !
– Eh bien, tu n'as qu'à la réaccorder, lui répond le pianiste.
– Je voudrais bien, mais il ne veut pas me dire laquelle !

Comment ça marche ?

On dit que la musique adoucit les mœurs et c'est vrai que, lorsque tu écoutes une musique qui te plaît, ça agit dans ton cerveau comme un système de récompense et ça te met de bonne humeur ! Et ça calme aussi, car la musique a des pouvoirs antistress.

Pour autant, la musique qui te calme, toi, peut ne pas plaire à ton frère, ou à ta sœur, ou encore à tes parents, et vraiment les énerver ! C'est pourquoi tu ne peux pas mettre ta musique à fond sous prétexte que, de cette façon, tu baignes dans le bonheur. Pour éviter que ta musique soit une source de conflit à la maison, les règles sont simples : ne la fais pas hurler et ne critique pas les goûts musicaux des autres – chacun les siens... De toute façon, tes enfants trouveront ta musique ringarde, tout comme tu trouves celle de tes parents dépassée !

Si tu apprends à jouer d'un instrument, c'est différent : tes parents risquent de se montrer davantage conciliants, car ils sont fiers... mais pas forcément ton frère ou ta sœur qui, lui (elle), estime plutôt que c'est une grosse cacophonie. Comme tu dois aussi respecter les besoins de calme et de tranquillité de chacun, essaie dans la mesure du possible de t'entraîner à des moments où personne n'est là. Et évite de le faire quand il ou elle révise un contrôle !

Notre conseil

Si tu as des amis qui jouent d'un instrument, demande-leur de te montrer, cela va peut-être déclencher chez toi une envie de jouer aussi. Et s'il y a un concert qui t'intéresse près de chez toi, propose à tes parents de t'y emmener. Quand tu écoutes de la musique en « live » (et pas seulement à la radio ou sur ton baladeur), ça prend vraiment une autre dimension (mais éloignes-toi des enceintes pour ne pas mettre ton audition en danger !). Ce sont de chouettes sensations... Et si tu hésitais avant de te lancer dans l'apprentissage d'un instrument, ça peut te motiver à fond.

Vrai ou Faux ?

Les plantes poussent plus vite quand on leur passe de la musique.

Il semble que ce soit vrai ! Des expériences menées dans ce sens ont conclu que la musique, ou plutôt les vibrations qu'elle produit, pouvait favoriser la pousse des plantes, mais cela ne veut pas dire que ça marche à tous les coups ! Et toutes les musiques n'ont pas cet effet bénéfique. Le classique leur va souvent mieux que le rap qui a plutôt tendance à ralentir leur croissance ! Pareil dans les refuges : certaines musiques classiques calment les chiens et les chats.

NOTES

« Les notes, c'est comme pour tout: il y a des hauts et il y a des bas! »

Charlotte et Fanny ont enquêté pour vous.

C'est quoi ? Quand on a des bonnes notes, c'est le reflet de notre travail. Et quand on a des mauvaises notes, c'est la faute à… « pas de chance » ! Bon, assez plaisanté. Personne ne nous croira si on dit ça ! Plus sérieusement, les notes sont censées nous indiquer notre niveau par rapport au reste de la classe.

Le bon plan À les entendre, nos parents ont toujours eu de bonnes notes. Ben voyons ! Comme si, toute leur scolarité, ils avaient été de bons élèves ! Pour savoir s'ils nous disent bien la vérité, TOUTE la vérité, le plus simple est de demander à nos grands-parents (ou mieux, de retrouver leurs bulletins !). La prochaine fois que nos parents nous reprocheront un dérapage, on pourra toujours leur agiter leur beau bulletin avec le commentaire « peut mieux faire » sous le nez !

Le plan galère Quand on a un grand frère ou une grande sœur qui a 18 de moyenne et des mentions « très bien », c'est dur de se présenter avec un « petit 15 ». Catastrophique de se pointer avec un 10. Et impensable de survivre après un 5 !

Quelques réponses toutes prêtes…

Pour annoncer une note pas vraiment top, voire lamentable à nos parents, on peut toujours leur dire :

Version peu crédible
« J'ai eu la 3e meilleure note de la classe… Le premier a eu 5/20 ! »

Version mauvaise foi
« Mais pourquoi faut-il que je tombe toujours sur les profs les plus sévères du collège ? »

Version optimiste
« Au moins, je ne pourrai pas tomber plus bas ! »

Version maline
« J'ai deux nouvelles ! Une bonne et une mauvaise, je commence par laquelle ? »

Comment ça marche ?

Une note en soi ne veut rien dire : tout dépend si ton contrôle portait sur de simples connaissances ou demandait une vraie réflexion, si ton professeur a l'habitude de noter large ou sévère, etc. Donc, pour analyser une note, il faut la replacer dans son contexte : de quoi s'agissait-il ? Comment s'en sont sortis les autres élèves de la classe ? Est-ce la note que tu récoltes habituellement dans cette matière ? Ce n'est que compte tenu de tous ces éléments qu'une note prend un sens.

Ainsi décryptée, elle offre plusieurs intérêts : celui de te situer par rapport à la classe et surtout par rapport à toi-même (es-tu stable, progresses-tu ou, au contraire, rencontres-tu un problème ?). Si tu as travaillé et que ta note est à la hauteur du travail fourni, c'est aussi une forme de récompense.

L'ensemble de tes notes te permet enfin de mieux connaître tes points forts et tes points faibles. Du moins, dans l'idéal ! Car lorsque les notes deviennent une source de conflits avec tes parents ou avec tes enseignants, lorsqu'elles ne reflètent pas la réalité de ton travail (ce qui est le cas si tu rencontres des difficultés), elles risquent surtout de te coller une étiquette de mauvais élève ou d'élève moyen et, donc, de te décourager, ce qui est exactement l'inverse de leur but initial ! Dans ce cas, il faut dire à tes parents que tu as besoin d'aide : un bilan avec un psychologue spécialisé en échec scolaire peut t'aider à y voir plus clair...

Notre conseil

Tout le monde peut avoir une mauvaise note, même les bons élèves. Ne dramatise pas en te disant que c'est le début de la fin ! Dis-toi juste que, ce jour-là, tu n'étais pas trop en forme ou que tu avais mal assimilé ta leçon. Ce n'est pas grave : il faut juste que tu la reprennes jusqu'à la maîtriser, quitte à aller voir ton professeur à la fin de l'heure si tu n'as pas tout compris. Il ne t'en voudra pas d'avoir une mauvaise note ou d'avoir un doute (sauf si tu as bavardé pendant son cours !). Mais la plupart n'apprécient guère que tu t'en moques comme si de rien n'était !

Vrai ou Faux ?

Le passage dans la classe supérieure dépend uniquement de la moyenne générale.

Faux ! Ton comportement en classe, les efforts que tu fournis pour y arriver, l'évolution de tes moyennes lors des trois trimestres, tout compte ! C'est d'ailleurs la raison pour laquelle les parents peuvent faire appel de la décision du conseil de classe, lorsqu'ils ne sont pas d'accord.

Pour ta culture perso

Même si tu n'aimes pas les notes, il va falloir t'y habituer car dans de nombreuses institutions comme la fonction publique, certaines grandes entreprises, etc., tu continues d'être noté par ta hiérarchie et ton évolution de carrière en dépend !

NUMÉROS ET SITES

« Un numéro ou un site vraiment utile, c'est celui où on peut trouver des réponses aux questions qu'on n'ose pas toujours poser ! »

////////////// Charlotte et Fanny ont enquêté pour vous. /////////////

C'est quoi ? Ce sont des numéros de téléphone ou des sites internet, proposés par des organismes officiels, des associations, etc., afin de nous permettre de nous informer (même sans voir le médecin). Bien sûr, ça ne remplace pas une consultation et, d'ailleurs, on ne nous dit jamais de prendre des médicaments ! Mais quand on n'a pas la chance d'avoir un grand frère ou une grande sœur disponible, c'est là qu'on peut parler de ce qui nous intéresse ou nous inquiète, sans avoir peur d'être jugé. On a la garantie que c'est anonyme et que ce sont des professionnels (médecins, psychologues...) qui nous répondent, que ce soit au téléphone ou sur un forum. Que demander de plus ?

Le bon plan Que ce soit pour un bouton mal placé, des démangeaisons sur le pied, un mal de ventre ou n'importe quel sujet, on est rarement les premiers à qui ça arrive ! Comme d'autres ados se sont souvent posé les mêmes questions avant nous, il suffit de prendre quelques minutes pour consulter la liste des réponses déjà mises en ligne sur un forum spécialisé, pour trouver « notre bonheur » ! Et si vraiment on ne trouve rien, on peut toujours poser notre question de façon anonyme : dans les heures ou les jours qui suivent, un professionnel de la santé nous aura répondu !

Le plan galère Il ne faut pas confondre ces numéros et ces sites avec un numéro d'urgence ! Si on a vraiment un problème qui mérite une réponse immédiate, il vaut mieux en parler tout de suite à un adulte en qui on a confiance et consulter si besoin est.

Quelques réponses toutes prêtes...

Si quelqu'un demande un numéro utile, on peut toujours répondre :

Version dragueuse
« Tu veux le mien ? Toujours prêt à te répondre, 24 h / 24 ! »

Version futur(e) délégué(e) de classe
« Si vous votez pour moi, je vous ferai à tous une copie des numéros utiles ! »

Version adversaire du futur délégué
« Si vous votez pour moi, je poserai pour vous les questions que vous n'osez jamais poser ! »

Comment ça marche ?

Pour obtenir des informations sur la santé physique et psychique, le numéro utile le plus connu, c'est **Fil Santé Jeunes**, au **0800 235 236** (anonyme et gratuit depuis un fixe) avec son site : **www.filsantejeunes.com**.

Et pour tout ce qui touche à la sexualité et à la contraception, **www.planning-familial.org** reste une valeur sûre !

Les deux sont réalisés avec le concours de pros de la santé. Toutefois, aucun de ces sites n'a pour vocation de remplacer une consultation médicale. Ainsi, en cas de symptôme particulier – rougeur, douleur, bouton, démangeaison, brûlures, fièvre, etc. –, tu n'as pas le choix, il te faut consulter. Ces deux sites servent surtout à répondre aux questions que tu peux te poser sur ce qui t'arrive de nouveau (les règles, l'acné, un premier rapport, etc.) ou tout autre sujet sur lequel tu te poses des questions. Il n'y a pas de sujet tabou, cependant, si le modérateur – c'est-à-dire la personne chargée d'animer le forum – repère une personne suspecte dont les sujets de prédilection font penser à un pédophile, il se réserve le droit de supprimer son profil.

Autres numéros de téléphone importants à connaître, ne serait-ce que pour venir en aide à un ami : le **119**, pour les victimes de violences. Ou encore, le numéro d'**Enfance et Partage**, qui t'écoute et peut t'aider face à n'importe quel type de difficulté (y compris la maltraitance) : **Numéro vert : 0800 05 1234**.

Enfin, ceux qui peuvent toujours servir : **Tabac Info Service** au **3989** (appel non surtaxé) et **www.tabac-info-service.fr**, **http://alcool-info-service.fr** au **0980 980 930** et **www.drogues.gouv.fr**, **Écoute cannabis** au **0980 980 940**, **Drogues Info Service** au **0800 23 13 13**, **Sida Info Service** au **0800 840 800**, **www.sida-info-service.org**.

Notre conseil

Même si tu ne te poses pas spécialement de questions sur ta santé, c'est toujours intéressant de jeter un œil sur les articles mis en ligne par ces sites spécialisés. Tu peux y apprendre des astuces ou y trouver des réponses à des questions qui ne te sont pas spécialement venues à l'idée.

Pour autant, ne te force pas à tout regarder. À chaque âge ses questions et celles qui interpellent une fille de 11 ans ne sont pas les mêmes que celles que se pose un garçon de 15 ans !

Attention à bien rester sur les sites officiels car tu peux trouver des infos farfelues, fausses et rédigées par n'importe qui sur un grand nombre de blogs, les informations sur internet n'étant pas contrôlées.

Vrai ou Faux ?

Ton infirmier(ère) scolaire est aussi une bonne source d'informations !

Vrai ! Si tu as la chance d'en avoir un(e) dans ton collège, tu peux lui poser une question en direct, ou si vous êtes plusieurs à être intéressés par la même question, y aller à plusieurs.

Pour ta culture perso

L'anonymat est garanti sur ces sites, de sorte que tu as l'assurance que personne ne saura jamais quelle(s) question(s) tu as posée(s). Mais ce n'est pas une raison pour y raconter n'importe quoi ! En effet, pour certains ados, ces numéros et sites sont les seules sources de renseignements possibles. Ils n'ont personne d'autre à qui se confier et, rien que pour ça, il ne faut pas s'amuser à entraver leur bon fonctionnement.

ONGLES

« Le problème, c'est quand se ronger les ongles devient une vraie habitude dont on a du mal à se débarrasser ! »

Hugo a enquêté pour vous.

C'est quoi ? Lorsqu'on est stressé, il peut nous arriver de nous ronger les ongles, que ce soit chez nous ou le plus souvent à l'école… Et c'est vraiment moche après !

Le bon plan Si on se ronge les ongles souvent, que c'est devenu presque naturel et qu'on ne se contrôle plus vraiment, ça devient urgent de faire quelque chose ! Comme en parler à nos parents et aller à la pharmacie acheter une sorte de vernis à ongles au goût amer et si désagréable que si on met les doigts dans la bouche, c'est radical : on les retire vite fait ! Si on applique ce vernis tous les jours, c'est sûr, on finit par perdre cette mauvaise habitude !

Le plan galère Quand on se ronge les ongles très régulièrement, ils deviennent plus fragiles et de plus en plus petits. Nos mains sont donc moins jolies et ça peut devenir gênant, d'autant que c'est dur à cacher… surtout en été où on ne peut pas mettre de gants !

Quelques réponses toutes prêtes…

Si quelqu'un nous fait remarquer qu'on ronge nos ongles, on peut toujours répondre :

Version moqueuse
« Et il t'a fallu combien d'années d'études pour voir ça du premier coup ? »

Version offusquée
« Traite-moi de rongeur pendant que tu y es ! »

Version irrattrapable
« Passe-moi donc tes mains, que j'essaie les tiens ! »

Version idiote
« J'avais bien pensé à apporter l'os de mon chien en classe, mais pas sûr que les profs apprécient ! »

Comment ça marche ?

Un ongle grandit normalement de 2 ou 3 mm par mois et ne tombe jamais. S'il devient friable, cassant ou se dédouble, c'est qu'il a quelque chose à te dire !

Par exemple, un ongle qui casse ou se dédouble alors que tu t'es mis(e) au régime, voilà qui peut être le signe qu'il ne reçoit plus tous les éléments vitaux dont il a besoin. Les céréales complètes, les légumineuses, la levure de bière t'apportent des vitamines du groupe B. L'ail, l'oignon et les haricots sont également intéressants pour leur apport en acides aminés soufrés (cystine, méthionine), deux autres substances de base entrant dans la fabrication de la kératine. Le zinc, la vitamine C et la vitamine E, quant à eux, s'opposent aux molécules dérivées de l'oxygène (les radicaux libres) qui agressent cette structure des ongles. Le zinc est apporté par les coquillages, les œufs, les fruits et les légumes frais. La vitamine C, par les fruits et les légumes de préférence crus, et la vitamine E, par les huiles de noix ou de tournesol. Si tu veux de beaux ongles, tu sais donc quoi faire !

Autre problème assez fréquent : un ongle qui jaunit, s'effrite, s'épaissit ou se décolle. Cette fois, ce peut être le signe d'une infection par un champignon (onychomycose). Attention, la maladie est contagieuse : d'autres ongles peuvent s'infecter, les proches peuvent également être contaminés. Étant donné que cette mycose ne guérit jamais sans traitement, un avis médical s'impose : l'application durant plusieurs semaines d'un vernis contenant un principe actif permet d'en venir à bout.

Enfin, un ongle complètement déformé peut annoncer une maladie sous-jacente mais, dans ce cas, il y a souvent d'autres signes. Plusieurs affections peuvent entraîner ce type de désagrément, comme un mauvais fonctionnement de la thyroïde (hypothyroïdie), une carence en fer, certaines affections respiratoires sévères et diverses affections dermatologiques dont le psoriasis. Un avis médical est indispensable.

Notre conseil

À ton âge, le plus gros ennemi des ongles, c'est souvent le manque de soins ! Si tu veux doper leur repousse, prends de la levure de bière, soit en comprimés, soit en paillettes. Sinon demande à ta mère si elle n'aurait pas des fonds de crèmes hydratantes : si c'est le cas, chauffe-les au four à micro-ondes (juste pour les rendre tièdes) et applique-les sur tes ongles une dizaine de minutes, avant de sécher. Une fois par semaine, lime-les délicatement (avec une lime en carton souple). Attention, si tu veux les vernir, choisis un produit bio (moins agressif).

Vrai ou Faux ?

Les ongles n'aiment pas la cigarette !

Vrai ! Ils n'apprécient pas la nicotine qui fait « fondre » les stocks de vitamine C de l'organisme et gêne le bon fonctionnement de leurs petits vaisseaux nourriciers !

Pour ta culture perso

Es-tu onychophage sans le savoir ? La réponse est oui, si tu ronges tes ongles ! Cela arrive souvent sans que tu y fasses vraiment attention, sur le coup d'un stress ou parce que tu t'ennuies. Pour te débarrasser de cette habitude, il faut d'abord décrypter les situations où ça t'arrive et essayer de te trouver une activité de substitution dans ces circonstances !

OPTIONS

> « J'ai toujours été créatif et je n'étais pas trop mauvais en dessin. J'ai donc pris culture et création artistiques. Simple question de logique ! »

Hugo a enquêté pour vous.

C'est quoi ? Les options, aujourd'hui appelées enseignements facultatifs, sont des matières à choisir en fonction de ses goûts et de ses envies, parmi différents thèmes comme les langues et culture de l'Antiquité, les langues européennes, les langues régionales, etc. Ces enseignements doivent nous permettre d'apprendre, de nous épanouir, de prendre du plaisir dans des matières que nous seuls avons choisies.

Le bon plan Si on devient compétent dans l'un de ces enseignements de complément, ça compte aussi pour nous rapporter des points ou parfois décrocher une mention !

Le plan galère Attention au choix des enseignements de complément ! Il faut prendre sa décision en tenant compte de ses goûts et pas seulement de la présence, ou non, des copains ! En effet, ça va nous prendre du temps et des devoirs ou des travaux pratiques à faire en plus des heures passées en classe, alors ça ne doit pas devenir pesant !

Quelques réponses toutes prêtes...

Si on nous demande quelles options on veut prendre plus tard, on peut toujours répondre :

Version paresseuse
« Option essayeur de matelas, ça existe ? »

Version gourmande
« Option pâtisserie ! »

Version vive les vacances
« Option prof remplaçant, entre juillet et août ! »

Version politique
« Option président de la République. En 2027, je serai adulte, c'est parfait, non ? »

Comment ça marche ?

Avec la réforme du collège, tout change de ce côté ! Désormais, les enseignements complémentaires classés par thématiques sont dispensés sous forme d'enseignement pratique interdisciplinaire (EPI) et d'heures d'accompagnement personnalisé (AP). Les heures allouées à ces enseignements complémentaires peuvent varier d'un collège à l'autre pour mieux s'adapter aux élèves, aux projets pédagogiques, etc. Autrement dit, ce n'est pas la peine de demander conseil à ton grand frère ou à ta grande sœur s'ils étaient au collège avant 2016, car ça n'a plus rien à voir ! Et comme ces enseignements complémentaires correspondent à un volume horaire bien inférieur à celui des options d'avant la réforme, ça ne va pas t'aider à approfondir ces matières. Faute de recul, on ne peut pas dire aujourd'hui si cette réforme sera bonne ou mauvaise. Malgré tout, si tu as déjà envie de faire carrière dans une de tes passions (musique, informatique, sport, etc.), il est clair que tu ne peux pas compter seulement sur le collège pour t'ouvrir des portes. À toi de pratiquer en dehors et donc de te prendre en main ! C'est d'autant plus important qu'en 3e, c'est ton niveau au collège mais aussi tes compétences hors collège qui peuvent influencer ton choix des futures orientations à prendre au lycée, en 1re : dans les filières générales, ou encore la voie professionnelle pour apprendre plus rapidement un métier : CAP, BEP, bac pro... Du moins, jusqu'à la prochaine réforme ! Ne te mets pas trop la pression pour le choix de tes options : on ne te demande pas non plus à ton âge de savoir déjà ce que tu veux faire plus tard. L'idée est plutôt de te faire découvrir des enseignements un peu différents.

Notre conseil

Si tu es perdu dans les choix qu'on te demande de faire, n'hésite pas à solliciter tes délégués pour qu'une heure de vie de classe soit consacrée à ce sujet important. Il y en a sûrement d'autres (plus timides) qui seront très contents que tu poses la question car eux non plus n'y comprennent rien !

Vrai ou Faux ?

Les classes bilingues qui avaient disparu avec la précedente réforme sont de retour.

Vrai ! Les établissements qui le souhaitent peuvent proposer une seconde langue vivante étrangère ou régionale dès la 6e. Seule condition : cet enseignement ne peut pas représenter plus de la moitié du volume horaire total.

Pour ta culture perso

Ne pense pas pouvoir échapper à cette réforme du collège sous prétexte que tu es inscrit dans le privé ! Les établissements privés sous contrat sont tenus de proposer un enseignement selon les règles et programmes de l'enseignement public. Ça vaut pour tout, y compris pour la réforme !

« C'est la pire épreuve pour les timides ! »

Charlotte et Fanny ont enquêté pour vous.

C'est quoi ? C'est répondre verbalement aux questions que les profs nous posent, c'est savoir présenter notre exposé sans donner l'impression qu'on le lit et puis c'est aussi s'exprimer tout simplement devant les autres !

Le bon plan Quand on se demande comment bien dire quelque chose à l'oral, on doit faire comme si on parlait à notre meilleur ami. Le simple fait de nous imaginer en train de lui parler, ça nous débloque, et les mots viennent tout seuls. Évidemment, il faut quand même faire attention à s'exprimer correctement et à ne pas dire de gros mots car si notre ami s'en moque, le prof, lui, risque de ne pas apprécier !

Le plan galère Quand on est timide, on n'aime pas que tous les yeux soient tournés vers nous. Or c'est forcément ce qui se passe quand un prof nous interroge ou nous demande de passer au tableau ou, pire, nous invite à réciter une poésie ! Dans ce cas, plutôt que d'imaginer que tout le monde va se moquer de nous – ce qui a le don de nous bloquer encore plus –, on doit respirer un grand coup et penser qu'on est tous dans la même galère !

Quelques réponses toutes prêtes...

Si nos parents veulent savoir si on s'en sort bien à l'oral, on peut toujours répondre :

Version humoristique
« C'est une très bonne question et je vous remercie de me l'avoir posée ! »

Version prudente
« Je peux vous répondre par écrit ? »

Version j'assure
« C'est pas pour rien que les profs me reprochent d'être bavard ! »

Version boomerang
« Les chiens ne font pas des chats ! »

Comment ça marche ?

Le langage parlé est un peu différent de celui qu'on utilise à l'écrit. En l'occurrence, à l'oral, nos phrases sont souvent plus courtes, sinon on perd le fil conducteur. Et, pour les mêmes raisons, on doit aller droit à l'essentiel. Cela demande donc un bon esprit de synthèse.

Le gros ennemi du langage oral – en dehors de tout problème médical –, c'est le stress : si tu es timide, si tu n'aimes pas t'exprimer devant les autres, tu ne penses plus qu'à ça et du coup tu n'arrives plus à réfléchir, les mots ne viennent pas. Pour lutter contre ce phénomène, tu dois y aller par étapes, car chaque petit succès t'aide à prendre de l'assurance et l'étape suivante devient alors plus facile. Par exemple, oblige-toi à lever la main pour répondre quand le professeur pose une question et que tu es sûr de toi. C'est plus facile parce que c'est toi qui le décides et parce que tu sais que tu connais la réponse ! Fais-le plusieurs fois et tu verras que lever la main te semblera de moins en moins compliqué. *Idem* si le professeur demande s'il y a un volontaire pour réciter la poésie : d'abord parce que le prof est souvent plus clément avec celui ou celle qui se lance qu'avec ceux qu'il interroge « d'office ». Ensuite, parce que lorsque tu fais le premier pas, tu n'as pas la surprise d'être interrogé, ce qui génère donc moins de stress. À force, tu verras que tu es de plus en plus à l'aise à l'oral ! Tu peux enfin t'entraîner chez toi (éventuellement devant un miroir), soit en t'enregistrant en train de répondre, soit avec ton (ta) meilleur(e) ami(e).

Notre conseil

Pour bien te préparer quand tu dois présenter un travail écrit à l'oral, comme un exposé, par exemple, commence par lire plusieurs fois ton texte jusqu'à bien le maîtriser. Ensuite, au lieu de le lire, raconte ce qu'il dit, sans chercher à faire du mot à mot, mais plutôt comme si tu voulais en sortir les idées importantes. Ce sera plus vivant et plus naturel !

Vrai ou Faux ?

Au collège, l'oral compte autant que l'écrit.

Vrai ! C'est d'ailleurs pourquoi tu dois vraiment prendre sur toi si tu es timide et te forcer à participer en cours. Faute de quoi, ton professeur n'arrivera même pas à mettre un visage sur ton nom et ça, ce n'est jamais très bon…

Pour ta culture perso

Pour paraître sûrs d'eux, les hommes politiques, les chefs de grandes entreprises, etc., apprennent à bien s'exprimer à l'oral, mais pas seulement ! Ils font aussi très attention à leurs gestes ! En effet, si tu regardes ton interlocuteur bien en face, si tu es « ouvert » (donc pas de bras ou de jambes croisées), souriant, ton discours a plus de chances de passer que si tu fixes par terre ou si tu te recroquevilles sur toi-même ! À toi d'en prendre de la graine !

ORDINATEUR

« C'est un des rares trucs qu'on maîtrise mieux que certains parents ! »

////////////// Charlotte et Fanny ont enquêté pour vous. //////////////

C'est quoi ? L'ordinateur, c'est un bureau à lui tout seul. Il permet d'écrire et de mettre en page des textes. De consulter des bibliothèques virtuelles. De poser des questions à des médecins, sur des sites spécialisés. De « chatter » avec d'autres jeunes à l'autre bout de la terre. De jouer. D'écouter nos musiques préférées. Bref, de tout faire ou presque ! Car notre ordinateur ne fait pas encore la cuisine ni le ménage. Dommage !

Le bon plan Tout ce qu'on rentre dans l'ordinateur pour le travail scolaire, on a intérêt à le sauvegarder (sur une clé USB, par exemple). Parce qu'il ne manquerait plus qu'on doive tout recommencer ! Le comble de l'horreur !

Le plan galère Avec l'informatique, il y a des moments où il n'y a QUE des plans galères ! Genre : notre sœur se sert de l'ordi juste quand on voulait se connecter. Nos parents l'ont supprimé de notre chambre parce qu'on en a trop abusé. On s'est pris un virus. Ou, ce qui peut arriver de pire : notre ordinateur est en panne (écran noir !) et ne veut rien savoir. Évidemment, ça arrive toujours le jour où on en a le plus besoin ! Dans ce cas, il ne nous reste plus qu'à filer chez un copain squatter son ordinateur.

///

La bonne blague

Avec l'ancienne version de ton logiciel, on était au bord du précipice. Avec la nouvelle, on a fait un grand pas en avant !

Variante

La nouvelle version de ton futur logiciel est presque terminée… il ne reste plus qu'à y incorporer les erreurs !

LA PAROLE AUX PROS

Comment ça marche ?

Les deux plus grandes familles d'ordinateurs sont les PC (Microsoft) et les Mac (pour Macintosh). La différence est surtout dans leur présentation des différentes fonctions quand tu allumes ton ordinateur et leur convivialité (le graphisme, la facilité d'utilisation, etc.).

Les Mac ont souvent un look plus sympa et sont réputés pour être simplissimes d'utilisation (ils sont également plus chers). En réalité, aujourd'hui, leurs différences sont moins marquées et les programmes sont devenus compatibles.

Le jour où tes parents sont disposés à t'acheter un ordinateur, mise sur la simplicité. Inutile d'avoir un disque dur avec des possibilités inouïes car même les grands informaticiens n'en utilisent qu'une infime partie ! Ce qui compte, c'est la mémoire et la vitesse (un ordinateur qui met un temps fou pour s'ouvrir, c'est vite énervant).

Qu'est-ce que tu risques ?

On entend souvent dire que les ordinateurs abîment les yeux, et tes parents ont peut-être utilisé cet argument (en toute bonne foi) pour te dissuader de rester trop longtemps devant ton écran. En fait, ce n'est pas tout à fait la réalité ! L'ordinateur ne peut ni provoquer un problème de vue ni en aggraver un, c'est prouvé. Mais parce qu'il est particulièrement exigeant pour la vision, il sert de révélateur à des petits défauts visuels que tu avais déjà, mais auxquels tu n'avais pas prêté attention car ils ne te gênaient pas dans la vie quotidienne.

Par ailleurs, quand tu fixes l'écran, tu ne clignes pas des yeux aussi souvent qu'il le faudrait, pour ne pas perdre ta ligne. Or le clignement est indispensable pour bien hydrater ta cornée (membrane superficielle de l'œil). Si elle est trop sèche (manque de larmes), tu as les yeux rouges et tu ressens des picotements. Peut-être as-tu remarqué que cela t'arrivait plus souvent en hiver : c'est normal, car avec le chauffage, l'air est plus sec ! Dans ce cas, vois avec tes parents s'il n'y aurait pas moyen de baisser la température dans la pièce ou, sinon, pense à cligner régulièrement des yeux et mets-toi du sérum physiologique, voire des larmes artificielles (ça s'achète en pharmacie, sans ordonnance, et ça sert à hydrater les yeux secs).

Autrement dit, si tu as du mal à supporter de rester longtemps devant l'écran, il est temps de retourner voir ton ophtalmologiste !

Vrai ou Faux ?

Ton écran d'ordinateur doit être réglé pour que ton regard se dirige vers le bas.

Vrai ! C'est la position la moins fatigante pour tes muscles oculomoteurs (ceux qui font aller tes yeux de bas en haut ou de gauche à droite et inversement). Si ton regard est dirigé vers le haut et que tu restes dans cette position plus de deux heures, tu risques un bon mal de tête ! Prends donc un siège réglable en hauteur et fais des essais, jusqu'à trouver la meilleure position.

Pour ta culture perso

L'ordinateur est à l'origine d'une nouvelle maladie ! Chez une adolescente suisse de 12 ans qui passait ses nuits à jouer sur ses jeux vidéo, de gros nodules rouges douloureux sont apparus sur ses mains, sans doute en raison des lésions répétées au niveau des zones de frottement avec les manettes de jeu. Le traitement a été très simple : plus d'ordinateur, ni de jeux !

> **« Apprendre à nous organiser, c'est ce qui nous demande le plus d'efforts entre l'école primaire et le collège ! »**

////////////////// Charlotte et Fanny ont enquêté pour vous. /////////////////

C'est quoi ? Organiser notre travail, ça veut dire apprendre à bien gérer notre emploi du temps. C'est ce qui peut nous éviter de nous retrouver un soir « à l'agonie », avec une tonne de devoirs pour le lendemain ! En effet, nos profs nous donnent souvent du travail à faire pour la semaine suivante, mais, si on attend la veille pour s'y mettre, on risque d'être surpris par le temps que ça prend et par d'autres devoirs de dernière minute qui nous tombent dessus.

Le bon plan Faire notre travail au fur et à mesure, c'est l'idéal, mais en réalité il y a des matières sur lesquelles on se penche plutôt à reculons. Dans ce cas, autant se réunir à plusieurs pour nous encourager mutuellement. Si dans le groupe, il y en a un qui est un « boss » de la matière en question, c'est gagné d'avance pour la motivation !

Le plan galère Si un prof nous donne du travail avec plusieurs jours d'avance et qu'on arrive en lui disant qu'on n'a pas eu le temps de le faire, sous prétexte qu'on avait également plein de travail dans les autres matières, il ne va pas apprécier du tout et risque de nous coller une « bulle » ! En plus, dans la classe, il y en aura toujours pour avoir fait leur travail à temps : la preuve irréfutable, pour un prof, que c'était bien faisable !

Quelques réponses toutes prêtes...

Si nos parents nous reprochent notre manque d'organisation, on peut toujours répondre :

Version je t'embrouille

« Pas du tout ! Je teste différentes méthodes de travail ! Si ce n'est pas de l'organisation, ça ? »

Version ironique

« Sans blague, c'est quand même pas vous qui allez me donner des cours ! »

Version contre-exemple

« Ai-je jamais oublié de vous réclamer mon argent de poche ? Alors ! »

Comment ça marche ?

Il n'y a pas plus routinier que ton cerveau ! Si tu organises les choses toujours à peu près à la même heure (manger, dormir, faire les devoirs...), il se met en condition sans que tu aies trop d'efforts à fournir et, du coup, tu gagnes un temps précieux ! Après, c'est à toi de voir si tu préfères te mettre à tes leçons immédiatement en rentrant de l'école ou après un bon goûter ou une séance de sport ou de détente. Chacun son truc, l'important étant de trouver ce qui te convient le mieux, à toi !

Pour autant, travailler de façon régulière, à peu près aux mêmes créneaux horaires, ça ne suffit pas. L'organisation, ça passe aussi par une anticipation de ta charge de travail. En d'autres termes, essaie de répartir au mieux ton travail de la semaine, en te disant chaque week-end ce que tu comptes faire durant les jours à venir. Bien sûr, tu n'échapperas pas au professeur qui te donne un devoir la veille pour le lendemain. Mais est-ce vraiment une surprise ? Après quelques semaines passées au collège, tu connais leurs habitudes et tu sais à peu près qui va te donner du travail au dernier moment et qui n'en fera rien...

Notre conseil

Une bonne organisation passe aussi par un bureau bien rangé. En effet, si à chaque fois que tu te mets au travail, tu dois déjà passer un quart d'heure à chercher ton livre, ta règle ou ton crayon, ce n'est pas ce qui va aider ton cerveau à se mettre en condition ! Même si tu es du genre à t'étaler et à te disperser, arrange-toi au moins pour savoir où se trouvent tes affaires : gain de temps assuré !

Vrai ou Faux ?

Être bien organisé, c'est aussi savoir dire « non » !

Vrai ! Les personnes incapables de dire « non », souvent parce qu'elles ont peur de déplaire ou de décevoir, acceptent de nouvelles contraintes qui peuvent finir par les déborder.

Pour autant, il est tout aussi dommage de dire « non » à tout, sous prétexte que ce n'était pas prévu d'avance ! Il faut donc trouver le juste milieu entre ce qui est acceptable et ce qui ne l'est pas. Une invitation à une fête de dernière minute, la veille d'un gros contrôle, c'est plutôt « non ! ». En revanche, si la fête est reportée à plus tard, ce qui te laisse du temps pour t'organiser sans que ton travail en pâtisse, pourquoi pas ?

Pour ta culture perso

On parle souvent d'un « emploi du temps de ministre » à propos d'une personne qui a de multiples activités dans sa journée, chacune d'elles étant chronométrée pour ne pas empiéter sur la suivante. Suivre ce modèle, à ton âge, n'est pas une bonne idée parce que ton cerveau a aussi besoin de « temps morts » pour souffler et rêvasser. Un emploi du temps surchargé est source de stress, alors que les « moments creux » agissent comme une soupape de sécurité (ton cerveau peut décompresser). Il est même désormais prouvé que le fait de rêvasser favorise la créativité... à condition, là encore, que tu ne passes pas tes journées à ne rien faire !

ORIENTATION

« À notre âge, ce n'est pas facile de prendre une décision qui peut nous changer la vie ! »

Hugo a enquêté pour vous.

C'est quoi ? En fin de 3e, avant l'arrivée au lycée, on nous pose une question primordiale : celle de l'orientation. En effet, à la fin du collège, s'offrent de nombreuses possibilités qui sont toutes à prendre en compte, car il n'y a pas de « sous-études » tant qu'on fait des études qui nous plaisent. Ainsi, on peut décider d'aller dans un lycée général, où on choisira plus tard une filière scientifique, littéraire ou économique et sociale. Ou alors choisir de faire un BEP, un lycée technique, un lycée technologique, etc.

Le bon plan Quand on n'a vraiment aucune idée du métier que l'on veut faire plus tard, alors il ne faut pas hésiter à en parler autour de nous et demander des conseils. À nos parents, grands frères ou grandes sœurs, aux amis de nos parents, à nos professeurs… et aussi, au conseiller d'orientation du collège qui nous aidera à faire un choix en fonction de nos capacités, de notre potentiel et de notre personnalité ! Le plus important : c'est de faire quelque chose qui nous correspond, qui nous convient, dans lequel on se sent bien !

Le plan galère Si on n'a pas envie de faire de longues études, on ne doit pas avoir peur de dire qu'on veut s'orienter vers une filière technologique, même si notre entourage nous met la pression pour faire une filière générale. Beaucoup de ces filières offrent des débouchés intéressants, et l'important, c'est d'aimer ce que l'on fait !

Quelques réponses toutes prêtes…

Si nos parents veulent qu'on s'oriente vers une voie qui ne nous intéresse pas, on peut toujours répondre :

Version points sur les i
« Je peux quand même choisir, c'est de ma vie qu'il s'agit ! »

Version ironique
« Heu là, vous choisissez une filière pour vous ou pour moi ? »

LA PAROLE AUX PROS

Comment ça marche ?

L'orientation, ça démarre de plus en plus tôt. Comme si, à 13 ans, on pouvait avoir une idée de ce que l'on veut faire dans la vie ! Dès la 4e, les professeurs commencent à demander si tu as une idée de ton futur métier, surtout, si tu as quelques difficultés à suivre en classe.

En pratique, l'orientation c'est soit toi avec l'aide de tes parents qui la décides, si tu as vraiment un projet bien arrêté, soit le collège qui te l'impose. C'est le cas le plus fréquent ! Quand tes résultats sont examinés par le conseil de classe et que l'ensemble des professeurs pensent que tu ne peux continuer dans une filière générale, ils vont te proposer de « t'orienter ». Et c'est là que ça se complique, car les possibilités ne sont pas énormes et, en général, cela est vécu comme une sanction. Être orienté signifie trop souvent que l'on n'a pas les capacités de poursuivre en filière générale. Pourtant certaines autres orientations permettent de construire un projet de vie qui va te permettre de réussir alors que si tu restes à tout prix dans la voie générale, tu risques de te décourager, de te mettre en échec et de te retrouver sur la touche.

Notre conseil

Si tu sens que tu perds pied au collège et que l'on va t'imposer une orientation, parles-en avec ton professeur principal ou avec un COP (conseiller d'orientation psychologue) s'il y en a un dans ton collège. En anticipant, cela te permet de réfléchir aux possibilités qui te sont offertes et t'évite de te trouver dans une impasse le jour où ton orientation sera décidée.

Vrai ou Faux ?

On ne peut orienter un élève avant la 4e.

Vrai ! C'est seulement à partir de là que l'on peut proposer de t'orienter vers une filière technique, technologique, agricole, etc. Par ailleurs en fin de 3e, le conseil de classe est décisionnaire. Tu peux néanmoins faire appel de la décision (avec tes parents) en écrivant dans les trois jours suivant la notification de ton orientation à l'inspection académique. Tu passeras alors devant une commission d'appel (avec d'autres professeurs qui ne te connaissent pas), et toi et ta famille devrez argumenter pour justifier ta contestation et ton projet d'aller dans un lycée général. Un conseil : plus c'est toi qui exprimes directement tes motivations devant le jury, plus tu as de chances que ta demande soit acceptée. Mais si la commission d'appel confirme la décision du conseil de classe, tu ne pourras plus rien faire. Il te restera alors à saisir cette orientation comme une opportunité et ensuite, si tu es toujours décidé à poursuivre dans une filière générale, il sera toujours possible d'y revenir…

Pour ta culture perso

Il existe de très bons guides qui présentent tous les métiers existants et, surtout, comment y parvenir. C'est très utile quand on est perdu et que l'on cherche des idées pour l'avenir. Tu peux les trouver dans les CIO (centres d'information et d'orientation).

> **« Si tu crois que tout le monde parle de toi dans ton dos, alors c'est sûr, t'es parano ! »**

Charlotte et Fanny ont enquêté pour vous.

C'est quoi ? C'est l'impression d'être (mal) jugé en permanence par les autres ou que tout le monde nous déteste. Et du coup, on interprète chaque parole, chaque regard, chaque rire, comme une moquerie personnelle même si ça n'a strictement rien à voir avec nous ! En fait, ça veut surtout dire qu'on est tellement peu sûr de soi qu'on a l'impression que le collège entier fait une fixation sur nous et ne voit que nos défauts !

Le bon plan Si on a un copain du genre « parano », on peut l'aider à gagner de l'assurance en pratiquant avec lui des activités où il est doué et ainsi le mettre en valeur. On peut aussi le rassurer en lui rapportant des trucs sympas que les autres ont pu dire sur lui… Ni vu ni connu, ça peut améliorer la situation !

Le plan galère Comme on a l'impression que tout le monde est contre nous, on a tendance à être agressif et du coup, on peut finir par vraiment se mettre les autres à dos pour de bon ! Pour éviter cela, un peu de recul, des bons copains et plus d'humour, ça aide !

Quelques réponses toutes prêtes…

Si on nous traite de parano, on peut toujours répondre :

Version parano

« Qui, où, quand et pourquoi on m'a traité de parano ? »

Version tac au tac

« C'est sûr qu'à ta place je le serais, car Machin te traite de…, Truc dit que tu es… et Bidule pense que tu devrais… »

Version psy

« Mais quelle galère surgie de ton passé peut bien te faire croire que d'innocentes personnes comme moi sont paranos ? »

Comment ça marche ?

Souvent les adolescents se traitent de « paranos », ce qui, dans ton langage, signifie que tu exagères, que tu te fais des films, que tu crois toujours qu'on parle de toi ou, pire, qu'on dit du mal dans ton dos. C'est devenu une insulte. En réalité, la paranoïa fait partie des maladies psychiatriques graves où le malade délire et construit des scénarios mentaux où il voit ou entend les autres dire du mal de lui. Le paranoïaque est en plus persuadé qu'on lui veut du mal et qu'il est en danger. Les paranoïaques sont des malades dangereux car ils croient tellement qu'ils sont poursuivis par les autres qu'ils peuvent être violents avec la conviction délirante qu'ils sont en légitime défense. Donc, tu vois, cela n'a rien à voir avec ce mot de « parano » qui correspond à cette idée que les autres ne t'aiment pas ! Quand tu te sens ainsi persécuté, ce sentiment provient le plus souvent d'un manque de confiance en toi : tu as envie que les autres t'aiment, mais tu doutes que cela soit possible.

Notre conseil

Avant de traiter quelqu'un de « parano », dis-toi qu'il souffre sûrement de se sentir seul et rejeté pour avoir ce type de réaction. Et si c'est toi que l'on traite de parano, essaie de regarder les choses d'une autre manière. Tu te rendras peut-être compte que tu déformes les situations et que ta réaction est exagérée. Et en plus ça te rend triste. Pourquoi les autres ne t'aimeraient pas ? Tu as comme tout le monde des qualités et des défauts. Mets donc tes qualités en avant et tu verras, ça change tout dans le regard des autres !

Vrai ou Faux ?

Les malades paranoïaques font partie des « malades mentaux » les plus dangereux.

Vrai ! Certains d'entre eux ont déjà tué et le problème est qu'ils sont intimement persuadés qu'ils étaient dans leur bon droit…

Pour ta culture perso

Pierre Desproges, un humoriste français du XXe siècle, a dit : « Je sais que je suis parano, mais ce n'est pas parce que je suis parano qu'ils ne sont pas tous contre moi ! » Le comble de la paranoïa !

PARENTS

« Ce sont ceux qui ont droit de vie et de mort… sur nos sorties !!! »

/////////////// Charlotte et Fanny ont enquêté pour vous. /////////////

Quelques réponses toutes prêtes…

En cas de désaccord avec nos parents, pour éviter que ça dégénère, on peut toujours répondre :

Version pacifique

« Vous avez sûrement raison. L'ennui, c'est que je suis encore trop jeune pour m'en rendre compte ! »

Version prudente

« Je préfère ne pas discuter ! »

Version joueuse

« C'est pas vraiment la réponse que j'attendais, mais je vais être sympa avec vous : vous avez droit à une seconde chance ! »

Version politique

« Des promesses, toujours des promesses… »

C'est qui ? C'est avant tout notre famille ! On a grandi avec eux et, brusquement, on s'aperçoit qu'ils ont pris un coup de vieux ! Leurs vêtements, leur langage, leur musique, tout les éloigne de nous au quotidien mais, dans le fond, ce sont nos parents et ils sont irremplaçables !

Le bon plan Nos parents aiment bien qu'on les sollicite pour demander ou donner un avis, pour partager une activité en famille, etc. Alors, si on est sympa, si on joue le jeu, on a plus de chances qu'ils nous disent « oui », ou qu'ils nous fassent confiance, que si on coupe tous les ponts ou qu'on ne leur parle que pour leur demander des sous !

Le plan galère Quand on a des parents sévères, beaucoup plus stricts que ceux de nos copains, c'est plus dur d'obtenir les mêmes autorisations… sauf si on a la chance qu'ils deviennent amis et que ce soient les autres parents qui plaident notre cause !

LA PAROLE AUX PROS

Comment ça marche ?

Tes parents sont en charge de ton éducation, ils doivent t'aider à grandir et t'accompagner jusqu'à l'autonomie. Mais ce n'est pas si simple ! Car on n'apprend pas à être parents et, quelquefois, c'est difficile pour eux ! En résumé, on pourrait dire qu'il faut qu'ils établissent leurs propres règles d'éducation car, aujourd'hui, il n'y a pas *un modèle d'éducation* mais *des modèles* très différents, de sorte que chaque famille doit inventer le sien. Ça se complique encore quand ton père et ta mère n'ont pas les mêmes critères (de par leur propre éducation entre autres) et peuvent être en conflit autour de l'éducation à te donner.

Pour toi aussi c'est compliqué : en effet, tu râles contre eux et tu n'es pas vraiment d'accord avec ce qu'ils te demandent de faire ou ce qu'ils t'interdisent ; mais en même temps, tu as absolument besoin qu'ils soient capables de te dire « non », même si ça te met en colère et que tu trouves cela injuste. Imagine des parents qui te laisseraient faire tout ce que tu veux. Tu aurais l'impression d'être abandonné, et ce serait alors dur à vivre !

Une source récurrente de conflit, c'est le travail scolaire. Quand vraiment cela devient quotidien et invivable, les psychologues recommandent un *worry time* (un temps de soucis), qui est un temps défini à l'avance, par exemple une demi-heure par jour, où tes parents ont le droit de te dire tout ce qui ne va pas, où ils peuvent exprimer leur mécontentement sur ton manque de travail, sur tes mauvaises notes… Pendant ce temps-là, tu n'as pas le droit de protester. Quelques minutes doivent être consacrées à la fin de votre entretien pour la recherche commune de solutions et, là, tu dois faire preuve de bonne volonté pour améliorer les choses. Ensuite, c'est très important que tout le monde passe à autre chose. C'est une solution qui permet de désamorcer les conflits avec tes parents. Essaie, tu verras, ça marche bien !

Notre conseil

Le mieux est de parvenir à trouver des compromis. Quand tu sens que tes parents sont énervés, fatigués, ce n'est pas le moment de leur demander quoi que ce soit. Attends une occasion pour évoquer les choses importantes pour toi, comme les demandes de sorties, les achats, les permissions diverses. Tu peux aussi essayer d'en parler de façon anodine, comme si tu parlais d'un ami, juste pour voir leur réaction ! Ensuite, tu décideras comment leur parler de ce qui te tient à cœur. Bref, tu fais une sorte de test…

Vrai ou Faux ?

Des parents peuvent être déchus de leurs droits par un juge.

Vrai ! Mais cela se produit uniquement en cas de faits très graves avérés et c'est heureusement rare. Même si les parents ne sont pas tous ceux dont leurs ados auraient rêvé, la plupart font ce qu'ils estiment (à tort ou à raison) être le mieux pour leurs enfants.

« Moins on en fait, moins on a envie d'en faire... »

Hugo a enquêté pour vous.

C'est quoi ? Lorsqu'on a la flemme de faire notre travail, de ranger notre chambre, nos affaires de classe ou nos habits, inutile de se la raconter. C'est qu'on est un paresseux ! Et ça peut réellement nous jouer des tours. En effet, ça peut mettre en colère nos parents, ça peut nous ralentir au niveau scolaire et nous mettre nos profs à dos !

Le bon plan Au niveau scolaire, nous fixer des heures de travail qui seront toujours les mêmes, ça permet de faire les choses automatiquement et du coup, on a plus de temps pour nous ! *Idem* pour les tâches quotidiennes à la maison. Pour ranger, ordonner, classer : on se met le top chrono, on fonce, on finit et on est débarrassé au plus vite de ces corvées !

Le plan galère On ne choisit pas d'avoir un tempérament paresseux mais, si on ne fait rien pour en changer, on perd ses journées et ça finit par être un frein dans la vie. Il faut se fixer un petit programme et essayer de s'y tenir !

Quelques réponses toutes prêtes...

Si on nous traite de paresseux, on peut toujours répondre :

Version médicale

« Je ne suis pas paresseux, mais fatigué de naissance, nuance ! »

Version ironique

« Bienvenue au club ! »

Version agressive

« Et mon poing où je pense, il est paresseux ? »

Version le comble de la paresse

« ....* »

(Trop la flemme de répondre !)*

LA PAROLE AUX PROS

Comment ça marche ?

La paresse, ce mot que tu entends si souvent, veut dire que tu n'as pas le courage, que tu as la flemme, que tu es fainéant… En bref, être paresseux, c'est préférer traîner, rêvasser, prendre du bon temps, plutôt que s'atteler au travail à faire ou aux tâches quotidiennes qui t'embêtent.

Souvent, à ton âge, c'est avec le travail scolaire que la grosse flemme, l'immense paresse te prend le plus. Et c'est ce qui crée de nombreux conflits avec tes parents ou tes professeurs. La paresse est souvent associée au manque de motivation : si tu ne fais pas ton travail, c'est que tu n'es pas motivé. C'est vrai que cela va souvent ensemble. Quand quelque chose te passionne, tu trouves toujours le temps et l'énergie pour le faire. En revanche quand cela te paraît ennuyeux ou trop difficile, tu évites et tu traînes.

Notre conseil

Quand tu dois travailler, le truc pour lutter contre la paresse est de modifier mentalement la « représentation de la tâche ». L'idée est de ne pas voir le travail à faire comme quelque chose de lourd, de pesant, de compliqué et de casse-pieds, mais de t'imaginer en train de réussir ton contrôle, ou ressentir la fierté que tu auras devant une bonne note et voir la satisfaction de tes parents… Ou te dire que si tu fais ton travail rapidement, tu auras plus de temps libre. En clair, tu changes ta façon de voir les choses : ton cerveau modifie ses sécrétions hormonales et te donne l'énergie pour t'y mettre, car tu as activé le circuit du plaisir et non celui du stress qui bloque tout !

Vrai ou Faux ?

La paresse a du bon.

Vrai ! C'est une excellente chose quand tu n'as rien de spécial à faire car, en rêvassant, ton imagination fonctionne et ta pensée se construit.

Pour ta culture perso

Le paresseux est aussi un petit mammifère d'Amérique tropicale qui doit son nom à sa lenteur. Et s'il est aussi peu rapide, c'est parce qu'il mange surtout des végétaux très peu énergétiques : la digestion complète d'une feuille peut prendre un mois !

LA PAROLE AUX COLLÉGIENS

Quelques réponses toutes prêtes...

Si quelqu'un se moque de notre passion, on peut toujours répondre :

Version ironique

« T'aurais préféré que je me passionne pour toi ? Mais pour ça, faudrait qu'il y ait matière à s'intéresser ! »

Version moqueuse

« T'es jaloux parce que ça fait encore un sujet où j'en sais plus que toi ? »

Version « je te retourne la question »

« Et toi, à part ta passion de la méchanceté, qu'est-ce que tu aimes ? »

« Les passions, c'est comme les goûts et les couleurs, ça ne se discute pas ! »

Charlotte et Fanny ont enquêté pour vous.

C'est quoi ? Ce sont toutes les activités, qu'elles soient sportives, artistiques, ludiques ou « intellos », pour lesquelles on passe du temps sans compter parce qu'on a vraiment l'impression qu'elles ont été créées pour nous ! Quand on a une passion, on n'a pas besoin de nous le dire deux fois pour y aller !

Le bon plan Si on a envie de quelque chose que nos parents ne veulent pas nous offrir parce qu'ils trouvent que c'est inutile ou qu'on a déjà bien assez de gadgets, on peut toujours essayer de jouer le côté passionné et dire qu'on veut en faire notre métier. Exemple : une passion soudaine pour tout ce qui touche à l'aviation, avec des envies de devenir pilote, peut jouer en notre faveur pour obtenir un avion de modélisme ! Un grand amour des animaux, avec l'envie de devenir éducateur canin ou vétérinaire, peut nous aider à avoir un animal de compagnie ou le dernier jeu vidéo mettant en scène des animaux, justement ! En fait, il faut tout simplement savoir présenter les choses !

Le plan galère Quand on n'a pas vraiment de passion, nos parents trouvent qu'on ne s'intéresse à rien, qu'on « végète » comme ils disent ! Ils exagèrent, car, entre la grosse passion et le goût de rien, il y a quand même de la marge ! Ainsi, on peut aimer faire certaines activités par moments, sans pour autant être « mordu ». Et ce n'est pas parce qu'on n'a aucune passion qu'on ne fera rien de notre vie. D'ailleurs, si on leur demande quel était leur « hobby » quand ils avaient notre âge, nos parents sont parfois bien incapables de nous répondre !

LA PAROLE AUX PROS

Comment ça marche ?

C'est plutôt une bonne chose que d'avoir une passion car, quand tu es vraiment intéressé par une activité, tu as envie de te documenter sur la question et tu deviens forcément performant sur le sujet.

Il peut s'agir d'une passion plutôt intellectuelle (astronomie, lecture…), artistique (chant, danse, peinture, cinéma…), d'une collection (badges, BD, tee-shirts…), d'un sport, etc. Et comme tu t'y donnes à fond, tes résultats sont souvent à la hauteur de tes espérances, de sorte que tu te passionnes encore plus pour ce domaine dans lequel tu excelles !

L'avantage d'avoir une ou plusieurs passions, c'est déjà que c'est gratifiant car cela te permet de briller dans le domaine que tu maîtrises à fond ! Ensuite, tu as moins de risques de t'ennuyer, puisque tu sais comment occuper ton temps libre ! Enfin, cela te donne confiance en toi surtout, si, par ailleurs, tu as des difficultés à l'école. En plus, pour cette passion, tu vas utiliser des compétences qui te seront utiles partout (même au collège) : la patience, la concentration, l'organisation, la persévérance… Cela peut t'apprendre aussi à bien t'exprimer à l'oral pour en parler : c'est donc un très bon entraînement.

Le seul inconvénient, c'est que tu es parfois tellement pris par ce hobby que tu peux te désintéresser de ton travail scolaire ou de ceux qui ne partagent pas les mêmes goûts que toi. Si tu as des amis qui font autre chose, ce n'est pas gênant. Mais si tu es coupé de toute vie sociale, si tu ne vois jamais personne en dehors du collège, cela devient problématique. Cette passion t'obnubile : c'est comme si elle te dévorait à petit feu, comme celui ou celle qui est « accro » aux jeux vidéo, par exemple, et qui devient incapable de quitter son écran tant il a peur de rater un évènement important. Il te faut donc trouver le juste milieu !

Notre conseil

Si tu fais partie des nombreux adolescents qui n'ont pas spécialement de passion et qui ont déjà essayé des tas d'activités sans les trouver forcément géniales, ne t'inquiète surtout pas pour ça. C'est normal ! À ton âge, tu te cherches encore et, pour façonner ton identité, tu as aussi besoin de tester ce qui te plaît ou non.

Vrai ou Faux ?

On peut parfois transformer sa passion en métier.

Vrai ! D'après toi, pourquoi on devient musicien ? chercheur ? professeur d'équitation ou de ski ? vétérinaire ? etc. Il y a très souvent une passion là-dessous !

Pour ta culture perso

En français, on emploie parfois l'expression « violon d'Ingres » pour parler d'une passion, car Ingres qui était un grand peintre avait le violon comme passion ! Tu as aussi le choix entre « c'est mon kif ! » ou, plus classique : dada, manie, marotte, passe-temps, occupation, distraction, activité favorite, loisir…

« Une peau normale, c'est ce qu'il y a de plus rare. C'est vraiment "pas de peau*" ! »

**Bon d'accord, le jeu de mots était facile, mais justement, si on ne l'avait pas fait, pour qui serait- on passé ?!*

Charlotte et Fanny ont enquêté pour vous.

Quelques réponses toutes prêtes…

Quoi répondre si on se moque de ta peau grasse et de tes boutons :

Version Doc
« Au moins, elle ne sera pas ridée comme la tienne, plus tard ! »

Version humoristique
« Je brille d'où je peux ! »

Version ironique
« T'es mal placé pour te moquer ! Tu luis même de nuit ! »

Version ciné
« Et toi, t'as joué dans *La guerre des boutons*, en plus, t'avais le rôle principal ? »

C'est quoi ? Nous n'avons pas tous la même nature de peau. Il y a les peaux normales, les peaux grasses et mixtes (à risque d'acné), ainsi que les peaux sèches et réactives, à risque de rougeurs et d'eczéma. Le problème, c'est qu'au moment de la puberté, notre peau a tendance à changer de nature. On peut toujours se consoler en se disant que c'est provisoire, mais ça ne résout pas nos problèmes de boutons du moment !

Le bon plan Tes parents n'ont peut-être pas envisagé de t'acheter des produits de soins particuliers pour ta peau car ils estiment que le gel douche, ça fait tout ! Erreur ! De bons produits pour une bonne hygiène : c'est ce qui fait la différence ! Aussi, n'hésite pas à demander à consulter un généraliste ou un dermatologue si tu as des petits soucis : il te prescrira des produits adaptés à ta peau. Sur ce coup-là, ton doc est ton meilleur allié !

Le plan galère Comme on a tous des peaux différentes, ce n'est pas le moment d'emprunter la lotion du copain ou de la copine ! Ce qui lui réussit à merveille peut être catastrophique sur nous. En plus, avec les crèmes en pot que l'on applique directement avec les doigts, en cas de partage, il y a un vrai risque de contamination par des microbes ! Il ne nous manquerait plus que cela…

LA PAROLE AUX PROS

Comment ça marche ?

Il faut bien connaître ton type de peau pour mettre le bon produit et éviter d'avoir des boutons, des rougeurs ou des tiraillements, en plus.

La peau grasse, assez fréquente à ton âge, se caractérise par un aspect luisant : elle est due à un excès de sécrétion du sébum. Elle présente aussi un teint terne, sans éclat, des pores dilatés, voire des boutons d'acné. En contrepartie, les ridules mettent plus de temps à apparaître et la peau est parfaitement souple et douce. À ne pas confondre avec la peau mixte, qui se définit comme grasse dans la zone médiane (front, nez, menton) et sèche en périphérie, au niveau des joues et des tempes.

Comme son nom l'indique, la peau sèche, qui devient plus fréquente avec l'âge, a perdu sa souplesse et sa douceur. Elle marque très facilement. Elle tiraille et peu lui en faut pour rougir de déplaisir. Elle est si fragile qu'elle ne supporte ni les savons classiques, ni les mousses à raser ordinaires pour les garçons, ni les frictions trop énergiques au moment du séchage.

La peau sensible, elle, se manifeste par des joues « en feu » et le sentiment très désagréable de ne rien supporter : ni le froid, ni le chaud, ni aucune crème ou maquillage. En fait, tout essai avec des produits non spécifiques se solde par une sensation de démangeaison et de chaleur.

Quant à la peau normale, finalement la moins fréquente, elle a la chance d'allier souplesse et fermeté. Ses pores sont invisibles, son aspect velouté comme la peau d'un nourrisson. Jamais elle ne tiraille ou ne démange. C'est la peau idéale !

Notre conseil

Qu'il s'agisse d'un simple gel moussant, d'un savon, d'un lait de toilette, d'une mousse à raser ou de produits plus sophistiqués, utilise uniquement des produits adaptés à ton type de peau et des produits hypoallergéniques.

Vrai ou Faux ?

Quand on a une peau grasse, c'est pour la vie.

Faux ! En fait, la nature de la peau change au cours de la vie, en particulier chez la femme, avec les fluctuations hormonales : au moment de la puberté, d'une grossesse, après un accouchement, etc.

LA PAROLE AUX COLLÉGIENS

« Parler, c'est ce qui fait le plus peur aux pédophiles ! »

Léa et Eugénie ont enquêté pour vous.

C'est quoi ? Un pédophile, c'est un adulte qui est attiré sexuellement par les enfants et les adolescents. La pédophilie est un crime puni par la loi.

Le bon plan Si un ou une ami·e te raconte qu'il/elle a été agressé·e ou qu'il/elle a subi des attouchements de la part d'un adulte, il faut le/la soutenir et l'encourager à en parler, à ses parents dans la mesure du possible ou à son médecin. On peut aussi l'accompagner pour porter plainte, lui montrer qu'on est là, qu'il/elle n'est pas seul·e. Il faut tout faire pour que la victime ne se sente plus en danger, qu'elle comprenne que ce n'est pas de sa faute et que l'agresseur doit être reconnu comme tel.

Le plan galère Souvent, les victimes ont peur ou honte de parler, mais c'est justement le secret qui protège l'agresseur. Et si le coupable reste en liberté, il peut recommencer à tout moment, avec d'autres, et parfois de plus jeunes que soi, encore moins armés pour se défendre. Il faut donc éviter de mettre la pression sur la victime et tout faire pour qu'elle puisse s'exprimer et que le coupable soit puni par la loi comme il se doit.

Quelques réponses toutes prêtes…

À un adulte qui voudrait nous forcer à faire quelque chose qu'on ne veut pas :

« Non, vous voulez que j'en parle à mes parents ? » (puis partir)

« La pédophilie est un crime ! »

À un ou une ami·e qui nous confie une agression :

« Ce n'est pas de ta faute, tu n'es pas seul·e. Tu n'as pas à avoir honte, ta voix compte et tu es une victime, pas un·e coupable. »

Comment ça marche ?

Ton corps n'appartient qu'à toi et personne n'a le droit d'y toucher sans ton consentement. Autrement dit, un ami qui te fait un bisou, c'est possible, du moins, si tu es d'accord. « Oui », c'est « oui »... et « non », c'est « non ». Si tu ne dis rien parce que tu es intimidé, ça veut aussi dire « non ». Un inconnu ou un adulte de ton entourage qui fait pression sur toi (par la violence, par la surprise, la ruse, etc.) pour te toucher ou t'obliger à le toucher, c'est une agression sexuelle. Cela arrive car certains sont attirés par les enfants : ce sont des pédophiles. Tout acte sexuel impliquant un mineur de 15 ans est d'ailleurs interdit par la loi. Regarder un film pédopornographique impliquant des enfants l'est aussi.

Notre conseil

Si un adulte t'a déjà fait ce genre de proposition, tu ne dois pas avoir honte car c'est lui qui commet un crime, pas toi ! Même si tu as réussi à déjouer ses plans, tu dois en parler à un adulte de confiance (un parent, un autre membre de ta famille, un prof, etc., peu importe) avant que le pédophile ne revienne à la charge ou n'agresse un autre jeune. Et s'il t'a piégé, tu dois le dire tout de suite. Peu importe qu'il t'ait juré que c'était votre secret ou qu'il te dise qu'il t'aime, car ce qu'il a fait est tout sauf de l'amour et il cherche à te manipuler. Après une agression, le premier réflexe est de vouloir prendre une douche tout de suite, mais, ce faisant, tu effaces les preuves. En parler à un adulte de confiance qui va t'emmener voir un médecin spécialisé dans la prise en charge des enfants ayant subi la même chose que toi peut paraître difficile sur le coup (et c'est vrai que ça l'est), mais si tu y arrives, tu seras plus fort que ton agresseur. En effet, il compte sur ton silence pour continuer. Si tu parles, tu n'es plus seul et il sait qu'il risque de gros ennuis.

Vrai ou Faux ?

Il existe un seuil d'âge du consentement sexuel, qui a été fixé à 13 ans.

Faux ! Il a bien été envisagé de fixer un âge en dessous duquel il était admis d'office que le mineur ne pouvait pas être consentant pour un acte sexuel avec un majeur, mais le législateur n'a pas suivi : il n'y a donc pas eu de loi votée en ce sens.

Pour ta culture perso

Si les pédophiles s'attaquent aux enfants, des adultes peuvent également être victimes d'autres prédateurs sexuels, et le respect du consentement est essentiel à tout âge de la vie. Le mouvement #MeToo (« moi aussi » en anglais) est né de la révolte de femmes harcelées ou violées par des hommes puissants. Il a suffi qu'une victime (une actrice connue) ose enfin raconter ce qu'elle avait subi pour que d'autres victimes, très nombreuses, connues ou anonymes, se mettent à parler, elles aussi. Certains de leurs agresseurs ont été jugés et condamnés.

> **« Les seules peurs qu'on maîtrise bien du premier coup… ce sont celles des autres ! »**

////////////////// Charlotte et Fanny ont enquêté pour vous. //////////////////

Quelques réponses toutes prêtes…

Si on se moque de nous parce qu'on a peur d'une petite bête ou du noir, on peut toujours répondre :

Version agressive

« Heureusement que je n'ai pas peur des nazes, sinon je ne pourrais même plus t'adresser la parole ! »

Version ironique

« C'est vrai que, dans le noir, l'avantage, c'est que je ne vois pas ta tête ! »

Version scientifique

« Je n'ai pas peur d'une bébête comme tu dis, mais je suis un authentique arachnophobe* ! Non mais !… »

** Voir encadré culture perso*

C'est quoi ? La peur, c'est une réaction indépendante de notre volonté. Si c'est une grosse peur, on a la gorge nouée. Les poils qui se hérissent. Les jambes qui flageolent. Et le rythme cardiaque qui s'accélère. Enfin, on n'a plus qu'une idée en tête : sauve qui peut ! Ce genre de peur, ça ne se contrôle pas… ou alors, seulement avec un bon psychologue ! Alors que les petites peurs, celles qui nous mettent juste un coup de stress, on peut finir par les maîtriser.

Le bon plan Quand on sent la peur nous gagner, on doit s'efforcer de respirer amplement. Ça diminue le stress et la panique qui va avec ! Évidemment, si à ce moment-là, on est avec un copain taillé comme une armoire à glace et qui n'a peur de rien, ça peut aider à se maîtriser !

Le plan galère Si on a peur des serpents, on a des chances de survivre en ville, vu qu'on n'en voit pas à tous les coins de rues. Mais si on a peur des insectes, comme ils sont beaucoup plus nombreux que nous, ça devient l'enfer ! Dans ce cas, on n'a pas le choix, il faut apprendre à vivre avec, quitte à se faire aider d'un psychologue.

Comment ça marche ?

La peur est une émotion essentielle, c'est une émotion de survie de notre condition de mammifères. Quand tu as peur, ton corps se met en alerte et sa physiologie change. Tout est alors mis en œuvre pour aiguiser tes sens et améliorer tes réflexes.

La peur déclenche trois grands types de comportements : la fuite (et quand tu as peur, tu cours beaucoup plus vite !), l'attaque (tes forces sont décuplées) ou la sidération (ton corps ne peut plus bouger). C'est donc une émotion utile car elle nous renseigne sur la possible présence d'un danger et nous donne les moyens de l'affronter.

Mais autant ton ancêtre préhistorique avait de vraies raisons d'avoir peur lorsqu'il se retrouvait face à un mammouth énervé, autant la panique que tu ressens devant une minuscule araignée a du mal à se justifier ! Si c'est le cas, si tu présentes une ou plusieurs peurs non justifiées, comme la peur des araignées, des souris, etc., c'est que tu es phobique. En effet, on parle de phobie quand il s'agit d'une peur pathologique (qui rend malade) et qui n'est pas justifiée.

Une phobie peut être liée à une anxiété d'une tout autre origine, mais qui se manifeste de cette façon. Avoir peur des araignées, par exemple, est alors la traduction d'une peur de quelque chose d'enfoui en toi et dont tu n'as pas conscience. Et ton cerveau, qui est malin, décide que tu as un « ennemi » bien déterminé contre lequel tu peux lutter.

Notre conseil

Quand tu as peur, cela sécrète aussi les hormones du stress (le cortisol) qui te font voir tous les risques même les plus irréalistes. Pour t'apaiser, respire profondément, cela calme le système nerveux et dégage ton esprit. C'est efficace. Mais si tes peurs persistent et qu'elles deviennent trop envahissantes, il faut consulter un psychologue parce que c'est le signe d'un malaise général qu'il faut résoudre. Les phobies se traitent très bien par la thérapie comportementale qui consiste à t'habituer aux situations qui te font le moins peur, pour arriver à celles qui t'inquiètent le plus.

Et toutes les peurs sont concernées : celles liées aux examens, celles qui empêchent de dormir, celles qui paralysent rien que d'y penser… La peur vient souvent de ce que l'on imagine et qui n'a rien à voir avec la réalité. Il n'y a aucune honte à avoir peur, cela arrive à tout le monde. Cela fait partie de la vie. D'ailleurs, depuis les attentats survenus en France, on compte plus d'adultes et de jeunes phobiques, qui ont peur de se retrouver dans la foule et dans des lieux clos comme le métro.

Vrai ou Faux ?

On peut mourir de peur.

Faux ! Même si cela peut arriver exceptionnellement chez des personnes à la santé fragile comme les grands cardiaques, mais, pour toi, aucun risque !

Pour ta culture perso

« Phobie » vient du grec *phobos*, qui veut dire « peur ». Si tu te fais traiter de peureux, pour faire chic, tu peux toujours dire que tu es arachnophobe (peur des araignées), éreuthophobe (peur de rougir), agoraphobe (peur de la foule), claustrophobe (peur des espaces clos comme les ascenseurs), blemmophobe (peur du regard des autres), voire que tu souffres de *taijin kyofusho*, la peur d'offenser les autres par ton comportement ! Il existe un terme pour désigner presque toutes les peurs !

PHOBIE SCOLAIRE

« Dire qu'on a une phobie scolaire, pour ne pas aller en cours, c'est risqué, parce que ce n'est pas dit qu'on nous croira… surtout si ça tombe le jour d'un gros contrôle ! »

Charlotte et Fanny ont enquêté pour vous.

Quelques réponses toutes prêtes…

Si on est concerné par ce problème et que quelqu'un se moque de nous, on peut toujours dire :

Version ironique

« Et depuis quand t'as fait des études de médecine, toi ? »

Version tac au tac

« Ce n'est pas toi qui étais terrorisé par une minuscule araignée, l'autre jour ? »

C'est quoi ? C'est une maladie qui se manifeste par l'impossibilité d'aller au collège… Non pas parce qu'on a prévu un autre programme plus intéressant, mais parce que ça provoque une peur terrible, comme si on se retrouvait dans une fosse à mygales pour ceux qui ont peur des araignées !

Le bon plan Quand on ne peut pas franchir la porte du collège sans avoir l'impression de mourir, il faut prétexter être malade pour voir le médecin et lui expliquer le problème. Comme il a déjà entendu parler de cette maladie, au moins on a des chances d'être vraiment pris au sérieux !

Le plan galère Les ados victimes de cette maladie ne sont, hélas, pas souvent pris au sérieux, surtout s'ils ne sont pas bons élèves. Allez faire comprendre à vos parents ou à vos professeurs que vous avez une peur insurmontable d'aller au collège : c'est pas gagné !

Comment ça marche ?

La phobie scolaire est une pathologie grave qu'il ne faut pas confondre avec le refus scolaire. Le refus scolaire se manifeste par une opposition face à l'école : tu n'as pas envie d'aller en classe, tu râles dès qu'il faut partir au collège, parfois tu décides de ne pas y aller, tu sèches les cours et cela fait beaucoup d'histoires avec tes parents. Tu risques même des sanctions plus ou moins lourdes, mais cela reste du registre du « normal » et du passager.

La phobie scolaire, c'est lorsque tu n'arrives plus physiquement et psychologiquement à aller au collège. Le matin, tu décides que tu vas t'y rendre, tu prépares tes affaires, mais impossible de passer la porte de l'appartement, de sortir de la voiture ou de franchir l'entrée du collège. Tu as des sueurs froides, ton cœur s'accélère, tu trembles, tu as des frissons… C'est une crise que l'on appelle une attaque de panique. C'est très violent et c'est très difficile à vivre. Car tu ne le fais pas exprès ! Quand on a une phobie scolaire, on n'est pas contre le fait de travailler à la maison. C'est le fait d'aller au collège qui devient impossible.

Notre conseil

C'est un vrai handicap qui nécessite impérativement une consultation psychologique ou psychiatrique. Il y a parfois besoin de médicaments, notamment d'antidépresseurs en cas de dépression sous-jacente. Dans les cas les plus graves, on t'hospitalise quelque temps (d'une à trois semaines) en unité psychiatrique pour adolescents pour t'apaiser et te soigner en profondeur. Dans tous les cas, il te faut faire une psychothérapie pour mieux comprendre d'où vient cette phobie et surtout t'aider à mettre en place des stratégies pour t'en sortir et retrouver ton équilibre psychologique. Dans 50 % des cas, il faut compter quelques semaines avant que tu puisses retourner tranquillement au collège. Parfois, cela dure plus longtemps car la phobie scolaire est ce par quoi tu exprimes un malaise plus profond et que tu avais enfoui depuis longtemps.

Vrai ou Faux ?

Si on te force à aller au collège sous prétexte que tu n'as qu'à faire un effort, cela ne sert à rien.

Vrai ! Et ça peut même aggraver les choses. C'est difficile à comprendre pour les parents et les enseignants, mais c'est une vraie maladie psychologique qui se soigne, ce n'est pas de la comédie !

Pour ta culture perso

La phobie scolaire est en augmentation, elle toucherait près de 5 % des adolescents. Probablement en raison de la très grande pression autour de tout ce qui est scolaire. Au Japon, des centaines de milliers de jeunes vivent aujourd'hui enfermés chez eux : ce sont les *hikikomori* ou « socialement exclus ».

PIEDS

« Quand on transpire des pieds, ce n'est vraiment pas "le pied*" ! »

** Bon d'accord, le jeu de mots était facile, mais ça vaut bien celui de la peau !*

/////////////// Charlotte et Fanny ont enquêté pour vous. /////////////

C'est quoi ? Avec un des os du squelette, une vingtaine de muscles, trente et une articulations et une cinquantaine de ligaments, un pied, ce n'est pas rien, alors deux, vous imaginez ! En plus, ils sont capables de nous supporter du matin au soir ! C'est la partie de notre anatomie qui porte le plus de kilos et subit le plus de pressions ! Du coup, on dit : « total respect » et on y fait un peu plus attention !

Le bon plan Il ne faut jamais partir avec des chaussettes trouées ou ridicules à un cours de sport. Car si le prof a soudain décidé de faire gym, on devra enlever nos chaussures ! Et là, c'est la honte assurée !

Le plan galère Si on partage notre chambre avec un grand frère ou une grande sœur qui laisse traîner ses chaussettes sales au sol, il n'y a plus qu'une chose à faire : inviter ses meilleurs potes* pour lui donner la honte !

(Après avoir pris soin d'entasser discrètement ses chaussettes sales au-dessous de son lit ! Le problème de cette mauvaise blague étant d'arriver à supporter les odeurs en attendant l'arrivée des copains !)*

Devinette

« Je suis debout quand tu es couché et je suis couché quand tu es debout, qui suis-je ? »

Réponse
Ton pied !

Comment ça marche ?

En fait, tant que « ça marche » justement, tu ne fais pas trop attention à tes pieds ! C'est quand ils te font mal ou te démangent que tu t'en inquiètes !

Excepté les problèmes de transpiration, à régler par un lavage régulier, des chaussettes en coton, des chaussures qui respirent et, en dernier recours, un bon « antitranspirant », il peut t'arriver de faire une mycose des pieds (infection par un champignon). Cela se traduit par des fissures sur la peau, des dépôts blanchâtres ou des squames, entre les orteils. Si c'est l'ongle qui est touché, dans ce cas, il jaunit, s'effrite, s'épaissit ou se décolle. Il te faut absolument consulter un médecin généraliste car la mycose n'a aucune chance de disparaître toute seule. Pire, comme c'est contagieux, tu pourrais infecter l'autre pied ou d'autres membres de ta famille si, par erreur, vous utilisiez la même serviette. Cela se soigne grâce à un traitement antimycosique à appliquer quotidiennement pendant plusieurs semaines, sous forme de crème ou de lotion pour la peau et de vernis pour l'ongle. Pour éviter les récidives ou à titre préventif, tu as tout intérêt à porter des sandales de piscine ou des tongs dans les lieux à risque (douches, vestiaires des gymnases, abords des piscines, etc.).

Autre problème, également assez fréquent à ton âge et que tu peux attraper surtout à la piscine : les verrues plantaires. Due à des papillomavirus très contagieux, elles se présentent sous la forme de lésions arrondies, planes avec parfois des petits points noirs. Le dessin des lignes cutanées est interrompu à leur surface et elles sont douloureuses à la pression. Il y a plusieurs techniques pour s'en débarrasser : les « brûler » par l'azote liquide (cryothérapie) chez le dermatologue. Appliquer durant plusieurs jours un traitement local à base d'acide salicylique ou de dérivés. Et recourir à l'homéopathie (*Verrulia*, en vente sans ordonnance en pharmacie). Contrairement aux mycoses, les verrues plantaires peuvent partir toutes seules !

Tu peux enfin avoir un ongle incarné (un fragment d'ongle qui pénètre dans la chair et provoque une inflammation). Une anomalie de la forme de l'ongle, des chaussures trop étroites ou des ongles coupés dans les coins sont des facteurs de risque. Cela fait très mal et ça risque de se surinfecter. Des soins spécifiques (par le médecin généraliste et le podologue) pour retirer le morceau d'ongle incrusté dans les chairs, des bains antiseptiques et, si besoin, des antibiotiques, permettent d'en venir à bout.

Notre conseil

Lave-toi les pieds tous les jours, de préférence à l'eau froide pour stimuler la circulation veineuse. Sèche soigneusement entre les orteils, pour éviter la prolifération de champignons. Et toutes les deux semaines environ, coupe tes ongles au carré.

Vrai ou Faux ?

Si tu marches pieds nus sur un carrelage froid, tu peux t'enrhumer par les pieds.

Faux ! Un rhume est dû à un microbe ! En plus, ça ne leur fait pas de mal, un peu de liberté ! Les médecins conseillent même, pendant 5 minutes par jour, de remuer tes orteils dans tous les sens, de marcher tantôt sur la pointe et tantôt sur les talons, et de faire rouler une balle de tennis sur le sol avec la plante des pieds : ça permet de relâcher les tensions et de faire travailler des muscles moins sollicités que les autres.

Pour ta culture perso

L'expression « c'est le pied » veut dire que tout va bien. En effet, à partir du moment où ton pied est en pleine forme, tu peux aller de l'avant ! Autre preuve que le pied est vraiment important, en réflexologie plantaire, on se sert de lui pour soigner tout le reste du corps ou presque !

PIERCING

« C'est juste un bijou, mais qui peut faire drôlement parler de lui ! »

Charlotte et Fanny ont enquêté pour vous.

C'est quoi ? C'est un bijou qui transperce la peau et qu'on met au sourcil, au nez, à la langue, sur la lèvre inférieure, à l'oreille, au nombril, aux parties intimes… Si on le fait parce qu'on trouve ça « cool », pourquoi pas… Mais si c'est juste pour faire comme tout le monde ou pour embêter nos parents, on risque de le regretter : en effet, certains piercings font très mal et il faut donc être drôlement motivé !

Le bon plan Si on craint trop la réaction de nos parents, on peut bien sûr renoncer à en mettre un, ou sinon, il faut choisir un endroit discret comme le nombril par exemple. Il suffit d'avoir un tee-shirt assez long devant eux et le tour est joué, mais attention aux prochaines grandes vacances* ! Mais bon, faut pas se leurrer, ils finiront bien par le découvrir… sauf si on passe nos vacances à 1 000 km d'eux !

(Ou alors, sur la plage, il faudra choisir un maillot une pièce !)*

Le plan galère Si on est douillet, ce n'est même pas la peine d'y penser ! Car certains piercings en font baver ! Attention également à ne pas faire de piercing tant qu'on a des séances de piscine, car les bains sont à éviter durant la cicatrisation…

Quelques réponses toutes prêtes…

Si on vient de se faire poser un piercing alors que notre mère n'était pas d'accord, on peut toujours dire :

Version logique
« Et tes boucles d'oreilles, c'est quoi d'après toi ? »

Version angélique
« Dire que je pensais te faire la bonne surprise ! »

Version ironique
« Ça ne te plaît pas ? Et moi qui voulais t'en offrir un pour ton anniversaire ! »

Je me suis fait un piercing à l'orteil, au moins mes parents ne le sauront jamais !

Comment ça marche ?

Le piercing le plus communément admis et depuis très longtemps, c'est la boucle d'oreille ! Cependant, l'anneau dans le nez et autres piercings revenus à la mode aujourd'hui marquaient autrefois l'appartenance à une tribu. Il n'y a donc rien de très étonnant à ce que les ados l'aient adopté !

Pourtant, renseigne-toi bien avant de faire un, car certains piercings te font courir des risques graves pour ta santé. Pour éviter d'attraper une infection, choisis un professionnel ayant pignon sur rue et engagé dans la charte qualité du Syndicat National des Artistes Tatoueurs. C'est d'ailleurs pourquoi, si tu es mineur, il te faut l'autorisation de tes parents. Si les vrais professionnels respectent la règle, on ne peut pas toujours en dire autant de certains qui le font « à la sauvette ».

Même si ton piercing est posé dans les règles de l'art, rien ne dit que ta peau ne fera pas une réaction : au mieux, tu t'en sors avec des démangeaisons. Au pire, il se forme une sorte de tumeur bénigne sous le piercing, nécessitant l'intervention d'un chirurgien. Dans ce cas, tu te retrouves avec une cicatrice pas très glamour à la place !

Enfin, il faut savoir que les piercings provoquent de vives douleurs tant que la peau n'est pas cicatrisée, ce qui peut durer des semaines ou même des mois pour un nombril. Et après un piercing sur la langue, celle-ci va enfler et rendre l'alimentation difficile pendant plusieurs semaines ! Et certaines localisations peuvent vraiment poser problème : par exemple, le piercing de la lèvre inférieure peut entraîner des dégâts irréversibles au niveau de la mâchoire inférieure, en raison du frottement contre la gencive et les dents. Sans compter le risque que tes parents te fassent payer très cher ce qu'ils considèrent comme une forme de rébellion, mais là, c'est une autre histoire...

Notre conseil

Après un piercing, des soins locaux sont indispensables. Il te faut désinfecter ton piercing (généralement en titane, ou encore en or au niveau des oreilles) deux fois par jour, en prenant soin de faire bouger le bijou jusqu'à cicatrisation parfaite, ne pas s'exposer au soleil, ne pas aller à la piscine ou te baigner dans la mer au cours du mois qui suit. Enfin, vois le médecin au premier signe de surinfection, c'est-à-dire si c'est rouge, chaud, douloureux et si tu as de la fièvre. En effet, dans ce cas, il n'y a pas d'autre choix que de prendre des antibiotiques.

Vrai ou Faux ?

Ce sont les hippies, dans les années 60, qui ont relancé la mode des piercings.

Vrai ! Mais comme cette pratique a été reprise par les punks au look beaucoup plus agressif, dans les années 80, ne t'étonne plus si tes parents en ont gardé une image plutôt négative. En effet, les punks avaient la réputation de « jouer » facilement du couteau et du rasoir !

POILS

« Les poils, c'est rasoir… ou c'est la barbe ! »

Charlotte et Fanny ont enquêté pour vous.

C'est quoi ? Les poils poussent d'environ 1 mm tous les jours et c'est suffisant pour obliger les garçons à se raser quotidiennement (enfin, pour certains !), sauf s'ils veulent frimer avec une barbe de trois jours. C'est bien les seuls. Car pour les filles, la chasse aux poils est impitoyable, même s'il n'y a pas besoin de raser aussi souvent…

Le bon plan Les poils, ce n'est une surprise pour personne, ils ne font que pousser ! Aussi, il vaut mieux nous en occuper régulièrement, plutôt que d'attendre de nous retrouver avec la forêt vierge ! En plus, quand les poils ne sont pas trop longs et trop nombreux à éliminer, ça fait moins mal pour celles qui utilisent l'épilateur ou la cire.

Le plan galère Les poils sous les aisselles (ou plus exactement les bactéries qui s'y cachent : pouahh !) sont à l'origine de l'odeur de la sueur. Alors s'il n'y en avait que quelques-uns à éliminer, ce serait ceux-là en priorité ! Voilà, c'est dit !

Quelques réponses toutes prêtes…

Si on est un garçon et qu'on nous traite de poilu, on peut toujours répondre :

Version historique
« Revois ton histoire, la Première Guerre mondiale, c'est du passé ! »

Version dicton
« Vaut toujours mieux en avoir plus que pas assez ! »

Version humour
« Que veux-tu, je suis un gars au poil ! »

Version « j'assume »
« Mon côté viril ? Les filles adorent ! »

Version yéti
« J'ai la peau toute douce comme un vison, tu veux toucher ? »

LA PAROLE AUX PROS

Comment ça marche ?

La pilosité fait partie des caractères sexuels secondaires, les poils sont même parmi les premiers à apparaître au moment de la puberté. Comme les poils ont à peu près la couleur de tes cheveux, ils se voient plus sur les brun(e)s que sur les blond(e)s. Mais d'autres facteurs jouent : ainsi, des parents très poilus ont plus de probabilité d'avoir des enfants poilus eux aussi, car l'hérédité compte pour beaucoup. À ne pas confondre avec l'hirsutisme (comme les « femmes à barbe » d'autrefois) : dans ce cas, l'excès de poils est dû à une maladie endocrinienne et cela se soigne.

Même si tu trouves que tu en as beaucoup, sache que ta pilosité a fortement diminué par rapport à l'homme de Cro-Magnon ! Cela s'explique par le fait que ce dernier n'avait pas de vêtements et de chauffage pour se protéger du froid. Les spécialistes estiment que les futures générations auront probablement encore moins de poils et de cheveux, bref, que tes descendants lointains auront probablement la peau glabre !

Notre conseil

Comme tu n'en es pas là, il te faut bien choisir une arme anti-poils. Avec les rasoirs (à main ou électriques), les poils repoussent plus vite qu'avec n'importe quelle autre technique. C'est donc juste bon pour la barbe et la moustache des garçons. Les crèmes dépilatoires sont pratiques pour les aisselles et les jambes des filles, mais ce sont celles qui reviennent le plus cher à la longue. Toujours pour les filles, la cire est efficace et, comme pour l'épilateur, la repousse des poils diminue au fil du temps. Cependant, c'est la technique la plus longue : impossible donc de s'y prendre au dernier moment. Enfin, l'épilateur a la réputation de faire un peu mal au début et de coûter cher, mais il est pratique et son prix de départ est vite rentabilisé puisque par la suite, il peut durer des années. Toutefois, il faut attendre à chaque fois que le poil repousse un peu avant de lui faire sa coupe. Attention : aux zones sensibles comme les aisselles ou le maillot, ça peut faire mal !

Vrai ou Faux ?

En cas de coupure lors du rasage, il faut toujours désinfecter.

Vrai ! Car c'est la porte ouverte aux microbes, avec le risque de surinfection que cela comporte. C'est aussi la raison pour laquelle tu ne dois jamais emprunter le rasoir de ton frère ou de ton père sous prétexte que tu es en panne : un rasoir, c'est comme une brosse à dents. C'est strictement personnel !

LA PAROLE AUX COLLÉGIENS

« C'est le seul type de film où le scénario n'a aucune importance ! »

Hugo a enquêté pour vous.

C'est quoi ? C'est ce qu'on appelle les films X ! C'est interdit aux moins de 18 ans, car ça contient des images à caractère sexuel qui pourraient nous choquer. Le problème, c'est qu'il y en a partout ! On peut surfer sur internet et tomber sans le faire exprès sur ce type d'images. Dans ce cas, il faut vite passer à autre chose !

Le bon plan Ceux qui veulent nous inciter à regarder ce type de films ne sont pas forcément bien intentionnés. Alors, si cela se produit, on doit en discuter avec un adulte en qui on a confiance.

Le plan galère Comme c'est interdit, forcément il y a plein d'ados à qui ça donne envie de regarder de quoi il s'agit. Le problème, c'est qu'après ils pensent que ça se passe comme ça dans la réalité…

Quelques réponses toutes prêtes…

Si quelqu'un nous demande si on a déjà vu ce type de film, on peut toujours répondre :

Version romantique
« Désolé, je préfère les scénarios plus poétiques ! »

Version féministe
« Parce que tu voudrais que je paie, en plus, pour voir une pauvre fille se faire avoir par des machos ? »

Version moqueuse
« Pourquoi, t'as besoin d'une notice ? »

Version littéraire
« Non, je ne connais pas, mais si tu me redonnes le nom du réalisateur, je peux faire une recherche sur sa biographie ! »

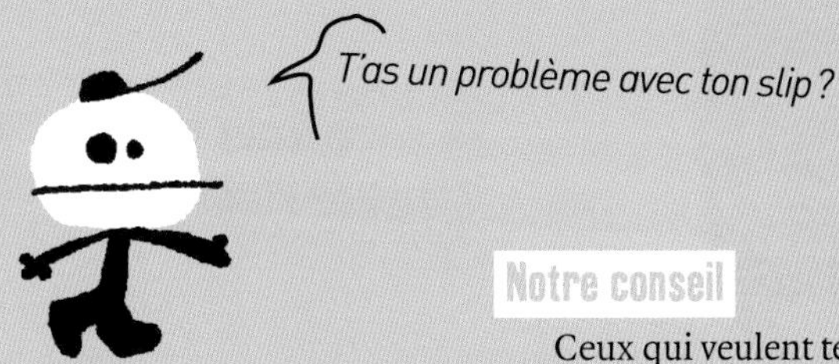

Comment ça marche ?

Autrefois, on peignait des femmes nues dans un but d'excitation sexuelle. Ensuite, on les a prises en photos (pin-up). Et maintenant, on les filme... Or pour vendre, les producteurs de films X vont de plus en plus loin dans les ébats sexuels, allant jusqu'à filmer des pratiques qui sont en réalité très marginales. Le problème est qu'à ton âge tu n'as pas ou peu d'expériences dans ce domaine. Le grand risque est donc que tu prennes pour la réalité tout ce qui est montré dans ces films, même s'ils sont totalement farfelus et grossiers. Les scènes pornographiques peuvent aussi te dégoûter car la vulgarité y est souvent écœurante. Rien à voir avec les relations sexuelles normales qui sont des moments de grande sensualité et de plaisirs partagés ! Par ailleurs, la très grande majorité de ces films visant un public masculin, le scénario y montre très souvent des filles faciles et soumises, qui font ce qu'on leur demande sans jamais dire non. Cette image déplorable de la femme n'incite pas au respect. Conséquence : des jeunes qui avaient visionné ce type de films ont commis des viols en groupe (les « tournantes »). Et le plus tragique dans l'histoire, c'est qu'au moment de leur inculpation ils n'avaient même pas conscience de la gravité des faits qui leur étaient reprochés. En effet, ils pensaient avoir une sexualité normale, faute d'avoir eu d'autres modèles que la pornographie. Un vrai gâchis...

Notre conseil

Ceux qui veulent te faire croire que regarder un film X est un acte banal ne sont pas tes amis. C'est aussi dangereux que de te passer le volant d'une voiture à 12 ou 14 ans ! En outre, il y a beaucoup d'adultes qui ne regardent pas ce type de films et qui ont pour autant une vie amoureuse épanouie.

Vrai ou Faux ?

Normalement, la vente de films X est interdite aux mineurs.

Vrai ! Pour qu'une œuvre cinématographique puisse être interdite de représentation aux mineurs, elle doit être inscrite sur la liste des films pornographiques ou d'incitation à la violence. Pour autant, cela veut juste dire que l'accès au cinéma est interdit aux moins de 18 ans... mais, dans les faits, c'est comme pour l'alcool, il est très (trop) facile de s'en procurer en achetant des DVD ou en accédant à des sites pornographiques sur internet...

Pour ta culture perso

Il y a une grande différence entre un film érotique et un film pornographique. Le premier « suggère » mais ne montre pas. De plus, il raconte une histoire et « met en avant » le jeu des acteurs. Le second a pour seul objectif de montrer du sexe de façon crue. C'est le sexe pour le sexe, et rien d'autre ! Aucun intérêt !

« Mais comment faisait-on avant le portable ? »

Charlotte et Fanny ont enquêté pour vous.

C'est quoi ? Ça permet de téléphoner et d'être joint n'importe où et n'importe quand et enfin, d'accéder à plein de fonctions grâce aux applis (jouer, envoyer des photos à tous nos amis en un temps record, etc.).
Le portable, c'est plus stylé que le téléphone fixe car on peut le personnaliser. Pour éviter qu'il nous coûte toutes nos économies (surtout si on doit participer !), il faut bien choisir notre forfait. Les bonnes questions à nous poser avant de craquer sont : Est-ce que je veux les SMS illimités ? Trois numéros gratuits ? Plus d'appels gratuits le week-end ou le soir ? On doit aussi se demander quelles fonctions on veut avoir : Look ? Sonneries ? Photos ? Vidéos ? Musique ? Radio ? Accès internet ?*

(Sachant qu'on peut mettre 3 heures à choisir, mais que la patience de nos parents est limitée, on a tout intérêt à faire le plein d'infos, afin de bien maîtriser le sujet avant le jour J !)*

Le bon plan Pour que nos parents acceptent qu'on ait un portable alors qu'ils sont réticents, on peut toujours essayer de rentrer un jour en retard du collège. S'ils se sont inquiétés, c'est le bon moment pour leur dire qu'on aurait bien voulu les prévenir, mais que la cabine téléphonique était en panne, que personne n'a voulu nous dépanner, bref, qu'on était dans l'impossibilité absolue de les joindre. Si, avec ça, ils ne comprennent pas le message, on peut leur demander leur portable toutes les 10 minutes (en choisissant un motif super valable à leurs yeux, comme vérifier avec un copain qu'on a bien répondu au devoir de maths, etc.). Avec un peu de chance, ils en auront assez de nous prêter leur téléphone et accepteront qu'on ait le nôtre. Enfin, en dernier recours, on peut expliquer à nos grands-parents combien on est pénalisé de ne pas en avoir...

Le plan galère Si on explose notre forfait au bout de deux jours, il y a peu de chances pour que nos parents nous disent : « Ce n'est pas grave, on va t'en repayer un autre ! » Seule solution pour éviter la crise : demander aux copains de nous appeler en attendant notre renouvellement de forfait ! Autre galère : si on oublie de mettre notre portable sur silencieux et qu'il sonne en cours, c'est la punition assurée ! Et si par malheur ça arrive pendant le brevet des collèges, c'est éliminatoire !

Quelques réponses toutes prêtes...

Si on nous demande notre portable et qu'on n'a pas envie de le prêter, on peut toujours répondre :

Version directe
« NON, c'est NON ! »

Version business
« OK, c'est 10 euros la minute ! »

Version mauvaise foi
« Pas de chance, je n'ai plus de batterie et j'ai éclaté mon forfait ! »

Version très mauvaise foi (avec le portable à la main)
« Mais qu'est-ce qui peut bien te faire croire que j'ai un portable ? »

Comment ça marche ?

Contrairement au téléphone fixe, le téléphone portable envoie des ondes électromagnétiques qui traversent ton corps. Certaines études, mais pas toutes, montrent que les gros utilisateurs de portable ont un risque légèrement accru de tumeurs cérébrales. Étant donné que tu es encore jeune et donc, qu'il est probable que tu utiliseras ton portable (ou ce qui le remplacera) pendant des décennies, il vaut mieux limiter les risques d'exposition à ces ondes, au nom du principe de précaution (par extrême prudence). Pour cela, il y a plusieurs choses à savoir.

Déjà, le Centre de recherche et d'information indépendantes sur les rayonnements électromagnétiques (Criirem) recommande de choisir un portable dont le débit d'absorption spécifique (DAS) – qui correspond à la puissance du rayonnement absorbé localement par le corps humain – est le plus bas possible. L'International Commission of Non-Ionizing Radiation Protection (ICNIRP) a déjà fixé la norme maximale à 2 watts/kg pour les particuliers (en milieu de travail, des niveaux d'exposition jusqu'à 10 watts/kg sont admis par l'ICNIRP). Au nom du principe de précaution,

Autre chose à savoir

Si tu t'éloignes des antennes relais, il faut émettre des ondes plus puissantes pour les atteindre. C'est pourquoi lorsque tu n'as pas d'appel urgent à passer, téléphone de préférence quand les « barrettes » sur ton écran, qui symbolisent l'accès au réseau, sont toutes présentes. Prends ton portable pour téléphoner « utile » et garde tes bavardages pour le téléphone fixe (en plus, ça t'évite d'exploser ton forfait !). Enfin, la nuit, soit tu l'éteins complètement, soit tu le mets en charge ou en veille, le plus loin possible de ta table de chevet et, par conséquent, de ton cerveau !

Notre conseil

Le portable, c'est une forme de liberté – tu peux appeler quand tu veux, d'où tu veux –, mais c'est aussi un sacré fil à la patte puisque, du coup, tes parents, les copains, etc., peuvent te joindre quand ils veulent, et si tu ne réponds pas, te demander des comptes ! Si tu ne veux pas en devenir l'esclave, apprends aussi à t'en passer de temps en temps !

Vrai ou Faux ?

Le principe de précaution s'applique quand un risque est supposé, mais pas certain.

Vrai ! C'est le cas du portable : les scientifiques estiment qu'il y a un risque possible qu'il provoque certaines tumeurs du cerveau, mais que, si ce risque existe – ce qui n'est pas prouvé –, il reste faible. Ils donnent donc des conseils pour limiter ce risque (choisir un portable à faible DAS, etc.), mais n'en interdisent pas l'usage !

le Criirem conseille de choisir un modèle dont le DAS est inférieur à 0,7 watt/kg. Ça paraît compliqué comme ça, mais en fait, quand tu choisis ton modèle, demande juste au vendeur quel est le DAS du téléphone : s'il te dit qu'il est de 0,7 ou de 0,8, c'est bien. S'il te dit qu'il est de 1,9 ou de 2, laisse tomber. Après tout, puisque le choix existe, autant jouer la carte de la sécurité, à fond ! Sinon, tu peux encore abaisser le DAS en utilisant une oreillette Bluetooth ou une oreillette filaire, car ce sont de bons moyens d'éloigner suffisamment le point d'émission des ondes de ton oreille et de ton cerveau.

Pour ta culture perso

Ton portable émet des ondes électromagnétiques, au même titre que la radio, le téléviseur ou le four à micro-ondes. On n'est donc pas en terrain inconnu ! Mais à la différence d'un émetteur radio FM qui émet des ondes à une fréquence de 100 mégahertz, les ondes des téléphones portables ont une fréquence plus élevée. À ce stade, on sait que les ondes peuvent entraîner un échauffement des tissus qu'elles traversent, si leur niveau est trop important. Normalement, la réglementation imposée aux télécommunications sans fil fait que ce niveau d'échauffement est loin d'être atteint. Mais ce qu'on ne sait pas, c'est si cette exposition a un autre impact sur la santé à long terme…

« Quoi qu'il arrive, il vaut mieux prendre la vie du bon côté… même si c'est évidemment beaucoup plus facile quand on est jeune, beau, riche, en bonne santé et intelligent ! »

Hugo a enquêté pour vous.

Quelques réponses toutes prêtes…

Si nos parents ont du mal à positiver devant une de nos moyennes, on peut toujours leur dire :

Version optimiste

« Il faut voir le bon côté des choses, ça aurait pu être pire encore ! »

Version outrée

« Vous en voulez toujours plus ! Vous ne vous rendez même pas compte de la chance que vous avez d'avoir un enfant en bonne santé ! »

C'est quoi ? C'est une attitude résolument optimiste qu'on peut appliquer au quotidien. Exemple : au lieu de nous dire « zut, c'est la fin des vacances et je commence par trois contrôles » – une attitude incontestablement négative –, on peut essayer de penser « chouette, je vais revoir mes potes et comme c'est la rentrée, on aura plein de trucs à se raconter » ! Bon d'accord, ça ne change rien au fait que les trois contrôles sont toujours là, mais on ne va quand même pas laisser les profs nous gâcher le plaisir de nous revoir, sinon, où va-t-on ?

Le bon plan Avoir des amis qui ont la « positive attitude » – même s'ils ne sont pas blonds et qu'ils ne s'appellent pas Lorie ! –, ça peut aider à nous sentir mieux. En effet, être positif, c'est contagieux ! Et il y a des fois où on a vraiment intérêt à l'être : par exemple, quand on annonce un 10 / 20 à nos parents, dans une matière où d'habitude, on est vraiment au top.

Le plan galère Si on se trouve dans une mauvaise phase, qu'on se démotive, que l'on croit qu'on ne peut plus y arriver, il faut essayer de trouver des potes très « contagieux » pour ce qui est de voir la « vie en rose », histoire de sortir de ce cercle vicieux. Bref, on dit momentanément « adios à tous les amigos » qui broient du noir. Sinon, ça nous pompe toute notre énergie et on ne profite plus des bons moments de la vie, du collège et des activités dans lesquelles on peut s'éclater !

LA PAROLE AUX PROS

Comment ça marche ?

« Positiver » est un néologisme, c'est-à-dire un nouveau mot, fabriqué à partir de l'adjectif « positif ». C'est une attitude de vie qui découle du courant actuel de la psychologie positive, celle qui cherche à augmenter les sources de plaisir et de bonheur. « Positiver » n'appartient pas à la langue française, mais est devenu un verbe actuel. Cela veut dire : voir les choses du bon côté, ne pas se prendre la tête pour des futilités. On pourrait dire que positiver, c'est faire en sorte de voir la vie en rose !

Nous sommes aujourd'hui dans une société du « bonheur », où tout doit nous rendre heureux et où les choses tristes doivent passer au second plan. On le voit bien dans les publicités qui vendent du rêve et poussent à consommer toujours avec la promesse du grand bonheur et du grand plaisir. Parfois, c'est un peu difficile, car tu peux presque te sentir coupable de ne pas aller bien ou de te sentir triste. Attention à ne pas te laisser dominer par cette dictature du positif à tout prix ! Il y a des jours où tu dois accepter sans honte tes moments de cafard. C'est normal et ça fait réfléchir, grandir, évoluer...

Notre conseil

Tu peux avoir un petit carnet où tu écris tous les soirs ce qui était bien dans ta journée. Même les toutes petites choses ! Et les soirs où tu ne te sens pas bien, relis tes notes. Tout de suite, tu te sentiras déjà un peu mieux car, ce faisant, tu obliges ton cerveau à repenser à des choses positives !

Vrai ou Faux ?

On ne peut pas toujours positiver.

Vrai, bien sûr ! Il n'y a rien de positif à perdre un être cher (deuil), même si on peut repenser aux bons moments passés ensemble...

Pour ta culture perso

« Positive attitude », c'est le titre d'une chanson de Lorie (2003). Expression que le premier ministre de l'époque, Jean-Pierre Raffarin, a « officialisée » en l'utilisant dans un discours politique, et dont les publicitaires ont tiré un verbe utilisé dans la fameuse pub : « Avec Carrefour, je positive ! »

a b c d e f g h i j k l m n o p q r s t u v w x y z

PRÉSENTATION DU

« Une copie mal présentée ne donne pas envie d'être regardée ! »

Charlotte et Fanny ont enquêté pour vous.

C'est quoi ? C'est déjà une partie de la note et c'est aussi une question de respect de nos professeurs. En plus, pour le brevet des collèges où les épreuves sont corrigées de façon anonyme, les correcteurs qui tombent sur des copies illisibles ne feront pas forcément l'effort de les lire (de quoi se prendre un beau zéro pointé !).

Le bon plan Chaque prof a ses petites habitudes en matière de présentation. Certains veulent un cartouche, c'est-à-dire un emplacement réservé à leur appréciation, à la note et à la signature des parents. D'autres veulent les titres d'une certaine couleur. D'autres exigent le stylo plume… Quoi qu'il en soit, on a intérêt à respecter leurs consignes car ils nous en seront reconnaissants et leur notation s'en ressentira !

Le plan galère Quand on écrit mal, forcément, la présentation en pâtit. Dans ce cas, on doit au moins faire l'effort de ne pas avoir un stylo qui bave. On a aussi intérêt à sauter des lignes car plus c'est espacé, plus c'est aéré et plus ça a des chances de passer !

La bonne blague

Antoine* ramène des notes épouvantables du collège, en particulier en français, non pas parce qu'il ne sait pas répondre, mais parce que son écriture est incompréhensible.
Son père, excédé, lui propose un marché : « Soit tu fais un effort de présentation et je te récompense en te donnant 10 euros à chaque fois que tu as une bonne note, soit je te confisque ta console, ton portable et ton ordinateur. C'est compris ? »

Le lendemain, Antoine va voir son prof de français et lui dit : « Ça vous dirait de gagner 5 euros par copie corrigée ?… »

** Antoine veut être… dans le commerce, bien sûr !*

Comment ça marche ?

Parfois, tu écris mal car ta main est trop crispée ou parce que tu as un « dys » (voir pages 140 à 143...). Dans ce cas, il te faut d'abord résoudre ce problème. La présentation viendra après. En attendant, pour les devoirs à la maison où cela est autorisé (exposés, recherches documentaires, etc.), saisis ton texte sur ordinateur : au moins, il sera propre !

Mais parfois, tu ne cesses de raturer car tu ne prends même pas le temps de réfléchir avant de noter, tellement tu as peur de ne pas finir à l'heure. C'est vrai qu'au collège le rythme est plus soutenu qu'en primaire. Pour autant, si tu écris sans réfléchir, puis si tu ratures et réécris la bonne réponse, tu y passes finalement plus de temps ! Aussi, efforce-toi de prendre quelques secondes avant de te lancer (ou alors, jette tes premiers mots sur un brouillon) et tu verras que tu n'auras pas perdu ton temps !

Notre conseil

Si tes professeurs attachent autant d'importance à la présentation de ton travail, ce n'est pas pour t'embêter, mais parce que ça ne les amuse pas de perdre leur temps à essayer de comprendre ce que tu as bien voulu dire. Si tu étais le seul élève qu'ils avaient à corriger, ça pourrait encore passer. Mais au bout de 30 copies, ils en ont un peu assez ! De plus, une feuille qui ressemble à un torchon peut avoir un côté agressif : c'est un peu comme si tu leur « jetais » ton travail en vrac à la figure, en leur disant « débrouillez-vous avec ça » ! Alors, forcément, c'est normal qu'ils n'apprécient pas...

Vrai ou Faux ?

Les garçons ont plus de problèmes de présentation que les filles.

En principe non ! En l'absence d'autre trouble associé, il n'y a pas de raison médicale. Peut-être est-ce juste une question d'éducation : en effet, voilà des générations que notre société encourage les filles à s'appliquer, à soigner leur apparence, à prendre soin de ce qu'elles possèdent, alors que ça n'a pas toujours été la priorité pour les garçons...

Pour ta culture perso

La façon dont on demande aux élèves de présenter leur copie ne cesse d'évoluer. Du temps de tes grands-parents, il n'était pas concevable d'écrire autrement qu'à la plume. Et la moindre rature valait une punition à son auteur !

LA PAROLE AUX COLLÉGIENS

> **« À jouer au petit chimiste attention aux résultats catastrophiques… surtout pour les allergiques ! »**

////////////// Juliette et Diana ont enquêté pour vous. //////////////

C'est quoi ? Ce sont des produits que nous fabriquons nous-même, à partir d'éléments parfois naturels, mais pas seulement. Ça peut être des recettes de cuisine (vegan ou autre), des produits de beauté, de soin des cheveux, etc. On trouve ces recettes dans des tutos sur les médias sociaux.

Le bon plan Ce qui est génial avec les produits faits maison, c'est qu'on sait exactement ce qu'on va utiliser, puisqu'on l'a fait nous-même. Donc, on peut choisir les meilleurs ingrédients de base, les plus naturels possible, et en produire la quantité voulue. On a la pleine maîtrise de la fabrication du produit, et c'est bon pour tout : pour nous – notre peau, par exemple – et pour la planète !

Le plan galère Quand on cherche des tutos pour répondre à une problématique, on peut passer des heures à naviguer sur Internet, et à passer de recommandation en recommandation, sans rien faire du tout, même si on était plein de motivation et d'envie ! Et puis, quand on joue au chimiste, on peut se retrouver avec des résultats parfois…

Quelques réponses toutes prêtes…

Si nos parents s'étonnent qu'on passe un temps fou à faire nous-même nos produits de beauté, on peut leur répondre :

Version femme d'affaires

« Et ce n'est pas fini, à moi le laboratoire ultramoderne et les commandes du monde entier !!! »

Version résignée

« Il faut bien que je me débrouille toute seule, vous me le dites assez… »

« FAITS MAISON »

Comment ça marche ?

L'idée du produit « fait maison » (aussi appelé DIY ou « do it yourself ») est de faire soi-même plutôt que d'acheter, que ce soit pour le payer moins cher ou pour être certain que les ingrédients utilisés sont naturels, ou pour des raisons écologiques (moins d'emballages, moins de kilomètres parcourus si les ingrédients de base). De nombreux livres donnent des recettes et, sur Internet, on trouve toutes sortes de tutoriels (vidéos) qui montrent comment s'y prendre.

Le problème – car il y en a un –, c'est que les personnes qui réalisent les tutoriels ne sont pas forcément des expertes : elles ne sont pas chimistes, pas pharmaciennes, pas médecins. Elles peuvent donc donner des conseils dangereux. Par exemple, pour fabriquer un équivalent de slime (pâte gluante et colorée, ludique), de nombreuses recettes proposent de recourir à des ingrédients connus pour entraîner des troubles respiratoires, des allergies, et même à des « perturbateurs endocriniens », c'est-à-dire des substances capables d'interférer avec tes hormones ! Or la puberté est une période particulièrement sensible, durant laquelle il vaut mieux éviter de les dérégler. Autre exemple : bon nombre de tutoriels proposent de recourir à la soude caustique pour faire du savon, alors que c'est corrosif pour la peau, les yeux, les poumons, et donc dangereux à manipuler.

Notre conseil

Tu dois être encore plus vigilant avec les cosmétiques. Déjà, c'est déconseillé si tu as des allergies ou tout autre problème de peau. Ensuite, pour qu'un produit « maison » soit sûr, les ingrédients utilisés doivent être inoffensifs (en provenance d'un fournisseur européen). Les ingrédients qu'on te propose de mélanger doivent avoir fait l'objet d'une évaluation de sécurité, or c'est rarement le cas (trop de combinaisons possibles pour les vérifier toutes). Il faut enfin que le mode de préparation et de conservation de ces produits soit le bon, sinon des bactéries, des champignons peuvent y proliférer : voudrais-tu vraiment en appliquer sur ton visage au risque d'avoir des boutons ?

Si tu veux tenter le coup, mieux vaut te trouver un livre écrit par un expert dans son domaine : un aromathérapeute est celui qui connaît bien les huiles essentielles ; un phytothérapeute, celui qui connaît bien les plantes, etc.

Vrai ou Faux ?

Quand c'est à base de produits naturels, c'est forcément inoffensif.

Faux ! Les recettes à base d'huiles essentielles sont nombreuses en cosmétique ; or ces concentrés de plantes peuvent s'avérer très irritants. Mais avec un peu de bon sens, tu peux t'y retrouver : par exemple, pour un masque express nourrissant pour cheveux, tu te doutes bien que le fait d'appliquer un jaune d'œuf cru mélangé à de la pulpe d'avocat mixée sur ta chevelure, de laisser reposer trente minutes sous une charlotte et de rincer à l'eau tiède est une recette inoffensive, car elle ne comporte aucun ingrédient qui pourrait s'avérer dangereux s'il était mal utilisé !

Pour ta culture perso

Cléopâtre VII, reine d'Égypte, connue pour ses bains au lait d'ânesse, n'avait pas que du nez quand elle suivait une recette de beauté. Elle utilisait aussi les sels de plomb et d'arsenic, qui sont tous deux très toxiques !

PROFESSEUR

LA PAROLE AUX COLLÉGIENS

« C'est le plus beau métier du monde*! »

**Étant encore au collège, vous ne pensiez quand même pas que j'allais critiquer !*

Fanny a enquêté pour vous.

C'est qui ? Ce n'est ni notre nounou ni notre copain ! C'est un professionnel payé pour nous transmettre des connaissances en maths, en français, en langues, etc. Pour cela, il a fait des études dans sa matière, mais pas assez en pédagogie, d'où, parfois, quelques ratés dans les façons de faire les cours ! Mais si on y réfléchit bien, un prof, c'est aussi quelqu'un qui aura passé « toute sa vie » au collège ! Dur, dur…

Le bon plan Pour nous faire bien voir d'un prof, on peut rester à discuter du cours un peu avec lui à la fin de l'heure… sauf si ça tombe un jour où il a vraiment l'air pressé ! Et pour éviter de nous faire mal voir, gare au sac déjà rangé dix minutes avant la sonnerie ou au regard braqué en permanence sur la montre !

Le plan galère Certains profs ont une telle réputation qu'on n'a vraiment pas envie de tomber sur eux. Et forcément, ce sont ceux-là qu'on se récupère ! Dans ce cas, une seule solution : faire l'effort de participer à l'oral pour que le prof ait l'impression qu'on s'intéresse à fond à sa matière ! En effet, on va passer un an avec lui, alors autant que ça se déroule le mieux possible… même si c'est juste une histoire de quelques heures par semaine !

Quelques réponses toutes prêtes…

Si notre prof principal nous pose la question fatidique : « Ça vous dirait d'être prof ? », on peut toujours lui répondre :

Version logique
« Faites-nous d'abord la liste des pour et des contre, afin qu'on ait tous les éléments pour vous répondre ! »

Version intéressée
« Si je dis oui, je remonte dans votre estime ? »

Version très intéressée
« Ça paye bien ? »

Version méga intéressée
« Ça fait combien de journées de congé dans l'année, déjà ? »

De quoi s'agit-il ?

La place d'un professeur, dans un collège, est très claire, du moins en théorie : il est là pour enseigner sa matière, pour transmettre un savoir. Cela peut paraître tout simple mais, en pratique, cela signifie qu'il doit aussi te donner l'envie d'apprendre, te motiver. Et pour t'intéresser, il lui faut te montrer à quoi ça pourrait bien te servir. Il faut enfin que tu sois réceptif à son discours et là, ça dépend aussi de toi ! En effet, ton professeur ne peut t'obliger à te concentrer et à travailler si tu n'es pas du tout décidé ou si tu pars avec le préjugé que sa matière est nullissime !

Les professeurs sont bien sûr attirés par les élèves qui réussissent bien avec eux, mais pas seulement. Ils sont également intéressés par les élèves qui ont des difficultés, mais qui n'hésitent pas à les voir en fin de cours pour leur demander conseil et qui font leur maximum pour s'améliorer. En fait, il n'y a pas pire pour un professeur qu'avoir affaire à un élève totalement indifférent et/ou insolent. En effet, ce n'est pas son rôle de t'éduquer (c'est celui de tes parents). Dans ce cas, il risque surtout de ne plus s'intéresser du tout à toi en se disant que si tu es en échec, c'est que tu l'as bien cherché...

Quant au professeur principal, c'est celui qui est en charge de l'ensemble de la classe pendant une année. C'est un adulte référent dont le rôle est de coordonner les relations entre élèves et autres enseignants, de gérer les problèmes internes de la classe, de discuter avec les élèves de problèmes particuliers. Pour cela, il existe une « heure de vie de classe » par semaine. Le professeur principal est celui vers lequel tu peux te tourner en cas de difficultés. Il t'aidera à trouver des solutions ou fera le relais avec les personnes concernées.

Notre conseil

Tu dois bien comprendre que les professeurs ne sont pas tes ennemis et que vous avez un objectif commun : ta réussite. Alors au lieu de te les mettre à dos, ne serait-ce que pour faire rigoler tes copains, essaie plutôt de te mettre les professeurs « dans la poche » en participant à l'oral, par exemple. Les profs ne reprochent pas à un élève de se tromper. En revanche, ils n'apprécient guère que tu leur donnes l'impression de ne faire aucun effort avec eux. Et si tu ne réponds jamais à leurs questions, c'est ainsi qu'ils risquent de te cataloguer...

Vrai ou Faux ?

Il faut passer un concours pour être professeur !

Vrai ! Il est accessible à partir de trois ans d'études au minimum après le bac. Et il y a beaucoup de candidats, mais peu d'élus. C'est dire s'ils sont motivés pour faire ce métier !

Pour ta culture perso

En médecine, un professeur (Pr) est celui qui est reconnu par ses pairs pour ses travaux de recherche, notamment. Beaucoup sont également chefs de service, c'est-à-dire qu'ils dirigent un service de médecine, dans leur spécialité.

PSYCHOLOGUE

« Une main tendue, ça peut aider ! »

////////////////////// Hugo a enquêté pour vous. //////////////////////

C'est quoi ? C'est un spécialiste qui peut nous aider à dépasser nos difficultés, à nous sentir mieux, notamment lorsqu'on a des problèmes au collège ou au sein de notre famille. Cette personne est là, à notre écoute, pour nous faire avancer dans la vie. Et ça peut vraiment être utile ! Pas seulement pour des problèmes psychologiques, mais aussi pour des difficultés à nous concentrer, à bien mémoriser, à nous organiser, etc.

Le plan galère Refuser d'aller voir un psychologue sous prétexte qu'on arrivera bien à s'en sortir tout seul, c'est galère ! Car si on n'y est pas arrivé jusqu'à présent – d'où nos ennuis scolaires –, il n'y a pas de raison que ça aille mieux demain, comme par magie !

Notre astuce Quand on raconte nos problèmes à un psy, rien ne filtre ! On peut lui dire tout ce qu'on a sur le cœur, même du mal de nos parents ou de nos profs, car il est tenu au secret professionnel.
Et c'est hyper cool de pouvoir parler en totale liberté : rien que cela, ça nous soulage vraiment !

Quelques réponses toutes prêtes…

Si on veut aller voir un psychologue et que nos parents nous demandent pourquoi, on peut toujours répondre :

Version lucide
« Comme tu as pu t'en rendre compte, j'ai des difficultés au collège, et je suis sûr que je peux faire mieux ! »

Version prudente
« Pour avoir l'avis d'un professionnel et ne pas me tromper de voie ! »

Version incomprise
« Pour voir enfin quelqu'un qui m'écoute ! »

LA PAROLE AUX PROS

Comment ça marche ?

Un psychologue est un professionnel de la psychologie qui a suivi 5 années de formation à l'université après avoir obtenu un master 2. Il existe plusieurs spécialités, différentes selon les universités.

On peut choisir la psychologie de l'enfant, de l'adolescent, de l'adulte, de la personne âgée, ou encore la psychologie du travail (pour étudier dans les entreprises les conditions de travail et comment les améliorer), la psychologie sociale – par exemple pour étudier les comportements des consommateurs –, la psychologie expérimentale (pour des recherches scientifiques), la neuropsychologie (pour l'étude du fonctionnement du cerveau, etc.).

Mais si, toi, tu es amené à voir un psychologue, ce sera un psychologue de l'enfance ou un neuropsychologue. Il est formé pour comprendre les problèmes psychologiques que tu rencontres et t'aider face à une difficulté : si tu te sens souvent triste, si tu as l'impression que tu n'arrives jamais à te faire des amis, si à la maison c'est la crise avec tes parents, en cas de deuil d'un proche, ou encore si tu es angoissé, que tu ne manges plus, que tu n'as plus envie de rien…

Le psychologue t'aidera à surmonter tout ça et te donnera des façons différentes d'envisager ton problème pour que tu retrouves ton équilibre psychologique et ta confiance en toi.

Tu peux aussi aller voir un psychologue quand tu as des difficultés à l'école et que, malgré tous tes efforts, tu n'y arrives plus. Dans ce cas, il pourra te proposer de faire un bilan à l'aide de tests qui permettront de bien comprendre l'origine de tes difficultés et l'aide précise qu'il faut t'apporter. Plusieurs prises en charge sont possibles : une psychothérapie (tu discutes avec le psy et vous cherchez ensemble des solutions), une remédiation cognitive (pour te donner des stratégies efficaces face aux apprentissages), des séances de gestion du stress ou d'affirmation de soi, du coaching psychologique pour te stimuler, etc. La panoplie est large et s'adapte à chaque problème.

Notre conseil

N'hésite pas à demander à aller voir un psy. Les psys, ce n'est pas pour les fous ! Parles-en à tes parents, à ton médecin généraliste, à l'infirmière du collège. Tu pourras alors rencontrer le spécialiste dont tu as besoin pour aller mieux. Rien ne sert de se cacher ses problèmes, il vaut mieux les affronter et les dépasser.

Vrai ou Faux ?

Le psychologue peut travailler de façon complémentaire avec d'autres professionnels.

Vrai ! Le psychomotricien, formé dans une école spécifique, s'occupe de tout ce qui touche à la coordination des mouvements et à la gestion de l'espace (on va souvent le voir quand on a des problèmes pour bien tenir son stylo par exemple). L'orthophoniste, lui, est formé pour la rééducation des troubles du langage : si tu es dyslexique, si tu as des problèmes d'orthographe insolubles, si tu as du mal à lire à haute voix ou à comprendre ce que tu lis…

Pour ta culture perso

Psychologue vient des mots grecs *psyché*, esprit, et *logos*, discours. Freud, l'inventeur de la psychanalyse (1856-1939), a compris le premier l'impact de l'inconscient sur notre vie de tous les jours et la libération des souffrances psychiques par la parole.

PUBERTÉ DES

« C'est quand on commence à voir le monde d'un autre œil ! »

Charlotte et Fanny ont enquêté pour vous.

C'est quoi ? C'est quand on devient physiquement une jeune fille, avec d'abord les seins qui poussent, puis les poils et enfin les règles. Sans compter qu'on grandit beaucoup à ce moment-là (y compris des pieds !). Ce qui est étonnant, c'est que dans une même classe, on voit des filles à tous les stades de la puberté : avant, pendant et après ! En effet, ça ne survient pas au même âge chez tout le monde… Certaines sont très vite des jeunes femmes, d'autres restent petites filles plus longtemps et les écarts de taille peuvent varier de 20 cm entre deux copines !

Le bon plan Quand on est plus petite que tout le monde, on peut au moins se consoler en payant nos places de sorties moins cher ! En effet, c'est alors très facile de se faire passer pour moins de 12 ans ! On peut aussi récupérer les jolies tenues des copines – sauf si elles ont une petite sœur – qu'elles ont eu à peine le temps de mettre avant de déborder de partout !

Le plan galère Quand on dépasse tout le monde d'une tête parce qu'on est entrée dans la puberté avant les autres, on donne l'impression qu'on est plus âgée et qu'on a redoublé ! En plus, on est vite repérée si on bavarde, ou si le prof cherche une victime à interroger ! On peut aussi être complexée parce qu'on a des poils sur le pubis avant les copines ou qu'on met déjà des soutiens-gorge… ou exactement le contraire quand on est trop petite ! C'est le décalage avec les autres qui est difficile à vivre !

Quelques réponses toutes prêtes…

Si on se moque de nous parce qu'on ne grandit pas assez vite, on peut toujours répondre :

Version moqueuse
« Pour chausser comme toi du 42 "fillette", non merci ! »

Version agressive
« En tout cas, toi, ton nez, il a fait sa puberté ! »

Version dicton
« Tout ce qui est petit est mignon ! »

FILLES

Comment ça marche ?

La puberté traduit l'entrée en activité des glandes surrénales – situées juste au-dessus des reins – qui se mettent à produire des androgènes. De leur côté, l'hypothalamus (dans le cerveau), qui est le centre de contrôle des glandes de l'organisme, et la glande hypophyse, leur « chef d'orchestre », stimulent à leur tour les ovaires chez la fille : ce sont eux qui sécrètent des hormones sexuelles féminines à l'origine des changements physiques.

Chronologiquement, tout commence par une discrète surélévation de l'aréole des seins et l'apparition de quelques poils sur le pubis aux alentours de 10 ans (il s'agit d'une moyenne d'âge). La poussée des seins va se poursuivre pendant environ quatre ans. Durant cette période, il est assez fréquent qu'un sein pousse un peu plus vite que l'autre : tu ne dois pas t'inquiéter de cette asymétrie, c'est banal et souvent tout rentre très vite dans l'ordre ! Puis, tu te mets à grandir, ta poussée de croissance atteignant un maximum deux ans et demi après les premiers signes de puberté, avant de ralentir. Bassin, fesses, hanches, organes génitaux prennent également des formes plus féminines. Quant aux règles, elles apparaissent environ deux ans et demi après le début du développement des seins. Ainsi, la puberté dure environ cinq ans.

Notre conseil

Si tu as la chance d'avoir une grande sœur, n'hésite pas à lui poser des questions. Sinon, tu peux aussi te confier à ta mère puisqu'elle est passée par là. Après tout, même si c'est parfois un peu angoissant de constater que ton corps change et que tu ne maîtrises pas tout, la puberté a aussi des bons côtés comme sortir « entre filles » pour s'acheter des « trucs de grandes » , à commencer par les brassières ou les soutiens-gorge… et surtout, avoir enfin le droit de faire des activités que tes parents refusaient auparavant. C'est vrai quoi : une bonne poussée de croissance, il n'y a rien de tel pour qu'on te prenne enfin au sérieux !

Vrai ou Faux ?

L'âge de la puberté a tendance à diminuer.

Vrai, surtout chez la fille ! On parle de puberté précoce lorsque la poussée des seins commence avant l'âge de 8 ans. Les médecins avancent plusieurs explications à ce phénomène : la flambée de l'obésité infantile (car la graisse facilite la production d'hormones féminines), le manque d'activité physique, mais aussi probablement les pesticides et autres perturbateurs endocriniens, qui se comportent comme des estrogènes. À l'inverse, le sport intensif et l'anorexie risquent surtout de la retarder.

Pour ta culture perso

À partir du moment où tes ovaires fonctionnent, même si tes règles sont encore irrégulières (ce qui arrive souvent), le risque de grossesse existe en cas de rapport sexuel. Et cela peut arriver même la première fois. Il vaut mieux le savoir pour se protéger !

PUBERTÉ DES

« C'est quand on devient un homme avec un grand H! »

/////// Hugo (avec un grand H également !) a enquêté pour vous. ///////

C'est quoi ? En général, ça commence entre 13 et 15 ans. C'est un phénomène que l'on ne contrôle pas du tout et qui transforme petit à petit notre corps d'enfant en corps d'homme. Tout y passe : apparition des poils, mue de notre voix, développement des muscles, poussée de croissance, grossissement de notre sexe… Et en plus – merci du cadeau ! – ça s'accompagne souvent d'effets parallèles gênants comme l'acné, la peau et les cheveux gras… Bonjour la transformation !

Le bon plan Si on a des boutons, la peau ou les cheveux gras pendant cette période, il existe tout un tas de produits en pharmacie qui peuvent réduire ces désagréments. Alors, si avec ces produits, c'est plus facile pour nous de devenir des « bombes », il n'y a aucune raison de nous en priver !

Le plan galère Parfois, quand les changements de la puberté tardent à venir, on peut se sentir mal vis-à-vis des autres garçons qui eux deviennent des hommes. Et puis les filles qui ont déjà fait leur puberté nous regardent un peu comme leur petit frère. Si cela arrive, il faut se dire qu'on ne peut pas lutter contre la nature, que notre tour viendra !

Quelques réponses toutes prêtes…

Si on se moque de nous parce qu'on fait déjà une tête de plus que les autres, on peut toujours répondre :

Version ironique

« Tiens, le microbe a quelque chose à dire ? »

Version rancunière

« On en reparlera au prochain match de basket ! »

Version bricoleur

« Va t'acheter un mètre ruban, mesure l'écart réel entre nous et, après, on verra si tu as toujours envie de répéter ce que tu viens de dire ! »

Comment ça marche ?

Chez le garçon, la puberté dure six ans, les premiers changements apparaissant en moyenne vers 11 ans et demi (parfois plus tard). Beaucoup de garçons s'inquiètent de savoir si la taille de leur pénis est normale. Au repos, cela ne veut rien dire. En érection, on a l'habitude de dire qu'à partir de 12 cm, tout va bien, mais ce n'est pas à quelques millimètres près ! Et il y a de la marge entre un pénis de 10 cm (en érection) à 13 ans et un pénis de 5 cm (en érection), au même âge. Dans ce cas, l'avis de l'endocrinologue est préférable car, si un traitement hormonal devait s'avérer utile, il ne faut pas attendre la fin de ta puberté pour consulter.

En fait, le problème le plus souvent rencontré à la puberté et de loin, c'est la rupture du frein qui est le filet de peau saillant reliant le prépuce au gland, au niveau de sa face inférieure. Cela peut survenir lors d'un rapport sexuel, mais pas toujours. En cas de saignement, il suffit de comprimer avec un pansement durant quelques minutes. Ensuite, il faut consulter un urologue car le frein étant rarement bien coupé, une récidive est possible. Pour l'éviter, il peut proposer un petit geste chirurgical minime et très simple.

Moins fréquent mais plus ennuyeux, il y a le problème du paraphimosis (étranglement de la base du gland du pénis par un anneau préputial trop étroit : un truc à essayer en urgence, c'est de passer le gland sous l'eau froide et appuyer un peu dessus dans l'espoir de le faire rétrécir pour qu'il rentre dans le prépuce). Si rien n'y fait, c'est une urgence chirurgicale. Pour éviter que cela arrive, l'urologue peut proposer « une circoncision » à titre préventif. Cela consiste à retirer une partie ou l'ensemble du prépuce. C'est rapide : un jour d'hospitalisation, (pas de rapports sexuels durant 3-4 semaines) et enfin la tranquillité !

Enfin, chez certains garçons, au moment de la puberté, les seins se mettent également à pousser, ce qui génère une vive angoisse. Il vaut mieux consulter et bénéficier d'un bilan médical pour s'assurer que tout va bien, mais souvent ce phénomène est transitoire et sans caractère de gravité. Pour éviter néanmoins que cette poussée mammaire ne soit trop importante et donc source de complexes, le médecin peut prescrire un traitement afin de la stopper net. Là encore, plus tu t'y prends tôt, mieux c'est !

Notre conseil

À ton âge, le plus gros ennemi de ta virilité, c'est… le cannabis ! Ceux qui fument plusieurs joints par semaine se plaignent fréquemment de gros troubles de l'érection. Par ailleurs, beaucoup de garçons ont peur de ne pas arriver à « bander » (terme courant pour avoir une érection) lors des premiers rapports sexuels. C'est dans la tête que ça se passe et il faut avoir confiance en soi. Une panne ponctuelle en cas de stress, ça arrive (à tous les hommes, si, si !) et ce n'est pas grave du tout.

Vrai ou Faux ?

Un garçon peut avoir une érection sans le vouloir !

Vrai ! Cela se produit d'ailleurs plusieurs fois par nuit et c'est parfaitement normal. En pratique, une érection se produit lorsque le débit sanguin augmente fortement dans les artères qui passent dans le pénis. Les variations du débit sanguin sont régies par le système neurovégétatif qui est indépendant de la volonté. C'est pourquoi un garçon n'est pas toujours maître de ses érections !

Pour ta culture perso

Se faire traiter de « puce », ça peut être un compliment. Proportionnellement, la taille de la verge d'une puce est énorme : elle fait le quart de sa longueur – ce qui équivaudrait à 45 cm pour un homme de 1,80 m –, sans compter que la puce est dotée de 2 pénis subsidiaires !

LA PAROLE AUX COLLÉGIENS

« Génération Ado Le Dico, c'est super génial !* »

** Ben quoi, nous aussi on fait notre pub !*

////////////// Charlotte, Fanny et Hugo ont enquêté pour vous. //////////

C'est quoi ? Les marques et les grandes entreprises utilisent les médias (journaux, radio, affiches, télévision, etc.) pour promouvoir leurs produits. Et elles le font en fonction de leurs cibles. Pour tout ce qui tourne autour des jeux vidéo, des sucreries et de la mode, nous les ados, on est la cible n° 1 ! Mais attention à ne pas se faire trop manipuler… surtout si on doit payer avec notre argent de poche !

Le bon plan Les antipubs ont un truc infaillible pour ne pas se laisser avoir. Ils profitent de la pub au milieu du film… pour faire une pause pipi ! Variante : on peut aussi en profiter pour téléphoner à un pote !

Le plan galère Nos parents disent souvent qu'à notre âge, on est très influençables, qu'on doit apprendre à nous faire notre propre opinion et ne pas nous laisser avoir par le pouvoir des médias et de la publicité. Pour leur montrer qu'on ne nous la fait pas, on n'a qu'à leur demander de nous acheter une pâte à tartiner d'une marque super connue et une autre pâte à tartiner, pour voir si la plus célèbre est vraiment meilleure. Avantage : ça nous fait deux pots de pâte à tartiner au lieu d'un ! Et après, si on leur réclame la plus chère, ils ne pourront rien répondre puisqu'on se sera forgé notre propre opinion !

Quelques réponses toutes prêtes…

Si on nous reproche d'être complètement intoxiqué par la pub, on peut toujours dire :

Version accro
« Les marques, ça démarque ! »

Version très accro
« Bien acheter, c'est le début du bonheur ! »

Version carrément incurable
« C'est parce que je le vaux bien ! »

Comment ça marche ?

La publicité est ce qui permet de faire connaître un produit et d'en vanter toutes les qualités ou les mérites. Tu connais tous les supports de pub : la TV, la radio, les affiches de rue (en termes pro ces affiches s'appellent des 4×3, car elles mesurent 4 m de long sur 3 m de large), les journaux, les magazines, les affichettes sur les abribus, publicités en ligne, pubs ciblées grâce aux cookies, etc. La création des pubs est en général confiée à une agence de publicité dont le métier consiste à réfléchir à ce qu'il faut dire pour donner envie d'acheter ce produit, à créer le visuel (l'image), à imaginer un slogan (la petite phrase que tu vas retenir et éventuellement une musique), à décider des supports à utiliser en fonction de la cible.

Le fabricant du produit (l'annonceur) confie donc à l'agence son budget publicitaire, lui donne les directives et finance la campagne de pub.

Les publicitaires ne peuvent pas faire n'importe quoi pour t'influencer, il existe des commissions de contrôle comme le CSA (Conseil supérieur de l'audiovisuel), qui examine toutes les publicités pour voir si elles ne comportent rien de choquant, d'illégal, de contraire aux mœurs.

Par ailleurs, il existe de nombreuses autres façons de faire de la publicité : dans les magasins (présentoirs), par courrier (publicité dans ta boîte aux lettres), dans les manifestations sportives (sponsoring), etc. Quelle que soit la forme de la publicité, elle met toujours en valeur le produit de façon à te donner envie de l'acheter, même si tu n'en as aucun besoin !

Notre conseil

On peut apprendre à décoder les publicités pour mieux comprendre l'impact qu'elles ont sur nous. C'est quelque chose qui devrait être enseigné au collège pour nous éviter être des victimes ignorantes ! Certaines couleurs, certaines lumières, certaines musiques, certains plans (façon de photographier ou de filmer) peuvent t'influencer à ton insu. De nombreuses études démontrent ce qui a un impact sur ton cerveau sans que tu en aies conscience et les publicitaires utilisent ces techniques pour être le plus efficace possible ! Il ne faut jamais l'oublier, même s'il n'y a pas lieu non plus de diaboliser la publicité dont l'objectif est aussi de faire connaître les choses nouvelles.

Vrai ou Faux ?

À la télé, au cinéma, sur internet le son des publicités est légèrement plus élevé que celui du film ou de l'émission que tu étais en train de regarder.

Vrai ! C'est pour attirer ton attention, même si tu profites de ce moment-là pour aller dans la pièce voisine !

« Une psychologue m'a dit un jour que j'avais un QI élevé! Elle m'a dit que c'était une forme d'intelligence différente!...»

////////////////////// Hugo a enquêté pour vous. ///////////////////

C'est quoi ? Le quotient intellectuel est une des parties de notre intelligence. Ça ne veut pas dire que, si on a un bon QI, on est fort au collège, mais qu'on ne pense pas forcément de la même façon que les autres. Mais attention ! Ça ne fait pas de nous un être bizarre ou anormal ! De même, on peut être fort au collège et avoir un QI normal, et être nul au collège et avoir un gros QI ! Bien d'autres facteurs entrent en compte, à commencer par la confiance en nous !

Le bon plan Si on doit passer un test de QI, ça ne sert à rien de nous entraîner d'avance dans l'espoir de tricher un peu, car les psychologues le verront facilement. Il vaut mieux répondre sincèrement. Après tout, connaître son vrai QI, ça peut servir (ne serait-ce que pour reprendre confiance en nos capacités).

Le plan galère Au collège, certaines formes d'intelligence sont nettement plus appréciées que d'autres, comme l'esprit logique. Ce sont celles-là qui nous permettent d'avoir de bonnes notes, alors que tout ce qui est du ressort de l'intuition (intelligence émotionnelle), par exemple, n'est pas vraiment pris en compte !

//

Quelques réponses toutes prêtes...

Si un jour, au collège, on nous traite de « débile », on peut toujours répondre :

Version dicton

« Va donc tester ton QI avant de parler ! Rira bien qui rira le dernier ! »

Version ironique

« Monsieur s'y connaît en matière d'intelligence ? »

Version méchante

« Bah, chacun son truc ! T'as un gros Q, et moi, un gros QI !!! »

LA PAROLE AUX PROS

Comment ça marche ?

QI sont les initiales de quotient intellectuel. C'est un score que l'on obtient lorsqu'on passe des tests d'intelligence. Cela permet de te situer par rapport à la moyenne des autres personnes du même âge que toi. Ce n'est pas une « mesure » de l'intelligence puisque l'intelligence est par définition indéfinissable tellement elle recouvre de notions différentes !

En outre, le QI est stable dans le temps : tu as les mêmes ressources intellectuelles toute ta vie, sauf en cas de traumatismes crâniens ou de maladies graves qui pourraient te faire perdre tes fonctions intellectuelles, mais ce n'est évidemment pas fréquent.

Le QI est considéré comme une évaluation fiable de ton potentiel intellectuel. C'est un bon indice d'intelligence générale. On parle de QI normal quand on obtient un score entre 85 et 115. En dessous de 85, c'est un peu faible, et à partir de 130, ce sont les surdoués. En général, on passe des tests de QI quand on a des difficultés en classe et que l'on cherche à savoir s'il n'y aurait pas une particularité de ton intelligence qui t'empêcherait de réussir. Car dans un test d'intelligence, plusieurs domaines de compétence sont évalués. Ainsi, tu peux être très intelligent et pourtant rencontrer une difficulté dans un secteur particulier. C'est même pourquoi beaucoup de surdoués sont en échec scolaire : ils n'arrivent pas à utiliser leur forme d'intelligence qui est très différente de ce que l'on attend d'eux au collège, au lycée…

Bon à savoir : le QI n'a rien à voir avec le milieu social.

Notre conseil

Ne te focalise pas sur un résultat de QI ! On a plusieurs types d'intelligence. L'intelligence pratique, émotionnelle, musicale, kinesthésique (celle du corps, comme les sportifs), interpersonnelle (celle qui nous permet d'être appréciés par les autres) et toutes ces formes d'intelligence comptent énormément. À chacun son intelligence !

Vrai ou Faux ?

Les tests d'intelligence sur internet sont fiables.

Faux ! Seuls les tests pratiqués auprès de psychologues peuvent te donner une évaluation validée de ton potentiel intellectuel. Les tests sur internet, tu peux les passer pour t'amuser, mais ils n'ont aucune valeur diagnostique !

Pour ta culture perso

On dit que Einstein avait un QI de 160. Et pourtant à 7 ans, il ne savait pas encore lire et on pense d'ailleurs qu'il était dyslexique. Comme quoi intelligence ne veut pas dire être en avance ! Et ce n'est pas parce qu'on a certaines difficultés qu'il faut conclure qu'on n'est pas intelligent !

QUALITÉS

« C'est une grande qualité que d'assumer ses défauts ! »

Charlotte et Fanny ont enquêté pour vous.

C'est quoi ? C'est tout ce que les autres apprécient chez nous. Le problème, c'est que ce n'est pas forcément les mêmes appréciations selon les personnes qui nous entourent : par exemple, un copain peut apprécier notre humour... mais pas les profs ! Les copines peuvent apprécier notre disponibilité envers elles, mais pas nos parents !

Le bon plan Quand un de nos amis est un peu triste, ce qui arrive à tout le monde, au lieu de lui dire « ce n'est rien » – ce qui risque surtout de le conforter dans l'idée qu'il est nul ou incompris –, il vaut mieux insister sur ses qualités pour lui remonter le moral : « rusé comme tu es, tu vas vite trouver une solution... », « avec ta diplomatie légendaire, ça m'étonnerait qu'il reste longtemps fâché avec toi... », etc.

Le plan galère On a tous des qualités, mais tout le monde ne sait pas les trouver et les exploiter. En tirer le meilleur parti, ça, c'est une qualité ! Comme c'est plus simple de voir les qualités des autres que les nôtres, on peut se faire une « qualités party ». Ça consiste à se dire toutes nos qualités entre amis ! En plus, si ce sont les autres qui le disent !...

La bonne blague

Deux collégiens discutent :

La fille
« Dis-moi sincèrement, qu'est-ce que tu aimes le plus chez moi : mon intelligence ou mon physique ? »

Le garçon
« Ton sens de l'humour* ! »

** La blague peut également être racontée en inversant les rôles, tout dépend de qui la raconte !*

Mon charme capte même le soleil !

LA PAROLE AUX PROS

Comment ça marche ?

Dans le système scolaire, les qualités les plus appréciées sont la mémoire, la concentration, l'esprit de logique, le raisonnement, etc. Auprès de tes amis, il s'agit plutôt de l'humour, de la gentillesse, de la générosité, de la diplomatie, etc. Sur le marché du travail, cela peut être la créativité, l'organisation, l'esprit d'initiative, la capacité à travailler en équipe, etc. Bref, les qualités les plus utiles dans un domaine ne sont pas spécialement les plus recherchées dans un autre, ce qui veut dire que chacun peut trouver sa place en fonction de ses qualités à lui. C'est aussi pourquoi il est si important de savoir quelles sont tes fameuses qualités, justement : il ne s'agit pas de jouer les modestes, mais d'être réaliste, pour savoir sur quoi tu vas vraiment pouvoir t'appuyer, ce que tu peux améliorer et ce qui, *a priori*, n'est pas vraiment ton truc, même si, à ton âge, bien des choses peuvent encore changer !

Notre conseil

Connais-tu tes qualités physiques ? Scolaires ? Ce que l'on apprécie dans ton caractère ? Essaie de faire une liste écrite noir sur blanc, si besoin avec ton (ta) meilleur(e) ami(e). Ainsi, le jour où tu te sentiras vraiment nul parce que tu as raté quelque chose d'important à tes yeux, tu pourras la relire et ça t'aidera à rebondir !

Vrai ou Faux ?

La notion de qualité est subjective.

Vrai ! Aujourd'hui, une fille grande et mince peut être mannequin. Autrefois, les plus belles femmes étaient petites et rondes ! Et sans remonter les siècles passés, il y a de nombreux exemples dans notre société. Sans aller très loin, les multiples qualités que tu trouves à ton (ta) petit(e) ami(e) – comme son esprit rebelle, par exemple – ne sautent pas forcément aux yeux de tes parents qui y voient plutôt un certain nombre de défauts !

« Juger quelqu'un à sa tête, c'est bête, juger quelqu'un à sa peau, c'est sot! »

Charlotte et Fanny ont enquêté pour vous.

C'est quoi ? Nous sommes tous différents et aucun d'entre nous ne choisit son origine, la couleur de sa peau ou son sexe. Faire de la discrimination, c'est quand on n'accepte pas les particularités des autres, quand on les juge sans vraiment savoir de quoi on parle…

Le bon plan Si quelqu'un se moque parce qu'on est une fille (propos sexistes) ou qu'on n'est pas de la même origine (propos racistes), on peut se rappeler à son bon souvenir dès qu'on a une meilleure note que lui. Après tout, s'il se croit supérieur aux autres, ça risque de lui couper le sifflet de voir que ceux qu'il considère comme inférieurs peuvent le battre !

Le plan galère Si en histoire on étudie un génocide ou une guerre qui concerne nos ancêtres d'un passé plus ou moins récent, ça peut créer des tensions entre élèves de différentes origines. Pourtant, aucun d'entre nous n'est responsable, et ça, on ne doit pas l'oublier !

Quelques réponses toutes prêtes…

Si quelqu'un tient des propos racistes devant nous ou s'il nous dit que notre place, c'est dans la cuisine ou qu'on n'a qu'à retourner au pays, on peut toujours répondre :

Version tac au tac

« Et ta place, à toi, elle est où ? Au Moyen Âge ? »

Version ironique

« Tu me montres le chemin, puisque t'as l'air de si bien connaître ? »

Version pub

« Nous n'avons pas les mêmes valeurs ! »

Comment ça marche ?

Le racisme et la discrimination, c'est coller une étiquette à quelqu'un simplement parce que lui ou ses parents sont originaires d'une autre région du monde, parce qu'il a une autre couleur de peau, parce qu'il est différent (plus gros, plus petit, plus vieux...). C'est un peu comme si on généralisait en disant : « TOUS les Français sont des fainéants ou des voleurs » (simplement parce qu'ils sont français !), alors que ce n'est évidemment pas le cas.

De fait, chaque fois que l'on généralise, on risque surtout de commettre ce type d'erreur. Et le sexisme, qui vise le plus souvent à prendre les femmes pour des sous-hommes, relève du même procédé.

Pour la victime, c'est bien sûr très humiliant. Elle ressent un sentiment de grande injustice (d'ailleurs, c'en est une). Quant à la personne qui véhicule ce type d'idées, elle le fait le plus souvent par peur de l'inconnu – elle se méfie instinctivement de ce qu'elle connaît mal – ou à la suite d'une mauvaise expérience. Par exemple, un garçon qui se fait rembarrer un peu méchamment par une fille, puis par une autre, etc., peut finalement se dire que les filles sont toutes des idiotes et devenir sexiste. Ce n'est pas simplement une question de vengeance. Cela relève plus de l'inconscient : en effet, se dire que le problème vient des autres, ça lui évite de se remettre en question. Et, pour le cerveau, c'est beaucoup plus simple à gérer que de se poser la bonne question (« Mais qu'est-ce que j'ai bien pu leur dire pour qu'elles le prennent aussi mal et m'envoient toutes bouler ? »).

Le problème du racisme est qu'il peut conduire à des extrêmes. Il est à l'origine de la plupart des génocides dans le monde (extermination d'une population, d'une tribu, au motif qu'elle est l'intruse). Il est également responsable de nombreuses discriminations : emploi, logement, etc. Pour autant, il ne faut pas non plus tomber dans l'excès inverse : tout le monde sans exception essuie des refus et des échecs. Toujours accuser la couleur de sa peau, ce n'est pas très honnête ! Le juste milieu n'est pas facile à trouver.

C'est pourquoi, la plus grande difficulté dans les histoires de racisme, c'est bien de prouver qu'il y a eu discrimination ! Et, si c'est le cas, il existe un organisme officiel auprès duquel se plaindre : le défenseur des droits, sur www.defenseurdesdroits.fr.

Notre conseil

Le choix de tes amis ne concerne que toi ! Et tant pis s'ils ne s'apprécient pas tous entre eux, pour des raisons plus ou moins douteuses. Tu as le droit de passer du temps séparément avec chacun. Qui sait ? Cela suffira peut-être à faire tomber certaines barrières et à les aider à mieux se connaître mutuellement, ce qui est déjà un premier pas...

Vrai ou Faux ?

Les animaux ne sont pas racistes !

Plutôt vrai. Ils ne se rejettent pas en raison de préjugés liés à la couleur de leur pelage, mais cela ne les empêche pas de se battre avec d'autres animaux, qu'ils soient d'une espèce différente ou de la même espèce mais d'un groupe différent, pour des questions de territoire ou de femelles, le plus souvent.

Pour ta culture perso

En Afrique du Sud, jusqu'en juin 1991, les personnes de couleur avaient interdiction de se mélanger aux Blancs. Elles ne pouvaient fréquenter les mêmes magasins, prendre les mêmes transports en commun, etc., ce qui nous semble invraisemblable ! Et sans aller aussi loin, l'élection d'un président métis aux États-Unis n'était pas vraiment gagnée d'avance. Comme quoi, le monde bouge !

RACKET

LA PAROLE AUX COLLÉGIENS

> **« Un racketteur aussi, ça a peur. Ça a très peur qu'on le dénonce et c'est bien pour ça qu'il faut le faire! »**

Hugo a enquêté pour vous.

C'est quoi ? Le racket est une forme de vol par intimidation. Une ou plusieurs personnes plus âgées que nous peuvent avoir envie de nous voler et pour cela elles nous impressionnent en nous menaçant de nous frapper ou de nous humilier. Elles nous disent également que dans le cas où on répéterait à quelqu'un ce qu'elles nous ont fait, elles nous frapperaient encore plus fort, etc. Ce genre de vol peut se produire au sein même de notre établissement ou à l'extérieur, à la sortie du collège, dans la rue, dans le bus ou le métro, par des gens que l'on connaît ou par des inconnus…

Le bon plan Quand on a des objets de valeur, il faut éviter de les mettre en avant et de les emporter au collège. Sinon, ça attire le regard des voleurs, qui voient en nous une victime potentielle. On doit également essayer de passer, dans la rue, par les endroits les plus fréquentés et de faire le chemin à plusieurs, en particulier le soir. En cas d'agression, il sera plus facile de se défendre et de faire fuir les racketteurs.

Le plan galère En cas de racket, il ne faut pas chercher à résister sur le moment, car certains racketteurs sont armés d'un couteau et la situation pourrait mal tourner. En revanche, il ne faut pas hésiter à en parler à nos parents, à un de nos profs ou à un adulte en qui on a confiance, même si on a peur des représailles. *Idem* si on a assisté à une scène de racket. Il ne faut pas céder au chantage si on est la victime, ou se dire que ça ne nous regarde pas si on est au courant, car les racketteurs comptent justement là-dessus pour qu'on les laisse continuer en toute impunité !

La bonne blague

C'est l'histoire d'un racketteur qui cherche à faire un mauvais coup. Il repère un jeune avec des tas de gadgets électroniques (portable, montre…) et le suit, jusque devant sa porte. Une fois assuré que personne d'autre n'est dans la maison, il s'apprête à entrer quand il remarque un panneau sur lequel est inscrit : « Attention, perroquet méchant ». Le racketteur rigole tout seul en se disant que ce n'est pas un volatile qui va lui faire peur. Il pénètre donc par effraction et, à ce moment-là, il entend le perroquet qui dit : « Médor, attaque ! »

LA PAROLE AUX PROS

Comment ça marche ?

Le racket est un vol commis avec violence (verbale ou physique). Il est particulièrement traumatisant parce qu'il met la victime dans l'impossibilité de se défendre sur le moment et parce qu'il peut recommencer à tout moment. Or la peur que ça se reproduise, sans savoir ni où ni quand, est parfois encore plus difficile à vivre que l'agression elle-même.

En outre, si tu es la victime, tu culpabilises de te laisser faire : or moins tu as d'estime de toi et moins tu as la force de te défendre. Tu finis, à tort, par penser qu'il n'y a aucune issue. C'est justement là-dessus que comptent tes racketteurs et c'est pourquoi le seul moyen de rompre ce cercle vicieux est d'en parler à un tiers.

Notre conseil

Plus vite tu en parles à un adulte, mieux c'est. Contrairement à ce que veulent te faire croire tes agresseurs, ils ne vont pas se venger davantage sur toi ou sur ceux que tu aimes. Ils vont te laisser tranquille parce qu'il y a suffisamment de victimes potentielles sans qu'ils se fatiguent avec ceux qui ne se laissent pas faire et parce que, si la police les déniche, ils auront de sérieux ennuis, et pour longtemps ! Le racket est un délit puni par la loi. Plus il y aura de victimes pour porter plainte, plus il y aura de racketteurs mis hors d'état de nuire et moins il y aura d'adolescents tentés de suivre cette voie…

Vrai ou Faux ?

Être racketté, c'est souvent plus traumatisant que d'être volé.

Vrai ! Car les racketteurs exercent une pression et une domination sur toi. Sur le plan psychologique, c'est très difficile à vivre. Pourtant, il ne faut pas se tromper : ce n'est pas la victime qui est nulle de ne pas avoir réussi à se défendre. Ce sont ses racketteurs qui sont lâches et minables de s'en prendre à moins fort qu'eux.

Pour ta culture perso

On a fabriqué le verbe « racketter » à partir du mot anglais *racket*, qui signifie « trafic », « escroquerie ».

« Des rumeurs, on en lance de bon cœur, mais quand c'est sur soi, ça ne le fait pas ! »

////////////// Charlotte et Fanny ont enquêté pour vous. //////////////

C'est quoi ? Ce sont de fausses informations à propos d'autres collégiens, de profs, etc., que certains s'amusent à lancer soit pour se moquer de cette personne, soit pour se rendre intéressants, soit parce qu'ils y croient vraiment mais qu'ils n'ont pas vérifié l'info. Le problème, c'est que ça peut vraiment faire du mal à quelqu'un et le rendre très malheureux. Il faut donc faire attention à ce qu'on dit et à ce qu'on laisse entendre…

Le bon plan Pour mettre fin à un vilain ragot qui court sur notre compte, rien de tel que de propager une rumeur inverse ! Soit sur l'auteur du commérage. Soit sur nous-même, mais en nous arrangeant, cette fois, pour que cela fasse grimper notre cote de popularité. Avec un peu d'imagination, tout est possible car les rumeurs circulent très vite !

Le plan galère La pire rumeur, c'est celle qui prétend qu'on a dit une méchanceté sur notre meilleur ami ou notre petit ami. Surtout si cet ami le croit. Cela nous rend doublement triste de savoir que quelqu'un a pu dire un truc pareil sur nous, et que notre ami a pu penser une seule seconde que c'était vrai…

Quelques réponses toutes prêtes…

Si on nous traite de commère, on peut toujours répondre :

Version sainte Nitouche

« Mais qui a bien pu te faire croire un truc pareil ? Je ne dis jamais rien ! »

Version manipulatrice

« Alors, comme ça, c'est toi qui ternis ma réputation en me traitant de commère ? »

Version tac au tac

« Je suis peut-être une commère, mais tu n'es pas le dernier à m'écouter ! »

LA PAROLE AUX PROS

Comment ça marche ?

Si le ragot, énoncé comme une vérité, connaît autant de succès, c'est d'abord parce qu'il rapproche ceux qui sont mis dans le secret et qui continuent de colporter la rumeur. Cela les rend complices, en quelque sorte : ils appartiennent au groupe de « ceux qui savent des choses » ! Ainsi, ce n'est pas tant le ragot qui compte que le fait de le partager. C'est ce qui fait tout son succès !

Pour autant, pour la victime de ragots, la situation peut vite devenir intolérable. D'une part parce que, de fait, elle est exclue du groupe de ceux qui colportent le ragot. D'autre part, parce que cette fausse information est généralement humiliante, gênante ou indiscrète. En effet, un ragot est rarement un compliment !

Notre conseil

Si tu ne veux pas qu'on colporte des ragots sur toi, commence par ne pas en faire sur les autres. Et si, malgré tout, tu t'aperçois que tu es l'objet d'une rumeur, même si ce n'est pas facile, essaie de faire comme si de rien n'était, le temps qu'elle s'essouffle. La plupart des rumeurs sont vite oubliées, sauf si un nouvel évènement vient l'alimenter : or, si tu t'énerves, c'est ce qui risque de se produire !

Vrai ou Faux ?

La rumeur a déjà tué.

Vrai ! Autrefois, une simple suspicion de trahison envers son seigneur ou le roi était une raison suffisante pour être condamné à la peine capitale ! Et, sans remonter aussi loin dans le temps, on trouve aujourd'hui de nombreux exemples de personnes accusées de crimes qu'elles n'ont pas commis et qui doivent carrément changer de vie bien que la justice les ait blanchies, simplement parce que les rumeurs à leur sujet courent toujours… Dans la vie de tous les jours, si tu manques de confiance en toi, une rumeur négative qui circule à ton égard peut t'enfoncer dans ton mal-être.

REDOUBLEMENT

« Il faut essayer de le voir comme une seconde chance… »

Charlotte et Fanny ont enquêté pour vous.

C'est quoi ? C'est quand on a des résultats insuffisants pour passer dans la classe supérieure. Pour autant, ça ne veut pas dire qu'on va faire exactement les mêmes choses : en effet, on ne verra pas les mêmes élèves et on n'aura pas forcément les mêmes profs. En plus, certains redoublements marchent bien. Et puis, il arrive qu'on soit obligé de redoubler pour des raisons de santé ou parce qu'en fin de 3e, on n'a pas eu l'orientation qu'on souhaitait…

Le bon plan Certains professeurs font les mêmes contrôles d'une année sur l'autre. À bon entendeur…

Le plan galère Quand on redouble, on perd nos copains (sauf s'ils redoublent aussi), comme si ce n'était déjà pas assez déprimant ! Et on a beau se dire qu'on continuera à se voir dans la cour, ce n'est plus pareil. En revanche, si on faisait des activités extrascolaires ensemble (sport, musique, etc.) et que ça continue, c'est le bon moyen pour rester proches.

Quelques réponses toutes prêtes…

Si on se moque de nous parce qu'on est redoublant, on peut toujours répondre :

Version ironique
« C'est pas que je n'ai pas réussi à passer au niveau supérieur, mais j'aimais trop mon collège pour le quitter si vite ! »

Version intello
« On dit "doublant" et non pas "redoublant" car je n'ai pas doublé deux fois. Et toc ! »

Version littéraire
« Tu connais la fable du lièvre et de la tortue ? Eh bien, qui a réussi à la fin ? Bon, alors… »

Comment ça marche ?

Le redoublement est l'obligation de refaire un niveau : une deuxième année. Il est proposé par les professeurs quand ils considèrent que tu n'as pas acquis les compétences requises pour passer dans la classe supérieure. En général, sur le bulletin du deuxième trimestre, le conseil de classe donne une sorte d'avertissement du type : « Doit faire ses preuves au troisième trimestre. » En décodé, cela signifie : « Risque de redoubler » !

En pratique, si le conseil de classe émet un avis de redoublement, tu peux soit passer quand même, si tu es en 5e, sur demande de tes parents, soit faire appel de la décision si tu es en 6e, en 4e ou en 3e. Dans ce cas, tes parents doivent adresser une lettre recommandée à l'inspection académique dans les trois jours suivant la réception du courrier. Tu seras alors convoqué avec tes parents devant un jury d'enseignants (ce ne sont jamais tes professeurs) qui examineront ta requête. Si tu exprimes toi-même tes motivations pour passer dans la classe supérieure, cela influence souvent le jury de façon positive, car il considère que tu es motivé pour réussir. En revanche, si le jury d'appel rejette la demande de passage : plus aucun recours, tu dois redoubler ! Et changer d'établissement n'y changera rien, car c'est une décision académique que tous les collèges sont dans l'obligation d'appliquer !

Notre conseil

On sait que le redoublement n'est que très rarement efficace. Si tu as des difficultés pour réussir une année, tu les retrouveras l'année suivante. C'est donc au moment où se posent les problèmes que tu dois essayer de trouver des solutions. Sinon le risque, c'est la spirale de l'échec car, en redoublant, tu te sens nul, ce qui est mauvais pour ta confiance en toi… Et on sait bien que l'estime de soi est le meilleur ingrédient pour réussir à l'école !

Alors, deux conseils : demande de l'aide dès que tu sens que tu es en difficulté. Et, si tu dois redoubler, mets-toi dans la position du « gagnant » en te disant que, comme tu l'as déjà vécu une fois, tu as plus de chances d'y arriver la deuxième année. C'est le meilleur moyen de reprendre confiance en toi et c'est l'une des clés de ta réussite !

Vrai ou Faux ?

Ton statut de redoublant est noté sur ton bulletin scolaire.

Vrai, hélas ! C'est un peu embêtant, car un élève qui porte l'étiquette « à problèmes » n'étonne personne quand il rencontre une difficulté. De là à baisser les bras plus vite que s'il portait l'étiquette « élève brillant »… Alors, inscrire « redoublant » sur les bulletins, c'est un peu comme signifier : « C'est normal si cet élève est en difficulté » ! Cela peut être handicapant mais n'oublie jamais que cela arrive à d'autres : un élève sur quatre redouble, tu es donc loin d'être le seul ! Un temps interdit, le redoublement pourrait refaire son apparition.

Pour ta culture perso

La France est l'un des pays où le redoublement est le plus fréquent ! En Finlande, les élèves ne redoublent jamais, et c'est le pays qui a le plus fort taux de réussite scolaire ! Le modèle de l'école finlandaise est construit sur le principe de la valorisation : on encourage tous les progrès, les réussites, et on tente d'aplanir les difficultés sans jamais stigmatiser l'élève. Et ça marche !

« Le jour idéal pour commencer un régime, c'est… demain ! »

Charlotte et Fanny ont enquêté pour vous.

C'est quoi ? C'est le fait de modifier ses repas ou de prendre des compléments alimentaires afin de perdre du poids. On ne voit que ça dans les magazines, surtout au printemps. Ça nous met encore plus la pression…

Le bon plan Quand on s'ennuie, quand on est stressé, c'est là qu'on a le plus tendance à grignoter. Alors, au lieu de sauter sur les trucs les plus caloriques du placard, mieux vaut commencer par boire un grand verre d'eau (ça cale). On peut aussi manger un fruit, en prenant le temps de bien mâcher pour calmer la faim. Et surtout, trouver bien vite une autre occupation !

Le plan galère Plus on a de kilos à perdre, moins on a envie de faire du sport car on se sent un peu lourd, justement ! Et, comme on ne fait rien, on ne pense qu'à manger. Ça ne peut plus continuer comme ça ! Alors, pour faire du sport sans être complètement largué par les copains, on peut choisir une activité où on est sur un pied d'égalité, comme un sport de glisse (roller, planche, vélo, ski) ou l'équitation…

Quelques réponses toutes prêtes…

Si on nous demande ce qu'on attend pour se mettre au régime, on peut toujours dire :

Version polie
« Que tu montres l'exemple ! »

Version tac au tac
« Toi qui les as tous essayés, lequel me conseilles-tu ? »

Version ironique
« Dis-moi d'abord quel régime tu as suivi, que j'en essaie un autre ! »

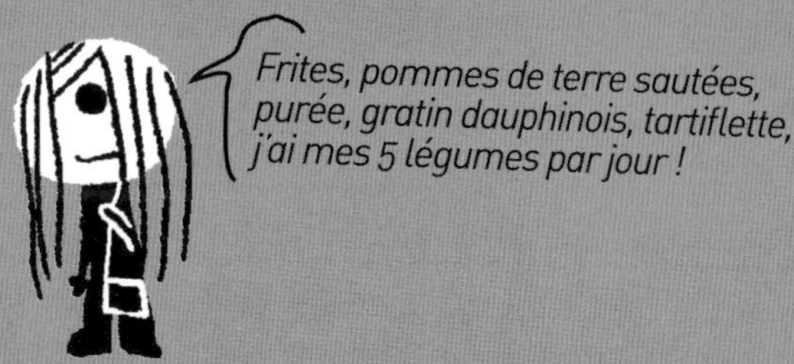

Comment ça marche ?

Le gros piège des régimes, c'est que, dans un premier temps, ils fonctionnent : tu perds quelques kilos et tu trouves ça génial. Mais à chaque fois qu'un régime est déséquilibré (ou que tu n'avais pas besoin de suivre un régime parce que ton poids était normal), ton corps s'en inquiète et finit par mettre en réserve tout ce qu'il peut dans les mois qui suivent. Résultat : tu reprends encore plus de poids que tu n'en as perdu !

Parmi les régimes les plus célèbres et qui, hélas, ont fait bien des dégâts, on trouve les régimes dissociés. En gros, tu as le droit de manger à volonté… mais une seule famille d'aliments à la fois ! Comme c'est intenable (tu te vois avaler des haricots verts en entrée, en plat et en dessert ?), ou écœurant – un peu de chocolat, ça donne envie, mais des kilos ! – soit tu maigris au prix d'une dépression, soit tu ne tiens pas une semaine !

Des régimes dans le même style, il en sort des variantes tous les ans. Or chaque fois qu'on te dit que tu dois te priver d'aliments ou faire des calculs compliqués ou suivre des recettes inapplicables au quotidien, tu peux être sûr que ça ne va pas marcher.

Quant aux coupe-faim censés t'ôter l'appétit avant le repas, ils ont surtout pour effet de te pousser aux grignotages. En plus, ce sont parfois des médicaments dangereux pour la santé – certains ont d'ailleurs été retirés du marché en raison de leurs effets secondaires parfois graves (comme un gros essoufflement). Et au lieu de compter sur les pilules « mange-graisses » pour éliminer les frites bien huileuses que tu as consommées, prends plutôt une salade verte avec (ses fibres piègent les graisses), c'est meilleur pour ta santé et bien plus rassasiant !

Notre conseil

Dis-toi bien que si le régime miracle avait été inventé, ça se saurait ! Pour mincir, la seule recette vraiment efficace, et très simple, est d'avoir une alimentation équilibrée et de faire régulièrement du sport. Si tu es en surpoids, l'avis d'un nutritionniste pour t'aider à rééquilibrer tes repas est souvent utile. Enfin, ne te focalise pas sur le look des mannequins dans les magazines, elles sont presque toutes trop maigres, ou alors leur photo a été retouchée.

Vrai ou Faux ?

Il est normal de prendre du poids en hiver, à cause du froid.

Faux ! C'était vrai pour tes ancêtres, qui n'avaient pas de quoi se chauffer et qui dépensaient des calories pour garder leur corps à la bonne température, mais dans ta chambre douillette à 20 degrés, ce n'est quand même pas la Sibérie !

Pour ta culture perso

Un grand sportif américain, Joe Lewis, a dit : « Je me suis mis au régime et, en quatorze jours, j'ai perdu deux semaines ! » Ça veut tout dire !

« Les garçons ne peuvent pas comprendre ! »

////////////// Charlotte et Fanny ont enquêté pour vous. /////////////

C'est quoi ? Il s'agit d'une perte de sang par le vagin. C'est sans danger. En effet, ce sang provient uniquement de la muqueuse de l'utérus (là où est accueilli le bébé qui se développe, chez une femme enceinte). Cette muqueuse grossit les deux premières semaines d'un cycle, pour le cas où elle aurait un bébé à recevoir. Puis, lorsqu'il n'y a rien, elle s'autodétruit, ce qui produit un saignement en fin de cycle. Le premier et le dernier jour, le sang éliminé peut être un peu plus foncé, ce n'est pas inquiétant.

Le bon plan Toutes les filles, même celles qui n'ont pas encore leurs règles, devraient avoir en permanence une serviette dans leur sac à dos. Ça peut être discret, dans une petite boîte en métal. Et si ça ne nous sert pas à nous, ça dépannera forcément, un jour ou l'autre, une copine !

Le plan galère Quand on a nos règles, au début, on a l'impression que tout le monde s'en aperçoit, ce qui est évidemment faux ! Ce n'est pas une raison pour mettre un petit pantalon blanc moulant à la date approximative où elles sont censées arriver ! Si on met une croix dans notre calendrier pour nous rappeler leur date, on risque moins d'être prise au dépourvu.

Une réponse toute prête…

Quand une fille est de mauvaise humeur, il y a toujours un macho pour lui demander si c'est parce qu'elle a ses règles. Dans ce cas, une seule réponse :

« Et toi, tu sais pourquoi les garçons n'ont pas de règles ? Parce que ça ne leur servirait à rien, ils râlent déjà tout le temps ! » Et toc !

Comment ça marche ?

Les règles apparaissent au cours de la puberté – entre 11 ans et 16 ans – et marquent le moment à partir duquel une fille peut théoriquement devenir mère après un rapport sexuel non protégé.

La première fois, même si tu savais bien que ça t'arriverait un jour, ça surprend et ça fait un peu peur. C'est normal, c'est nouveau. Et surtout, ça veut dire que tu deviens une jeune fille !

Si tu as mal au ventre à ce moment-là (à cause des petites contractions de l'utérus), parles-en à ta mère afin qu'elle t'achète un antispasmodique ou de l'ibuprofène en pharmacie (sans ordonnance). Ça soulage vraiment ! Pour le reste, ne change rien à tes habitudes : les règles ne sont pas une maladie. Au contraire, c'est le signe que tu es en bonne santé ! En plus, il va falloir t'y habituer : elles reviennent toutes les quatre semaines – la durée moyenne d'un cycle – jusqu'à l'âge de 55 ans environ !

Notre conseil

Au début, le plus simple est d'utiliser une serviette hygiénique. Les serviettes sont plates et bien absorbantes : elles ne se voient pas et ne laissent rien passer. Sans doute auras-tu envie d'essayer un tampon, qui se place dans le vagin et fait office de bouchon en empêchant le sang de couler. Choisis un minitampon, avec applicateur, c'est le plus facile à mettre en place. C'est particulièrement pratique pour le sport, et surtout pour la piscine. Au début, on s'y reprend à deux fois pour bien le placer. C'est normal et si tu n'y arrives pas cette fois-là, ce n'est pas grave, tu recommenceras aux prochaines règles…
Et quand tu auras l'habitude, tu pourras même choisir une coupe menstruelle si tu veux (la moins coûteuse, car réutilisable).

Vrai ou Faux ?

Quand on n'a pas ses règles, c'est forcément qu'on est enceinte !

Faux ! Pour être enceinte, il faut déjà avoir eu un rapport non protégé avec un garçon ! À part ça, il y a d'autres raisons pour avoir des règles en retard ou pas de règles du tout pendant plusieurs mois. D'abord, les premières années, les cycles ne sont pas très réguliers. Ensuite, il en faut peu pour perturber un cycle : un bon coup de stress, par exemple, ou un régime alimentaire déséquilibré (les anorexiques n'ont plus de règles). En conclusion, si tu n'as pas tes règles et que tu n'as pas eu de rapport sexuel non protégé avec un garçon, tu n'as pas à t'en inquiéter. Et si tu as eu un rapport sexuel, ça ne veut pas dire forcément que tu es enceinte, mais il te faut quand même absolument faire un test de grossesse pour en avoir le cœur net.

Pour ta culture perso

Comme les règles reviennent régulièrement tous les 28 jours (sauf les premières années), c'est en référence à leur régularité qu'elles portent ce nom.

« On ne peut pas plaire à tout le monde ! »

Charlotte et Fanny ont enquêté pour vous.

C'est quoi ? C'est le fait de ne pas être accepté par un groupe, soit parce qu'on ne partage pas les mêmes valeurs (fringues, centres d'intérêt, mode de vie, etc.), soit en raison de préjugés sexistes ou racistes – et, là, ça devient carrément de la discrimination. Ce n'est pas gênant si on est rejeté par un groupe, mais accepté dans un autre. Ça l'est beaucoup plus si on ne trouve notre place nulle part, car on peut finir par se sentir très isolé et perdre confiance en soi. À l'extrême, on se dit que c'est parce que l'on est nul et que c'est normal que personne ne nous aime : on s'exclut tout seul et c'est grave pour notre équilibre.

Le bon plan Pour que les autres viennent vers nous, il faut aussi leur en donner l'envie. Un sourire, une phrase gentille, un service rendu, une bonne blague, quelques talents de diplomate, une invitation si on peut organiser une fête, ça aide ! Et si vraiment rien n'y fait, on peut aussi se trouver un groupe d'amis ailleurs, hors du collège, en pratiquant une activité comme la musique, le sport, les arts, etc. Le groupe, à notre âge, c'est vital !

Le plan galère Il n'y a pas que les ados qui pratiquent l'exclusion. Quand un collégien commet une infraction (bagarre, insulte à un prof, etc.), il passe devant le conseil de discipline, qui peut l'exclure du collège pour un ou plusieurs jours, voire définitivement si c'est vraiment grave. Dans ce cas, il est accueilli dans un collège d'une autre ville et, à son arrivée, le proviseur et ses profs qui sont au courant de la situation ne lui font pas franchement la fête !

Quelques réponses toutes prêtes...

Si on nous sort une méchanceté du genre « Dégage, t'es pas de notre bande ! », on peut toujours répondre :

Version donneuse de regrets

« OK, je me les garde, mes places de concert gratos ! »

Version ironique

« Avec plaisir ! »

Version naïve

« Une bande de quoi ? »

Comment ça marche ?

La vie en société s'appuie sur l'existence de groupes et de personnes exclues de ces groupes. Sans chercher très loin, un couple, c'est un groupe de deux personnes, et tous les autres en sont exclus ! Alors, même si ce n'est jamais agréable de se sentir rejeté, il faut bien comprendre que c'est normal, que ça fait partie de la vie en société et, en plus, que rien n'est figé et que ça peut toujours évoluer.

Le plus gros risque, c'est que, si tu as été rejeté une fois ou deux par des groupes d'adolescents, tu te dises que personne ne voudra jamais de toi, que tu n'intéresses pas les autres, bref, que tu dramatises la situation. Au lieu de tout voir en noir et de penser que le problème vient forcément de toi, replace ces échecs dans leur contexte : si tu as été rejeté, c'est peut-être juste parce que ce groupe se suffit à lui-même et qu'il n'a pas envie de s'agrandir. Ou encore parce que ses membres se connaissent depuis plusieurs années et qu'ils ont une telle complicité que tu ne peux pas rivaliser avec ça.

Notre conseil

La seule solution, c'est d'essayer de t'intégrer dans d'autres groupes plus ouverts. Car, même si c'est difficile pour toi car tu es timide, si tu ne retentes plus jamais ta chance sous prétexte que ça n'a pas marché une ou deux fois, c'est sûr, tu vas vraiment finir par te retrouver à l'écart… Or, à ton âge, le groupe c'est important, car c'est là que tu prends tes nouveaux modèles pour grandir (c'est aussi le moment où tu rejettes ceux proposés par tes parents) ! C'est donc essentiel d'être intégré dans une bande de copains, même si tu te dis que tu t'en fiches pour te rassurer.

Vrai ou Faux ?

Un collégien peut être exclu temporairement ou définitivement du collège !

Vrai … si le conseil de discipline le décide, au vu de son comportement inadmissible. Ses parents peuvent faire un recours administratif contre cette décision (plus d'informations sur www.service-public.fr, rubrique « famille » puis « scolarité », « collèges et lycées » et « conseil de discipline »), mais il est quand même plus simple de ne pas dépasser les bornes !

Pour ta culture perso

Le rejet, ça peut avoir du bon ! En botanique par exemple, ce qu'on appelle les « rejets » ce sont de petites plantes qui poussent à partir d'une autre : un bon moyen de les multiplier gratuitement !

RELIGION

« Chacun est libre de penser ce qu'il veut… tant qu'il ne cherche pas à l'imposer aux autres ! »

Charlotte et Fanny ont enquêté pour vous.

C'est quoi ? Il existe plusieurs religions (catholique, protestante, juive, musulmane, bouddhiste…) et toutes ont pour but de donner un sens à la vie sur terre et de définir une sorte de code de bonne conduite pour leurs fidèles.
À côté des personnes qui se disent croyantes, mais pas toujours pratiquantes, il y a celles qui ne croient pas du tout en l'existence d'un ou de plusieurs dieux. Ce sont les athées. À ne pas confondre avec les agnostiques, qui, eux, ne contestent pas l'existence d'un dieu mais plutôt la possibilité de la démontrer. Restent celles qui croient en un dieu, mais en dehors de toute religion : ce sont les déistes.

Le bon plan Même si on est athée, c'est important de connaître les religions car cela permet de comprendre beaucoup de faits historiques passés et actuels. C'est de la culture générale, pour mieux déchiffrer le monde. Et, en 5e, c'est au programme ! Alors, pour ne pas être complètement à la masse, on a intérêt à se dégoter un livre un peu sympa sur le sujet et à le feuilleter pendant les grandes vacances…

Le plan galère Puisque les religions sont au programme d'histoire et qu'elles sont souvent associées à des guerres, ça peut raviver quelques tensions entre jeunes. Attention à ne pas tomber dans ce piège, d'autant que chaque religion donne lieu à des interprétations différentes et qu'il y a déjà bien assez à faire avec certains extrémistes prêts à tout (y compris à tuer) pour faire passer leurs idées. Même s'ils sont très minoritaires, ils ternissent fortement l'image des religions qu'ils représentent.

Quelques réponses toutes prêtes…

Si on nous demande quelle est notre religion, on peut toujours répondre :

Version de quoi je me mêle
« Si on te le demande, t'as qu'à dire que tu ne sais pas ! »

Version ironique
« En tout cas, tu ne me feras pas croire que tu es le fils de Dieu ! »

Comment ça marche ?

Souvent, les parents transmettent une religion (ou pas de religion du tout) à leurs enfants, mais ces derniers ont le droit d'avoir leur propre avis, d'autant que c'est une affaire privée.

En France, chacun est libre de penser ce qu'il veut. C'est pour cette raison que les signes religieux ostentatoires sont interdits au collège (loi du 15 mars 2004) : c'est pour éviter les tensions et le prosélytisme, c'est-à-dire que les uns tentent de convertir les autres à leur religion.

Aller au collège public en portant un signe religieux visible peut ainsi être perçu comme de la provocation pure et dure (même si ce n'est pas le but recherché). Si tu souhaites pratiquer ta religion dans un collège, tu peux le faire dans un collège privé religieux. Faire ce que tu veux là où c'est permis, sans empiéter sur la liberté des autres et tout en respectant le principe de la laïcité dans les lieux publics, c'est encore le meilleur moyen de ne pas susciter le rejet !

Notre conseil

Ce n'est pas parce que tu es d'une religion donnée que tu es obligé d'y adhérer à 100 %. Au sein d'une même religion, des voix divergentes se font souvent entendre, car il y a souvent matière à discussion. Par exemple, au sein de la religion catholique, la contraception fait débat.

Vrai ou Faux ?

Les prêtres catholiques n'ont pas le droit de se marier.

Vrai, car ils se consacrent à leur dieu et à leurs paroissiens. En revanche, pasteurs, popes, rabbins et imams peuvent fonder une famille et avoir des enfants !

Pour ta culture perso

Selon la loi du 9 décembre 1905 (loi sur la laïcité), la République française ne reconnaît et ne salarie plus aucun culte. Mais cela ne remet pas en cause le fait que chaque Français a droit à une appartenance religieuse s'il le désire.

RÉSEAUX SOCIAUX

« Les réseaux sociaux ne sont pas indispensables ; c'est sûr que, quand on les a, on les utilise, mais avant de les avoir, on se portait très bien aussi ! »

Léa, Eugénie et Amélie ont enquêté pour vous.

Quelques réponses toutes prêtes...

Si on n'a pas envie d'être présent sur les réseaux sociaux, et qu'on nous demande pourquoi, on peut toujours répondre :

Version surbookée :

« Mais mon agenda est déjà tellement full, je n'ai pas le temps ! »

Version blasée :

« J'y étais... mais tu sais... j'en suis revenu·e... »

C'est quoi ? Ce sont des plateformes qui permettent à tous de garder ou créer des contacts avec d'autres personnes. Il y en a beaucoup : Facebook, Instagram, Snapchat... Mais on ne fait pas qu'y communiquer, on s'y informe aussi !

Le bon plan L'avantage, c'est qu'on peut garder facilement le contact avec nos amis, que ce soit ceux qu'on voit tous les jours en classe ou ceux qui habitent dans une autre ville, ou même à l'autre bout du monde ! C'est aussi un bon moyen de découvrir des choses – sur Instagram, par exemple, on peut suivre des photographes, des cinéastes, des artistes – et de relayer des questions politiques ou sociales pas forcément abordées par les médias plus classiques, ou alors pas de la même façon.

Le plan galère Même s'ils ont un côté génial, les réseaux sociaux ont aussi leur part d'ombre. Tout le monde peut y donner son avis et y dire n'importe quoi, voire diffuser des fake news. On peut aussi devenir accro et ne plus voir la vie qu'à travers ça. À force de regarder des gens qui étalent leur vie ou leur corps soi-disant parfait sur les réseaux, certains se comparent et se mettent la pression, ce n'est pas très sain. Il peut également y avoir des problèmes de censure qui frisent le ridicule avec, par exemple, le signalement systématique, sur Instagram, de photos où un téton féminin n'est pas flouté, alors que cela ne pose aucun problème pour son équivalent masculin.

Comment ça marche ?

Un réseau social sert à connecter des personnes entre elles pour qu'elles interagissent en partageant des photos, des vidéos, des informations, des appels vocaux, etc.

Tu as l'impression que ces réseaux ont toujours existé, mais ils ne sont apparus qu'au XXIe siècle. Et les réseaux que tu trouves très populaires ne le sont pas forcément partout : dans d'autres pays, comme la Chine ou la Russie par exemple, il existe des réseaux sociaux dont tu n'as sans doute jamais entendu parler… comme tes parents à l'époque !

Maintenant que les réseaux sociaux sont bien implantés, des particuliers de tous âges s'en servent pour communiquer avec des proches ou des inconnus, des relations professionnelles ou encore pour retrouver de vieilles connaissances.

De leur côté, les entreprises s'en servent plutôt pour communiquer auprès de leurs clients, recruter, etc.

Notre conseil

Si l'idée peut sembler bonne, elle n'offre pas que des avantages. En l'occurrence, ce qui a été mis un jour sur un réseau social – une photo compromettante, un propos peu glorieux, etc. – peut y rester des années (ou être repris par d'autres avant d'être effacé) et te nuire plus tard, tant sur le plan privé que professionnel.

C'est déjà arrivé à des hommes politiques ou à des artistes, au point de mettre un sérieux coup de frein à leur carrière ! Enfin, si tu ne prends pas toutes les précautions pour restreindre à quelques amis sûrs l'accès à tes photos, vidéos et commentaires, tu peux devenir la cible de commentaires haineux difficilement supportables (cyberharcèlement).

Vrai ou Faux ?

Ce n'est pas parce qu'on croit être en relation avec un ado que c'est vrai.

Vrai ! Il n'y a rien de plus facile que de se faire passer pour quelqu'un d'autre sur Internet, en se créant une fausse identité.

Pour ta culture perso

Connais-tu la signification de « *Verba volant, scripta manent* » ? C'est du latin et cela signifie : « Les paroles s'envolent, les écrits restent. » Dans l'Antiquité, cette expression avait surtout pour objectif de pousser à retranscrire à l'écrit les connaissances, afin qu'elles ne soient pas perdues. Mais aujourd'hui, cette expression signifie que les écrits laissent des traces (et donc des preuves), raison pour laquelle il ne faut pas écrire n'importe quoi !

a b c d e f g h i j k l m n o p q R s t u v w x y z

« C'est la moindre des corrections et ça n'est pas en option ! »

Charlotte et Fanny ont enquêté pour vous.

C'est quoi ? C'est une façon de nous comporter avec les autres. Ça va plus loin que la simple politesse car, quand on respecte quelqu'un, cela veut dire qu'on a une certaine estime pour lui. C'est pour cela que, si on manque de respect à nos parents ou à nos profs, ils le prennent aussi mal !

Le bon plan Avec un sourire et une attitude respectueuse, on obtient beaucoup plus qu'avec des mots agressifs, un bras d'honneur ou des insultes ! C'est vrai au collège, mais pas seulement, car dans n'importe quelle situation le respect attire le respect.

Le plan galère Si on est irrespectueux envers un surveillant, un prof ou le proviseur (pour les kamikazes !), ça va forcément mal finir pour nous, car les adultes considèrent qu'un ado n'a aucune excuse pour se comporter ainsi. Alors, si on n'est pas d'accord sur un sujet précis, plutôt que d'envoyer balader nos enseignants, on respire un grand coup pour se calmer et on attend un meilleur moment pour en reparler… ou alors on envoie nos délégués régler le problème à notre place* !

(Solution très efficace, sauf si le délégué, c'est nous !)*

Quelques réponses toutes prêtes…

Si on nous manque de respect, on peut toujours répondre :

Version dicton
« C'est celui qui le dit qui y est ! »

Version respectueuse
« C'est à toi que tu parles ? »

Version très irrespectueuse
« Tu veux ma réponse par voie orale ou par voie faciale ? »

Comment ça marche ?

C'est avant tout une question d'éducation et de savoir- vivre. Avoir du respect, c'est apprendre à vivre avec les autres. C'est aussi ne pas dégrader le bien d'autrui, ni celui de la communauté. Le respect mutuel est considéré comme le fondement de la paix sociale.

Il y a plusieurs façons de marquer son respect, notamment par le langage, le « look » et le comportement. Envoyer promener tes parents ou tes professeurs, faire des tags, dégrader le matériel de l'école, bavarder en cours, déranger tes voisins en faisant hurler ta musique, cracher par terre, proférer des menaces, user de ta force pour intimider les plus faibles, c'est évidemment le contraire d'une attitude respectueuse. Or, si tu ne respectes pas les autres, ne t'attends pas à ce que les autres te respectent !

Notre conseil

Même si tu avais raison au départ, le simple fait de manquer de respect à un adulte ne peut t'attirer que des ennuis. Un seul conseil : sois respectable et tu seras respecté ! Ça n'empêche pas que, en cas d'injustice ou d'erreur manifeste, tu aies ton mot à dire ; mais parles-en d'abord à un autre adulte en qui tu as confiance. Un avis neutre peut être intéressant et permettre de débloquer une situation. Il faut aussi accepter de se remettre un peu en question !

Vrai ou Faux ?

La loi du plus fort est aux antipodes du respect.

Vrai ! Car, avec ce genre d'attitude, les faibles, les malades, les handicapés… n'ont jamais droit au respect alors que bien évidemment ils sont tout à fait respectables.

Pour ta culture perso

Autrefois, pour marquer le respect à ses parents, on devait les vouvoyer. Aujourd'hui, le « tu » a largement remplacé le « vous », mais ce n'est pas une raison pour employer des formules trop familières : tes parents, ce ne sont pas tes copains !

RÉUSSITE

« On a tous des qualités… et le premier talent, c'est d'y croire ! »

Hugo a enquête pour vous.

C'est quoi ? La réussite, on en rêve tous, notamment la réussite scolaire. En effet, dès le collège on nous bassine avec l'école, les cours et notre avenir ! Pour autant, ce qui compte, c'est notre bonheur en général et donc notre réussite personnelle !

Le bon plan Si on veut réussir notre vie, il faut s'en donner les moyens, que ce soit à l'école, dans notre vie sociale, ou dans n'importe quelle activité qui nous passionne. On a bien plus de chances d'accomplir nos rêves et d'arriver à nos fins quand on fait tout ce qu'il faut pour cela. Évidemment, il faut rester réaliste : si pour nous, réussir, c'est être un chanteur célèbre, riche et adulé, on a quand même un peu moins de chances que si c'est juste de former un groupe de musiciens sympa pour donner des petits concerts entre amis !

Le plan galère Si on passe notre temps à se dire qu'on est nul, qu'on n'arrivera jamais à rien dans la vie sous prétexte qu'on n'a pas des super notes, ça risque surtout de nous décourager. Tous ceux qui réussissent croyaient à leur victoire… même les politiques ! Et pourtant, quand on voit les scores obtenus par certains, il y aurait de quoi se décourager !

Quelques réponses toutes prêtes…

Si nos parents nous disent qu'on n'est pas près de réussir avec nos notes catastrophiques, on peut toujours répondre :

Version intello

« Rappelle-moi combien Einstein avait de moyenne, déjà ? »

Version contre-exemple

« Et comment tu expliques que le père de X, qui n'a même pas le bac, gagne trois fois ton salaire ? »

Comment ça marche ?

La réussite, tout le monde en a envie ! (Quand on réussit, surtout lorsqu'on a fourni un effort préalable, une hormone du plaisir est sécrétée dans le cerveau.) Le cerveau adore ça et en redemande : plus on réussit, plus on a envie de réussir ! On peut même devenir « réussite addict », si, si ! La composante chimique de la réussite est celle qui fait naître la motivation. C'est en réussissant une fois que l'on a envie de renouveler l'expérience. Tout le contraire du système de la punition qui, au contraire, provoque la sécrétion d'hormones du stress, qui bloquent tout.

Autre chose : plus tu vis la réussite comme une récompense personnelle – tu es fier de toi, tu prends du plaisir à avoir mené à bien une tâche difficile, tu ressens la satisfaction d'être allé jusqu'au bout – et plus le cerveau t'envoie de « plaisir chimique » !

C'est différent de la récompense « extérieure », qui te vient par exemple de tes parents. Lorsqu'ils t'autorisent à jouer sur l'ordinateur, à sortir, à aller dormir chez ton ami ou à recevoir de l'argent, un cadeau, etc., l'effet est immédiat – tu es content d'avoir obtenu ce « gain » – mais ça ne va pas plus loin. Ton cerveau n'éprouve pas la même sensation que lorsque tu réussis un truc vraiment personnel !

Autre point essentiel : réussir ne veut pas dire tout réussir, être le meilleur, le premier. Si on a habituellement des difficultés en maths et que l'on comprend enfin un cours ou un exercice, c'est une vraie réussite, dont on peut être fier ! Et si l'orthographe n'est pas notre meilleure amie et que l'on a la moyenne en dictée, youpi, c'est une réussite ! Enfin, si on réussit à se faire un copain alors qu'on est hyper timide, c'est une victoire, etc. À chacun sa réussite !

Notre conseil

Tu as vraiment besoin de sentir que tes parents sont fiers de toi pour être bien dans ta peau. C'est quasi physiologique. Donc, comme les parents restent souvent les yeux braqués sur les notes (et surtout sur les mauvaises), essaie de leur montrer tout ce que tu fais de bien par ailleurs et que tu réussis : le sport, la musique, les jeux vidéo (!) ; ou encore que tu participes aux tâches ménagères, que tu es apprécié des copains de tes parents, que tu fais de bons petits plats, etc. L'idée est d'attirer l'attention de tes parents sur tes points positifs pour qu'ils ne te considèrent pas uniquement comme celui qui rame à l'école. En plus, ils seront rassurés de se rendre compte de toutes tes qualités et compétences non scolaires, et toi tu seras content que tes parents te voient sous un meilleur jour !

Vrai ou Faux ?

Ceux qui ont réussi le mieux dans la vie ne sont pas forcément ceux qui étaient les meilleurs en classe.

Vrai… d'autant que tout dépend de ce que tu appelles « réussir dans la vie » ! Pour certains, ça concerne la vie de famille. Pour d'autres, le montant de leur salaire, pour d'autres encore le métier qu'ils ont choisi…

Pour ta culture perso

Le jeu de cartes nommé réussite est un jeu solitaire où l'on doit trouver des combinaisons gagnantes. Comme quoi tout le monde peut se faire une petite réussite en solo !

RÊVASSER

Quelques réponses toutes prêtes...

Si on nous accuse d'être tout le temps en train de rêvasser, on peut toujours répondre :

Version tac au tac

« Je rêvais que t'étais sympa... pour une fois ! »

Version ironique

« Tu rêves ou quoi ? J'étais en pleine réflexion ! »

Version distraite

« Tu disais ? »

Version à l'ouest

« * »

(Pas de réponse !)*

« Vivre ses rêves, ça vaut mieux que rêver sa vie ! »

Charlotte et Fanny ont enquêté pour vous.

C'est quoi ? C'est quand on est distrait que l'on est « dans la lune » ! Ça peut nous arriver n'importe où : chez nous, dans les transports en commun (au point de nous faire rater notre station !), en cours, etc.

Le bon plan Rêvasser, c'est un bon moyen de s'échapper quand on est dans la salle d'attente du dentiste, quand on attend un copain qui est en retard, quand on est debout, serré dans le bus... Encore faut-il arriver à s'évader sur commande et ça, ça demande un peu d'entraînement !

Le plan galère La rêverie, ça ne prévient pas quand ça arrive : la voix du prof se fait de plus en plus lointaine, on a la tête dans les nuages, sur une autre planète... Quand, soudain, une voix nous fait brutalement retomber sur terre : c'est le prof qui nous demande de répéter ce qu'il vient de dire ! Et là, une seule solution : lancer un regard désespéré à notre voisin en espérant qu'il a suivi le cours !

Comment ça marche ?

« Arrête de rêvasser », « Bouge-toi », « Ne traîne pas comme ça », « Fais quelque chose au lieu de rêver »... Combien de fois as-tu entendu ces reproches de la bouche de tes parents ou d'autres adultes ? En fait, ils devraient nuancer, car rêvasser (parfois – pas toujours, quand même !) est indispensable à la santé psychologique, à la créativité et à la pensée. Si on est tout le temps en action, il n'y a plus de place pour l'imagination. Or, la pensée a besoin de divaguer pour s'organiser, trouver de nouvelles idées, tirer des plans sur la comète, imaginer de nouvelles choses, élaborer différentes hypothèses même les plus folles ! Et c'est grâce à tous ces mouvements de la pensée, pendant tes moments de rêverie, que ton intelligence et ta créativité s'aiguisent. Fais passer le message !

Bien sûr, tout est une question d'équilibre : si tu ne fais rien d'autre que rêvasser et que tu n'es jamais ou presque en action, cela deviendra toxique pour ta vie et pour ton cerveau ! Par exemple, s'enfoncer dans une rêverie ininterrompue peut constituer le premier signe d'alerte d'une dépression. Surtout si tu n'as plus envie de rien faire : ni de voir tes amis, ni de t'adonner aux activités qui d'habitude te font plaisir. En langage médical, cela s'appelle l'apathie : tu n'as plus envie de rien et tu n'es plus capable de te bouger (aboulie). Cela mérite d'en parler à tes parents et, surtout, de consulter un médecin.

Sais-tu également que c'est pendant les rêves, la nuit, que ta mémoire se consolide ? Tout ce que tu as lu, entendu, vécu, compris pendant la journée s'inscrit dans ta mémoire à long terme pendant tes rêves nocturnes. D'ailleurs, il est recommandé de ne pas être confronté à des images violentes ou qui font peur avant de s'endormir car elles peuvent transformer tes rêves en cauchemars ! À l'inverse, relire en vitesse ta leçon avant de t'endormir apporte un coup de pouce à ta mémoire pour le lendemain, car tes rêves auront enregistré l'information de façon plus solide !

Notre conseil

Même si tu as envie de faire des tas d'activités en début d'année scolaire, ne te programme pas un emploi du temps de ministre ! Garde-toi des moments de liberté, pour avoir justement le temps de souffler et de rêvasser. En plus, en cas de surcharge de travail inattendue, ça t'évitera de trop stresser faute de pouvoir tout faire à temps !

Vrai ou Faux ?

On rêvasse plus à l'adolescence.

Vrai, car c'est le moment où le cerveau se réorganise (les neuropsychologues disent aujourd'hui qu'il se « réinitialise » !). Ainsi, tes rêveries alimentent ta pensée et tes envies, tes projets, tes désirs, même un peu fous. Elles enrichissent ton cerveau et te donneront les moyens de trouver les solutions pour mettre en œuvre tes projets.

Pour ta culture perso

En langage scientifique, le rêve s'appelle « sommeil paradoxal » car, pendant les rêves, le cerveau se réactive, et c'est une phase importante pour mémoriser certains apprentissages, tout comme le sommeil profond. Or si tu écourtes tes nuits pour rester plus longtemps sur ton téléphone, tu ne permets pas à ton cerveau de faire son travail de mémorisation à long terme, comme il le devrait.

ROMPRE

LA PAROLE AUX COLLÉGIENS

« Cela peut arriver à chacun de nous, parce que, les sentiments, ça ne se commande pas... »

////////////////////// Hugo a enquêté pour vous. //////////////////////

C'est quoi ? Quand on est amoureux et que l'un des deux décide de larguer l'autre : dur ! dur ! Adieu les bons moments passés ensemble au collège et à l'extérieur, les balades, les fous rires, les bisous... Bonjour le cafard et les pleurs ! Lorsque l'on tient énormément à l'autre, c'est vraiment dur à supporter.

Le bon plan Si un jour on est confronté à une rupture amoureuse, il faut éviter de se recroqueviller sur nous-mêmes, de rester à broyer du noir en nous disant que notre vie est fichue. Il faut arriver à se divertir et essayer de sortir de cette mauvaise passe... En effet, on ne doit pas oublier que l'on a des amis qui sont là pour nous soutenir dans ces moments-là... d'autant qu'eux aussi ont sûrement déjà connu le même problème !

Le plan galère Même si on trouve difficile de rompre avec son petit ou sa petite ami(e) parce qu'on se rend bien compte qu'il (elle) tient trop à nous, il vaut mieux être franc. Lui laisser de faux espoirs, c'est risquer de le (la) faire souffrir encore plus, après... Mais ce n'est pas une raison pour ne pas être correct. On n'est peut-être plus ensemble, mais on peut quand même se rendre des services !

Quelques réponses toutes prêtes...

Si on nous demande si on sort toujours avec X alors qu'on vient de se faire larguer, on peut toujours dire :

Version ironique
« Si c'est pour m'inviter au ciné afin de me changer les idées, oui, je suis libre ! »

Version sarcastique
« Pourquoi, tu veux te placer ? »

Version « j't'embrouille »
« C'est-à-dire que... on vient de décider de faire un break... »

Version détachée
« De toute façon, c'était pas une nana (un mec) pour moi... ni pour toi, d'ailleurs ! »

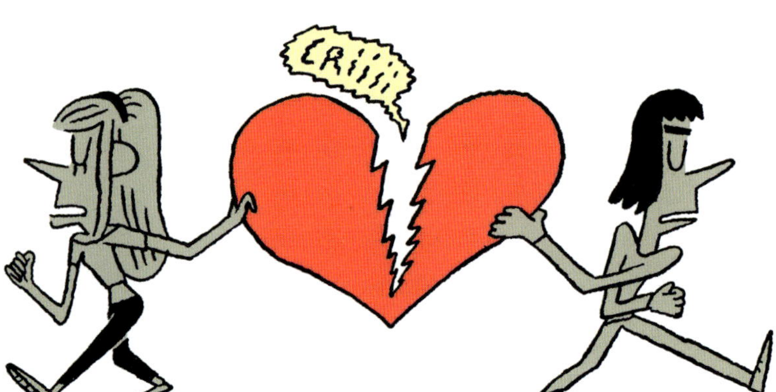

Comment ça marche ?

C'est différent si c'est toi qui as décidé de rompre ou si c'est l'autre qui a décidé de le faire. Et ta réaction sera à la hauteur de ton investissement dans cette relation. Si tu pensais être « très amoureux(euse) », que vous étiez « faits l'un pour l'autre », la rupture est forcément plus difficile à vivre que si, pour toi, c'était juste un jeu, pour voir ce que c'est et/ou pour faire comme les autres.

Il n'y a pas vraiment une façon meilleure de rompre qu'une autre (de toute manière, l'autre aura de la peine), mais tu dois le faire dans le respect de l'autre et des bons moments que vous avez passés ensemble. Or lui annoncer ça devant tout le monde d'une façon humiliante, c'est vraiment nul, méchant, inexcusable. Alors que si tu lui dis face à face, quand vous êtes tous les deux, que le problème vient de toi – par exemple, parce que tu te sens pris au piège ou que tu n'as pas envie de trop t'investir dans une relation tout de suite –, ça sera un peu moins difficile à vivre pour l'autre.

Le pire, c'est si on te quitte pour ton (ta) meilleur(e) ami(e). Parce que là, tu te sens trahi(e) de tous les côtés... Quand tu es dans cette situation, la plus difficile justement, tu te sens « nul(le) » et tu penses (à tort) que s'il (elle) t'a quitté(e), c'est parce que tu ne vaux rien. Tu as aussi tendance à culpabiliser en te disant que tu aurais dû faire tel ou tel effort pour que ça marche mieux. En fait, c'est ça le piège ! La rupture te rend si déprimé(e) que tu vois tout en noir, comme si tu portais soudain des lunettes déformantes qui te montrent tous tes défauts et te cachent toutes tes qualités. Pour sortir de ce piège, essaie de repérer toutes ces idées négatives et répète-toi qu'elles ne reflètent pas la réalité. D'ailleurs, pour t'en convaincre, tu peux toujours compter sur tes amis. S'ils sont encore là, eux, c'est bien la preuve qu'ils te trouvent des qualités ! Heureusement, avec le temps, la douleur s'estompe et les lunettes déformantes disparaissent. Tu reprends peu à peu confiance en toi et te voilà prêt(e) à vivre une nouvelle aventure !

Notre conseil

Rencontrer du premier coup l'homme ou la femme de sa vie, ça n'arrive presque jamais... sauf dans les films de Walt Disney ! Mais comme, à ton âge, tu ne crois plus au Père Noël (ni au prince charmant !), dis-toi bien que c'est normal de connaître des ruptures et que ce n'est ni la première ni la dernière, sauf exception.

Vrai ou Faux ?

On n'est pas vraiment amoureux à 15 ans !

Faux ! Tu peux même être emporté par la passion ! Il est donc normal de te sentir très triste après une rupture, car l'âge n'a rien à voir là-dedans !

Pour ta culture perso

Une actrice américaine (Zsa Zsa Gabor) qui avait de l'humour a dit : « Je n'ai jamais détesté un homme après une rupture au point de lui rendre ses diamants ! » Il reste à savoir lequel des deux était le plus déçu d'avoir rompu !

RYTHME

« Tout va plus vite au collège… il faut juste trouver le rythme ! »

////////////// Charlotte et Fanny ont enquêté pour vous. /////////////

C'est quoi ? On n'a qu'un cerveau et il ne peut pas tout faire en même temps ! C'est pour cela qu'il y a un temps pour tout : dormir, manger, se concentrer, travailler, se reposer, s'amuser… Le problème, c'est qu'on aimerait bien allonger notre temps de repos, alors que nos profs, eux, sont plutôt partisans de l'allongement du temps de travail !

Le bon plan Quand on prend l'habitude de faire nos devoirs tous les jours à la même heure, c'est plus facile de se concentrer car notre cerveau prend le rythme. Or moins on perd de temps pour les devoirs, plus il nous en reste pour d'autres activités. Le rythme, ça a du bon !

Le plan galère Après une semaine de vacances passée à se lever à midi, c'est l'enfer de retrouver le rythme du collège et de s'arracher du lit aux aurores. Pourtant, on n'a pas le choix. Alors, pour que ce soit moins terrible, on a vraiment intérêt à programmer notre réveil avec notre musique préférée !

Une réponse toute prête…

Si nos parents veulent qu'on fasse un truc imprévu et qu'on n'est pas d'accord, on peut toujours dire :

Version médicale

« Impossible, ça risque trop de perturber mon rythme biologique ! »

Version mauvaise foi

« Ça ne va pas être possible, ça risquerait de ralentir sérieusement mon rythme de travail ! »

Comment ça marche ?

La moindre petite cellule de ton corps obéit à des rythmes inscrits dans les gènes depuis que les hommes existent. Pourquoi ? Tout simplement parce que tes cellules ont énormément de tâches à accomplir en vingt-quatre heures et qu'elles ne peuvent pas les faire toutes en même temps. Par exemple, durant la journée, les cellules de ta peau ont pour mission principale de te protéger contre les ultraviolets, les polluants et les microbes. La nuit, elles réparent les dommages qu'elles ont subis dans la journée...

Toute la difficulté pour tes cellules, c'est d'effectuer leurs tâches au moment le plus opportun. Pour y arriver et, surtout, pour éviter que ce soit la grosse cacophonie dans ton organisme, il y a des hormones, sécrétées tout au long de la journée, qui leur donnent des ordres. Par exemple, le cortisol que tu sécrètes à partir de 6 heures du matin sert à augmenter ton taux de sucre dans le sang. Du sucre qui sera fort utile à tes muscles qui s'éveillent ! C'est super malin, et c'est comme ça pour tout. Ainsi, pour coordonner le travail de toutes ces hormones, il y a un chef d'orchestre : c'est la mélatonine. Celle-là est principalement sécrétée durant la nuit (avec un pic entre 2 heures et 4 heures), à condition que tu dormes à ce moment-là et, si possible, dans le noir complet (tu vois ce qu'il te reste à faire !).

Notre conseil

On n'a pas tous exactement le même rythme – certains sont plus du matin et d'autres plutôt du soir – mais, de façon générale, on a tous besoin de faire trois repas quotidiens, de bien dormir la nuit et d'être assez réguliers dans ce qu'on fait. Bref, si tu ne veux pas mettre ton organisme à plat, ce qui se produit à tous les coups si tu ne respectes pas tes rythmes, fais preuve de régularité. C'est ce qui réussit le mieux à ton corps... et à ta tête !

Vrai ou Faux ?

Le moment idéal pour une consultation chez le dentiste avec une anesthésie, c'est 15 heures.

Vrai ! Les anesthésiques locaux utilisés pour les soins dentaires ont une action trois à cinq fois plus longue s'ils sont administrés à 15 heures que s'ils le sont à 7 heures ou à 19 heures, c'est prouvé !

Pour ta culture perso

Pour permettre de comprendre ce qui se passe quand des personnes n'ont aucun repère temporel (ni bruit, ni soleil, ni montre), diverses expériences ont été menées avec des volontaires, qu'on a fait vivre seuls, dans des grottes. Coupées de tout, ces personnes ont spontanément adopté un rythme calé sur 24 heures et 11 minutes. Les chercheurs en ont déduit que c'était le rythme propre à l'espèce humaine...

SAC À DOS

« Notre sac et nous, on ne va plus se quitter de l'année ! »

Charlotte et Fanny ont enquêté pour vous.

C'est quoi ? C'est ce qui nous permet d'emporter nos affaires, mais aussi un accessoire de mode. Et au collège, le sac à dos a plus la cote que le bon vieux cartable en cuir ! Il faut le choisir léger – il y aura bien assez de livres à porter – et vérifier qu'on peut y glisser facilement des grands classeurs.

Le bon plan Si on a peur d'oublier un truc important, on peut se faire une petite liste, par matière, de ce qu'on doit toujours avoir sur soi. Comme ça, le soir, quand on prépare nos affaires, on jette un coup d'œil sur la liste des matières qui nous attendent, ça nous fait gagner du temps et ça nous permet de prendre l'essentiel, sans nous surcharger !

Le plan galère Certains proviseurs de collèges font la guerre aux collégiennes qui viennent juste avec un sac à main. Ils ont imaginé une drôle de sanction à leur égard. Ils leur confisquent leur sac et leur prêtent à la place… un sac poubelle ! Être obligée de se promener avec ça toute la journée, c'est carrément la honte ! Et pour celles et ceux qui viendraient en tenue incorrecte, ils les obligent en plus à porter une blouse ! Pour frimer, c'est vraiment raté !

Quelques réponses toutes prêtes…

Si quelqu'un nous demande pourquoi on a piqué le cartable de notre petite sœur, on peut toujours dire :

Version tac au tac
« Pourquoi ? T'as fait ça à la tienne et elle n'a rien dit ? »

Version ironique
« Non, mais s'il t'intéresse, elle peut te faire un prix ! »

Comment ça marche ?

On dit souvent qu'un sac, c'est le reflet de sa personnalité. C'est un peu exagéré, mais il y a du vrai là-dedans ! Ce que tu mets dedans en dit long sur toi. Par exemple, si tu pars toujours au collège avec un sac énorme, plus gros que la moyenne, c'est peut-être que tu es si anxieux à l'idée d'oublier quelque chose d'important que tu préfères avoir tout sur toi, « au cas où ». C'est une solution qui se défend, mais tu risques d'avoir bien vite mal au dos (surtout si tu emportes tout pour la journée parce que tu manges à la cantine) et ça n'est pas faire preuve d'organisation ! Car ça prend sans doute plus de temps que de trier, chaque soir, ce dont tu as vraiment besoin pour ta journée. Mais s'organiser révèle aussi une certaine maturité. Cela t'oblige en effet à réfléchir sur ce qui est vraiment utile et ce qui l'est moins. Or la vie est faite de choix !

À l'inverse, si tu pars avec un sac presque vide, en oubliant une partie de tes cours ou de tes affaires, c'est peut-être parce que tu as envie de jouer les rebelles, mais ça donne surtout l'image de quelqu'un qui se désintéresse de ses études. Ça ne donne pas spécialement envie aux professeurs de venir vers toi. Et c'est dommage, car le premier à en subir les conséquences, c'est toi !

Notre conseil

Tu as le droit de personnaliser ton sac parce que c'est un peu le « prolongement de ta chambre ou de toi-même », mais ne le transforme quand même pas en galerie d'art pour graffitis ! Méfie-toi également avant d'y inscrire, à l'encre indélébile, des petites phrases antiprofs : tôt ou tard, tu risquerais de le regretter !

Vrai ou Faux ?

Ce n'est pas bon pour le dos de porter son sac d'un seul côté.

Vrai ! Ton sac a deux bretelles car, au cas où tu ne l'aurais pas remarqué, tu as deux épaules ! Et ton corps (notamment ton squelette) a horreur du déséquilibre...

Pour ta culture perso

Le sac à dos est né en 1930, mais à l'époque il avait pour seule vocation de voyager. Pour voir arriver le sac à dos d'écolier tel que tu le connais, il aura fallu attendre 1985. Un rapide calcul te permet de comprendre que tes parents ont dû survivre sans, quand ils étaient jeunes !

SAIGNEMENT

« C'est plus impressionnant que grave ! »

////////////// Charlotte et Fanny ont enquêté pour vous. /////////////

C'est quoi ? C'est un écoulement de sang par le nez en raison de la rupture d'un petit vaisseau fragile. Ça peut arriver quand il fait très chaud (la chaleur dilate les vaisseaux), quand on vient de courir (le débit sanguin s'accélère), quand on a un rhume (à force de se moucher, ça irrite) ou, bien évidemment, quand on se cogne le nez contre une idiote de porte qu'on croyait grande ouverte !

Le bon plan Si notre petit frère ou notre petite sœur n'arrête pas de nous embêter et qu'on en a plus qu'assez que nos parents prennent toujours SA défense, on peut toujours aller les voir en leur disant : « Regardez cette fois ce qu'il (elle) m'a fait ! * »

*(*Bon d'accord, ce n'est pas beau de mentir, mais il (elle) l'avait bien cherché !)*

Le plan galère Quand ça arrive pendant un contrôle et que, ce coup-là, on maîtrise le sujet, on n'a pas vraiment envie de filer à l'infirmerie ! On doit vite sortir notre mouchoir ou, si on l'a oublié, lancer un appel de détresse dans la classe pour en trouver un au plus vite. Comme ça, le prof nous aura repéré et si on a besoin de deux minutes « de rab » à la fin, il n'aura pas le cœur de nous les refuser !

Quelques réponses toutes prêtes...

Si quelqu'un s'inquiète de nous voir saigner du nez, on peut toujours dire :

Version déclaration
« Je me suis battu pour toi ! »

Version virile
« Et je te plais mieux comme ça ? »

Version ironique
« Comme c'est gentil de t'inquiéter de ma santé ! »

DE NEZ

Comment ça marche ?

Même si le sang paraît couler à flot, pas de panique, le saignement de nez (ou épistaxis) pose rarement de problème. En effet, il n'y a pas de grosse artère dans ta cloison nasale et donc pas de risque d'hémorragie grave (sauf en cas de grave traumatisme crânien). Commence donc par te calmer, puis assieds-toi. Utilise des mouchoirs jetables pour évacuer d'éventuels caillots. Penche légèrement ta tête en avant afin que le sang s'évacue par ta narine et non dans ta gorge, faute de quoi, tu pourrais croire que tout est rentré dans l'ordre alors que le saignement persiste ! Enfin, appuie fortement avec deux doigts sur ta narine qui saigne pendant au moins deux minutes. Cela suffit dans la très grande majorité des cas à tarir le saignement. Sinon, recommence, mais en comprimant dix minutes.

Notre conseil

Pour permettre la cicatrisation, l'idéal serait de mettre ce qu'on appelle une mèche (type Coalgan ouate stérile ou Algostéril mèche, vendue sans ordonnance en pharmacie). Tes parents peuvent t'en acheter si tu es souvent sujet aux saignements, pour mettre dans l'armoire à pharmacie familiale. À défaut, ne mets pas de coton ordinaire car, au moment de le retirer, tu risquerais surtout de rouvrir la plaie si des fibres se sont coincées dedans. Si tu es chez toi et que tu n'as pas de mèche, ne mets rien dans ton nez. Applique plutôt sur ta narine un sac plastique contenant un gant avec des glaçons à l'intérieur (jamais directement sur la peau) : en contractant les petits vaisseaux, le froid ralentit le flux sanguin et donc limite le risque de saignement.

Vrai ou Faux ?

Les situations où il est nécessaire d'appeler le médecin pour un saignement de nez sont exceptionnelles.

Vrai ! C'est le cas des saignements intarissables ou s'accompagnant de signes de gravité : malaise avec sueurs et pâleurs, pouls accéléré, prise d'anticoagulant – une éventualité rare – ou hémophilie (maladie qui se traduit par un défaut de coagulation). Enfin, un avis médical s'impose lorsque le nez est le siège d'un œdème et d'un hématome, annonçant peut-être une fracture, suite à un gros traumatisme...

« Au collège, on ne rigole plus avec le règlement ! »

Charlotte et Fanny ont enquêté pour vous.

C'est quoi ? Tout collège possède un règlement intérieur – avec ce qui est permis et ce qui ne l'est pas – car il faut bien apprendre à vivre en communauté. Quand on ne respecte pas les règles, c'est qu'on manque de discipline et, dans ce cas, on risque une sanction. Normalement, elle doit être proportionnelle à l'ampleur de la faute commise... mais il y a des établissements plus ou moins sévères puisque, bien souvent, cela dépend du proviseur.

Le bon plan Quand on est un élève moyen, le fait de ne poser aucun problème de discipline peut nous aider à avoir une image de quelqu'un de sérieux. Et les profs sont toujours plus sympas avec les élèves qui ne font pas de vagues et qui semblent motivés !

Le plan galère Si on se fait tout le temps remarquer pour manque de discipline, ça ne va pas rendre le proviseur spécialement indulgent à notre égard ! Or, plus un élève est « étiqueté » comme indiscipliné, plus il lui est difficile de casser cette image... au point que ça peut finir par retentir sur les notes et sur le choix de l'orientation.

Quelques réponses toutes prêtes...

Si un copain veut qu'on lui résume le règlement intérieur du collège, on peut toujours lui dire :

Version résumée

« C'est simple, tu bosses et tu bosses. »

Version exagérée

« T'as qu'un droit, celui de te taire ! »

Version ironique

« Bienvenue à la caserne ! »

Version désespérée

« C'est la loi du plus fort, et le plus fort ici, c'est le surveillant ! »

Comment ça marche ?

En début d'année, tu reçois une copie du règlement intérieur de ton collège, que tu dois signer, ainsi que tes parents. Cette signature n'est pas une simple formalité. Elle a pour but de t'impliquer à 100 % dans la vie de ton établissement ! Si tu te fais prendre par la suite à faire quelque chose d'interdit, tu ne pourras pas dire que tu ne savais pas. Et le proviseur partira du principe que tu as commis sciemment cette entorse au règlement, ce qui aggrave ta faute (et donc la sanction qu'elle mérite).

Tout cela n'est pas mis en place pour t'embêter, mais pour faire de toi un adolescent et un futur adulte responsable de ses actes. C'est donc une application pratique de tes cours d'instruction civique, en quelque sorte ! Et ça te sera utile toute ta vie : en effet, des règlements, tu en verras d'autres. Pour te loger, dans ton travail, dans ta ville, etc. Et comme le dit si bien le dicton : « Nul n'est censé ignorer la loi ! »

Notre conseil

Évite de faire des vagues ! Que tu sois d'accord ou non avec le règlement intérieur de ton collège n'est pas le problème. À partir du moment où tu t'inscris dans cet établissement, c'est que tu en acceptes les règles. Ce n'est pas négociable. En plus, si tu es tout à fait honnête avec toi-même, tu constateras que ce règlement n'a rien de très restrictif ! On te demande juste de respecter le corps enseignant, de ne rien dégrader, de venir en cours en tenue décente, avec toutes les affaires dont tu as besoin et de ne pas faire l'école buissonnière. Ce n'est quand même pas le bagne !

Vrai ou Faux ?

Un manquement grave au règlement du collège peut te faire passer en conseil de discipline.

Vrai ! Ce conseil, composé entre autres de membres de l'équipe de direction, du professeur principal, d'un représentant de parents d'élèves et du CPE, se réunit à la demande du proviseur et décide d'une sanction pouvant aller, pour les faits les plus graves (violence envers les personnes), jusqu'à l'exclusion définitive.

SCARIFICATION

« Autrefois, on appelait ça de l'art... »

Charlotte et Fanny ont enquêté pour vous.

C'est quoi ? C'est se faire des dessins, souvent sur les avant-bras, en entaillant sa peau avec un instrument coupant. Ceux qui le font disent que ça leur fait du mal (physiquement) et du bien (moralement) à la fois.

Le bon plan Si un ami nous avoue qu'il se scarifie en rentrant de l'école parce qu'il se sent seul et mal à ce moment-là, on peut prendre l'habitude de l'appeler ou de le faire venir chez nous pour travailler ensemble. Ça lui changera les idées et il y a de bonnes chances pour qu'ensuite, son « envie » de se scarifier ait disparu, au moins pour la journée...

Le plan galère Quand un ado a plein de marques sur le corps, tout le monde lui demande ce qui lui est arrivé et, bien souvent, il n'ose pas dire qu'il s'est scarifié. Ça le stresse encore plus d'avoir ce genre de réflexions ! Si on est son ami, à nous de trouver un moyen pour l'aider. D'abord, s'il se sent mal dans sa peau, c'est peut-être qu'il a des complexes. Si on lui dit souvent qu'on lui trouve plein de qualités, ça peut l'aider à prendre de l'assurance. Pareil si on le sollicite pour un avis, pour la préparation d'une fête, etc. L'important, c'est qu'il se sente moins seul et qu'il sache qu'il compte vraiment pour nous.

Une réponse toute prête...

Si on a un ami qui se scarifie et qu'on aimerait l'aider à arrêter, on peut toujours lui dire :

Version amicale

« Pour toi, je suis là 24h/24 ! Appelle-moi quand tu veux ! »

J'ai gravé « maman » dans la semelle de ma chaussure.

LA PAROLE AUX PROS

Comment ça marche ?

C'est une pratique consistant à s'infliger une incision superficielle de la peau (automutilation). Certains adolescents utilisent pour cela la pointe de leur compas, d'autres, un cutter ou des ciseaux. Sur le moment, ils font ça parce qu'ils sont en proie à une bouffée d'angoisse et ils disent que ce geste les soulage et les aide à se sentir vivre, que c'est un moyen de ressentir leur corps. Ce geste n'est d'ailleurs pas sans rappeler les saignées d'autrefois qui étaient censées purifier l'organisme !

Il y a un vrai risque de surinfection si les plaies ne sont pas désinfectées juste après. Et puis la scarification laisse des cicatrices, parfois indélébiles (à moins de payer plus tard des séances de laser coûteuses et non remboursées par la Sécurité sociale). Du coup, les jeunes concernés n'osent plus découvrir leurs bras et se retrouvent en manches longues toute l'année ! Ça leur est d'autant plus difficile à vivre que personne autour d'eux ne comprend ce geste. Ça inquiète notamment leurs parents qui ont très peur que leur ado soit suicidaire, alors que la scarification n'a pas forcément de lien avec le geste de se couper les veines. Les psychologues estiment que tant qu'un adolescent ne présente pas de changement notable et durable dans son comportement (sommeil, alimentation, caractère, goûts, relations, scolarité), il n'y a pas lieu de s'inquiéter.

La scarification, même si elle signifie que la personne ne se sent pas bien dans sa peau, est une façon justement de ressentir son corps et de montrer sa blessure de l'âme. Ce n'est pas pour cela qu'il faut l'essayer !

Notre conseil

Si un de tes amis se scarifie, inutile de lui demander pourquoi, sans doute ne le sait-il pas lui-même. S'il se sent mal d'avoir ce type de comportement ou s'il regrette son geste quand il voit les cicatrices sur son bras, tu peux l'encourager à en parler à un psychologue. S'il le souhaite, il peut se rendre dans un centre médico-psycho-pédagogique (CMPP) du département, sans avoir besoin de l'autorisation de ses parents.

Vrai ou Faux ?

Autrefois, la scarification était une pratique courante dans certaines ethnies.

Vrai ! Comme le tatouage, elle servait à marquer l'appartenance à telle ou telle tribu. Mais aussi à marquer le passage d'un statut à l'autre, par exemple, de celui d'adolescent à celui d'adulte !

Pour ta culture perso

Les jardiniers, eux, scarifient leur pelouse (ils griffent le sol) dans le but de retirer la mousse qui asphyxie le gazon. En jardinage, la scarification a du bon !

LA PAROLE AUX COLLÉGIENS

« À nous la liberté ! »

Charlotte et Fanny ont enquêté pour vous.

C'est quoi ? Pour beaucoup d'entre nous, c'est un rêve dès qu'on a 14 ans mais, souvent, nos parents ne sont pas d'accord ! C'est vrai qu'il faut redoubler d'attention, surtout à notre âge où on n'a pas toujours le sens du danger. Si nos parents sont OK pour le scooter, on a besoin de l'ASSR1. C'est l'attestation scolaire de sécurité routière de niveau 1 qui est délivrée en 5e. On en a besoin pour passer le BSR (brevet de sécurité routière) dans une moto-école et avoir le droit de conduire un scooter. L'ASSR2, c'est l'attestation de niveau 2 et on la passe en 3e. Cette fois, on en aura besoin pour le permis voiture. Ce qui est dommage, c'est que pour ces deux examens, on n'a aucune préparation…

Le bon plan Les questions de l'examen portent surtout sur des mises en situation. Alors si on demande à nos parents, lorsqu'ils conduisent, de nous expliquer ce que disent les panneaux, ça peut nous aider le jour J. Et si une autre classe passe l'examen avant nous : ne pas hésiter à leur demander les questions qu'ils ont eues ! Enfin, pour convaincre nos parents, on peut toujours tenter de leur démontrer que, grâce à notre deux-roues, ils vont retrouver une sacrée liberté : plus besoin de nous accompagner partout, on devient autonome. C'est ce qu'ils veulent, non ?

Le plan galère Si on rate nos ASSR au collège, on devra revenir dans notre ancien établissement pour repasser les épreuves, quand on sera déjà au lycée. La honte ! Alors, même si on n'en voit pas l'utilité tout de suite, on a quand même intérêt à être présent le jour de l'examen et à répondre sérieusement aux questions !

La bonne blague

C'est Titi qui traverse la route sans faire attention, quand Grosminet arrive à vive allure sur un scooter. Il essaie de l'éviter, mais Titi fait malgré tout un vol plané. Pris de remords, Grosminet le ramène vite à sa maison et l'installe confortablement sur un petit lit, dans une cage. Quand il se réveille, Titi voit les barreaux, se croit en prison et s'écrie, affolé : « Mince ! J'ai écrasé un Grosminet ! »

Comment ça marche ?

Un scooter, c'est vraiment l'emblème de la liberté, car il te permet d'aller partout en restant autonome. Tu as le droit d'en conduire un à partir de 14 ans, sous réserve d'avoir obtenu ton BSR. Pour cela, il te faut obligatoirement prendre des cours, avec un moniteur diplômé d'auto-moto école pour avoir les bons réflexes. En effet, sur ta route tu croiseras tôt ou tard des conducteurs inconscients qui ne respecteront pas le code et te brûleront la priorité. À toi d'apprendre à faire avec et, pour cela, un bon truc est d'avoir une main toujours prête à appuyer sur le frein et de ralentir à l'approche des carrefours, que tu sois prioritaire ou non (c'est le seul moyen de pouvoir freiner à temps, au cas où...).

Comme pour les vêtements, les scooters obéissent à des modes. Et bien souvent, les ados craquent pour des modèles coûteux ! Essaie de ne pas oublier que l'achat d'un scooter pèse lourd dans le budget de tes parents. Même s'ils sont d'accord pour t'en offrir un, ils ont leur mot à dire.

À l'inverse, s'ils ne veulent pas en entendre parler, soit pour des raisons financières, soit parce qu'ils ont trop peur de l'accident, notamment parce que vous habitez un coin où le trafic est intense, essaie d'en discuter avec eux. Peut-être que, pour le scooter, c'est définitivement « non », mais que pour le permis accompagné à 15 ans, ils seront partants !

Notre conseil

Ton scooter ne doit pas dépasser 49,9 cm^3 et, bien entendu, il ne doit pas être trafiqué (débridé) pour rouler plus vite. Non seulement c'est dangereux (si tu « gonfles » le moteur, les freins deviennent insuffisants). Mais en plus, en cas d'accident, ton assurance pourrait bien ne pas fonctionner, arguant le fait qu'elle assurait un 49,9 cm^3 et non le véhicule que tu conduisais. Or si tu as blessé quelqu'un, ce sont tes parents qui seront responsables. En cas d'accident grave, ils peuvent se retrouver dans de très grosses difficultés financières... sans compter les remords que tu éprouveras toute ta vie pour avoir « bousillé » la vie d'un autre. Il vaut mieux y penser avant...

Vrai ou Faux ?

En scooter, le port du casque est obligatoire.

Vrai ! Tu dois l'utiliser en toutes circonstances, même pour parcourir 20 mètres. Si toi ou ton passager n'avez pas de casque, un agent peut te verbaliser (c'est le conducteur qui est le responsable). Par ailleurs, tu ne devrais jamais faire de scooter sans un vêtement épais à manches longues, un pantalon et des gants. Sans protection, ta peau sera brûlée en cas d'accident.

Pour ta culture perso

Le scooter appartient à la grande famille des deux-roues et des motocyclettes. On trouve désormais des scooters électriques « écolo » et des scooters économiques qui n'usent qu'un seul litre d'essence pour parcourir 100 kilomètres ! Un argument intéressant si tes parents ont la fibre « écolo » et/ou ne veulent pas se ruiner en carburant...

SECRET

« Il n'y a pas de petits secrets ! Tout ce qu'on se dit entre amis, ça compte énormément ! »

Charlotte et Fanny ont enquêté pour vous.

C'est quoi ? C'est ce qu'on raconte à nos proches parce qu'on estime que ça ne regarde pas les autres. Ça peut toucher notre vie de famille, nos amis, le collège… ou un éventuel amoureux !

Le bon plan Avant de confier un secret qui nous tient vraiment à cœur à quelqu'un dont on n'est pas encore sûr à 100 %, on peut toujours faire le test avec un « faux secret » ou un secret sans importance. Si dans les 24 heures qui suivent, tout le collège est au courant, on saura quoi penser de sa fiabilité !

Le plan galère Si un ami trahit notre secret, ça peut nous rendre très malheureux. En plus on a perdu toute confiance en lui. Au lieu de rester seul avec notre peine, on doit lui dire ce qu'on ressent afin qu'il se rende compte de ce qu'il a fait. Après tout, si c'est un ami, c'est à lui de trouver le moyen de réparer sa bêtise…

Quelques réponses toutes prêtes…

Si on nous demande de divulguer un secret qu'on a juré, craché, promis de garder, on peut toujours dire :

Version mystérieuse
« Chut ! Les murs ont des oreilles ! »

Version bouche cousue
« Même si tu me passais sur le corps, je ne dirais rien ! »

Version rusée
« Dis-moi les secrets que tu connais et je te dirai s'il en fait partie ! »

Comment ça marche ?

Un vrai secret, celui auquel tu tiens, il ne se dit qu'à ton meilleur ami. Ce faisant, tu lui témoignes la haute estime dans laquelle tu le tiens ! En effet, tu ne lui confierais pas ce qui t'est le plus cher, s'il n'avait aucune importance à tes yeux.

Eh bien, quand on te confie un secret intime, c'est exactement pareil : cela veut dire que tu comptes beaucoup pour celui qui t'ouvre ainsi son cœur. Et si tu le trahis en divulguant son secret, ça lui sera d'autant plus difficile à supporter… d'où la violence prévisible de sa réaction ! Rompre le secret d'un meilleur ami, c'est prendre le risque de perdre son amitié pour de bon. Alors réfléchis-y avant de parler !

Malgré tout, il y a des cas où un secret ne peut pas être gardé, parce qu'il y a un vrai danger à te taire. C'est le cas si ton ami t'a dit avoir prévu de fuguer, vouloir se suicider, être victime de maltraitance ou avoir subi des sévices. Dans toutes ces situations, il n'y a même pas de question à te poser : il faut en parler très vite à un adulte en qui tu as confiance et qui saura donner de bons conseils pour éviter la catastrophe.

Notre conseil

Certaines personnes sont incapables de garder un secret. C'est plus fort qu'elles, il faut qu'elles parlent ! Si tu es dans ce cas, préviens d'avance toute personne qui te dirait : « Il faut que je te dise un secret. » Si elle décide quand même de te le confier, au moins, ce sera en toute connaissance de cause !

Vrai ou Faux ?

Il y a des secrets de famille qu'il vaut mieux ne pas connaître.

Ça dépend ! Souvent, les non-dits sont pires que les secrets eux-mêmes, car ceux qui ne savent pas de quoi il s'agit, tout en sentant que c'est grave, peuvent imaginer le pire. Et puis, apprendre ce fameux secret dix ou vingt ans plus tard, de surcroît par une personne étrangère à la famille, peut être un réel choc. Faut-il pour autant tout te dire, au risque de te choquer ? « Plutôt oui », surtout si tu te poses des questions, ont tendance à répondre les psychologues… En effet, il est souvent plus facile d'affronter une réalité que ses propres fantasmes…

Pour ta culture perso

Sacha Guitry, comédien et metteur en scène de théâtre au début du XXe siècle, a dit : « C'est une erreur de croire que les femmes peuvent garder un secret. Elles le peuvent… mais pour cela, elles s'y mettent à plusieurs ! » Sans commentaire !

SECTE

« La seule secte sympa, c'est celle qui n'existe pas ! »

////////////// Charlotte et Fanny ont enquêté pour vous. //////////////

C'est quoi ? C'est une organisation qui se présente comme notre nouvelle famille, mais qui en réalité n'a qu'un seul but : nous faire un lavage de cerveau et nous soutirer un maximum d'argent ou nous faire travailler gratuitement. Dans une secte, le chef appelé « gourou » a tous les droits alors que les adeptes n'en ont aucun.

Le bon plan Quand quelqu'un sonne à notre porte pour nous parler « philosophie » ou « religion », mieux vaut abréger tout de suite. On ne doit même pas essayer de le convaincre qu'il a tort, car sa secte l'a spécialement entraîné pour avoir réponse à tout. Autant essayer de convaincre un manche à balai, on a plus de chances !

Le plan galère Les sectes ont des adeptes chargés de recruter de nouveaux venus. Souvent, ils sont super sympas et savent trouver les mots qui nous touchent. Ils nous donnent envie d'être leurs amis, et c'est bien ça le piège ! On doit se méfier quand quelqu'un nous dit qu'il sent qu'on n'est pas comme les autres, qu'il était comme nous avant, qu'il se posait des tas de questions... S'il prétend vouloir nous aider à trouver notre voie et nous propose pour cela d'assister à une conférence passionnante, il n'y a qu'une chose à faire : partir en courant !

Quelques réponses toutes prêtes...

Si quelqu'un veut nous inviter à une conférence métaphysique super louche, on peut toujours répondre :

Version ironique

« Mon seul problème métaphysique pour l'instant, c'est de savoir comment te dire non pour que tu m'oublies définitivement... »

Version devinette

« La réponse tient en 3 lettres, commence et finit par un N ! »

Comment ça marche ?

Il existe près de 300 sectes en France qui comptent quelque 500 000 personnes. C'est dire à quel point elles sont influentes ! Parmi les adeptes, il n'y a pas que des personnes seules, pauvres ou malades, loin de là. Il y a aussi des scientifiques et des intellectuels qui se sont fait prendre à un moment de leur vie où ils se posaient des questions existentielles. Les sectes les séduisent en leur proposant des réponses toutes prêtes avec des semblants de preuves. Mais leur plus grosse force, c'est d'arriver à les convaincre que leur famille est dans « le faux » et qu'ils doivent couper tous les ponts avec elle. Une fois les familles ainsi mises à l'écart, les adeptes sont encore plus vulnérables !

Pour leur éviter de réfléchir et de se rebeller, les gourous ont mis au point des techniques très efficaces : par exemple, ils pratiquent la dette de sommeil et le jeûne prétendument purificateur. Parallèlement, des théories plus ou moins fumeuses mêlant religion, philosophie et pseudo-science sont répétées en boucle. Le cerveau perd alors tout sens critique. Tout ce qui est dit est pris pour argent comptant. Et c'est ainsi que le gourou abuse et pousse au suicide de nombreuses victimes sans que les adeptes se rebellent.

Les rares victimes qui s'en sont sorties, après avoir retrouvé « leurs esprits », n'osent pas forcément dénoncer ce qui s'est passé dans leur ancienne secte. Elles sont fragiles et, souvent, ne sont pas assez soutenues et défendues, alors que les sectes, elles, sont très puissantes.

Notre conseil

Si les adolescents intéressent les sectes, c'est parce qu'ils sont en quête d'identité. Les sectes peuvent donc te démarcher, même si, à ton âge, tu ne peux pas encore leur apporter d'argent. Or, si jamais tu es approché, ne pense pas que tu peux être plus fort qu'elles et t'en sortir quand tu veux. Si on essaie de t'y faire entrer, ta seule chance de t'en sortir, c'est de ne jamais y mettre les pieds ! Et si tu sens que l'un de tes amis risque de se faire piéger, c'est le moment de lui rappeler que tu tiens à lui, qu'il compte beaucoup pour toi. Car s'il se sent rejeté (même à tort), c'est justement là qu'il risque de se chercher une « autre » famille.

Vrai ou Faux ?

La France est particulièrement active dans la lutte contre les sectes.

Vrai, mais cela ne les empêche pas de continuer à proliférer et de faire de nombreuses victimes. Selon un rapport de la Mission interministérielle de vigilance et de lutte contre les dérives sectaires (Miviludes), elles peuvent même se dissimuler sous couvert d'associations de soutien scolaire et d'aide aux jeunes en difficulté ! Voir : www.derives-sectes.gouv.fr

Pour ta culture perso

Quand une personne fait preuve d'intolérance, d'étroitesse d'esprit, on dit qu'elle est « sectaire ». Et ce n'est pas un compliment !

> « Évidemment, parler de sexualité au collège, ce n'est franchement pas facile ! »

Hugo a enquêté pour vous.

C'est quoi ? À notre âge, on en rêve ou, plutôt, on se pose des milliards de questions à ce sujet. On a une idée de ce que c'est, mais quelque part on ne sait pas très bien. C'est compliqué en fait : à la fois, on fait celui ou celle qui semble être au courant et, en même temps, on aimerait bien en savoir plus, mais on ne sait pas toujours à qui en parler. On pourrait dire que la sexualité, c'est le fait de passer à l'acte physique – donc, d'avoir un rapport sexuel – et ça… ça fait assez peur !

Le bon plan Garçons ou filles, même si on en parle pas mal entre nous, on n'est pas encore très à l'aise. Ce n'est évident pour personne, même quand on est amoureux, et la pire erreur serait de croire qu'on est tout seul dans ce cas. En réalité, les premiers rapports sexuels se passent vers 17 ans en moyenne. Autrement dit, ce n'est pas celui qui dit qu'il a « couché » à 14 ans qui est dans la normalité : c'est plutôt celui qui ne l'a jamais fait ! En attendant, pour se renseigner, il y a les livres, parfois une réunion d'information avec l'infirmier ou le médecin scolaire et puis le Planning familial (pour en savoir plus sur la contraception).

Le plan galère Souvent, les autres friment en nous assurant qu'ils ont « couché » et que c'était top… Et en plus ils donnent des détails ! Alors on se dit qu'on est vraiment nul de ne pas essayer. En réalité, c'est souvent un gros « crack », pour jouer aux « grands » ! On ne doit pas se laisser piéger par ce discours. Ce n'est pas pour rien qu'on dit que « ce n'est pas ceux qui en parlent le plus qui l'ont vraiment fait » !

Quelques réponses toutes prêtes…

Si on nous demande si on veut « coucher », on peut toujours répondre :

Version fille (qui ne veut pas avoir l'air nunuche)

« Tu veux dire coucher avec toi ? Ça se discute… Je vais en parler avec mes amies pour voir si elles ont un avis ! »

Version garçon (qui a envie, mais qui a peur)

« Moi, coucher, je ne le fais vraiment qu'avec les filles qui assurent ! » (et hop, dit comme ça, on renvoie la balle dans l'autre camp !)

Comment ça marche ?

La sexualité, c'est bien sûr tout ce qui touche à l'amour physique, et qui fait partie de la vie, mais pas seulement. Car le premier sens étymologique du mot « sexualité » signifie ce qui différencie l'homme de la femme ou le mâle de la femelle. Et ça veut tout dire ! Bien sûr, un garçon et une fille n'ont pas le même sexe, mais cela va bien plus loin que ça : au-delà des différences physiques, ils n'ont pas forcément reçu la même éducation, n'ont pas un cerveau organisé tout à fait pareil, etc. Pour t'en convaincre, il n'y a qu'à se rappeler cette petite expérience menée par des spécialistes de l'étude des comportements humains et animaux (les éthologues), dans un supermarché. Après la projection d'un petit film où l'on voyait un nourrisson pleurer, on demandait aux passants pourquoi, d'après eux, ce bébé « fille » pleurait. Et la réponse obtenue était toujours du même registre : « La pauvre, elle doit chercher sa maman ou son doudou, il faut la consoler... » Ensuite, l'expérience était recommencée, mais en disant que le bébé était un garçon. Et la réponse suscitée devenait : « Eh bien, il a du caractère celui-là, c'est un petit coléreux, ça promet !... »

Notre conseil

Si la sexualité au sens large (fille/garçon) n'est plus un sujet tabou, on ne peut pas toujours en dire autant de la sexualité au sens restreint du terme (vie sexuelle). Pourtant, il n'y a pas de honte à avoir envie de partager un moment d'intimité avec celui ou celle que tu aimes. C'est même inscrit dans tes gènes ! Mais il est normal que tes parents s'en inquiètent, s'ils pensent que tu vas avoir des relations sexuelles trop tôt. À ton âge, où on est toujours un peu excessif, ils ont peur que tu deviennes « grand » trop vite, que tu aies des rapports non protégés, que ta relation amoureuse passe avant tes études, ta famille, etc. S'ils sont inquiets et freinent des deux pieds, c'est parce qu'ils veulent te protéger...

Et c'est vrai que, pour le premier rapport sexuel, il faut vraiment attendre d'être sûr de celui ou celle avec qui tu vas le faire. Ça peut parfois être traumatisant si la tendresse et le respect de l'autre ne sont pas au rendez-vous. Le faire juste pour faire plaisir à l'autre n'est pas une bonne idée : il faut vous sentir prêts tous les deux et en avoir envie ensemble. Sache aussi que, plus tu en as envie dans ta tête, plus cette rêverie, ce fantasme nourrit ton imaginaire et crée un contexte favorable pour une vie sexuelle future épanouie. Si, dès que tu as envie de quelque chose, tu l'obtiens, cela perd d'emblée de sa saveur... C'est pareil pour tout, même pour la sexualité !

C'est bien la preuve que les gens ne réagissent pas de la même façon avec toi, selon que tu es une fille ou un garçon. D'ailleurs, si tu as un frère ou une sœur de sexe opposé au tien, sans doute t'es-tu déjà plaint de ne pas être traité pareillement. « IL a plus le droit de sortir que moi. » « ELLE a le droit de me taper, mais pas moi ! » « On ne lui demande jamais d'aider à faire le ménage, à LUI. » « Vous dépensez plus d'argent pour ses vêtements à ELLE », etc. Bien sûr, ces exemples sont stéréotypés et exagérés, mais il y a quand même un peu de vrai là-dedans, parce que tes parents (et leurs ancêtres) ont été éduqués avec l'idée que la fille est plus fragile et qu'il faut la protéger (on parle d'ailleurs de « sexe faible »), alors que le garçon doit davantage se débrouiller seul pour devenir un homme. Enfin, même si ce n'est pas forcément avoué, les parents d'une fille ont également peur qu'elle « tombe enceinte », en cas de rapport non protégé. Si cela se produisait et que pour une raison ou une autre la grossesse était menée à terme, c'est leur fille qui aurait la scolarité la plus perturbée des deux et qui aurait le bébé en charge. Or tu peux comprendre que cette perspective ne déclenche pas leur enthousiasme !

Vrai ou Faux ?

Un adulte majeur n'a pas le droit d'avoir des rapports sexuels avec un mineur de moins de 15 ans.

Vrai ! Cela s'appelle un détournement de mineur et c'est passible de prison, même si le mineur était *a priori* consentant. En effet, le législateur estime qu'à ton âge tu peux être facilement influençable et, donc, que le fait que tu sois d'accord ne veut rien dire.

Pour ta culture perso

L'expression « *sex appeal* » (mais non, pas du sexe à pile !) vient de l'anglais et signifie « attirance sexuelle ». Ainsi, quand on dit d'une personne qu'elle a vraiment du *sex appeal*, cela veut dire que sa tenue, son comportement, son charme… ne laissent personne indifférent !

« On peut se sentir seul au milieu d'une foule ! »

Charlotte et Fanny ont enquêté pour vous.

C'est quoi ? C'est quand on se sent seul au monde ! Tant que ça ne dure pas, ce n'est pas gênant et on peut même apprécier par moments la solitude. Ça permet de se poser, de faire le point avec soi-même.
Le problème, c'est si on se sent tout le temps isolé, à l'écart, sans aucun ami à qui se confier.

Le bon plan Si on attend toujours que les autres fassent le premier pas pour nous aborder, ça peut durer longtemps ! Ceux qui ont plein d'amis vont souvent facilement vers les autres… Mais si on n'est pas à l'aise dans ce domaine, et qu'on a la chance d'avoir un chien, ça peut être un plus ! Car lorsqu'on se promène avec lui, les jeunes qui aiment les animaux s'arrêtent souvent pour discuter ou poser des questions. C'est un sujet de conversation tout trouvé et ça peut être le début de nouvelles rencontres !

Le plan galère Certains se retrouvent seuls et isolés parce qu'ils ont une maladie, qu'ils viennent de déménager ou qu'ils sont super timides ou mal dans leur peau… C'est injuste ! Pourquoi ne pas aller vers eux pour les aider à s'intégrer et à se faire des copains ? En plus, qui sait ! Peut-être qu'un jour, c'est nous qui aurons besoin qu'ils nous présentent du monde !

La bonne blague

Connais-tu le comble de la solitude ?
C'est d'appeler son téléphone fixe depuis son portable afin d'entendre enfin une sonnerie !

Comment ça marche ?

La solitude n'est pas mauvaise en soi. Ce qui l'est, c'est d'être toujours seul dans son coin. Ou au contraire, de ne pas supporter d'être seul un instant, d'avoir besoin d'être constamment entouré de plein de gens pour avoir l'illusion d'exister. Ces deux extrêmes ne valent pas mieux l'un que l'autre !

À ton âge, le problème le plus courant, c'est l'isolement. Ceux qui jouent beaucoup (trop) aux jeux vidéo sont les premiers touchés car leur monde virtuel finit par leur procurer plus de plaisir que le monde réel. Du coup, ils se détachent de leurs anciens amis. Négligent les cours. Rompent tous les liens. À côté de ces « drogués » des jeux, il y a aussi les adolescents qui se replient sur eux-mêmes car ils font une véritable dépression : ceux-là sont tout le temps tristes et n'ont plus goût à rien, ils relèvent d'une prise en charge psychologique.

Il y a enfin – ce qui est plus banal –, des tas de jeunes qui vivent de grands moments de solitude, parce qu'à un moment donné ils n'ont pas été invités à une fête ou parce qu'ils ont l'impression que tout le monde s'amuse, mais pas eux. Il n'y a pas de recette miracle, à part se dire que ça va, ça vient, et que personne n'est épargné. Ça fait partie de la vie : on a tous eu un jour l'impression d'être incompris ou mis à l'écart. Ce n'est pas pour cela que c'est définitif !

Notre conseil

L'être humain est un être social. Cela signifie que l'homme ne peut survivre s'il ne tisse pas de liens avec d'autres. Ces interactions sont aussi importantes pour lui que de manger et de boire ! Autrement dit, tu as besoin d'avoir au moins un copain. Après, peu importe qu'il soit de ton âge ou pas, dans le même collège ou non, que tu le voies tous les jours ou seulement de temps en temps… Du moment que tu ne te sens pas seul au monde, que tu n'es pas isolé, c'est que tout va bien !

Vrai ou Faux ?

Avoir des amis dans l'enfance est un facteur de bon pronostic pour vivre vieux.

Vrai ! Plus on a de liens sociaux, plus on est en bonne santé. Avoir des amis permet aussi d'être plus optimiste et l'optimisme a été prouvé comme élément essentiel de santé physique.

Pour ta culture perso

Le poète Lamartine a dit : « Un seul être vous manque, et tout est dépeuplé. »

SOMMEIL

« Le comble du sommeil... c'est de rêver qu'on est au collège! »

////////////// Charlotte et Fanny ont enquêté pour vous. //////////////

C'est quoi ? C'est une partie de notre journée qui nous échappe totalement parce que, quand on dort, on ne maîtrise plus rien ! Il y a même des moments où l'on dort si profondément que l'on n'entend absolument pas ce qui se passe autour de nous, on est comme anesthésié !

Le bon plan Certains petits rituels peuvent nous aider à trouver le sommeil. Ça peut être de la lecture, une musique douce qu'on aime bien, une demi-heure de sport, juste en rentrant du collège (mais surtout pas dans les deux heures qui précèdent le coucher) pour être bien fatigué... À chacun son truc !

Le plan galère Si on a la malchance d'avoir des voisins super bruyants et qui font souvent la fiesta, on peut toujours demander à nos parents d'intervenir dans l'espoir qu'ils fassent davantage attention. Si rien n'y fait, il reste la solution des bouchons d'oreille. Ce n'est pas agréable, mais ça a le mérite de réduire fortement les bruits*.

*(*Le coup des voisins super bruyants, ça peut aussi être une excuse toute trouvée si un prof nous surprend à dormir en classe... à condition qu'il ne sache pas qu'on habite dans un pavillon ou une résidence super calme !)*

La bonne blague

Un automobiliste, exténué après une longue route, décide de s'arrêter sur le parking d'une gare pour dormir. À peine a-t-il fermé les yeux qu'on frappe à sa fenêtre pour lui demander l'heure. Il est 7 h 00. Quinze minutes plus tard, même question. Il est 7 h 15. Rebelote à 7 h 30, puis à 7 h 45. Très énervé, il griffonne un mot sur un bout de papier et marque : « Je ne sais pas l'heure qu'il est. » Puis colle le papier à sa fenêtre... Et là, un type frappe et lui dit : « Il est 8 h 00, m'sieur ! »

Comment ça marche ?

Le sommeil, c'est très important car, contrairement à ce que tu pourrais croire, quand tu dors, ton organisme, lui, travaille tous azimuts ! Une nuit se découpe en plusieurs cycles du sommeil qui comportent des phases successives, allant du sommeil très léger au sommeil très profond (encore appelé sommeil lent), suivi du sommeil paradoxal (phase où tu rêves). Plus l'heure tourne et plus la part de sommeil lent ou profond se réduit au profit du sommeil paradoxal. Dans la première moitié de ta nuit, l'hormone de croissance, indispensable à ta croissance, à la maturation de ton cerveau et au bon fonctionnement de ton immunité, est sécrétée. C'est pourquoi, à ton âge, tu dois impérativement te coucher avant 23 heures (sauf exception, évidemment). C'est aussi pendant la première partie de ta nuit que ton cerveau organise et enregistre ce que tu as appris pendant la journée. Le sommeil est indispensable à ta mémoire.

Durant la seconde partie de ta nuit, changement de programme ! Ta mélatonine, une hormone qui influence ton humeur et influence tous tes rythmes (dont la vigilance), connaît un pic de sécrétion entre 2 et 4 heures du matin. Ensuite, la sécrétion de cortisol prend le relais vers 4 heures du matin pour connaître un pic entre 6 et 8 heures, ce qui a pour effet d'augmenter le taux de sucre dans ton sang et donc de répondre aux besoins de tes muscles qui s'éveillent. Pendant ce temps, tu rêves… (les scientifiques appellent cela le « sommeil paradoxal » car ton cerveau est en activité comme en plein jour). Il travaille pour mémoriser les évènements de la journée et y associer toutes les émotions.

Notre conseil

Si ton sommeil est perturbé (difficultés d'endormissement, réveils nocturnes, insomnies, nuits blanches…), tout ce qui se passe normalement durant ton sommeil risque de l'être aussi. Autrement dit, ta mémoire peut flancher, et tes apprentissages, connaître des ratés ! C'est pourquoi tu dois vraiment te mettre dans les meilleures conditions pour bien dormir. Le top pour y arriver, c'est une chambre calme, des volets et des rideaux fermés (la mélatonine est mieux sécrétée dans le noir) et un chauffage réglé sur 18 ou 19 °C. Tu dois en outre dîner léger (le gras et l'alcool perturbent la digestion). Évite la douche chaude ou le sport juste avant le coucher, car la température de ton corps doit baisser pour que tu arrives à t'endormir. Et enfin, ne travaille pas jusqu'à la dernière minute car le cerveau a besoin d'une bonne pause relaxante pour « déconnecter ».

Vrai ou Faux ?

L'ordinateur et la télé sont les deux plus gros ennemis du sommeil des ados.

Vrai ! Ceux qui les ont dans leur chambre sont trop souvent tentés de veiller tard. Résultat, le matin, quand le réveil sonne, leur cerveau est encore à moitié endormi et ne sera pas opérationnel avant 11 heures ou midi ! En plus de gêner l'endormissement, les écrans émettent une lumière bleue suspectée d'être nocive pour ta vision.

« Ce que nos parents appellent des sorties, ça ressemble parfois à des corvées ! »

Charlotte et Fanny ont enquêté pour vous.

C'est quoi ? Il y a toutes sortes de sorties : sociales (entre amis), culturelles (cinémas, théâtres, musées, etc.), gastronomiques (restaurants), sportives, musicales, shopping, etc. Le problème, ce n'est pas de trouver une sortie qui nous intéresse, mais plutôt de convaincre nos parents que la nôtre est plus sympa que la leur !

Le bon plan Si on dit à nos parents qu'on a envie de sortir avec nos amis, mais qu'on ne sait pas où, ni pour quoi faire, il y a peu de chances qu'ils se montrent très enthousiastes. Alors, à nous de leur prouver qu'on est capable de proposer quelque chose d'intéressant et d'organiser la sortie en s'occupant de tout : achat des billets, covoiturage par certains parents, etc. Ainsi, ils seront bien obligés de constater qu'on gère « comme des pros » !

Le plan galère Si nos parents ont des goûts très différents des nôtres et qu'ils veulent qu'on les accompagne dans toutes leurs sorties, ça peut finir par être vraiment lassant. Mais plutôt que de les braquer en leur disant que leurs sorties sont nulles, il vaut mieux faire l'effort de les accompagner de temps en temps, en échange d'une sortie qui nous fait plaisir, à nous.

Quelques réponses toutes prêtes...

Si nos parents nous proposent la visite d'un musée alors qu'on avait plutôt prévu un ciné, on peut toujours dire :

Version culturelle

« Vous ne voudriez tout de même pas que je rate la sortie d'un film annoncé comme étant une mine de jeunes talents ? »

Version pragmatique

« Votre musée, ça fait des siècles qu'il est là, au même endroit, il ne va pas bouger. Alors que mon film, il va rester 8 jours en salle ! »

Comment ça marche ?

Les sorties entre amis, c'est important à ton âge. Cela te permet bien sûr de partager un moment agréable. Mais c'est bien plus encore ! Tu peux faire tes propres choix en matière de loisirs, de culture, etc., et donc te démarquer de tes parents, même s'il est évident que tu es aussi influencé par ce qu'ils t'ont fait découvrir jusqu'à présent.

Tes choix peuvent se faire en fonction de tes goûts, mais pas seulement. Car si tes parents te donnent régulièrement de l'argent de poche, c'est pour que tu t'en serves lors de tes sorties. Or le prix d'une place pour aller à un concert ou à un match peut vite être rédhibitoire ! L'avantage, c'est que cela t'oblige à gérer ton budget au plus serré (et c'est important, tu auras également à le faire plus tard quand tu devras gérer ton loyer, tes factures...).

Les sorties demandent de l'organisation. Avec qui vas-tu y aller ? Comment ? Qui viendra vous chercher ? Tout cela mérite réflexion et t'aide à devenir plus autonome. Car si, les premières fois, tu vas choisir plutôt des sorties proches de chez toi, avec l'habitude tu vas oser envisager des sorties plus éloignées. La progressivité, c'est bien pour toi, mais aussi pour tes parents : en effet, imagine leur tête si, du jour au lendemain, tu leur demandes de partir avec une copine chez sa grand-mère en province où se déroule le concert de tes rêves ! Ils seraient sans doute très inquiets !

Notre conseil

Essaie de diversifier tes sorties, car tu seras peut-être surpris de découvrir une nouvelle activité qui va vraiment te plaire. Si tu n'essaies pas sous prétexte que tu ne connais pas, tu risques de passer à côté de quelque chose de chouette : ce serait dommage...

Vrai ou Faux ?

Certaines sorties ne sont pas de ton âge.

Vrai ! Quand cela concerne les plus de 18 ans, même si physiquement tu pourrais passer pour un adulte, ne te hasarde pas dans ce genre d'aventure. Car tu risques d'être confronté à des situations auxquelles tu n'es pas préparé et qui pourraient mal finir. En l'occurrence, même si tu adores danser, tu es beaucoup trop jeune pour aller en boîte de nuit... sauf si on y organise un après-midi spécial ados !

« On dit souvent qu'en sport, l'important c'est de participer. Alors pourquoi nos notes ne portent QUE sur nos (contre-)performances ? »

Charlotte et Fanny ont enquêté pour vous.

La bonne blague

Devinette

Sais-tu pourquoi les footballeurs vont souvent chez le coiffeur ?

Réponse

Pour avoir enfin une coupe, voyons !

C'est quoi ? L'éducation physique fait partie des matières obligatoires enseignées au collège. Elle compte autant dans notre moyenne que les maths ou le français, car il n'y a pas de coefficients. Selon qu'on est sportif ou pas, c'est donc un bon moyen de récupérer des points… ou d'en perdre !

Le bon plan Certains collèges proposent une section sportive avec des heures de sport en plus du programme habituel. Si on aime ça, cela peut être un bon moyen de concilier l'utile avec l'agréable et, surtout, de remonter notre moyenne ! En plus, il y a parfois une semaine sportive en classe de neige ou en classe de mer à la clé !

Le plan galère Même si on aime le sport en général, on n'est pas obligé de les aimer tous !!! Alors, quand on a un sport qu'on déteste au programme – comme l'endurance pour nous ! –, on doit prendre notre mal en patience en sachant qu'on en a pour quelques semaines… Heureusement, ça change plusieurs fois dans l'année !

TRIBORD

Comment ça marche ?

À l'âge de tous les changements physiques et de tous les doutes, faire du sport peut être un bon moyen de garder (ou de reprendre) confiance en toi. Il y en a pour tous les goûts. Par exemple, si tu es du genre anxieux, les sports d'endurance (course à pied, vélo, etc.) n'ont pas leur pareil pour t'aider à évacuer ton stress. Si un rien t'énerve, les sports de compétition et de combat peuvent t'aider à canaliser ton agressivité. Si tu es en crise, si tu as l'impression que tes parents ne te comprennent plus, choisis plutôt un sport collectif où tu pourras te retrouver avec d'autres personnes de ton âge et former un groupe très solidaire !

Le sport, c'est bon pour le moral, mais aussi le physique. En effet, c'est encore le meilleur moyen de faire du muscle plutôt que de la graisse !

Ce qui est moins connu, c'est que le sport est aussi très bon pour ton cerveau :

en effet, plus tu as du souffle, plus tes artères restent souples et meilleure est l'oxygénation de tes tissus (dont le cerveau). Encore faut-il te trouver un sport qui te plaise vraiment. Peu importe si tes parents te verraient bien au tennis ou au golf : à partir du moment où ce que tu as envie de faire est proposé pas trop loin de chez toi et rentre dans leur budget, c'est à toi de choisir. En contrepartie, une fois inscrit, c'est pour l'année !

Notre conseil

Tu n'es pas obligé de suivre des cours de sport si tu en as plus qu'assez d'être encadré ! Tu peux très bien faire du roller ou du vélo avec des copains, organiser des matchs amicaux dans ton quartier… Le plus important, ce n'est pas de faire du sport pour te donner bonne conscience, mais de te bouger en t'amusant.

À l'inverse, tu peux faire du sport dans un club, sans pour autant te lancer à fond dans la compétition, si tu sens que tu n'en as pas très envie (même si ton prof dit que tu es doué). Ne laisse pas les autres décider à ta place !

Vrai ou Faux ?

Le dopage existe aussi dans les milieux amateurs.

Vrai ! Environ 10 % des garçons et 3 % des filles ont essayé des anabolisants. Les jeunes les plus doués à qui l'on fait miroiter une carrière sportive, ceux que l'on surentraîne, sont particulièrement exposés. Or les hormones anabolisantes qui augmentent la masse musculaire sont dangereuses pour la croissance : elles fragilisent les cartilages, peuvent favoriser la survenue de thromboses vasculaires (caillots) et entraîner des troubles du cycle chez les jeunes filles…

Pour ta culture perso

En France, les sports collectifs arrivent en tête, devant les sports de combat puis les sports de raquettes. Avec certains sports comme le football, ce n'est pas une surprise. Mais ce que l'on sait moins, c'est que la pétanque fait partie du top dix des sports comptant le plus de licenciés dans notre pays !

« Au boulot ! »

Charlotte et Fanny ont enquêté pour vous.

C'est quoi ? En classe de 3e, on doit passer une semaine dans une entreprise de notre choix. Il s'agit d'un stage d'observation : on n'est pas censé y travailler, mais rien n'empêche de donner un coup de main et de poser des questions ! À l'issue de ce stage, on doit faire un compte rendu pour expliquer comment l'entreprise se compose, quelle est son activité, en quoi consiste le travail sur place, ce qui nous a plu ou déplu, etc.

Le bon plan Comme c'est notre première expérience en entreprise, il vaut mieux choisir un domaine qui nous intéresse et, si possible, hors du contexte familial. En effet, aller en stage chez « papa-maman » n'a pas vraiment grand intérêt ! Les médias, la recherche, l'humanitaire, les animaux, etc., tout est possible. Beaucoup d'entreprises acceptent volontiers des collégiens et on peut y faire des stages inoubliables.

Le plan galère Comme tous les élèves des classes concernées font leur stage au même moment, les entreprises du coin sont vite prises d'assaut et ceux qui ont trop attendu ne trouvent plus de place. Plus on s'y prend tôt, mieux c'est !

Quelques réponses toutes prêtes...

Si on nous demande pourquoi on veut faire ce stage, on peut toujours répondre (pour le décrocher) :

Version maline
« Parce que je suis sûr que vous avez à cœur de montrer combien vous faites un beau métier ! »

Version flatteuse
« Je rêve d'exercer la même profession que vous ! »

Version charmeuse
« J'ai entendu d'anciens élèves dire que votre stage était génial* ! »

(Attention, si c'est la première fois que l'entreprise prend un stagiaire, c'est le « bide » assuré !)*

ENTREPRISE

Comment ça marche ?

Pour que ce stage en entreprise soit une vraie expérience, joue le jeu et au lieu de demander à tes parents de faire les démarches à ta place, débrouille-toi pour te trouver seul un stage qui t'intéresse. En cas de réussite, tu n'en seras que plus fier !

N'aie pas peur d'appeler toi-même les chefs d'entreprise au téléphone et de leur poser la question. Tu ne risques rien ! Au pire, on te répondra que c'est impossible. Au mieux, on te demandera de venir te présenter ou d'envoyer une lettre de motivation.

Une fois ton stage trouvé et ta convention de stage dûment remplie par ton collège (document obligatoire fourni par l'établissement) et par celui qui te prend en stage, renseigne-toi sur les horaires et sois très régulier. Ce n'est pas parce que tu es juste là pour observer que tu ne dois pas respecter le règlement de l'entreprise. Enfin, dis-toi bien qu'observer, ce n'est pas juste rester dans un coin sans jamais te manifester. Note sur une feuille, au fur et à mesure, les questions qui te viennent et pose-les quand tu es sûr de ne pas déranger. Évidemment, tu dois rester poli, respectueux et rendre service quand tu le peux. Non seulement pour récolter une bonne appréciation de stage, mais aussi parce que tu représentes ton collège. Or si tu laisses une mauvaise image, cette entreprise ne voudra peut-être plus recevoir d'autre stagiaire. Tu fermes donc une porte à ceux qui te succèdent.

Notre conseil

Pendant ton stage, chaque soir, fais un résumé de ce que tu as vu, entendu, appris, etc., car tout cela te sera demandé dans ton rapport de stage. N'hésite pas à y consigner des anecdotes sur la vie de l'entreprise ou à interviewer des salariés (avec l'accord de la direction) sur leur travail. Si c'est possible, prends également des photos (toujours après avoir obtenu l'autorisation) afin d'illustrer tes propos... Bref, montre-toi curieux car c'est le seul moyen pour que ton rapport de stage sorte des sentiers battus.

Vrai ou Faux ?

Tu n'es pas obligé de faire un stage dans la branche que tu veux choisir plus tard.

Vrai. C'est même une formidable expérience que de faire un stage dans un domaine que tu ne connais pas. Peut-être que cela te fera découvrir de nouveaux horizons et suscitera même une vocation !

« Il n'y en a que pour elles ! »

Charlotte et Fanny ont enquêté pour vous.

C'est quoi ? Ce sont des personnes reconnues dans leur domaine (chanson, musique, cinéma, théâtre, sport...) et qui font souvent la une des journaux. Le problème, c'est qu'on entend ou qu'on voit toujours les mêmes, comme si plus personne n'existait autour d'eux ! Dur, dur, pour les jeunes talents ! Et puis, il y a les « stars » au sens figuré : ceux et celles qui se prennent pour les vedettes du collège, mais dont tout le monde rigole, parce qu'ils se prennent trop au sérieux. Une bonne dose de modestie leur ferait le plus grand bien !

Le bon plan Si on aime chanter, jouer d'un instrument ou faire des compétitions en sport, il faut d'abord le faire pour nous, pour le plaisir et pas dans l'espoir de devenir une star. Parce qu'il ne faut pas rêver : des gens qui ont du talent, il y en a plein les rues. Des gens qui ont du talent et qui deviennent des stars, il y en a déjà beaucoup moins. Et des gens qui ont du talent, qui deviennent des stars et qui le restent toute leur vie, c'est encore plus rare que de gagner au loto !

Le plan galère On connaît tous dans notre entourage quelqu'un qui a pris la « grosse tête ». Au final, il risque surtout de perdre des amis : en effet, il n'y a rien de plus désagréable que quelqu'un qui vous snobe sous prétexte qu'il a été repéré par des pros ou qu'il a un peu de talent.

Quelques réponses toutes prêtes...

Si on nous demande ce qu'on pense du dernier ragot sur une star, on peut toujours répondre :

Version polie
« C'est sa vie, pas la mienne ! »

Version ironique
« Qu'est-ce que t'en sais, t'y étais ? »

Version star
« Tu parles de moi, là, c'est ça ? »

Comment ça marche ?

Si les stars font autant rêver les gens – et pas seulement les ados ! –, c'est parce qu'elles véhiculent le mythe de l'argent facile. Elles donnent l'impression de gagner énormément d'argent, très facilement, en très peu de temps. En réalité, la plupart ont beaucoup travaillé pour en arriver là et ont fait d'énormes sacrifices. Et parmi ceux qui sont célèbres, très peu le restent durant toute leur vie. Beaucoup plus nombreux sont ceux qui sombrent dans l'oubli… et ne s'en remettent jamais !

Finalement, être célèbre, c'est loin d'être aussi idyllique qu'on veut bien te le faire croire. Sans compter que certains journaux colportent toutes sortes de ragots à leur sujet. Or là encore, certaines rumeurs ou des propos rapportés hors de leur contexte peuvent faire très mal. Autant une foule qui applaudit, ça peut être grisant, autant la même foule qui se détourne ou crie au scandale, ça peut briser quelqu'un…

Notre conseil

À un âge où tu es en quête d'identité, la tentation peut être grande de vouloir imiter certaines stars que tu idolâtres. « Piquer » quelques bonnes idées ici ou là, pourquoi pas. Mais à trop vouloir ressembler à tout prix à un autre, tu risques surtout de passer pour quelqu'un qui manque vraiment de personnalité ! Enfin ne rêve pas en te disant que, si tu assistes à tous ses concerts (pour un chanteur), ses matchs (pour un sportif), etc., ton idole finira par te remarquer : les stars reçoivent des lettres d'amour, voire des demandes en mariage à longueur de journée ! Certaines sont même harcelées au point de devoir prendre un garde du corps. En fréquentant surtout des personnes de leur milieu, elles se protègent, en quelque sorte…

Vrai ou Faux ?

Le succès des émissions où le public vote pour une star n'est pas si « glamour » que ça.

Vrai ! T'es-tu seulement demandé pourquoi autant de gens paient une communication surtaxée pour voter pour un inconnu, sans rien en échange ? C'est parce qu'ils sont dans l'illusion d'avoir du pouvoir sur les graines de stars qui leur sont présentées. Mais il ne faut pas se tromper : le seul vrai gagnant de l'histoire, c'est le producteur de l'émission et la chaîne qui la diffuse, car ces appels surtaxés rapportent énormément, ainsi que les publicités avant, pendant et après l'émission. À savoir aussi, ces stars sont souvent très éphémères : un jour adulées, le lendemain ignorées. Elles deviennent alors les stars de la dépression !

STRESS

« Notre niveau de stress étant proportionnel à la sévérité du prof, le meilleur remède au stress… c'est un prof cool! »

Charlotte et Fanny ont enquêté pour vous.

Quelques réponses toutes prêtes…

Si on nous dit qu'on est trop stressé, on peut toujours répondre :

Version stressée

« Arrête de dire ça, tu me stresses ! »

Version réaliste

« Ah bon, ça se voit tant que ça ? L'angoisse ! »

C'est quoi ? C'est ce qui fait qu'on peut être pris de tremblements, de maux de ventre, de trous de mémoire et de palpitations avant de rentrer en cours ! Le stress peut nous faire perdre tous nos moyens, même si on a bien appris notre leçon. L'angoisse !

Le bon plan Quand on est trop stressé, rien de tel qu'une bonne partie de rigolade pour se détendre. Alors quand on sait qu'on va avoir une journée difficile (plusieurs contrôles, des profs sévères, etc.), c'est le moment de ressortir un livre de bonnes blagues et de rigoler entre copains !

Le plan galère On ne choisit pas d'être stressé ou non. On l'est ou on ne l'est pas. Et si on l'est, un rien nous angoisse : un contrôle, le rendu des contrôles, un exercice qu'on ne comprend pas, etc. Et c'est pire encore si nos parents nous mettent la pression sur les notes…

Comment ça marche ?

Le stress est nécessaire à la vie. Il permet à l'organisme de s'adapter pour garder son équilibre. C'est pour cela qu'il est défini comme syndrome général d'adaptation (SGA). En fait, c'est une réaction de l'organisme à une situation de danger. Bien sûr, le danger peut être quelque chose de réel mais, le plus souvent, c'est une idée que l'on se fait. En général, on est stressé quand on a l'impression que ce qu'on a à faire est supérieur à nos capacités à l'assumer. On se sent dépassé, on a peur de ne pas y arriver, on se dit que c'est trop difficile.

Le stress correspond donc à un état de tension de l'organisme qui déclenche la production d'une hormone : le cortisol. À petites doses, c'est un stimulant : il mobilise ton énergie, te permet de trouver toutes les solutions possibles pour résoudre ton problème, c'est ce qu'on appelle le stress positif, celui qui te « booste ». En revanche, lorsque le stress est trop important, il devient envahissant : du coup, le cortisol coule « à flots » et ça bloque tout. Impossible d'avancer, de comprendre, de prendre des décisions. C'est le stress négatif. Celui qui te bloque devant un contrôle, qui te paralyse quand tu dois t'exprimer en classe...

On parle enfin de stress chronique quand tu es tout le temps stressé. Il peut être toxique sur le long terme et être à l'origine de certaines maladies (notamment cardiaques) ou aggraver des maladies déjà existantes comme l'asthme ou l'eczéma. Si vraiment tu es stressé au point de t'en rendre malade ou de rater tes contrôles, consulte un psychologue et un médecin. Le premier peut t'aider à mieux gérer ton stress. Et le second peut te donner un traitement homéopathique (surtout pas de tranquillisants) – par exemple, des granules de *Gelsemium*, juste avant un examen en cas de trac – pour te montrer que tu peux résister au stress, le temps que le psychologue t'apprenne à le dompter !

Notre conseil

Dans le stress, essaie de ne garder que « le bon », c'est-à-dire la petite dose qui te permet de mobiliser tes énergies. En revanche, si cela bloque tous tes moyens, évalue avec quelqu'un d'extérieur, et qui n'est pas stressé comme toi, pourquoi tu réagis ainsi : as-tu vraiment des raisons d'avoir peur ? Dis-toi bien qu'une mauvaise note, ce n'est pas la fin du monde ! Demande-toi aussi quelles solutions pourraient exister pour réduire cet état de stress. Souvent, il suffit d'apprendre à relativiser en se demandant ce qui va réellement se passer. Généralement, quand on prend du recul, on se rend compte qu'on exagère...

Vrai ou Faux ?

Respirer calmement ou se créer une image mentale positive calme le stress.

Vrai ! C'est prouvé et archiprouvé. Prendre de grandes inspirations, s'imaginer sur une plage de sable fin avec un beau soleil et un léger vent frais (à chacun son image !) permet d'abaisser le taux de cortisol et donc de calmer le stress. À utiliser sans modération, avant un contrôle par exemple.

« Le suicide, c'est terrible… surtout pour ceux qui restent. »

Hugo, Charlotte et Fanny ont enquêté pour vous.

C'est quoi ? C'est vouloir en finir avec la vie et chercher le moyen d'y arriver. À notre âge, c'est souvent à cause d'une petite amie qui nous quitte ou parce qu'on se sent incompris ou rejeté. Le plus triste dans l'histoire, c'est qu'il aurait peut-être suffi d'un mot, d'un regard pour éviter cela.

Le bon plan Puisque les personnes qui se sentent comprises et bien intégrées ont moins de risques de se suicider, on ne doit pas hésiter à dire à nos proches qu'on tient à eux, qu'ils sont super, etc. Un petit compliment, ça ne coûte rien et ça peut vraiment mettre du soleil dans une journée !

Le plan galère Si un copain ne va pas bien, qu'il parle de suicide, on doit prendre ça très au sérieux et le signaler à un adulte de confiance. En effet, les personnes qui se suicident le font brutalement, sous l'effet d'une pulsion. Et le seul moyen d'éviter cela, c'est que notre copain soit pris en charge rapidement par un médecin ou par un psychologue.

Quelques réponses toutes prêtes…

Si un proche nous dit qu'il ne va pas bien, qu'il pense au suicide, on peut toujours lui dire :

Version amicale

« Mais on tient tous à toi, nous ! D'ailleurs, on passe te prendre tout à l'heure pour aller au ciné. Et ne dis pas non, c'est un ordre ! »

Version sérieuse

« Je m'inquiète pour toi. Si tu veux, je peux t'accompagner voir un psychologue, c'est plus facile à deux… »

Comment ça marche ?

Évidemment, parler de suicide fait peur, surtout aux adolescents. Si les tentatives de suicide restent nombreuses, le nombre de décès par suicide a baissé de 50 % chez les adolescents en l'espace d'un quart de siècle. Il arrive souvent que l'adolescent puisse avoir des idées suicidaires. Cela signifie en général qu'il se sent impuissant face à la vie, qu'il a l'impression qu'il ne s'en sortira jamais et qu'il n'y a pas de solution. C'est un signe de déprime qu'il faut considérer avec sérieux. Mais le passage à l'acte est encore loin. Surtout qu'il ne faut pas confondre envie de mourir et ne plus savoir comment faire pour vivre.

Beaucoup d'ados ont ce genre de pensée, c'est presque une étape « normale » de leur développement psychologique. Et certains utilisent la peur des parents face au suicide pour faire du chantage afin d'obtenir quelque chose ou pour leur montrer qu'ils ont vraiment besoin d'aide. Ce n'est pas une bonne idée car cela va renforcer le contrôle des parents à leur égard. En revanche, c'est important que les parents ressentent que leur enfant va mal et qu'il a besoin d'aide. C'est aussi ce changement de comportement et la rupture avec sa façon d'être habituelle qui doit les alerter.

Notre conseil

Si tu ne vas pas bien, si tu sens que tu as des idées suicidaires, parles-en à un adulte de confiance (tes parents, ton médecin...), demande à consulter un psy si tu ne t'en sors pas. Tu peux aussi aller sur internet discuter sur des forums où d'autres adolescents parlent de leur mal-être. Mais attention, tu trouveras aussi sur certains forums des « conseils pour un suicide réussi », évite-les bien sûr ! L'idée est de partager avec d'autres ce que tu ressens. Le faire peut te soulager car c'est quelquefois difficile d'aborder le sujet, même avec ses amis proches. Pourquoi ? Parce que tu n'as pas forcément envie de leur faire ce genre de confidences. Et ça peut leur faire peur car ils tiennent à toi. Et quand on est trop proche, on peut avoir du mal à trouver les mots pour rassurer.

Voici quelques numéros utiles, n'hésite pas à téléphoner, des professionnels sont là pour t'écouter : **Fil Santé Jeunes au 0800 235 236**, **www.filsantejeunes.com**, **SOS Amitié au 09 72 39 40 50**, **www.sos-amitie.com**, **Suicide écoute au 01 45 39 40 00** (bénévoles bienvenus).

Vrai ou Faux ?

Certains jeunes se suicident à deux.

Vrai. Les deux s'encouragent, à la manière d'un défi, et passent à l'acte, comme si c'était de l'héroïsme. Un peu comme quand ils jouaient à se faire peur quand ils étaient petits, sauf que, là, c'est d'une extrême gravité. Il faut savoir que pousser quelqu'un au suicide est un acte réprimé par la loi : c'est un délit passible de 3 à 5 ans de prison.

SURDOUÉ

« J'ai appris à 12 ans que j'étais surdoué, mais ça n'a rien changé à ma vie, du jour au lendemain ! »

Hugo a enquêté pour vous.

C'est quoi ? Quand on est surdoué, on possède une façon de penser, d'interpréter un peu différente des autres. Cela peut être un avantage à l'école, mais aussi un inconvénient, en particulier dans nos relations sociales, au collège ou entre amis, voire en famille. Surtout que tout nous touche et qu'on a vite les larmes aux yeux. Cette hypersensibilité n'est pas facile à gérer, mais c'est la voie royale pour la créativité !

Le bon plan Au collège, lorsqu'on est surdoué, on peut être un très bon élève comme un vrai cancre en échec scolaire. Il n'y a pas de règle, et surdoué ne veut pas dire premier de la classe ! En revanche, c'est vrai que si on se passionne pour une matière – ne serait-ce que parce qu'on sent que le courant passe bien avec le prof –, alors là, on peut cartonner car c'est dans notre tempérament de vouloir en savoir toujours plus !

Le plan galère Quand on est surdoué, on se sent souvent en décalage avec les autres. À la fois proche et différent. C'est comme si on regardait les passants à travers une vitrine : on sait qu'on fait partie de ces gens, et en même temps, on sent bien qu'on n'a pas les mêmes préoccupations que celles qui poussent les passants dans un sens ou dans un autre… Du coup, c'est l'effet miroir, les autres peuvent nous trouver en décalage eux aussi ! Et nous reprocher nos différences. Ce n'est pas très agréable à vivre… sauf si on peut compter sur des amis pour nous aider à nous intégrer. On a vraiment besoin d'eux pour réussir notre vie scolaire !

Quelques réponses toutes prêtes…

Si quelqu'un critique les surdoués, on peut toujours répondre :

Version ironique

« Pourquoi, ça te pose un problème ? »

Version sarcastique

« C'est bien qu'on ne soit pas tous pareils ! Parce que si on était tous comme toi… »

Comment ça marche ?

Il existe plusieurs mots pour désigner la même chose : surdoué, intellectuellement précoce, haut potentiel. Cela vient de la difficulté de nommer quelque chose qui entraîne souvent de la jalousie, de la rivalité et même de l'agressivité de la part des autres. Pourquoi ? Parce que l'on parle de surdoués pour ceux qui ont un QI (quotient intellectuel) supérieur à 130 (la moyenne c'est 100). Et que seuls 2 % sont concernés. Alors on confond la « mesure » d'une intelligence élevée avec quelqu'un qui serait comme un génie, une grosse tête ! Et ce n'est pas du tout ça. Les études récentes sur le cerveau montrent que des zones différentes sont sollicitées dans le cerveau d'un surdoué. C'est scientifiquement prouvé !

Ainsi, être surdoué ne signifie pas seulement avoir une intelligence élevée quantitativement mais fonctionner avec une intelligence qualitativement différente. Ce qui veut dire qu'un surdoué a une façon d'analyser le monde, de comprendre, de raisonner, de penser, qui lui est propre. C'est aussi quelqu'un qui est hypersensible, très réactif émotionnellement, très vite touché et blessé par des choses parfois insignifiantes. Alors il doute beaucoup de lui, il se pose des questions incessantes sur le monde et ça l'inquiète souvent. Bref, être surdoué, c'est une grande puissance de pensée et une personnalité très riche, mais c'est une « force fragile ». Surtout à l'école, car un surdoué est rarement le premier de la classe. Bien au contraire ! Sa forme d'intelligence ne lui permet pas toujours de bien comprendre ce qu'on attend de lui, il a les solutions mais ne sait pas les exprimer. Il comprend vite mais n'arrive pas à s'expliquer clairement. Et à l'écrit, ses idées vont souvent plus vite que sa main. Il y a plus de surdoués qualifiés de cancres que de surdoués récompensés du prix d'excellence !

Notre conseil

Si tu t'ennuies vraiment en classe, que tu as l'impression que ton cerveau est en bouillonnement permanent, que tu captes à toute allure ce que dit le professeur et que tu t'étonnes qu'il répète des dizaines de fois les mêmes choses, que tu te poses des questions existentielles depuis longtemps, que tu as l'impression d'aller vite dans ta tête mais de ne pas arriver à être performant en classe, c'est peut-être un signe. Parles-en, sans honte. Il est important d'aller voir un psychologue qui fera un bilan (test de QI et analyse de ta personnalité) pour savoir si c'est de ça qu'il s'agit. Dans le cas contraire, un bilan est toujours une occasion de mieux se connaître et de trouver des solutions à ton problème.

Vrai ou Faux ?

Il y a plus de surdoués maintenant qu'avant.

Faux ! C'est stable, mais aujourd'hui, on commence un peu à s'en préoccuper. On en parle plus, et c'est tant mieux car tout le monde a le droit de réussir, même les surdoués !

a b c d e f g h i j k l m n o p q r s t u v w x y z

SURMENAGE

« Dans une semaine, on a plus d'heures de cours que nos profs ! Alors s'il y en a qui risquent le surmenage, c'est bien nous ! »

Charlotte et Fanny ont enquêté pour vous.

C'est quoi ? C'est quand on n'arrive plus à se concentrer, à apprendre, à réfléchir, tant on se sent épuisé. Et le pire, c'est qu'on voit tous les autres s'agiter autour de nous et on se demande d'où ils sortent leur énergie. On a l'impression d'être un « zombie ».

Le bon plan On ne doit pas attendre de se sentir complètement débordé pour réagir. Quand on sent qu'on a du mal à tout assumer, on peut demander à un ami super organisé de nous donner quelques tuyaux. Et parfois, la révision de notre emploi du temps passe par la réduction d'une activité secondaire trop prenante. L'idée, c'est de se laisser assez de temps pour faire les choses indispensables et d'avoir des « trous » dans notre emploi du temps pour y caser une éventuelle urgence, sans stresser ou mieux, pour ne rien faire du tout ! Tout est déjà plus facile quand on n'est pas étranglé par le temps…

Le plan galère Tant qu'on ne sait pas qu'on est victime de surmenage, on s'en veut d'être aussi mou. On culpabilise et ça nous stresse encore plus. L'enfer !

Quelques réponses toutes prêtes…

Si nos parents nous reprochent de ne pas nous surmener au travail, on peut toujours répondre :

Version médicale
« Je respecte mon organisme, moi ! »

Version tac au tac
« Vous vous plaignez toujours d'être surmenés, vous ne voudriez tout de même pas que je m'y mette aussi ? »

Comment ça marche ?

C'est l'impression d'être tellement fatigué que la moindre petite tâche à accomplir paraît aussi compliquée que de franchir une montagne. Non seulement, c'est dur, mais surtout, c'est démotivant.

Malheureusement, le surmenage n'est pas assez pris en compte dans le monde du travail, alors que c'est l'une des principales causes de dépression ! Il provoque fatigue chronique, démotivation, perte de l'estime de soi, irritabilité et douleurs diffuses. Les tempéraments anxieux et perfectionnistes sont les plus à risque, car plus on leur en demande, plus ils en font. Mais lorsque le sentiment de ne pouvoir y arriver prend le dessus, c'est le clash.

Bien entendu, on ne peut comparer le collège avec le monde du travail, mais tout de même ! Si tu as un emploi du temps intenable, si tes parents te mettent une trop forte pression, ou si tu as tout le temps le sentiment que c'est au-dessus de tes forces, que tu n'en as pas les compétences et que tu n'en as même plus l'envie, ça peut être un signe. En effet, la première cause de surmenage, c'est le stress chronique (trop d'objectifs et pas assez de temps). Parles-en à tes parents. Ils doivent comprendre que, si tu vas au collège, c'est pour apprendre. Bref, tu as le droit de te tromper, de commettre des erreurs. Et ne te mets pas trop la pression ! Essaie donc d'être un peu plus indulgent à ton égard : même ceux qui ont accompli un jour des prouesses ont commis bien des erreurs avant d'être au sommet...

Notre conseil

Il n'est pas normal d'être surmené au collège. Même si tu as beaucoup de travail personnel à fournir, tu dois pouvoir t'en sortir. Si tu n'y arrives pas, trois solutions : soit tu en fais trop, soit tu es mal organisé, soit tu as un problème d'apprentissage (dyslexie, dyspraxie, trouble de l'attention, etc.). Dans ce cas, tu fais beaucoup d'efforts pour compenser tes difficultés et tu penses que c'est la flemme qui t'empêche de rester à la hauteur. En réalité, tu épuises toutes tes ressources psychiques et tu n'en peux plus. L'aide d'un psychologue peut vraiment t'être utile : pour comprendre d'où vient le problème et t'aider à le surmonter.

Vrai ou Faux ?

Nous ne sommes pas égaux face au surmenage.

Vrai ! C'est comme pour le stress : certaines personnes sont mieux armées que d'autres pour y résister. Il faut donc apprendre à connaître ses limites et avoir une bonne hygiène de vie (bon sommeil, alimentation équilibrée et sport).

Pour ta culture perso

En cas de surmenage intense, on parle de « *burn out* » comme si on se consumait de l'intérieur. Le syndrome d'épuisement professionnel fait suite à un stress excessif et prolongé. Aujourd'hui, on le reconnaît comme pathologie médicale à part entière, mais, avant les années 1990, c'était plutôt considéré comme de la paresse. Un comble !

TACHES

« La tache la plus visible… c'est toujours la nôtre ! »

Charlotte et Fanny ont enquêté pour vous.

C'est quoi ? C'est une coloration de la peau qui se voit et dont on se passerait bien, à part les taches de rousseur, apparues au soleil et qui peuvent être mignonnes…

Le bon plan Autrefois, les gens pensaient que ces taches avaient une signification, par exemple, que la mère d'un enfant ayant une tache rouge à la cheville avait eu une envie pressante de fraise et s'était gratté la cheville. Évidemment, c'est archifaux ! Mais on peut toujours s'amuser, selon la forme de sa tache, à lui attribuer une signification rigolote. L'humour, c'est encore ce qu'il y a de mieux pour clouer le bec aux moqueurs !

Le plan galère Ceux qui ont une tache qui les gêne ont tendance à la cacher quand c'est possible. Mais le jour où il y a une séance de piscine, ça se complique ! En plus, on ne peut même pas la camoufler ce jour-là avec du maquillage parce que, dans l'eau, ça ne le fait pas…
Seule solution : faire celui qui assume à fond et s'en moque.

Quelques réponses toutes prêtes…

Si on nous demande d'où vient cette tache, on peut toujours répondre :

Version « Je suis au-dessus de tout ça »
« Une tache ? Quelle tache ? »

Version ironique
« La plus grosse tache des deux, c'est pas forcément celui qu'on croit… »

Version tache au tache
« Et toi, tu caches ta tache ? »

Comment ça marche ?

À ton âge, tu n'as pas encore de taches de vieillesse sur la peau, mais tu peux avoir des rougeurs ou des taches café au lait.

Si tu as une petite tache rouge bordeaux, peut-être depuis ta naissance, c'est un angiome, c'est-à-dire une petite malformation vasculaire. Certaines font 2 mm et ne se remarquent même pas. D'autres font plusieurs centimètres. Elles ne sont pas dangereuses pour ta santé. Parmi celles qui restent à vie (les angiomes plans), en cas de localisation sur une partie découverte de la peau et donc de gêne esthétique, quelques séances avec un laser vasculaire font des miracles.

Parfois, la rougeur est apparue après des années. C'est le cas de la couperose, qui correspond à une dilatation des petits vaisseaux du visage surtout localisée au niveau des joues et des ailes du nez. À faire, pour éviter l'aggravation : te protéger du froid et du soleil, utiliser des cosmétiques spécifiques (le vert neutralise les rougeurs quand il est utilisé sous un fond de teint) et voir le dermatologue pour bénéficier si besoin de séances laser qui se font en hiver, en dehors de toute exposition au soleil.

Concernant les taches brunes, cela va de minuscules taches de rousseur aux taches couleur café au lait. Elles sont dues à un excès de mélanine (pigment de la peau) et n'ont aucune incidence médicale, sauf cas exceptionnel : quand elles sont nombreuses ou que la tache est de grande taille. Hormis ces cas à part, si vraiment tu veux t'en débarrasser, c'est possible par un simple traitement au laser.

Notre conseil

Ne te focalise pas sur une tache : quand les autres te regardent, ils te voient dans ton ensemble, ils ne louchent pas sur cette coloration ! Si vraiment ça te complexe trop, il y a bien la solution du laser, mais c'est cher. En attendant, si c'est sur le visage, tu peux camoufler avec un correcteur de teint et un fond de teint très léger. Utilise un correcteur vert sur une rougeur. Et un correcteur rouge orangé sur une tache brune. Sinon, utilise la bonne vieille méthode de la diversion en attirant le regard des autres ailleurs, grâce à un bijou, par exemple. Et rappelle-toi que certaines femmes trouvent tellement mignon d'avoir une tache qu'elles vont jusqu'à s'en dessiner des fausses : une « mouche » (grain de beauté) au coin de la bouche ou des taches de rousseur sur le nez et les joues !

Vrai ou Faux ?

La peau est un organe à part entière.

Vrai ! Chez l'adulte, la peau représente une surface moyenne de 1,75 m^2 pour un poids de 3,5 kilos, graisse non comprise. Selon l'endroit du corps, son épaisseur peut varier de 0,5 à 5 mm et un seul centimètre carré peut compter jusqu'à 5 poils, 8 glandes sébacées, 5 nerfs, 50 glandes sudoripares et 1,5 million de cellules ! Mais surtout, elle joue plusieurs rôles : barrière mécanique, défense immunitaire locale, fonction endocrinienne, production de mélanine pour se protéger des rayons ultraviolets, etc.

TAILLE

« J'ai toujours été petit. C'était dur à vivre… Mais en 4e, j'ai grandi d'un coup et j'ai fini par dépasser tout le monde ! »

Hugo a enquêté pour vous.

C'est quoi ? En général, c'est pendant nos années collège qu'on grandit le plus car c'est lié à la puberté. C'est la fameuse « poussée de croissance ». On peut grandir de plusieurs centimètres d'un seul coup. Pas très pratique pour les fringues !

Le bon plan Si on se sent vraiment petit et que ça devient pour nous un vrai complexe, on peut en parler à nos parents et leur demander de nous emmener voir un médecin spécialiste de la puberté (endocrinologue). Il faut aussi se dire que plus notre poussée de croissance arrive tard, plus on a de chances d'être parmi les plus grands après !

Le plan galère Trop petit, trop grand… on est rarement content de ce qu'on a ! Mais comme ça ne risque pas de changer du jour au lendemain, au lieu de se lamenter, on ferait mieux de se trouver des avantages à être comme ça. Du style : quand on est petit, on paie notre place moins cher au ciné. Et quand on est grand, c'est pratique pour mettre des paniers au basket* !

*(*Évidemment, si on est petit et qu'on est fan de basket ou grand et cinéphile, ce n'est vraiment pas de chance !)*

Quelques réponses toutes prêtes…

Si on nous traite de « minus » ou de « grand dadais », on peut toujours répondre :

Version pratique
« Au moins comme ça, les autres me remarquent ! »

Version rancunière
« Rendez-vous dans deux ans pour voir ton cas ! »

Version dicton
« Tout ce qui est petit est mignon ! »

Comment ça marche ?

Ta croissance commence dès la naissance et se poursuit de façon continue, jusqu'à l'âge adulte, avec des périodes où tu grandis plus vite qu'd'autres. Elle est programmée par tes gènes et sous le contrôle d'hormones influençables par l'environnement, en particulier ton alimentation.

De 0 à 4 ans et demi, tu as doublé ta taille. Puis, jusqu'à 10 ans, tu as pris environ 5 cm par an. Vers 11 ans chez la fille (plutôt 13 ans en moyenne chez le garçon), ta croissance subit une grosse accélération pour atteindre 7,5 cm par an (8,5 cm chez le garçon). Soit un gain total moyen de 20 cm entre 10 et 14 ans chez la fille et de 25 cm entre 12 et 16 ans chez le garçon !

Ta croissance dépend de la sécrétion de plusieurs hormones. L'hormone de croissance intervient à tous les âges, mais sa sécrétion est maximale juste après la naissance et au cours de la puberté. Elle est surtout sécrétée durant la nuit, d'où l'intérêt d'un sommeil régulier. L'activité physique (mais sans excès) favorise sa sécrétion alors qu'un surpoids la diminue.

Autres hormones très impliquées : les hormones sexuelles qui interviennent plutôt avant et pendant la puberté. Ce sont elles les responsables de ta grosse poussée de croissance durant cette période !

Comme dans une classe vous ne grandissez pas tous au même rythme, forcément, les plus grands se trouvent trop grands, et les plus petits, trop petits ! Si tu fais partie de ces derniers, dis-toi bien que ton tour viendra et que tu pourrais bien en surprendre plus d'un d'ici quelques années !

Notre conseil

Être atteint de gigantisme, c'est rare (une personne sur 20 000), alors que le nanisme – défini par une taille adulte inférieure à 1,50 m – touche environ un Français sur 800. C'est pourquoi si tu t'aperçois, de préférence avant ta puberté, que ta croissance est au point mort durant plusieurs mois, demande à tes parents à voir un médecin. Dans la grande majorité des cas, il va juste trouver que ta puberté est un peu retardée (tu seras alors rassuré). Mais si par hasard une hormone était insuffisamment sécrétée, il pourrait corriger cette anomalie afin que tu atteignes une taille normale...

Vrai ou Faux ?

De tous les mammifères, celui qui présente la plus grande variété de taille, c'est le chien.

Vrai ! Entre un élève de petite taille et un plus grand, il n'y a jamais que quelques centimètres de différence, alors qu'entre un chihuahua et un dogue allemand, la différence est énorme !

Pour ta culture perso

L'homme le plus grand du monde encore vivant fait 2,51 m et le plus petit seulement 54,6 cm. Les deux se sont rencontrés une fois, pour une photo.

TATOUAGE

« C'est avoir un motif dans la peau ! »

Charlotte et Fanny ont enquêté pour vous.

C'est quoi ? C'est un dessin ou un message permanent inscrit sur la peau. Il peut être fait sur une partie visible du corps ou dans un endroit dissimulé. Tout dépend si on veut être reconnu comme tatoué ou si on estime que c'est notre jardin secret !

Le bon plan Si vraiment ça nous tente, mais qu'on a peur de le regretter plus tard, le tatouage temporaire peut être la solution. C'est aussi un bon moyen de tester la réaction de nos parents en sachant que, s'ils se mettent dans tous leurs états pour ça, on pourra toujours leur dire que ça s'efface tout seul. En plus, à notre âge, les engagements « pour la vie », on n'aime pas trop ça, sans compter que le petit dessin qu'on trouve super mignon aujourd'hui passera peut-être pour le dernier des nazes dans quelques années…

Le plan galère Se faire tatouer « Charlotte ou Fanny + Y* = Love », ça devient vraiment lourd à porter en cas de rupture ! À éviter absolument !

(Tu ne crois tout de même pas qu'on allait donner un prénom, ce serait pire qu'un tatouage, avec un livre publié !)*

Quelques réponses toutes prêtes…

Si un ami veut se faire tatouer un dessin ou un texte impossible et qu'on veut tout faire pour l'en dissuader, on peut toujours lui dire :

Version ironique
« T'es payé pour faire ça, au moins ? »

Version directe
« Je ne serais pas ton ami si je te laissais faire un truc pareil sans rien dire ! »

Version atterrée
« T'as un problème ? T'es suicidaire ? »

LA PAROLE AUX PROS

Comment ça marche ?

Autrefois, les tatouages servaient aux membres des tribus à décorer leur peau et à asseoir leur rang social. Revenus à la mode, ils servent plus souvent à s'identifier à un groupe, parfois à véhiculer un message. On utilise aussi des tatouages permanents en cosmétique, pour faire le bord des paupières, des lèvres, rajouter un grain de beauté, etc.

Pour autant, faire un tatouage n'est pas sans danger, notamment sur le plan infectieux (en France, les magasins de tatouage sont contrôlés, mais ce n'est pas le cas des tatoueurs à la sauvette sur les marchés ou dans certains pays exotiques) et sur le plan allergique, avec certaines encres.

Enfin, en théorie, un mineur n'a pas le droit de se faire tatouer sans autorisation parentale.

Petit conseil pratique : même si tes parents sont d'accord, si tu craques sur un tatouage, choisis-le discret. Car aujourd'hui tu aimes ton tatouage, mais demain ?

Or quand tu voudras le retirer, ça risque de se corser ! Le détatouage étant un acte médical, il est réalisé par un dermatologue avec un laser pigmentaire, mais toutes les couleurs ne s'effacent pas parfaitement bien. Et de toute façon, c'est un processus long : à raison d'une séance tous les mois ou tous les deux mois, cela peut durer un an, voire davantage si tu as un gros tatouage bien coloré ! Cela dépend enfin de la façon dont ta peau réagit. Quant aux prix, ils sont extrêmement variables – selon la taille, les pigments utilisés mais aussi parce que les prix sont libres – et ce n'est évidemment pas remboursé par la Sécurité sociale. Et les gros tatouages ou ceux très denses peuvent laisser des zones cicatricielles indélébiles. Bref, il vaut mieux y réfléchir à deux fois avant de te lancer.

Notre conseil

Ne te fais jamais faire de tatouage temporaire par ce qu'on appelle les « tatoueurs à la sauvette » qui proposent leurs services sur les marchés touristiques en été. Ils utilisent des encres à base de para-phénylène diamine (PPD). Un nom barbare, mais qui pourrait bien te valoir de sérieux ennuis de santé : irritations, surinfection et cicatrice à vie… À fuir !

Vrai ou Faux ?

Tout tatouage mérite des soins !

Vrai ! Après un tatouage, il faut désinfecter à l'eau et au savon deux ou trois fois par jour, appliquer une crème cicatrisante, prévoir des vêtements amples et ne pas s'exposer au soleil, ne pas se baigner en piscine ou à la mer entre-temps.

Pour ta culture perso

Le mot « tatouage » vient du tahitien *tatau* qui signifie « marquer ».

TÉLÉVISION

« C'est une fenêtre sur le monde, mais une fenêtre avec des vitres qui déforment sacrément la réalité ! »

Charlotte et Fanny ont enquêté pour vous.

C'est quoi ? La télévision, tout le monde sait ce que c'est. Le problème, c'est qu'on a trop souvent tendance à regarder toujours les mêmes séries et à manquer de curiosité pour le reste. Or on peut tomber sur un documentaire intéressant – si, si, ça arrive ! – ou sur un débat polémique qui a le mérite de nous faire réfléchir… et de montrer à nos parents que, la télévision, ça peut avoir du bon !

Le bon plan Si on devient « addict » à des séries – et il y en a beaucoup – ça finit par prendre du temps de les regarder toutes. Il vaut mieux en choisir une ou deux, et s'empêcher de les regarder d'un seul coup !

Le plan galère L'une des punitions préférées de nos parents, c'est « privé de télé, ou d'ordinateur, ou d'argent de poche ». Évidemment, dans le premier cas, ça tombe toujours au moment où il se passe un truc super important dans notre série ! Si on habite à côté d'un grand magasin qui vend des téléviseurs, on est sauvé il suffit d'être dans le rayon au bon moment.

La bonne blague

Un jeune garçon demande à son grand-père : « Qu'est-ce que tu regardais, papi, à la télévision, quand tu étais petit ? » Le grand-père lui explique que, de son temps, il n'y avait pas de télévision. À sa grande surprise, le garçon répond qu'il avait bien de la chance. « Pourquoi donc ? » demande le grand-père étonné. « Parce que, si leur maman ne pouvait pas les envoyer se coucher sans regarder la télé, alors ils n'étaient jamais punis ! » répond l'enfant.

Comment ça marche ?

La télévision à doses homéopathiques, ce n'est pas un souci, mais, au-delà d'une demi-heure par jour, elle peut poser problème.

Déjà, elle favorise le surpoids. Car plus tu passes de temps devant ton téléviseur, moins tu bouges et plus tu risques de grignoter (des aliments gras et sucrés). Sans télé dans ta journée, tu as toutes tes chances de faire au moins 10 000 pas chaque jour (ce qui est recommandé pour ta santé), alors que si tu passes une heure devant l'écran, tu diminues tes chances d'y arriver de 16 %. À partir de 3 heures et demie passées devant la télé, c'est encore pire : tes chances sont carrément réduites de moitié.

Autre reproche fait à la télé (mais aussi à internet et aux jeux vidéo) : empiéter sur ton sommeil. Plus d'un tiers des adolescents passent plus d'une heure devant un écran après avoir dîner. Pire ! Au moins 15 % envoient des SMS pendant la nuit ! Sans surprise, près d'un tiers des jeunes estime qu'il est vraiment difficile de se lever le matin et on ne parle même pas de se concentrer en cours ! De plus, si tu as regardé des images violentes avant de t'endormir, tu peux te mettre à faire des

Notre conseil

Si tu aimes la télévision, ne t'interdis pas de la regarder, mais fixe-toi des limites et essaie de les respecter. Le fait de se montrer responsable, d'être capable de dire « stop », c'est aussi une forme de maturité !

Vrai ou Faux ?

Quand ils étaient jeunes, tes parents avaient la télé en noir et blanc.

Il y a des chances ! Les premières télévisions en couleur sont apparues en 1967 mais, pour des raisons financières, de nombreuses familles sont restées au noir et blanc plusieurs années après. D'ailleurs, seulement 1 500 postes en couleur ont été mis en service, sur toute la France, à cette époque !

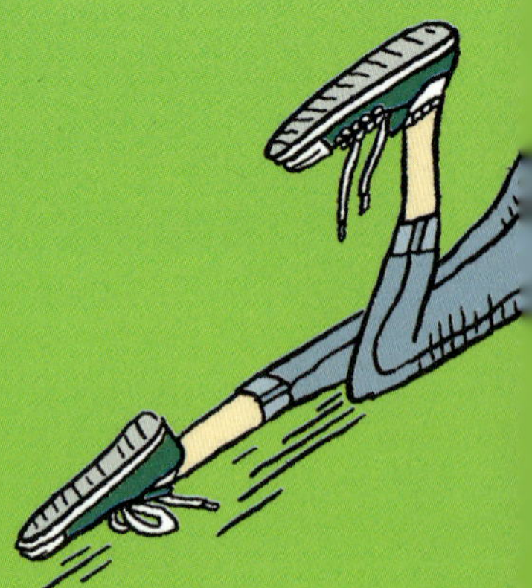

cauchemars, ce qui n'est jamais très agréable.

Enfin, pendant que tu regardes la télé, tu ne fais rien d'autre d'intéressant. Or il y a tout de même bien plus de choses passionnantes à découvrir dans « la vraie vie » que sur le petit écran...

Pour ta culture perso

La dernière grande révolution en matière de télévision, c'est le relief (films en 3D). Ça ferait beaucoup rire tes ancêtres car les premières images en relief, elles, datent... de la fin du XIXe siècle et on appelait cela de la stéréoscopie !

TICS ET TOC

« On a tous nos petites manies. Le problème, c'est quand on ne les contrôle plus ! »

Charlotte et Fanny ont enquêté pour vous.

C'est quoi ? Tics ou TOC, la personne qui en a est la première victime. Elle ne fait pas exprès d'avoir des mouvements incontrôlables (tics) ou des pensées qui l'obsèdent (TOC). Et comme ces troubles sont provoqués ou aggravés par l'anxiété, si on se moque, on ne fait qu'envenimer ses problèmes…

Le bon plan Quand on a un ami qui a des tics, c'est important de l'accompagner quand il doit faire des trucs qui le stressent, car plus il est anxieux et plus il est sujet aux tics. Or le regard des autres, ça peut l'achever, alors qu'à deux ça l'aide à se sentir plus fort et, donc, à être plus relax ! Et toc !

Le plan galère Celui qui a des tics attire souvent tous les regards. Et certains profs peuvent même penser qu'il fait exprès le pitre. Pour que les choses soient claires, il vaut mieux que les profs soient prévenus d'avance, soit par les parents (sur rendez-vous), soit par le biais d'une lettre du médecin traitant. En plus, si des élèves se moquent, l'enseignant averti pourra y être attentif et stopper ce type de comportement.

Quelques réponses toutes prêtes…

Si quelqu'un se moque d'une personne sujette aux tics, on peut toujours lui répondre :

Version agressive
« Tu nous lâches avec ton tic de la méchanceté ? »

Version ironique
« Avant de te moquer, fais le ménage devant ta porte ! »

Version tac au tac
« Il y a ceux qui ont des tics et ceux qui ont des têtes à claques. Devine à quelle catégorie tu appartiens ? »

Comment ça marche ?

Les tics sont des mouvements involontaires qui sont toujours les mêmes et qui se déclenchent automatiquement. Le plus souvent ce sont des tics faciaux, comme le fait de se tordre la bouche, secouer la tête, cligner des yeux, bouger le nez, etc., mais ils peuvent aussi s'étendre à d'autres muscles du corps comme soulever une épaule, se gratter... Le problème est que c'est incontrôlable. Les tics sont souvent l'expression d'une anxiété plus générale. Ils peuvent aussi faire suite à une période de grand stress ou après un évènement douloureux. Autre difficulté : on ne peut arrêter un tic tant que l'on ne sait pas à quel stress ou quelle inquiétude il est lié. Avec lui, c'est le corps qui s'exprime pour dire que quelque chose ne va pas sur le plan psychologique. Certains tics disparaissent spontanément surtout lorsqu'ils se sont déclenchés suite à un choc émotionnel, mais quand ils sont associés à des manifestations anxieuses ou dépressives plus importantes, il faut vraiment soigner les causes pour obtenir une guérison.

Un tic n'a rien à voir avec un TOC (trouble obsessionnel compulsif) qui touche une personne sur 50 au cours de sa vie. Le TOC est une manie ou une pensée dont on ne parvient pas à se débarrasser, alors même que l'on a conscience que c'est ridicule. Les personnes concernées sont ainsi confrontées à des pensées préoccupantes et envahissantes (obsessions). Elles se sentent obligées, pour les chasser ou les empêcher de survenir, de se livrer à des rituels particuliers (compulsions), au point que ces troubles retentissent négativement sur leur quotidien. Par exemple : se laver cinquante fois les mains par jour, être obligé de compter dans sa tête sans pouvoir s'arrêter... Le TOC est une maladie qui, si elle n'est pas soignée, peut vite devenir handicapante. Médicaments et thérapies comportementales donnent de bons résultats.

Notre conseil

N'hésite pas à demander à consulter un médecin pour t'aider à dépasser un tic ou un TOC. Cette maladie est dure à vivre car les autres ont souvent tendance à se moquer, mais c'est parfois une façon de masquer leur gêne face à celui qui a ces troubles. Le mieux est d'en rire aussi et de dire : « Oui, c'est énervant, non ? » Comme ça, la moquerie est désarçonnée et vous pouvez rire ensemble de ces satanés troubles !

Vrai ou Faux ?

il existe une pathologie qui « oblige » à dire des gros mots, surtout dans les lieux publics !

Vrai ! C'est le syndrome de Gilles de la Tourette. Le malade profère des injures, sans pouvoir se contrôler, dans les lieux où ça ne passe vraiment pas.

Pour ta culture perso

À côté du tic anxieux, on parle aussi de tic de langage quand quelqu'un répète toujours la même expression sans s'en apercevoir. TIC, c'est encore un sigle de trois lettres qui peut signifier plein de choses différentes... comme technicien en identification criminelle à la gendarmerie ou technologies de l'information et de la communication !

« Le timide et les bonnes notes à l'oral, ça fait souvent deux ! »

Charlotte et Fanny ont enquêté pour vous.

C'est quoi ? C'est le fait de ressentir une sorte d'angoisse quand on sent tous les yeux tournés vers nous parce qu'un prof nous interroge. Des fois, on a juste le cœur qui bat un peu vite et, comme on est stressé, on peut en perdre nos moyens. D'autres fois, on peut carrément devenir tout rouge, avoir les mains moites et être pris de tremblements. La timidité, c'est souvent un handicap !

Le bon plan Certains garçons aiment bien les filles timides parce qu'ils peuvent jouer les héros protecteurs à leurs côtés. Et certaines filles aiment bien les garçons timides parce que ça leur donne un côté romantique (pas trop entreprenant). Bref, la timidité, ça peut être un charme !

Le plan galère Si, en plus d'être timide, on rougit facilement, ça peut vite être la « cata » parce qu'on risque de changer de couleur à chaque fois que celui (ou celle) dont on est amoureux passe devant nous ! On a alors l'impression que tout le monde va connaître nos sentiments. Seule solution : faire celui qui est essoufflé, qui a chaud et qui a couru… ou nous cacher derrière une écharpe !

La bonne blague

Connais-tu le comble de la timidité pour un chef d'entreprise ?

Réponse

C'est de ne pas oser dire à ses employés qu'il va tous les augmenter !

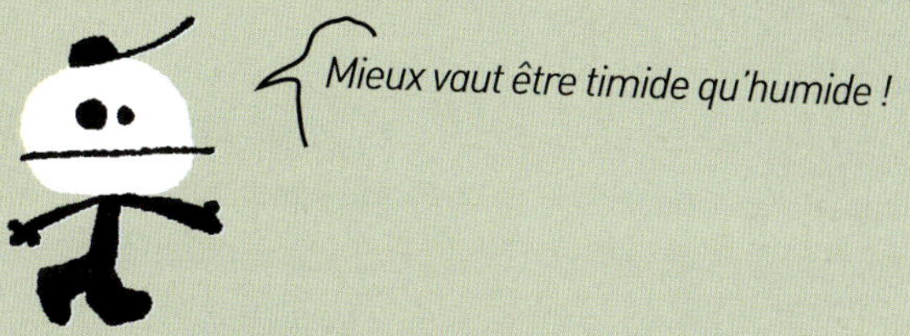

Comment ça marche ?

La timidité traduit un manque de confiance en soi et une peur exagérée de la réaction des autres. Par exemple, tu as tellement peur de mal répondre en classe que tu préfères ne rien dire.

Pour la surmonter, deux solutions. Déjà, tu dois t'imaginer en train de répondre brillamment et sans balbutier afin de conditionner ton cerveau avec l'idée que tu peux y arriver. N'hésite pas à t'entraîner devant la glace ou avec ton meilleur ami, s'il le faut : plus tu connais ta leçon, plus tu l'as déjà récitée à haute voix, plus tu t'es prouvé que tu peux y arriver et plus grandes sont tes chances de répondre en classe avec une aisance qui t'étonnera toi-même !

Ensuite, tu dois te donner de petits défis, en partant de ce qui te semble le plus simple – par exemple, lever le doigt au moins une fois par semaine – pour arriver à des défis de plus en plus importants. À chaque épreuve ainsi réussie, tu te rends compte que, finalement, ça n'était pas si difficile et cela t'aide à passer à l'étape suivante, jusqu'à les réussir toutes. Tu serais sans doute étonné de savoir que certains comédiens ou chanteurs, aujourd'hui très connus et à l'aise, étaient des adolescents encore plus timides que toi !

Et quand la timidité te gêne aussi dans tes relations aux autres, mêmes conseils : lance-toi de petits challenges pour obtenir de grandes satisfactions ! Respire un grand coup, ça aide beaucoup car ça fait baisser ta tension interne. Autre truc, regarde loin devant : en élargissant ton champ de vision, tu vois les choses différemment et la difficulté te semble plus facile à surmonter. Essaie, tu verras, ça marche vraiment. Alors que les timides regardent vers le bas, ce qui fait monter les inquiétudes. C'est physiologique.

Notre conseil

Pour combattre le rougissement, c'est un peu plus compliqué parce que ça ne dépend pas de ta volonté. En général, le fait de prendre de l'assurance suffit à le limiter. Mais il y en a qui ont tellement peur de rougir qu'ils sont déjà écarlates rien que d'y penser. Dans ce cas, l'homéopathie, ça peut aider et il n'y a aucun effet secondaire. Il vaut mieux consulter un médecin homéopathe car les remèdes sont différents selon les cas : par exemple, lorsque la rougeur s'accompagne d'une bouffée de chaleur, ça peut être *Sanguinaria*. Si le rougissement apparaît au moment où tu t'y attends le moins, c'est plutôt *Ignatia*. Chez les jeunes gens timides, émotifs, avides d'affection, qui rougissent à chaque oral d'examen, *Pulsatilla* donne les meilleurs résultats. Il ne s'agit pas de prendre ces médicaments à vie, mais juste le temps de t'apercevoir que tu peux prendre la parole sans rougir de façon systématique. Tu es alors moins stressé et le rougissement réflexe finit par s'en aller…

Vrai ou Faux ?

La peur de parler en public est la plus répandue.

Vrai ! Bien plus que la peur de prendre l'avion ou de voir un serpent ! Ce qui l'est moins, en revanche, c'est l'éreutophobie ou peur de rougir en public, qui touche tout de même 10 % de la population.

TRAVAIL COLLECTIF

« C'est bizarre comme les profs sont toujours partants pour proposer un travail collectif… sauf pendant les contrôles ! »

/////////////// Charlotte et Fanny ont enquêté pour vous. /////////////

C'est quoi ? C'est effectuer un travail à 2, 3 ou 4 (rarement plus), comme un exposé ou une recherche de documents, en se chargeant chacun d'une partie, puis en mettant en commun nos résultats. Ça demande de l'organisation, un bon esprit d'équipe… et une bonne dose de patience et de tolérance car tout le monde n'est pas obligé d'être d'accord avec ce qu'on dit* (et vice versa).

(C'est même ça le problème !)*

Le bon plan Si on a la chance de tomber sur le sujet qu'on voulait, et si en plus c'est avec nos meilleurs copains, c'est le top ! Ce sera un bon prétexte pour se voir plus souvent, nos parents ne pourront rien nous refuser… même pas que nous nous rencontrions un dimanche pour bosser !

Le plan galère Si on nous met d'office avec quelqu'un qu'on n'aime pas ou qui ne veut rien faire, le travail à plusieurs, ça peut être l'horreur. Dans ce cas, une seule solution : demander au prof si on ne pourrait pas changer de coéquipier* avant d'avoir à l'étrangler (au sens figuré bien sûr !).

(Mais c'est sans garantie de résultat !)*

Quelques réponses toutes prêtes…

Si on a vraiment du mal à s'entendre avec celui ou ceux qui doivent faire le travail avec nous, on peut toujours dire :

Version petit chef

« On n'a qu'à se répartir les tâches et travailler chacun de son côté ! »

Version grand chef

« Vous écrivez tout et je m'occupe du reste ! »

Comment ça marche ?

Travailler à plusieurs n'a rien d'évident, car cela fait appel à des qualités que tu utilises moins souvent : la diplomatie et la répartition des tâches. En effet, un travail en groupe est avant tout un bon compromis de ce que chacun d'entre vous aurait voulu faire s'il avait travaillé seul. D'un côté, c'est enrichissant car ça t'oblige à te confronter aux idées des autres, à défendre les tiennes, à écouter des points de vue différents et admettre que, finalement, les autres ont aussi des choses intéressantes à dire !

En travaillant ensemble, on fait aussi jouer l'émulation : on trouve souvent beaucoup plus d'idées en groupe que tout seul car on met en marche le jeu des associations d'idées. C'est une phase très importante : avant de travailler chacun sur une partie, il est très enrichissant de commencer par exprimer sa façon de voir les choses, ses connaissances, ses idées, sa méthode, etc. En groupe, on est plus créatif !

Cependant, travailler à plusieurs peut être frustrant quand personne n'arrive à se mettre d'accord, quand quelqu'un veut absolument imposer ses idées ou quand on n'est vraiment pas en phase avec les orientations ou les décisions prises. Surtout si, au final, vous récoltez une note moyenne ! Mais l'expérience est toujours enrichissante car, en se confrontant aux autres, on apprend aussi à mieux se connaître. Et tu auras compris que la flexibilité (capacité à changer de point de vue), la tolérance, l'écoute du point de vue des autres sont des qualités à développer, qui te seront essentielles dans la vie. Ou encore, tu te seras rendu compte que tu as un vrai talent pour faire passer tes idées, que tu es un meneur, que les autres s'intéressent à ce que tu dis... Non seulement cela fait du bien au moral, mais c'est un atout majeur. Il te sera souvent utile !

Enfin, pour les timides ou les inhibés, le travail en groupe est souvent un supplice ; s'affirmer est impossible et le fait d'exprimer son point de vue en public, une vraie galère. Une solution : proposer d'emblée de faire le travail de recherche documentaire pour être moins sollicité à l'oral ensuite.

Notre conseil

Pour éviter les « clashs » avec tes coéquipiers – ce qui peut se produire si vous n'avez pas la même façon de travailler –, considère ce travail d'équipe comme une expérience où la mise en commun est plus importante que le résultat. Les professeurs sont rarement sévères car ce qu'ils veulent avant tout, c'est que vous réussissiez à mener un travail commun. Or si vous vous fâchez, c'est sûr, c'est raté !

Vrai ou Faux ?

Le travail collectif peut créer des illusions de compétence.

Vrai. Les études montrent qu'il faut parfois être prudent : si tous les membres d'un groupe ont une idée fausse, elle semblera totalement vraie à tout le monde et conduira à l'erreur !

Pour ta culture perso

Dans les entreprises, les séances de groupe pour trouver des idées s'appellent des séances de *brainstorming* (tempête dans le cerveau ou comme disent les Québécois, remue-méninges), où tout le monde doit exprimer ce qu'il pense, sans jugement ni restriction.

« C'est ce qui fait la différence entre le primaire et le collège... »

Charlotte et Fanny ont enquêté pour vous.

C'est quoi ? C'est tout ce qu'on peut faire de notre côté et qui n'est pas forcément demandé par les profs, pour approfondir nos connaissances ou mieux comprendre une leçon. Cela va de la simple révision du cours aux exercices proposés dans le livre (même si le prof ne demande pas de les faire tous), sans oublier la recherche de documents.

Le bon plan Le collège propose des heures d'accompagnement personnalisé durant lesquelles des profs nous aident à assimiler des notions apprises en cours. C'est l'occasion idéale de se faire expliquer une leçon mal comprise ou d'approfondir un sujet tout en montrant qu'on s'intéresse à la matière, même si on n'est pas très bon.

Le plan galère Après une journée de cours intensifs, on a plus envie de se débarrasser vite de nos devoirs que d'approfondir la leçon, surtout dans une matière qu'on n'aime pas... et qui, forcément, est celle où on aurait le plus besoin de travailler !

Quelques réponses toutes prêtes...

Si nos parents trouvent qu'on ne fournit pas assez de travail personnel, on peut toujours répondre :

Version scientifique

« Un cerveau ne pouvant se concentrer plus de 30 minutes d'affilée, je suis en pleine pause réparatrice ! »

Version concentrée

« Je ne rêvasse pas ! Je visualise la leçon que je viens d'apprendre et, à cause de votre interruption, je n'ai plus qu'à recommencer ! »

Version comptable

« Entre mes journées de cours, mes devoirs à la maison et mes leçons à retenir, j'ai dépassé le seuil des 35 heures hebdomadaires. Vous ne voudriez pas en plus que je bosse un dimanche, non ? »

PERSONNEL

Comment ça marche ?

Le travail personnel, c'est un peu le reflet de ton investissement personnel au collège. Tes parents peuvent te soutenir en te fournissant des conditions décentes pour travailler (un bureau au calme) et du matériel. Tes professeurs peuvent t'aider en te donnant des cours clairs ainsi que par le biais des heures d'accompagnement personnalisé. Mais si, toi, tu ne te sens pas concerné, ça ne peut pas fonctionner ! Pour réussir tes années « collège », il n'y a pas de secret, il faut du travail personnel et, donc, de la motivation.

Avoir de bonnes notes, ça aide (ne serait-ce que pour ressentir le plaisir de réussir), mais ça ne fait pas tout. Ainsi, certains élèves qui ont de grandes facilités prennent tellement peu l'habitude de travailler, de fournir du travail personnel que, le jour où ils ne comprennent pas du premier coup, ils se retrouvent désarmés. Alors qu'un élève moyen, mais qui a pris l'habitude de travailler, ne sera pas décontenancé par un nouvel obstacle…

Notre conseil

Le but du travail personnel, c'est vraiment de comprendre ce qui s'apprend en classe. C'est pourquoi le minimum à faire après une nouvelle leçon, c'est l'ensemble des exercices d'application proposés dans ton livre. Et même si ton professeur te donne une leçon très détaillée, ce n'est jamais inintéressant d'ouvrir ton livre sur ce chapitre : tu y trouveras peut-être quelques informations en plus ou un traitement différent de l'information, qui te serviront tôt ou tard. Bref, la première qualité requise, c'est de te montrer un peu curieux ! En plus, comme tu oublies 80 % de ce que tu as entendu 24 heures après, pense à relire ton cours le soir même, puis une semaine après, pour consolider sa mémorisation.

Vrai ou Faux ?

Le travail personnel, ça se fait aussi à deux !

Pourquoi pas… à condition de travailler vraiment ensemble pour approfondir vos points faibles respectifs ! Travailler en binôme, ça peut être plus motivant et ça peut aider à mieux comprendre si ton copain est capable de t'expliquer avec ses mots (sans se tromper !).

Pour ta culture perso

Un ancien président tchèque, Vaclav Havel, a dit : « Le travail est toujours personnel et on ne le fait bien qu'à condition de savoir à quoi il sert et d'en voir les résultats. Ce n'est qu'à cette condition qu'on peut arriver à l'aimer. » Tu vois ce qu'il te reste à faire !

« C'est peut-être dans la tête, mais ça se voit dans les actes ! »

Charlotte et Fanny ont enquêté pour vous.

C'est quoi ? C'est quand une personne se met à délirer ou à faire n'importe quoi, y compris un truc réprimé par la loi. Parfois, c'est dû à une maladie (psychiatrique). Parfois, c'est parce que cette personne a pris de la drogue et ne se rend même plus compte de ce qu'elle fait. Parfois encore, c'est parce que ce qu'elle vit est insupportable…

Le bon plan Les élèves ne sont pas les seuls à être fragiles. Certains profs, trop chahutés, peuvent soudain tout envoyer balader. Alors bien sûr, on ne peut pas empêcher certains élèves de les pousser à bout (ce n'est pas notre rôle), mais rien ne nous empêche d'aller dire aux profs en fin de cours que, nous, on a bien aimé leur leçon ou encore qu'on aimerait approfondir le sujet. Le simple fait de savoir que leur travail n'est pas inutile, ça peut les aider à rester « zen ».

Le plan galère Quand on a un ami qui « pète un câble » comme on dit familièrement, on ne doit pas se détourner de lui sous prétexte qu'on ne le comprend plus. Il a encore plus besoin de nous et c'est donc le moment de lui dire qu'on tient à lui et de l'aider à surmonter ses difficultés.

La bonne blague

Dans un asile psychiatrique, un ancien prof de physique-chimie et un ancien prof de sciences de la vie discutent ensemble.

– Quelle heure est-il ? demande le premier.
– 125 kilos, réplique le second.
– Mince, j'avance encore de 35 litres ! Il va falloir que je parle de cette fuite au prof de maths…, s'exclame le premier, très contrarié.

Comment ça marche ?

Les troubles du comportement regroupent une catégorie très large de difficultés. Les conduites agressives, les troubles alimentaires, les conduites addictives (le fait d'être « accro »), les fugues, le mensonge, les vols, etc.

Comme toujours, cela devient une pathologie lorsque ça dure. S'énerver ponctuellement contre quelqu'un parce qu'on est colérique, mentir une ou deux fois sur une note car on a peur de la réaction de ses parents, prendre le maquillage de sa mère ne sont pas pris en compte ! En revanche, des troubles du comportement qui s'installent dans le temps doivent alerter et faire comprendre qu'il existe une vraie souffrance : anxiété, dépression ou encore difficultés importantes dans le milieu familial.

L'échec scolaire peut aussi conduire à certains troubles comme l'agressivité ou la passivité (refus de faire quoi que ce soit et surtout de travailler), parce que cet échec attaque la confiance en soi.

Un trouble du comportement est toujours une façon d'exprimer un problème, plus ou moins grave. Ce n'est pas de la « délinquance » gratuite et tu ne le fais pas exprès. C'est néanmoins difficile à vivre pour ton entourage, surtout pour tes parents qui se sentent parfois impuissants face à de tels comportements. Alors, plus ils tentent de te punir, de te sanctionner, plus tu peux te sentir incompris et démultiplier ces troubles. C'est une spirale qu'il faut éviter à tout prix.

Notre conseil

Si tu te sens concerné par ce problème, il faut que tu saches que c'est toi qui en souffres en premier. Tu n'as pas à avoir honte. Au contraire, t'en rendre compte est déjà une grande preuve de maturité et de ton envie d'en sortir. Parles-en à tes parents. Le mieux est souvent d'aller voir un psychiatre pour faire le point et comprendre l'origine de tes comportements inadaptés. Surtout que parfois ils peuvent être dangereux pour toi (addictions, fugues, troubles alimentaires, conduites à risque...) ou pour les autres (agressivité, violence...). Il faut aussi savoir que, bien que tu sois mineur, la loi peut te sanctionner pour ces délits. C'est le juge des mineurs qui décidera de la sanction.

Vrai ou Faux ?

Les troubles du comportement sont les principaux motifs de consultation en psychiatrie.

Vrai ! Ils sont en augmentation, surtout pour les conduites à risque. Dans les cas les plus graves, on peut être hospitalisé dans des unités de psychiatrie de l'adolescent.

Pour ta culture perso

Il existe une forme de psychothérapie qui s'appelle thérapie comportementale et cognitive (TCC) et dont l'objectif principal est justement d'agir sur les comportements déviants et douloureux. C'est une thérapie interactive où on analyse en détail le comportement à modifier et où on fait un plan d'action pour atteindre son objectif d'évolution. C'est une thérapie très efficace pour l'ensemble de ces troubles.

TROUSSE DE

« Ce n'est pas parce qu'on est jeune qu'on n'a pas le droit d'être soulagé ! »

/////////////// Charlotte et Fanny ont enquêté pour vous. /////////////

C'est quoi ? Ce sont toutes ces petites astuces qui peuvent nous aider à passer une bonne journée alors qu'elle avait mal commencé avec un problème de santé inattendu. Pour éviter les erreurs, le mieux est de voir avec nos parents ce qu'on peut prendre, en leur absence. Les médicaments, on n'a pas le droit de les emmener au collège mais, chez nous, on peut prendre un antidouleur ou de l'homéopathie antitrac, antitoux...

Le bon plan Si on a mal après s'être tordu la cheville dans la rue mais que ce n'est ni gonflé ni bleu (sinon, il faut voir le médecin), on peut appliquer du froid sur la peau en mettant des glaçons dans un gant, puis un sac en plastique (pas de contact direct avec la peau). Même chose, si on s'est cogné : ça empêche de gonfler ! En revanche, si on a des crampes musculaires après une séance de sport par exemple, c'est du chaud qu'il nous faut ! Enfin, pour toutes les petites douleurs en général (tête, dent, ventre...), c'est du paracétamol. Ou si on a trop mangé et qu'on est ballonné, c'est du charbon végétal (mais non, pas du vrai charbon !).

Le plan galère Au collège, quand on rencontre un petit problème médical, on peut compter sur l'infirmière. Mais quand ça nous arrive sur le chemin du retour ou à la maison, en l'absence de nos parents, il faut bien se débrouiller seul ! Dans ce cas-là, pour soigner un petit bobo, mieux on est informé, mieux c'est...

La bonne blague

Une femme prévient son mari :
– Je vais chez la voisine lui demander un cachet pour mon mal de tête, j'en ai pour deux minutes !
– D'accord chérie.
– En attendant, sois gentil de remuer ce qu'il y a dans la casserole tous les quarts d'heure !

Comment ça marche ?

Il ne s'agit pas d'être une pharmacie ambulante et d'ailleurs les médicaments sont interdits au collège, sauf pour les élèves qui ont une maladie chronique et dont les parents ont signé un PAI (projet d'accueil individualisé). L'idée, c'est plutôt d'être paré contre les petits soucis de la vie courante, à la maison ou avant d'aller au collège.

Par exemple, tu peux laisser dans ton sac une barre de céréales (ou des gâteaux secs en sachet) au cas où tu aurais une baisse du taux de sucre dans le sang, ce qui peut arriver si tu as trop peu mangé à la cantine, un jour où c'était particulièrement mauvais par exemple.

Pour les filles, une serviette et un tampon dans le sac au cas où les règles arriveraient avec un peu d'avance, ça dépanne.

Enfin, pour les stressés, un minilivre de bonnes blagues, ça peut aider à détendre l'atmosphère ! Rappelle-toi aussi qu'une grande inspiration, ça oxygène les cellules et ça fait baisser la pression.

À la maison, du paracétamol pour les douleurs en tout genre ou la fièvre, un antispasmodique pour les douleurs des règles et les maux de ventre, une pommade à l'arnica pour les coups et les bosses, du sérum physiologique en pipettes à usage unique pour retirer une poussière dans l'œil ou en cas de rhume et un antiseptique désinfectant pour les plaies, c'est le b.a.-ba. Et en homéopathie, *Gelsemium* pour le trac avant un examen, c'est vraiment l'allié des anxieux (même si ça n'empêche pas de travailler sur toi-même pour être moins stressé les prochaines fois).

Comme tu peux avoir à te servir de ces médicaments avant que tes parents ne rentrent du travail, prends l'habitude de leur passer un petit coup de fil juste avant, pour vérifier avec eux que tu ne fais pas d'erreur de molécule ou de dosage.

Notre conseil

L'automédication, c'est surtout pour des troubles mineurs comme un rhume, des règles douloureuses, un mal de tête, une constipation passagère, une légère anxiété, etc. La règle à retenir pour éviter les erreurs, c'est celle des trois PAS : PAS de médicament sur ordonnance prescrit lors d'une autre occasion (ou à quelqu'un d'autre), PAS plus d'un médicament à la fois pour un problème donné et PAS de poursuite du médicament si le symptôme est inhabituel, s'il s'aggrave ou si d'autres symptômes apparaissent.

Vrai ou Faux ?

Ce n'est pas parce qu'un médicament est en vente libre (sans ordonnance) qu'il n'est pas dangereux.

Vrai ! Si tu en prends trop ou trop longtemps, même un médicament d'usage courant peut devenir nuisible. C'est pourquoi tes parents doivent vraiment être informés du médicament que tu veux prendre. Si tu as le « réflexe médicament » pour le moindre problème (trouble du sommeil, stress, fatigue, courbatures...) au point d'en prendre plusieurs fois par semaine, ce n'est pas normal. Arrête tout et demande à voir le médecin pour comprendre d'où vient le problème et quelle doit être la réponse la mieux adaptée...

ULTRAVIOLETS

« C'est ce qui nous manque le plus en hiver… »

Charlotte et Fanny ont enquêté pour vous.

C'est quoi ? Les ultraviolets sont les rayonnements émis par le Soleil et sans lesquels la vie sur la Terre serait impossible. Ils permettent notamment aux plantes vertes de fabriquer de l'oxygène et des sucres pour se nourrir. Or les plantes vertes et l'oxygène, c'est la base de la vie pour les animaux et les hommes qui peuvent ainsi respirer et se nourrir ! Pour ceux qui ont bien suivi leurs cours de SVT, les ultraviolets sont aussi indispensables à la synthèse de la vitamine D et donc à la fabrication des os. Autrement dit, il n'y a pas de vie possible pour nous, sans Soleil !

Le bon plan Si nos parents nous refusent une paire de lunettes de soleil sous prétexte que c'est un accessoire de mode, on peut toujours leur dire que des études ont prouvé que les enfants et les adolescents avaient les yeux encore plus sensibles aux rayonnements solaires que les adultes. Et ne pas se protéger est mauvais pour l'état futur de notre vision !

Le plan galère Un coup de soleil, ça nous transforme d'abord en écrevisse bien rouge et, après, la peau se met à peler. Si on voulait frimer en étant bronzé, c'est vraiment raté ! Et si en plus on a une peau sujette à l'acné, une protection solaire insuffisante pendant les vacances se paie cher au retour : boutons garantis de partout !

La bonne blague

Devinette

À quoi t'exposes-tu quand tu restes trop longtemps au soleil ?

Réponse

Au plus grand « des astres » (désastre !).

Comment ça marche ?

Le Soleil envoie des ultraviolets, mais tous n'arrivent pas jusqu'à toi. Les UVC sont presque tous arrêtés par la couche d'ozone : une chance, car ils sont mortels ! Ceux qui arrivent jusqu'à toi sont les UVA et les UVB. À petites doses, ils sont indispensables à la vie puisqu'ils interviennent dans la fabrication de la vitamine D (indispensable à ton squelette et à ton immunité) et dans la sécrétion d'une hormone – la mélatonine – qui gère entre autres tes heures de sommeil et ta bonne humeur. Ils améliorent certains problèmes de peau comme l'eczéma, mais en aggravent d'autres comme l'acné. Enfin, le Soleil peut être une véritable thérapie : dans certaines formes de dépression, on met les patients sous une lampe qui reproduit les rayons du Soleil, pour les guérir : c'est la luminothérapie.

En cas d'abus, les ultraviolets peuvent vraiment faire des dégâts : dans l'immédiat, ils sont à l'origine de coups de soleil et d'ophtalmies (l'équivalent d'un coup de soleil de l'œil) très douloureux. Parfois encore, ils provoquent des réactions inattendues sur des endroits bien localisés de ta peau, par exemple, parce que tu t'étais mis du parfum à cet endroit (photosensibilisation).

Enfin, à beaucoup plus long terme, ils peuvent être à l'origine d'un vieillissement prématuré (rides), de cancers de la peau et de problèmes ophtalmologiques pouvant conduire à une baisse, voire une perte de la vision. Seule solution pour profiter du soleil en toute sécurité : ne pas t'exposer aux heures les plus chaudes en été, mettre des crèmes protectrices adaptées à ton type de peau et te trouver une jolie paire de lunettes de soleil que tu n'auras plus envie de quitter et qui répondra aux normes de protection (de catégorie 3, marquage CE) !

Notre conseil

Méfie-toi des cabines de bronzage qui te délivrent une bonne dose d'ultraviolets. Ceux-là se cumulent avec ceux reçus en cas d'exposition au soleil et augmentent donc vraiment le risque de cancer de la peau. Si tu veux avoir le teint hâlé alors que tu n'es pas parti au soleil, essaie plutôt les autobronzants qui, eux, sont sans danger.

Vrai ou Faux ?

On ne doit jamais regarder le Soleil lors d'une éclipse.

Vrai ! Le simple fait de regarder le Soleil, même caché à 99 % par la Lune, suffit à provoquer de graves brûlures de la rétine. Le risque est encore plus élevé au moment où le Soleil réapparaît après deux minutes de pénombre car la pupille s'est alors dilatée pour s'adapter à l'obscurité : un maximum de rayons peuvent donc passer au travers, créant de graves lésions ! Sur le moment, la brûlure est indolore. Puis, dans les heures ou les jours qui suivent, apparaissent une baisse de l'acuité visuelle et une vision déformée des lignes droites : or selon la gravité de la brûlure, l'atteinte peut être définitive ou partiellement récupérée. Pour regarder une éclipse en toute sécurité, il faut des lunettes spéciales qui laissent passer au maximum 0,003 % de lumière visible, 0,0032 % de rayonnements ultraviolets et 0,027 % d'infrarouges !

URGENCE

« C'est quand c'est tout de suite ou maintenant ! »

Charlotte et Fanny ont enquêté pour vous.

C'est quoi ? Dans notre langage, on emploie souvent le mot « urgence » pour dire qu'on veut quelque chose tout de suite, sans attendre. Soit parce qu'on en a une énorme envie. Soit parce qu'on a vraiment l'impression que rien au monde n'est plus important ! Mais, pour les adultes, la seule vraie urgence, c'est quand une personne a sa vie en danger. C'est d'ailleurs pourquoi ils ont tendance à nous répondre, quand on leur dit qu'on doit absolument aller tout de suite, dans la seconde, dire un truc à une copine avant d'oublier, qu'il ne faut pas exagérer car « il n'y a pas mort d'homme ! »

Le bon plan Nos parents ont beau nous l'avoir répété cinquante fois, on peut quand même être pris de panique si une vraie urgence se déclare en leur absence (feu, copain qui fait un malaise, tentative d'effraction, accident dans la rue, etc.). Le mieux, c'est de faire un petit mémo avec eux, pour savoir qui appeler dans les situations où on doit réagir vite en cas de problème…

Le plan galère Si nos parents nous demandent de n'appeler « qu'en cas d'urgence » sur leur portable, parce qu'ils ont la réunion la plus importante de leur carrière, c'est sûr qu'ils ne vont pas apprécier qu'on les sonne pour leur demander ce qu'il y a à manger ce soir ! Il faut aussi bien s'entendre sur ce qu'ils appellent « un cas d'urgence ». Si mamie appelle pour dire qu'elle débarque ce soir, ou si papi veut récupérer son échelle, ce n'est peut-être pas la peine de les déranger pour ça !

Quelques réponses toutes prêtes…

Si nos parents nous reprochent de toujours fonctionner dans l'urgence, on peut leur dire :

Version tac au tac

« Au fait, maman, ce n'est pas toi l'autre soir qui t'énervais parce que le serveur était trop long à nous apporter nos desserts ? »

Version indignée

« Moi, trop pressé ? Mais ça fait cinq mois que j'attends votre accord, alors maintenant il faut vous décider ! »

LA PAROLE AUX PROS

Comment ça marche ?

Il y a urgence et urgence. Celle qui ne se discute pas, c'est celle où il y a un péril imminent : quelqu'un qui se noie sous tes yeux ou qui fait un malaise cardiaque par exemple, ça mérite une réaction immédiate (porter secours au noyé sans te mettre en danger, débuter un massage cardiaque – si tu as appris les gestes qui sauvent comme de nombreux collégiens – et appeler le **Samu** au **15** ou au **112**.)

Les autres urgences sont toutes relatives. Si tu as oublié de noter un devoir et qu'il faut le rendre pour le lendemain, tu as intérêt à faire vite pour appeler quelqu'un qui pourra te donner l'énoncé, mais ça n'est pas non plus vital.

Idem pour le joli sac à dos que tu as repéré. Tu trouves peut-être absolument urgent de l'acheter, là, maintenant, tout de suite, mais ça relève plus de l'impatience que de l'urgence !

Et il faut dire que, jusqu'à présent, ton cerveau s'est souvent comporté comme celui d'un bébé qui veut tout de suite ce qu'il réclame. C'est spécifique à l'enfance car les fonctions exécutives (celles qui se mettent en place à l'adolescence et dont le siège est sous le front) ne sont pas encore totalement développées. Ce qui veut dire que le cerveau n'arrive pas à se représenter les étapes nécessaires avant d'obtenir ce que l'on veut. Cela s'appelle la planification et l'anticipation. La frustration vient de là et c'est l'un des rôles de l'éducation de t'apprendre à gérer cela. L'impatience excessive est un signe de déséquilibre psychologique car tout délai avant obtention du résultat crée une forme d'excitation qui peut devenir douloureuse. Malheureusement, les adolescents dont les parents ont toujours cédé au moindre de leurs caprices ne supportent pas la frustration et cela peut engendrer certains comportements violents lorsque leur souhait n'est pas exaucé à la seconde. Évidemment, ce n'est pas faire preuve de maturité que d'agir ainsi...

Notre conseil

Quand on prend du plaisir à faire quelque chose, que l'on est motivé, c'est comme si on mettait un Post-it « Urgent » à notre cerveau. Nos ressources se mobilisent plus vite et on est beaucoup plus efficace. Parfois, c'est le contraire : il est essentiel de ne pas se précipiter. Un dicton dit que « plus on attend, meilleur c'est », parce qu'au plaisir d'avoir enfin obtenu ce que l'on voulait s'ajoute celui des longues heures d'attente où l'on s'est imaginé ce moment. C'est un peu enjolivé, mais il y a de l'idée et, de toute façon, savoir patienter est le seul moyen de mener à bien un projet qui te tient à cœur. Alors plutôt que de mettre toute ton énergie pour obtenir tout, tout de suite, projette-toi dans l'avenir et donne-toi les moyens d'arriver tranquillement à atteindre ton objectif, que ce soit une sortie, un vêtement... ou un métier !

Vrai ou Faux ?

Dans les hôpitaux, les services d'urgence sont submergés de fausses urgences !

Vrai ! C'est bien la preuve que les adultes aussi se trompent sur le sens de ce mot. Certains viennent parce qu'ils ont un rhume ou une égratignure, alors que les urgences ont plutôt vocation à accueillir des personnes ayant besoin de soins immédiats parce qu'ils ont un symptôme inquiétant comme une douleur suite à une chute, des maux de ventre ou de tête inhabituels par leur intensité, par exemple.

« Ouille, ouille, ouille, ça pique ! »

Charlotte et Fanny ont enquêté pour vous.

C'est quoi ? C'est l'injection d'un microbe ou d'un petit bout de microbe rendu totalement inoffensif, pour faire réagir nos défenses immunitaires. Après ça, le microbe, il n'a qu'à bien se tenir ! Car s'il se pointe à nouveau, nos cellules de défense auront vite fait de le repérer et de le neutraliser. En effet, elles ont une mémoire incroyable et se rappellent parfois de leur ennemi… à vie ! Si ce n'est pas le cas, il suffit d'un petit vaccin de rappel, et hop, c'est reparti pour des années !

Le bon plan Si on rate une épreuve de sport, on peut toujours prétexter un rappel de vaccin très douloureux la veille, en espérant que le prof nous redonnera une autre chance à la prochaine séance*.

(À faire une seule fois dans l'année sous peine d'être grillé !)*

Le plan galère Certains vaccins font mal et donnent même un peu de fièvre le lendemain. Mais à côté de la maladie qu'ils nous évitent, ce n'est vraiment pas grand-chose…

Une réponse toute prête…

Si on nous reproche notre mauvais caractère, on peut toujours répondre :

Version franche

« Oui, je sais, et en plus je suis pas vacciné contre la rage ! »

Comment ça marche ?

Un vaccin permet à tes petits soldats de l'immunité de réagir très vite en cas d'attaque par un virus ou une bactérie. Grâce aux vaccins, certaines maladies qui faisaient autrefois des ravages (comme la variole, la rage...) ont disparu ou presque dans notre pays. Et si la poliomyélite, qui était à l'origine de nombreuses paralysies des membres, ne fait plus parler d'elle aujourd'hui en France, c'est bien grâce au vaccin. D'ailleurs, il n'y a quasi personne pour contester sa légitimité. Ton rappel contre la polio, justement, est à faire entre 12 et 13 ans...

Là où ça se complique, c'est quand on inocule massivement à toute une population certains vaccins alors qu'ils ne sont peut-être pas sans risques. Comme c'est très difficile à prouver (car si risques il y a, ils sont peu fréquents), les médecins sont très partagés entre les recommander systématiquement, les proposer seulement aux personnes ayant un risque élevé de développer la maladie ou les éviter sous prétexte qu'ils pourraient faire plus de mal que de bien.

La question se pose à chaque fois qu'un nouveau vaccin arrive sur le marché et donc, que les médecins manquent de recul pour savoir si ses bienfaits l'emportent très largement sur ses risques. Et dans ce domaine, les Français se montrent particulièrement méfiants, au point de négliger certains de leurs vaccins pourtant très sûrs. C'est par exemple le cas du tétanos : à ton âge, tu es protégé contre cette maladie rare mais mortelle, alors que beaucoup d'adultes ne le sont pas, faute d'avoir fait leurs rappels ! Or ils peuvent attraper cette maladie rien qu'en faisant du jardinage par exemple ! Pour d'autres vaccins, il n'y a pas lieu de vacciner tout le monde, mais seulement certains groupes exposés : c'est par exemple le cas du vaccin qui protège contre la méningite à méningocoques B : cette infection fait parler d'elle par moments, par petites épidémies très localisées (comme en Seine Maritime). Dans ce cas, ne sont appelées à se faire vacciner que les personnes à risque, vivant dans les zones d'épidémies. Des campagnes d'informations sont alors menées dans ces zones de façon ciblée, pour que tout le monde reçoive l'information...

Notre conseil

Pour certains voyages à l'étranger, des vaccins sont obligatoires et d'autres recommandés. Il ne faut pas s'y prendre au dernier moment pour les faire, car certains vaccins doivent être réalisés plusieurs semaines avant le départ. Pour en savoir plus, tu peux te connecter sur **https://www.pasteur.fr/fr/centre-medical/preparer-son-voyage** pour obtenir la liste des vaccins obligatoires et recommandés selon ta destination (il suffit de survoler la carte) ou te connecter sur : **www.vaccinations-airfrance.fr**.

Vrai ou Faux ?

En cas de retard pour un vaccin, il suffit de reprendre où on en était.

Vrai ! Il n'y a pas besoin de tout recommencer à zéro. Il suffit de reprendre les vaccinations au stade où elles ont été interrompues en réalisant le nombre d'injections requises en fonction de l'âge.

> « Dans les médias, on entend plus souvent parler des problèmes des coupables que de ceux des victimes, c'est injuste... »

////////////////// Charlotte et Fanny ont enquêté pour vous. //////////////////

C'est quoi ? C'est quand on est victime d'une agression verbale ou physique ou d'un vol. Cela peut se produire dans l'enceinte du collège ou à l'extérieur. Dans tous les cas, on doit en parler à un adulte en qui on a confiance et porter plainte car, si l'agresseur est puni, ça peut nous aider à reprendre confiance en nous et faire remonter en flèche l'estime qu'on a de soi-même.

Le bon plan Comme les agresseurs sont très souvent des lâches qui se mettent à plusieurs contre un, ou alors qui s'attaquent à beaucoup plus faible qu'eux, on limite les risques en restant groupés et en empruntant des routes très fréquentées.

Le plan galère En cas d'agression, il ne faut surtout pas culpabiliser en se disant qu'on n'a pas été à la hauteur, qu'on aurait dû se défendre... Ce n'est pas la victime qui est coupable, mais bien celui qui lui a fait du mal et ça arrive à des adultes et même à des gens costauds !

Une réponse toute prête...

Si un prof ne nous met que des mauvaises notes, on peut toujours répondre à nos parents...

Version victime

« Je ne sais pas pourquoi, il m'a pris en grippe ! »

Comment ça marche ?

Une victime est quelqu'un qui a subi un préjudice plus ou moins important : vol, agression, harcèlement, traumatisme, accident causé par un tiers, etc. Pour l'aider à s'en remettre, il est très important qu'elle soit reconnue en tant que victime – et donc, qu'elle porte plainte en apportant le plus possible d'éléments susceptibles de prouver sa bonne foi –, faute de quoi, si sa parole est mise en doute, elle le ressent comme une double peine. Après un viol notamment, le simple fait de penser que le policier puisse douter de ce qu'on lui raconte est ressenti comme une nouvelle agression.

D'ailleurs, le système judiciaire français n'est pas spécialement favorable aux victimes : elles peuvent bénéficier de l'aide juridictionnelle, mais seulement si elles sont démunies (sous conditions de ressources), victimes de faits graves (comme le viol), ou si elles sont mineures. Toutes les autres victimes doivent régler les frais d'avocat pour défendre leur cause (et cela peut coûter très cher). La perspective d'avoir à payer ces frais, même si ces derniers peuvent leur être remboursés par la suite lorsque l'agresseur est reconnu coupable, peut vraiment être un frein pour porter plainte, ce qui est anormal.

Enfin, en cas de doute sur la culpabilité, la règle est la relaxe de l'accusé, ce qui permet d'éviter d'envoyer des innocents en prison mais, dans le même temps, engendre un terrible sentiment d'injustice chez la victime. Et quand bien même des peines sont prononcées, elles paraissent souvent dérisoires au regard d'une vie brisée. C'est encore pire si le coupable n'effectue pas sa peine alors qu'elle a été prononcée. Bref, en matière de justice (ou d'injustice ?), il y aurait beaucoup à redire…

Notre conseil

Une agression verbale peut être un réel traumatisme, il ne faut pas le sous-estimer en se disant qu'on doit oublier ça vite. Cela laisse une trace parfois profonde, d'où l'importance d'en parler. Souvent, quand on est victime d'une agression, on a honte, car une part de nous-même se sent responsable. Par exemple, on se dit : « Je n'aurais pas dû passer par cette rue, ou je n'aurais pas dû le regarder », etc. Alors du coup on se tait. C'est ce que l'on appelle en langage psy : « identification à l'agresseur » ; du statut de victime, on passe à celui de coupable. Les associations des droits des victimes sont vraiment de bon conseil et apportent un soutien moral inestimable. Pour les trouver : **116 006**.

Vrai ou Faux ?

Plus de neuf victimes de violences sexuelles sur dix ne portent pas plainte.

Vrai ! Si l'on en croit une étude menée par l'Observatoire national de la délinquance. Les raisons de leur démotivation : le parcours du combattant pour qui veut porter plainte, le peu de chances de voir aboutir l'enquête, la peur des représailles, etc.

LA PAROLE AUX COLLÉGIENS

« Violence, ça rime avec déchéance ! »

Charlotte et Fanny ont enquêté pour vous.

C'est quoi ? C'est la loi de la jungle et ce n'est vraiment pas une preuve d'intelligence. C'est souvent le signe d'une éducation défaillante. Cela peut aussi venir de modèles auxquels on s'identifie (quand nos parents sont eux-mêmes violents) ou alors être le résultat de l'abus d'alcool ou de drogues…

Le bon plan Quand on est témoin d'un acte de violence, on ne doit pas se taire sous prétexte que ça ne nous regarde pas. On doit alerter un adulte en qui on a confiance et qui, lui, préviendra des professionnels prenant en charge ce genre de problème. On peut aussi appeler le **119** en cas d'enfant maltraité ou le **3919** si on est témoin de violences conjugales envers une femme, le **09 51 73 44 94** s'il s'agit d'un homme. Ça nous prend seulement une minute, mais ça peut sortir quelqu'un de l'enfer…

Le plan galère Face à une personne violente, il vaut mieux ne pas répondre car ça risque surtout d'envenimer la situation et l'énerver encore plus. C'est comme quand on croise un chien agressif : on doit passer notre chemin en faisant comme si de rien n'était.

Quelques réponses toutes prêtes…

Si quelqu'un nous cherche et veut se battre, on peut toujours répondre :

Version historique

« Je ne savais pas que tu en étais encore au Moyen Âge. Les duels, c'est d'une autre époque ! »

Version on se calme

« Pas besoin, t'es le plus fort ! Maintenant que c'est dit, on peut passer à autre chose ? »

Version peace and love

« Désolé, mon idole, c'est Gandhi ! »

Version moqueuse

« Je veux bien me battre pour une grande cause… Mais là, j'en vois pas ! »

Comment ça marche ?

La violence peut être physique (coups, bagarres) ou verbale (avec des mots qui font très mal). Elle peut laisser de graves séquelles physiques, mais aussi psychologiques chez celui qui la subit. Elle doit donc être combattue par tous les moyens.

La violence n'est pas un acte de bravoure comme certains voudraient te le faire croire. En effet, on se sert de ses poings quand on n'est pas ou plus capable de se servir de sa tête et que l'on n'arrive plus à contenir un flot émotionnel. Ainsi, les personnes qui sont capables d'exprimer calmement leur point de vue, sans frapper qui que ce soit pour se faire entendre, sont bien plus fortes !

La violence peut être la résultante d'une éducation par la peur et la punition corporelle : les enfants battus par leurs parents sont vite violents car pour eux c'est le seul moyen d'exprimer leur désaccord. *Idem* si les parents sont violents entre eux. Le schéma s'installe : quand on n'est pas d'accord, on se bat ; c'est en quelque sorte de la violence acquise et c'est très grave car l'intériorisation de ce modèle rend violent jusqu'à l'âge adulte. De plus, cela présente des risques réels qui peuvent mettre en danger, voire en danger de mort. La violence entraîne toujours la violence de l'autre. Le problème, c'est qu'elle est trop souvent banalisée. Aux actualités, au cinéma, on nous montre des morts ou des blessés à longueur de journée. C'est parfois pire dans les jeux vidéo, où il peut y avoir des mises à mort « virtuelles » mais choquantes. La violence s'insinue ainsi dans notre quotidien et, à la longue, elle en devient presque normale.

Pour ta culture perso

Un auteur de science-fiction – Isaac Asimov – a écrit : « La violence est le dernier refuge de l'incompétence. » Bien dit !

Notre conseil

S'il t'arrive d'avoir des comportements violents, essaie de comprendre pourquoi tu n'arrives pas à réagir autrement. On ne naît pas violent, on le devient. Et il est important de trouver d'autres moyens d'exprimer sa colère. Un psychologue ou un psychiatre peuvent t'aider. Par exemple, en faisant une thérapie d'affirmation de soi, tu apprends à défendre ton point de vue, à t'imposer sans passer par la violence. Non seulement c'est plus efficace, mais c'est mieux pour ton équilibre psychologique. Si tu es rapidement violent cela veut dire que tu n'arrives pas à réguler tes émotions intenses et que pour toi, la violence est la seule réponse possible. Mais quand on agit ainsi, on est fragile. Pour être fort, il faut apprendre à dépasser son impulsivité qui pousse à agresser les autres.

Vrai ou Faux ?

La violence est en augmentation à l'école.

Vrai et faux. Tu peux être impressionné par les évènements dont on entend parfois parler à la télé sur des drames aux USA ou en France, mais la violence a toujours existé, même si son expression était moins violente !

VITAMINES

« S'il suffisait de prendre des vitamines pour réussir un examen, ça se saurait ! »

Charlotte et Fanny ont enquêté pour vous.

C'est quoi ? Les vitamines nous veulent beaucoup de bien. D'ailleurs, sans elles, la vie serait impossible ! Comme la plupart sont apportées par la nourriture, c'est vraiment important de manger de tout. Cependant, il ne faut pas rêver : on ne trouve pas de vitamines dans les bonbons !

Le bon plan Pour décider nos parents à nous acheter un aliment qu'on aime bien, on peut toujours regarder sur l'emballage ce qu'il apporte comme vitamines. Si on leur dit que ce produit est riche en vitamine C (par exemple) et qu'il est bon pour notre santé, il y a de fortes chances pour qu'ils se laissent plus facilement tenter !

Le plan galère On va avoir beaucoup de mal à convaincre nos parents que des frites, ça serait mieux que des haricots verts, parce que côté vitamines, c'est tout le contraire* !

(On peut quand même négocier d'avoir au moins quelques frites avec nos haricots !)*

Quelques réponses toutes prêtes…

Si nos parents s'étonnent que la bouteille de jus de fruit ouverte le matin a déjà disparu au goûter, on peut toujours répondre :

Version médicale

« J'avais besoin de faire le plein de vitamine C, avec tous ces gens enrhumés autour de nous ! »

Version connaisseur

« La vitamine C, c'est bon pour la santé ! »

Version assoiffée

« Ben quoi, j'applique la règle des 5 fruits et légumes par jour ! »

Comment ça marche ?

Ce sont des molécules qui interviennent dans toutes les réactions chimiques de nos cellules. Par exemple, pour bien travailler, ton cerveau a besoin de vitamines du groupe B impliquées dans les processus de mémorisation et de vitamine C, utile à ta concentration. Tu vas les trouver dans les céréales complètes ou la levure de bière à saupoudrer dans tes plats (B1), dans les fruits et les légumes frais (B9 et C) et dans le poisson, les œufs ou la viande (B12).

Si tu as une alimentation équilibrée et que tu es en bonne santé, tu n'as pas besoin de prendre de vitamines en plus (du moins, pas sans avis médical), d'autant que les chercheurs sont dubitatifs sur leur efficacité. Les cocktails multivitaminés qui apportent de tout « en vrac » sont accusés de faire plus de mal que de bien en raison de mélanges pas très heureux. Il vaut mieux prendre une seule vitamine à la fois et uniquement quand tu en as besoin : par exemple, la vitamine C est très utile à tes globules blancs (petits soldats de l'immunité), pour les aider à combattre un virus responsable d'un rhume ou d'une autre infection hivernale.

C'est un peu différent pour les compléments alimentaires pris dans un but particulier : comme préparer la peau avant un voyage au soleil ou encore favoriser la pousse des cheveux et des ongles. Ceux-là n'apportent que les vitamines (et autres nutriments) nécessaires à la mission qu'ils se sont fixées. Tu peux en faire une cure sans danger. En revanche, ne prends jamais plusieurs compléments alimentaires à la fois (même s'ils ont chacun une mission différente) car ils ont des vitamines en commun, d'où un risque de surdosage.

Notre conseil

Comme certains médecins pensent que les vitamines apportées par l'alimentation sont beaucoup mieux utilisées par l'organisme que celles délivrées sous forme de comprimés, prends l'habitude de boire un bon jus d'orange fraîchement pressé. C'est mieux pour ta santé… et meilleur pour ton palais !

Vrai ou Faux ?

On peut trouver de la vitamine D autrement que dans les aliments.

Vrai ! Tu peux la fabriquer toi-même. Pour cela, il faut une réaction chimique entre des molécules de graisses normalement présentes dans ton organisme et les ultraviolets. Pour recevoir suffisamment d'ultraviolets en hiver, quand le soleil se fait rare, il te faut sortir dehors au moins une heure tous les jours.

Pour ta culture perso

La vitamine C, de loin la plus connue, est celle qui te défend envers et contre tout (pollution, vieillissement, microbes…). Elle travaille souvent de pair avec la vitamine E et le bêta-carotène (précurseur de la vitamine A). Quand on parle de ces trois-là, on dit souvent les « vitamines antioxydantes » car elles empêchent le vieillissement accéléré de tes cellules. Ce sont des vitamines de « jouvence » en quelque sorte !

VOIX

« Quand on se met à parler un coup aigu et un coup grave… Pas de panique, c'est juste la voix qui mue ! »

Hugo a enquêté pour vous.

C'est quoi ? Chez les garçons, à la puberté, parmi les nombreux changements de notre corps, notre voix commence à se modifier. On passe d'une voix de petit garçon à une voix d'homme. Sauf que ça ne s'installe pas d'un coup et qu'au démarrage ça déraille souvent ! Quand notre voix d'homme est enfin installée, plus personne ne nous reconnaît au téléphone, ou alors on nous prend pour notre père et on peut s'amuser à en jouer !

Le bon plan Quand on a la chance d'avoir la voix qui mue très progressivement, ça ne se remarque pas vraiment et, donc, ça n'est pas gênant. Mais si c'est l'inverse, il vaut mieux le prendre avec humour, parce qu'on en a souvent pour un bon bout de temps. Un petit conseil pour dédramatiser la situation : éclater de rire avant tout le monde quand notre voix déraille, en disant un truc du genre « Ça, c'est le top du déraillement ! »

Le plan galère Muer peut être perçu comme tellement gênant que ça coupe le sifflet à certains garçons. Ils n'osent presque plus parler tellement ils ont peur que leur voix se mette à faire n'importe quoi et que les autres se moquent. Mais bon, c'est un phénomène naturel qui ne dure jamais plus d'un an. Cela peut paraître long, mais après, quelle fierté d'avoir une voix de baryton (voix grave dans les opéras). Ça fait viril et les filles trouvent ça hyper sexy, alors bonne pioche !

Une réponse toute prête…

Si on nous demande pourquoi on a encore une voix de fillette à l'âge où d'autres ont une voix de camionneur, on peut toujours répondre :

Version rira bien qui rira le dernier

« J'ai pas dit mon dernier mot ! »

LA PAROLE AUX PROS

Comment ça marche ?

Tu grandis à l'adolescence et ton larynx (gorge) ne fait pas exception à la règle. Sous l'influence des hormones sexuelles, tes cordes vocales s'allongent et s'épaississent, de sorte qu'elles vibrent plus lentement et il en sort un son plus grave. C'est particulièrement net chez les garçons, mais les filles aussi changent de voix ! La mue dure de 3 à 12 mois.

Comme pour toute modification, il te faut un temps d'adaptation pour t'y faire. C'est pourquoi il est fréquent, à ton âge, de dire que tu n'aimes pas ta voix (sous-entendu, ce qu'elle devient). Tu ne dois pas y attacher d'importance puisque, de toute façon, les autres n'entendent pas ta voix comme toi tu la perçois (certaines vibrations te sont transmises directement par le biais des os du crâne). Si tu veux connaître le son de ta voix tel que les autres l'entendent, enregistre-toi avec un bon micro et une bonne sono !

Notre conseil

Tu ne peux pas contrôler la tonalité de ta voix, parce que c'est la nature qui choisit. En revanche, tu peux améliorer ton débit de parole (souvent, tu parles trop vite), appuyer sur certaines syllabes pour les faire ressortir, garder la même intensité jusqu'au bout de ta phrase (et non terminer tout doucement comme le font les timides), etc. Tout cela se travaille ! Tu peux le faire de façon ludique en t'inscrivant à un cours de théâtre. Ou t'entraîner avec ton micro et ta sono jusqu'à arriver à un résultat qui te plaît. Et ça peut vraiment t'aider ! Parce que maîtriser ton débit de parole, le ton et la force des mots, c'est bien plus important que de parler aigu ou grave. C'est ce qui fait qu'à l'oral, les professeurs diront de toi que « tu as une belle assurance ».

Vrai ou Faux ?

On peut se retrouver « aphone » (sans voix) quand on a trop crié ou, ce qui est moins fréquent, après un choc psychologique.

Vrai ! Dans le premier cas, les cordes vocales sont victimes d'une inflammation et ça passe avec du repos. Mais si le stress en est la cause, une aide psychologique peut être nécessaire pour réapprendre à respirer normalement (le souffle est comme « coupé ») et à sortir les mots bloqués.

Pour ta culture perso

Au XIIIe siècle, en Italie, de jeunes garçons dotés d'une belle voix étaient castrés (opération visant à retirer les testicules) avant leur puberté. L'objectif : les obliger à garder à vie leur voix aiguë pour chanter ! Cette pratique plutôt barbare est restée en vogue jusqu'au XVIIIe siècle.

« Les vacances avant l'heure ! »

Charlotte et Fanny ont enquêté pour vous.

C'est quoi ? C'est partir avec toute sa classe, soit dans un pays étranger dont on étudie la langue, soit pour visiter un site à l'intérêt historique, soit pour faire du sport de façon intensive. Comme toute la classe participe, on bénéficie de tarifs de groupe très intéressants et, là, ce sont nos parents qui sont contents !

Le bon plan Certains collèges proposent une « classe sport » avec une semaine de ski ou de voile à la clé. D'autres réservent un voyage à ceux qui sont élus délégués pour les remercier de s'investir dans le collège. D'autres encore font partir systématiquement tous ceux qui choisissent une seconde langue plutôt qu'une autre... Alors quand on aime voyager, on a intérêt à bien se renseigner sur les options à prendre pour y arriver !

Le plan galère Quand il n'y a qu'une partie de la classe qui part – par exemple, ceux qui ont pris allemand en seconde langue, mais pas ceux qui font espagnol –, ça peut créer quelques jalousies et les heureux élus en sont quittes pour rattraper les cours au retour. C'est déjà considéré comme un privilège de partir à l'étranger, alors, faut pas rêver, ceux qui restent ne vont pas en plus nous attendre ! L'excuse toute trouvée « on était en voyage », les autres profs n'en ont que faire. Pour eux, c'est LEUR travail qui compte avant tout !

Quelques réponses toutes prêtes...

Si nos parents hésitent à donner leur accord pour un voyage de classe, on peut toujours leur dire :

Version dicton

« On dit que les voyages forment la jeunesse et vous trouvez toujours que je ne me forme pas assez, alors ! »

Version ironique

« Rappelez-moi, déjà, à quel âge vous êtes partis en Angleterre* ? »

(À éviter, bien sûr, s'ils n'y ont toujours pas mis les pieds !)*

Comment ça marche ?

Les voyages de classe représentent une occasion unique de vivre une expérience avec quelques professeurs et d'autres collégiens. Le côté positif est que ça peut vraiment renforcer votre complicité. Vous motiver pour mener à bien un projet pédagogique. Et être l'occasion, pour certains qui ne brillent pas forcément en classe, de se faire remarquer autrement. Cela permet aussi de voir les enseignants sous un autre jour et ça peut changer beaucoup de choses pour les relations entre profs et élèves.

Pour autant, tous les voyages de classe ne sont pas formidables, soit parce qu'ils ne sont pas très bien préparés et que les consignes de sécurité laissent à désirer. Soit parce que leur intérêt pédagogique ne saute pas aux yeux. Soit encore, parce que cela te pose un problème personnel (risque de pipi au lit ou cris la nuit en rêvant, etc.).

Dans ces cas particuliers, tes parents sont en droit de dire « non ». Cela ne veut pas dire qu'ils refusent toute idée de voyage, mais juste celui-là. Exemple classique : le voyage prévoit de t'envoyer dormir seul dans une famille à l'étranger. Tes parents peuvent estimer que tu es encore trop jeune pour rester seul(e) chez des inconnus, alors que si vous étiez deux à loger dans la même famille (ou encore, tous dans une auberge de jeunesse), ils auraient dit « oui » sans hésitation. Dans ce cas, cette décision n'est pas facile pour toi, surtout si tu fais partie des rares élèves à rester, mais c'est aussi aux professeurs de veiller à ce que toutes les conditions de sécurité soient assurées. Si elles le sont lors d'un prochain voyage, nul doute que tu feras partie des « globe-trotters » !

Notre conseil

Pour tirer profit au maximum d'un voyage de classe, renseigne-toi bien à l'avance sur l'endroit où vous allez, ce qu'il y a de spécial à visiter, etc. De toute façon, tu seras sûrement amené à préparer le voyage et les professeurs ont très souvent l'idée de travailler ensuite sur ce que tu auras vu ou appris, à ton retour. Et si jamais tu ne fais pas partie des voyageurs, cela ne t'empêche pas de mener également ton enquête.

Vrai ou Faux ?

Il y a obligation à faire un voyage de classe durant ses années collège.

Faux ! Certains élèves ne partent pas du tout, d'autres partent une ou deux fois. Cela dépend de ta classe, de tes professeurs, des enseignements de complément que tu as choisies...

Pour ta culture perso

Seules les sorties obligatoires sont gratuites car prises en charge par ton établissement.

> **« C'est une chance de bien voir… mais pas toujours d'être vu quand on fait une bêtise ! »**

Charlotte et Fanny ont enquêté pour vous.

C'est quoi ? La vue, en pratique, c'est comme pour les appareils photo : des fois, ça coince ! Et en cas de mauvais réglage, l'image est floue. Ou alors, ce sont les couleurs qui sont carrément mauvaises… C'est quand on a un œil trop long ou trop court, ou encore avec des petits défauts que les images nous parviennent floues. Soit de loin. Soit de près. Soit de près comme de loin, pour les plus malchanceux ! Heureusement, les créateurs ont transformé les bons vieux binocles de nos ancêtres en vrais accessoires de mode. Et c'est vrai que certaines montures sont vraiment « top » !

Le bon plan On ne choisit pas d'avoir une bonne vue ou de voir flou. C'est comme ça et il faut bien faire avec ! Heureusement que certains portables, qui prennent aussi des photos, sont équipés d'un zoom : on peut alors s'en servir comme « jumelles d'appoint* ». La classe !

(Un argument de poids pour nos parents, s'ils n'étaient pas décidés à nous acheter un portable aussi sympa.)*

Le plan galère Si on est du genre distrait, on risque de passer notre temps à chercher nos lunettes (sauf si on les a tout le temps sur le nez, évidemment). Alors soit on doit prendre l'habitude de les poser toujours au même endroit – par réflexe –, soit on doit les choisir d'une couleur bien flashy pour les retrouver plus facilement, ou alors, en dernier recours, demander à notre chien de les retrouver* !

*(*On peut toujours rêver, sauf si on a pris soin de les enduire de fromage juste avant !)*

Quelques réponses toutes prêtes…

Si quelqu'un nous demande ce qu'on a comme problème aux yeux, on peut toujours répondre :

Version évasive
« Ben, je vois trouble ! »

Version franche
« C'est juste que, quand je te regarde, je te vois… pas net ! »

Version énervée
« Je ne te vois pas, tu es totalement transparent ! »

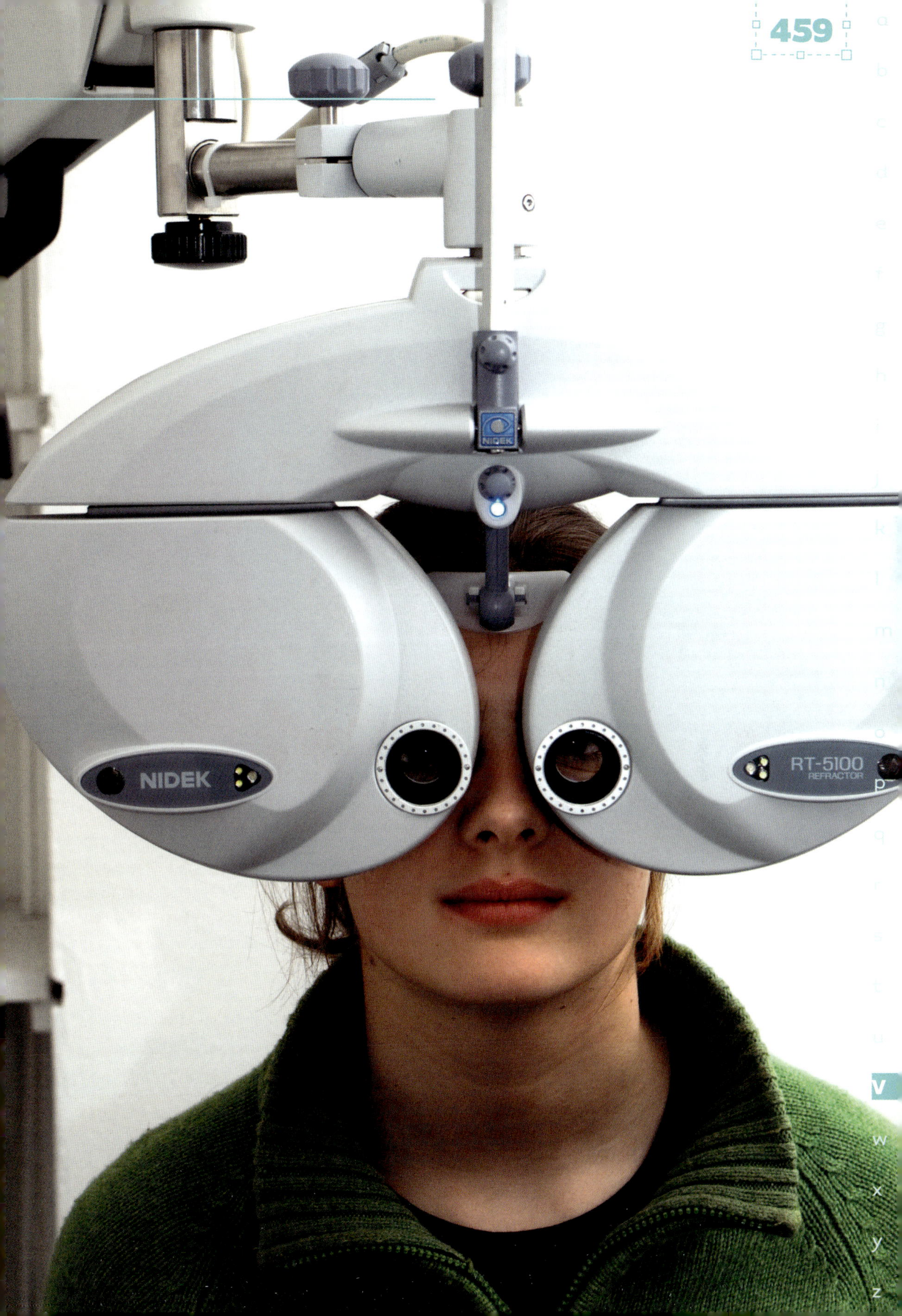
NIDEK
NIDEK
RT-5100
REFRACTOR

Comment ça marche ?

Un œil, ça fonctionne un peu comme un appareil photo numérique. Quand on appuie sur le bouton déclencheur, le diaphragme s'ouvre et se ferme très vite pour laisser passer un peu de lumière : dans notre œil, c'est la pupille qui joue ce rôle ! Et ce qui fait office de zoom (pour la mise au point), c'est notre cristallin (à l'intérieur de l'œil) qui se contracte pour voir de près et se relâche pour voir de loin. Faire la mise au point, ça permet d'envoyer une image bien nette sur la rétine... Celle-là, c'est un peu la carte mémoire de notre numérique : elle contient 120 millions de cellules qui voient en noir et blanc et 7 millions de cellules qui voient en couleur. Mais ses capacités de stockage des informations sont limitées et c'est pourquoi elle renvoie les images qu'elle a reçues dans notre cerveau qui fait le tri. Voilà pour la théorie. Mais en pratique, il peut arriver que l'image soit floue et les couleurs de mauvaise qualité...

Conséquence : il y a autant de Français qui ont au moins un trouble de la vue que de Français qui n'en ont pas. C'est dire si c'est fréquent !

Certains de ces troubles sont héréditaires comme le daltonisme. C'est un trouble qui est présent dès la naissance et qui n'évolue jamais. Il concerne 8 % des garçons (soit en moyenne,

Notre conseil

Tu ne te rends pas forcément compte que ta vue baisse. Mais peut-être te mets tu à faire souvent des fautes d'étourderie en recopiant un énoncé. Si tu es sujet aux maux de tête, demande à voir un ophtalmologiste. Ce serait vraiment trop bête de perdre des points dans toutes les matières, pour une simple histoire de paire de lunettes !

Vrai ou Faux ?

L'orthoptiste est une sorte de kinésithérapeute pour les yeux.

Vrai ! Tes yeux se dirigent de gauche à droite, de bas en haut et inversement, grâce à l'action de six muscles oculomoteurs. Les mouvements les plus répétés peuvent varier selon les cultures : par exemple au Japon, l'œil apprend à lire de haut en bas alors qu'en France, c'est de gauche à droite, mais tout cela devient automatique avec l'entraînement.

Or si ces muscles n'ont pas bien intégré les mouvements, cela provoque une fatigue oculaire avec des yeux qui brûlent, une vision floue par intermittence et des maux de tête. Après bilan, l'orthoptiste décide quels sont les muscles qui ont besoin d'être rééduqués. Les exercices proposés consistent par exemple à suivre un point lumineux (exercices de poursuite) avec un œil, puis les deux, sans prismes ou avec différents prismes devant l'œil pour dévier l'image et compliquer encore la tâche des muscles un garçon par classe) contre seulement 0,4 % des filles (soit une fille ou deux par collège). Selon qu'il y a un, deux ou les trois pigments rétiniens responsables de la vision des couleurs qui sont atteints, certains voient le rouge en jaune pâle. D'autres confondent le rouge et le vert. D'autres encore voient toutes les couleurs dans des teintes de gris. Il n'existe aucun traitement du daltonisme, mais ça n'empêche pas de vivre quasi normalement. Il faut juste savoir que certains métiers sont interdits aux daltoniens (comme contrôleur aérien ou officier de la marine, par exemple), pour des raisons de sécurité.

Si on ne compte pas plus d'un daltonien par classe, c'est différent pour les myopes (plus de 40 % de jeunes concernés), les hypermétropes (9 %) et les astigmates (15 %), qui sont souvent plus nombreux que ceux qui ont « des yeux de lynx ».

Si on a une vue normale, on peut percevoir deux points éloignés l'un de l'autre de seulement 3 millimètres de distance et à 10 mètres de nos yeux. Si on est myope parce qu'on a un œil trop long, on voit trouble de loin. Si on est hypermétrope parce qu'on a un œil trop court, on doit constamment forcer sur ses yeux pour voir net de près (d'où des maux de tête en fin de journée). Et si on est astigmate en raison d'une cornée (membrane superficielle de l'œil) de forme ovale au lieu d'être ronde, on voit flou de près comme de loin. Apparus le plus souvent dans l'enfance, ces troubles ont tendance à s'aggraver, surtout au moment de la puberté pour la myopie. Au point qu'une paire de lunettes qui te corrigeait parfaitement en début d'année scolaire peut être déjà obsolète quand arrivent les grandes vacances ! La bonne nouvelle, c'est que ça finit par se calmer et vient un jour où ta vue est enfin stabilisée (en général après 18 ans).

oculomoteurs. Cela permet de résoudre des petits problèmes de déviation, de motilité (aptitude à faire des mouvements spontanés ou en réaction) et de synchronisation avec l'autre œil. Pour info : si tu lis mieux en suivant avec ton doigt, si parfois tu sautes des mots ou des lignes, si tu as du mal à avoir une écriture régulière, un bilan orthoptique s'impose.

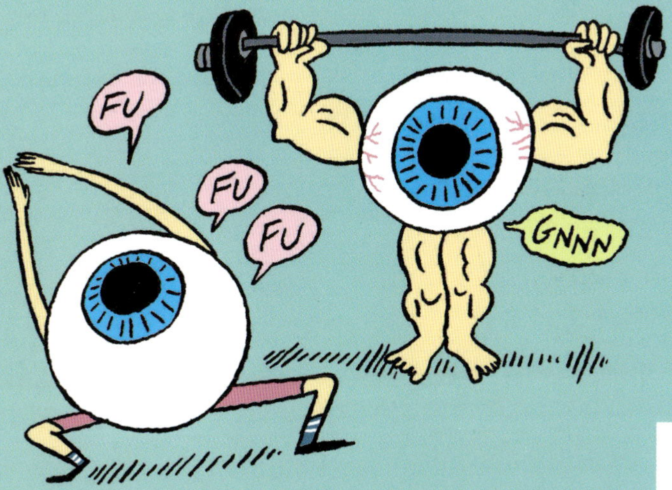

WEEK-ENDS,

« Le principal intérêt du collège… c'est de nous faire apprécier nos week-ends et nos vacances ! »

Fanny a enquêté pour vous.

La bonne blague

C'est l'histoire d'un monsieur assez âgé qui explique à sa femme qu'il voudrait bien passer ses prochaines vacances dans un endroit totalement inconnu, où il n'a jamais mis les pieds. Alors, sa femme lui propose : « Et pourquoi pas la cuisine ? »

C'est quoi ? S'il y a bien des mots de vocabulaire qu'on apprend dès qu'on met un pied à l'école, ce sont ceux-là ! Le problème, c'est que les profs n'ont pas la même définition que nous de ces deux mots magiques ! Alors qu'ils évoquent chez nous « repos », « sorties » et « voyages », chez nos profs, ils évoquent plutôt « devoirs à la maison ». Il y en a même qui osent dire que c'est pour nous éviter de nous ennuyer. Ben, voyons ! Ils veulent peut-être qu'on les remercie, en plus !

Le bon plan Les week-ends et les vacances, ça passe toujours trop vite ! Alors si on attend d'y être pour commencer à penser à organiser des trucs sympas, on risque surtout de ne rien faire. Pour ne pas perdre de temps, la vraie recette, c'est d'y penser à l'avance au collège (dès le début de la semaine !) et de profiter de la récré pour en discuter. En plus, c'est pratique car on a la plupart de nos amis sous la main…

Le plan galère Si nos profs s'y mettent tous en même temps pour nous donner une tonne de devoirs, ça ne s'appelle plus un week-end ou des vacances, mais le bagne ! Dès qu'on voit que ça déborde dans notre agenda, on doit réagir et demander à nos délégués de négocier moins de travail. Après tout, ils ont aussi été élus pour ça !

Comment ça marche ?

Pour pouvoir apprécier tes journées de repos, il faut travailler le reste de l'année. En effet, si tu étais tout le temps en vacances, sans doute finirais-tu par t'ennuyer car tu n'aurais plus à désirer très fort et à rêver de ce moment très attendu où tu rentres chez toi en te disant : « Pas de cours pendant plusieurs jours ! » Or plus tu en as rêvé, plus tu apprécies ce plaisir différé. Et c'est encore mieux si tu as projeté de te lancer dans certaines activités que tu n'as pas le temps de faire habituellement – comme un voyage dans le meilleur des cas ou sinon une sortie, une fête, un stage en sport, etc.

Bien entendu, tout cela n'est pas évident le week-end, surtout si tu as beaucoup de devoirs (c'est souvent le cas en 4e - 3e). Essaie alors d'en faire un maximum sur une journée, voire une journée et demie, afin qu'il te reste du temps libre pour te détendre. Et si tu as finalement plus de temps que prévu, ne le perds pas devant un écran de télé ou d'ordinateur. Lance-toi plutôt dans une sortie : un ciné, une fête, une compétition sportive... ça permet de décompresser et de passer de bons moments entre amis.

Et quand arrivent enfin les vacances, profites-en pour faire une vraie coupure. Si tu as l'occasion de voyager, c'est l'idéal. Rien de tel pour se dépayser. Mais si tu ne bouges pas de chez toi, pas de panique ! Il suffit pour cela d'un peu d'imagination : par exemple, visiter des lieux que tu n'as pas encore découverts près de chez toi ou pourquoi pas faire du camping dans le jardin d'un copain : tout est possible ! Renseigne-toi auprès de ta mairie pour savoir s'il y a des activités proposées aux jeunes pendant les vacances scolaires. Regarde aussi du côté des associations....

Finalement, la seule activité que tu ne peux pas encore mener à bien, c'est d'accepter un « job d'été » rémunéré : en effet, c'est théoriquement possible dès 14 ans, mais il faut l'accord de l'inspecteur du travail en plus de celui de tes parents, de sorte qu'en pratique, c'est moins courant qu'après 16 ans.

Notre conseil

À ton âge, il est déconseillé de se retrouver seul ou entre copains à des dizaines ou des centaines de kilomètres de chez toi, sans la présence d'au moins un adulte. Ça ne veut pas dire que, sur place, cet adulte sera tout le temps sur ton dos et celui de tes amis. Mais plutôt qu'il sera là pour veiller à votre sécurité à tous et pour vous aider en cas de difficulté.

Vrai ou Faux ?

Environ 40 % des Français ne partent pas en vacances.

Vrai ! Parmi ceux-là, il y a ceux qui ne peuvent pas partir pour des raisons financières, pour des raisons professionnelles, mais aussi ceux qui préfèrent rester chez eux parce qu'ils ont plein de centres d'intérêt.

Pour ta culture perso

C'est en août 1936 que, pour la première fois en France, ouvriers et employés ont pu partir en vacances, grâce à la loi instituant les congés payés.

« C'est pour être branché, mais sans fil à la patte! »

Fanny a enquêté pour vous.

C'est quoi ? Wi-Fi, c'est la contraction de *wireless fidelity* en anglais qui veut dire : la qualité-stabilité du sans-fil. En fait, la Wi-Fi, c'est une sorte de réseau informatique, mais sans fil, qui permet de connecter un ordinateur à internet ou deux ordinateurs entre eux, par exemple.

Le bon plan Si nos parents ne veulent pas entendre parler de la Wi-Fi parce qu'ils n'ont pas confiance dans les ondes, il reste toujours le bon vieux système des connexions par fil électrique. C'est aussi efficace, aussi rapide et même plus sûr (pas d'interférences), alors du moment qu'on a un accès internet, Wi-Fi ou pas Wi-Fi, c'est pas important !

Le plan galère Dans notre pays, il existe encore quelques endroits appelés « zone blanche » où rien ne passe : ni internet, ni Wi-Fi, ni téléphone portable... Et malheureusement, il y a encore des parents qui trouvent que ça fait des endroits reposants où passer ses vacances !

La bonne blague

En fouillant leur sous-sol, des Russes trouvent, à 100 mètres de profondeur, des vestiges de fil de cuivre datant de 1 000 ans. Ils en concluent publiquement que leurs ancêtres avaient déjà un réseau de téléphone en fil de cuivre ! Les Américains, qui ne veulent pas être en reste, se mettent aussi à fouiller et trouvent des fibres de verre datant de 2 000 ans. Conclusion : leurs ancêtres disposaient déjà d'un réseau de fibre de verre numérique, 1 000 ans avant les Russes ! C'est alors au tour des Français de fouiller, mais sans rien trouver. Et ils en concluent qu'il y a 5 000 ans, leurs ancêtres avaient découvert la Wi-Fi ! Et toc !

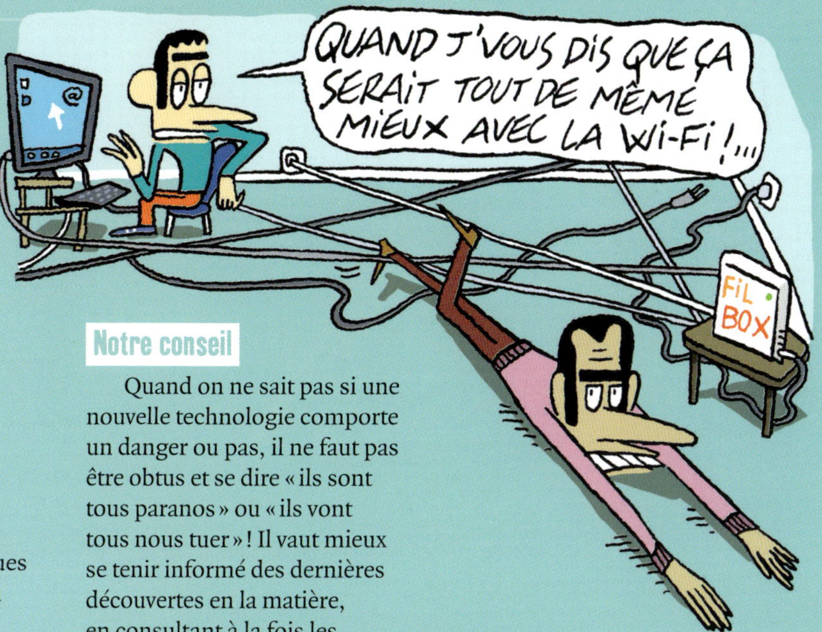

Comment ça marche ?

Un système Wi-Fi émet des ondes électromagnétiques comme un tas d'objets de la vie courante. À court terme, ça ne semble pas poser de problème. Mais dans 20 ou 30 ans ? C'est LA question que les chercheurs se posent et à laquelle il leur est difficile de répondre, faute de recul. En plus, il faut bien comprendre que la plupart des études pour en savoir plus sont réalisées par les industriels qui sont eux-mêmes à l'origine de ces nouvelles technologies : aussi, lorsqu'ils nous disent qu'il n'y a aucun risque, certains ont du mal à y croire ! Dans le doute, le plus sage est de prendre tes précautions : chez toi par exemple, relies ton ordinateur à ta box par un fil Ethernet car c'est le système qui t'expose le moins et qui ne te demande pas non plus un gros effort !

Notre conseil

Quand on ne sait pas si une nouvelle technologie comporte un danger ou pas, il ne faut pas être obtus et se dire « ils sont tous paranos » ou « ils vont tous nous tuer » ! Il vaut mieux se tenir informé des dernières découvertes en la matière, en consultant à la fois les « anti-Wi-Fi » et les « pro Wi-Fi », afin de ne pas avoir une information trop partisane. Et ça vaut aussi pour la 5G si tu as des craintes.
Voici quelques organismes : le Centre de recherche et d'information indépendant sur les rayonnements électromagnétiques (CRIIREM) **www.criirem.org** ; la Fondation santé et radiofréquences (organisme financé en partie par l'État et par les industriels, avec un comité scientifique indépendant) : **www.radiofrequences.gouv.fr**, et l'Agence nationale de sécurité sanitaire de l'alimentation, de l'environnement et du travail, **https://www.anses.fr/fr/content/radiofréquences-téléphonie-mobile-et-technologies-sans-fils**.

Vrai ou Faux ?

Certaines personnes sont « électrosensibles ».

Vrai ! Elles se disent victimes des ondes électromagnétiques qui provoquent chez elles des maux de tête, des décharges électriques, des picotements, des troubles de la concentration, etc., au point de perturber leur vie quotidienne. Malheureusement pour elles, il est très difficile de mettre ces troubles sur le compte des ondes et, de fait, elles souffrent en plus d'un manque de reconnaissance de leur problème.

Pour ta culture perso

L'Organisation mondiale de la santé a classé les ondes électromagnétiques (donc celles des portables, de la Wi-Fi, etc.) dans la catégorie « peut-être cancérigène pour l'homme », ce qui veut dire qu'il y a un vrai doute à ce sujet. À toi, donc, de prendre tes précautions !

INDEX

D

E

F

G

H

INDEX

O

P

Q

R

S

Crédits photographiques

p. 23 ....Woods/Fotolia
p. 39 ....Ian Hanning/Réa
p. 51 ......Françoise Bouillot/Marco Polo
p. 81 .... Aude Le Petit
p. 137 .... Meyer/Tendance Floue
p. 143 .... BSIP/AltoPress/Photo Alto
p. 161 ....dglimages/Fotolia
p. 193 .... Luigi Innamorati/Sintesi/Sipa
p. 209 .... Nicolas Tavernier/Réa
p. 219 ....Max Jacob/Tendance Floue
p. 233 .... JackF/Fotolia
p. 269 ... Frédérique Jouval/Picturetank
p. 329 . Hervé de Gueltzl/Photononstop
p. 395 .... LaiOtz/Fotolia
p. 405 .... Bruno Amsellem/Signatures
p. 427 .... Aude Le Petit
p. 459 .... Zacot/BSIP

L'éditeur remercie vivement les collégiens des établissements
Jean-Baptiste Corot (Le Raincy, 93),
Saint-Michel (Paris XVIIe),
François Clec'h (Bégard, 22)
qui ont accepté de nous montrer leur collège en photos.

Remerciements également aux proviseurs et professeurs
qui ont permis la réalisation de ces prises de vue.

Recherche iconographique : **Katherine Kay-Mouat**
Mise en page : **Véronique Rossi**
Conception éditoriale : **Bayard Éditions**
Conception graphique : **Studio Bayard Éditions**

www.okapi.fr
blog.okapi.fr

Dans la même collection :

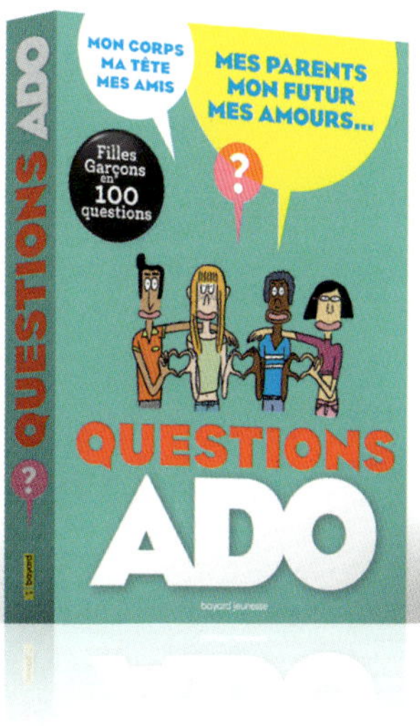

ISBN : 979-1-0363-1894-8
Dépôt légal : septembre 2021

Loi n°49-956 du 16 juillet 1949 sur les publications destinées à la jeunesse
Imprimé en Slovénie par GPS

FSC
www.fsc.org
MIXTE
Papier issu de
sources responsables
FSC® C118234